武汉研究院文库

文库主编/杨卫东

武汉社会发展丛书

丛书主编/彭开勤

武汉市社会保障制度研究

WUHANSHI SHEHUI BAOZHANG ZHIDU YANJIU

邓大松　薛惠元　孟颖颖　著

人民出版社

责任编辑:陈　登

图书在版编目(CIP)数据

武汉市社会保障制度研究/邓大松,薛惠元,孟颖颖 著. —北京:人民出版社,2017.12

ISBN 978-7-01-018677-1

Ⅰ.①武…　Ⅱ.①邓… ②薛… ③孟…　Ⅲ.①社会保障制度-研究-武汉
Ⅳ.①D632.1

中国版本图书馆 CIP 数据核字(2017)第 307942 号

武汉市社会保障制度研究

WUHANSHI SHEHUI BAOZHANG ZHIDU YANJIU

邓大松　薛惠元　孟颖颖　著

人民出版社 出版发行
(100706　北京市东城区隆福寺街 99 号)

北京市文林印务有限公司印刷　新华书店经销

2017 年 12 月第 1 版　2017 年 12 月北京第 1 次印刷
开本:710 毫米×1000 毫米 1/16　印张:20
字数:307 千字

ISBN 978-7-01-018677-1　定价:52.00 元

邮购地址 100706　北京市东城区隆福寺街 99 号
人民东方图书销售中心　电话 (010)65250042　65289539

总　序

两年前，我们提出了创建文库的设想。文库的名称我曾一度为之纠结，原拟名为《武汉研究文库》，虽然言简意赅，却给人非常学究、过于阳春白雪的感觉，而且未能概括建设文库的全部创意。文库中或许有一些文字以记录为主，或许有的文字只是今天或明天的史料而不是研究文章。我们希望更多的学者和武汉学的爱好者来关心武汉，研究和收集武汉昨天和今天的辉煌、光荣、艰辛、奋斗与梦想。经同仁们再三斟酌，定名为《武汉研究院文库》。名副其实者有三：其一，文库出版的书籍之主体是由武汉研究院发布立项的各类课题的研究成果；其二，文库所出版的书籍皆为武汉研究院资助；其三，文库的所有文稿均由两级编委会审定通过。

武汉研究院既是高校服务社会的产物，也是协同创新的产物。研究院以“武汉”名之，体现了其立足武汉，研究武汉，为武汉发展服务的初心与宗旨。它以学术影响力、决策影响力、公众影响力和自身成长力为目标，定位于理论性、国际化的学术中心，开放式、独立型的高端智库，以对策性、应用性为特色的评价咨询平台。

武汉研究院围绕武汉经济、社会、文化、历史、生态文明、城市建设等领域，主要从五大方面开展工作。一是设计发布武汉研究院开放性课题，吸引更多高水平的校内外专家承接课题，组织和动员专家研究武汉。二是举办武汉研究院论坛，以武汉发展为主题，邀请国内外知名专家和政府相关部门来校开展学术讨论与专题讲座。三是刊印《专家观点》，编辑整理专家对武汉经济社会发展的观点、思考和建议，以内参形式报送市领导及相关职能部门，为武汉市的决策提供服务。四是与武汉企业联合会、武汉企业家协会携手合作出版武汉企业发展报告(《企业发展蓝皮书》)，采用多视角的方法分类研究武汉企业，为政府部门和企业提供参考。这些工作，武汉研究院在前两年便已逐步展开，唯有第五项工作还在探索，这就是策划出版《武汉研究院文库》(以下简称《文库》)。《文库》以武汉城市建设与发展为研究对象,包含《武汉经济建设丛书》《武汉社会发展丛书》《武汉城市建设丛书》《武汉生态文明建设丛书》《武汉文化发展丛书》《武汉城市历史丛书》,力图成为一个全面宣传武汉的窗口和集中、系统、全面展示武汉研究优秀成果的学术平台。

为此,我们希望将"开放性、影响力、创新性、规范性"作为《文库》的基本追求。

开放性。首先是对校内外作者的开放,凡研究武汉、推介武汉的海内外优秀著作均予以资助出版;其次是成果形式的开放性,专著、研究报告、论文集、图册、资料汇编等多种形式均可收录;最后是时间上的开放性,《文库》不设截止期,书稿成熟一本出版一本。

影响力。《文库》要求具有较高的学术影响力和社会影响力。学术影响力不仅表现为有较高的研究水平,而且独特的见解能得到学术界认可和传播。社会影响力包括决策影响力和公众影响力,表现为研究成果能在促进社会经济与文化发展、提供政策与决策参考等层面产生广泛影响。

创新性是对学术研究最基本、最核心的要求。凡入选的学术研究成果都应在"新"字上做文章,或有新材料,或有新视角,或有新方法,或有新结论。

规范性。《文库》作者须秉承严谨治学、实事求是的学风,恪守学术规范。我们尊重知识产权,坚决抵制各种学术不端行为,自觉维护哲学社会科学工作者的良好形象。

经过两年多的准备,《文库》的第一批书籍终于面世了。这首先应归功于周建民兄的辛勤操劳与协调组织。他从《文库》的整体设计、编委会的组织建设到作者的联络、书稿的审定都付出了大量心血。其次应感谢人民出版社和武汉出版社的领导和编辑,从《文库》还处在设想的萌芽状态时,他们便开始积极地跟踪服务,克服了许多困难,努力打造出版的高质量。当然还应感谢武汉研究院办公室的沈少兰、汤蕾等同志和设计学院魏坤老师,正是他们默默无闻、任劳任怨的工作才保证了《文库》的顺利出版。

《文库》第一批著作的出版既具有开创性也必然存在不完美性,我们衷心希望《文库》能得到更多人士、更多部门和机构的关心、指导和支持,我们将不断地改进《文库》的入选机制和编撰工作。

《文库》的价值重在品质，我们追求严谨科学，精益求精，不唯上、不唯书、只为实、只求是的精神，努力使更多的成果能在时间的长河中经得起风浪的洗涤与冲刷，历久弥新。

《文库》不可能一蹴而就，它需要积淀。不仅需要武汉研究院的持之以恒，而且需要一大批关心武汉、热爱武汉的志士仁人、专家学者的不懈努力。

我对《文库》充满着期待，我对《文库》充满着希望！

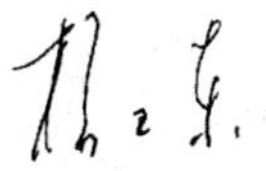

2017.11.16

前　言

武汉市社会保障制度的改革始于20世纪90年代初。当时的社会保障制度改革主要是为了配合建立社会主义市场经济体制和国有企业改革。当前的社会保障制度不再是国有企业改革的配套措施，而是社会主义市场经济的重要支柱，是构建社会主义和谐社会的重要内容，也是全面建成小康社会的重要指标。目前，武汉市已经建立起了以社会保险、社会救助、社会福利为主体，以补充保障为辅助的比较完善的社会保障体系。其中，社会保险包含了基本养老保险、基本医疗保险、失业保险、工伤保险和生育保险，基本养老保险又包含了城镇职工基本养老保险、城乡居民基本养老保险和机关事业单位养老保险，基本医疗保险包含了城镇职工基本医疗保险和城乡居民基本医疗保险，社会救助包含了最低生活保障、特困人员供养、灾害救助、医疗救助、教育救助、住房救助、就业救助、临时救助等，社会福利包含了老年人福利、残疾人福利、妇女福利、儿童福利、公共福利等，补充保障包含了员工福利（如企业年金、职业年金、企业补充医疗保险等）、城乡居民大病保险、商业保险、慈善事业、互助保障等。

《武汉市2015年暨“十二五”期间国民经济和社会发展统计公报》的数据显示，2015年年末，武汉市城镇职工基本养老保险参保职工为265.49万人，城乡居民基本养老保险参保人数142.07万人，城镇基本医疗保险参保人数602.35万人（其中城镇职工基本医疗保险参保人数390.24万人，城镇居民基本医疗保险参保人数212.11万人），失业保险参保人数184.05万人，工伤保险参保人数270.47万人，生育保险参保人数236.47万人，新型农村合作医疗参合率达99.9%。2015年武汉市城市居民最低生活保障标准达到580元/人·月，农村居民最低生活保障标准达到320元/人·月。2015年武汉市城市居民享受低保人数11.41万人，比2014年减少1.99万人；发放低保金7.75亿元，比2014年下降4.9%。2015年武汉市农村居民享受低保人数 10.26 万人,比 2014 年减少 1.05 万人;发放低保金 4.23 亿元,比 2014 年增长 14.3%。2015 年年末武汉市有社会福利院 283 家,床位数 47289 张。2015 年武汉地区福利彩票销售额 33.46 亿元,比 2014 年增长 7.0%。2015 年武汉市筹集社会福利资金 2.62 亿元,比 2014 年增长 6.9%。可见,武汉市社会保障制度建设已经取得了重大成就,参保人数不断增加,保障水平不断提高,基金收支规模不断扩大,部分社会保障项目,如基本医疗保险、最低生活保障等都已经实现了人群全覆盖。

在看到成绩的同时,也要看到武汉市社会保障体系还存在一定的问题,如部分社会保障项目没有实现人群全覆盖;剔除财政补贴,城镇职工基本养老保险基金存在当期收支缺口;受人口老龄化的影响,城镇基本医疗保险基金也出现了收不抵支的现象;基本养老保险缴费激励机制设计不完善,导致中青年居民对城乡居民基本养老保险的参保积极性不高,个体工商户、灵活就业人员缴满 15 年后就不再缴费;养老保险个人账户空账运行,隐性债务规模巨大;机关事业单位养老保险制度改革后,"隐性双轨制"依然存在;多层次社会保障体系中的第二层次和第三层次发展缓慢;社会保险和社会救助的经办管理与服务能力不足等。这给建立更加公平、更可持续的武汉市社会保障制度带来了挑战。亟须从理论方面加以研究,以便为武汉市相关部门完善社会保障制度提供决策参考。

当前专门针对武汉市社会保障制度进行研究的文献并不多,个别社会保障项目,如武汉市补充养老保险、武汉市补充医疗保险、武汉市临时救助、武汉市护理保险的研究文献基本为空白。已有研究大都是针对武汉市某一保障项目的研究,尚未见到对武汉市社会保障制度进行系统研究的文献。基于此,本书以社会保障中最主要的三大项目——养老保险、医疗保险和社会救助为重点,在实地调研的基础上,对武汉市社会保障制度进行系统、深入的研究。

本书的名称为《武汉市社会保障制度研究》,系 2015 年江汉大学武汉研究院"武汉发展专项研究"重点项目"武汉市社会保障制度研究"(立项号:jhdxwyy20151103)最终研究成果。在课题研究的两年多时间里,以项目为支撑,课题组做了大量的调研:2014 年 9 月 4 日,课题组赴武汉市江夏区民政局调研城乡居民最低生活保障制度的运行情况,与区、街道两级民政部门、财政社保部门的负责同志进行了座谈,获取了城乡低保的运行数据，并对10户低保家庭进行了走访和问卷调查；2015年5月，课题组在武汉市中心城区调研城镇职工延迟退休年龄的意愿及其影响因素，共发放调查问卷200份，收回有效问卷192份；2015年6月5日，课题组赴武汉市人力资源和社会保障局调研武汉市养老保险、医疗保险的历史沿革、发展现状以及运行中存在的问题等情况，并获取了相关统计数据和政策文件；2015年7月9日，课题组赴武汉市民政局调研武汉市社会救助制度的发展历程、运行现状以及存在的问题，并获取了城乡低保、五保供养、医疗救助等相关统计数据和政策文件；2016年6月17日，课题组赴武汉市江汉区社会福利院调研城镇"三无"人员救助（特困人员供养）的基本情况；2016年7—8月，课题组选派4名成员赴武汉市人力资源和社会保障局实习，了解武汉市社会保险政策制定以及经办管理服务情况；另外，课题组长期与武汉市新洲区凤凰镇人力资源和社会保障服务中心保持联系，获取了该镇城乡居民基本养老保险大量的参保数据，以及实施经验、推行中的问题等资料。本课题的实地调研数据已经部分地反映在了本书之中。此外，以课题研究成果为支撑，2015年8月28日，课题组成员薛惠元副教授还参加了由武汉市人力资源和社会保障局组织的《武汉市被征地农民参加基本养老保险实施办法（征求意见稿）》专家论证会，并在会上提出了专家审议意见，该法规最终于2015年10月26日由武汉市人民政府印发实施。

本书主要采用了实地调研法、比较研究法、社会保险精算方法、计量经济学方法（包括ELES模型和二元Logistic回归模型）、文献法等研究方法，分别围绕武汉市养老保险制度、武汉市医疗保险制度、武汉市社会救助制度展开研究，并针对武汉市城乡居民基本养老保险缴费标准优化、武汉市城镇职工延迟退休年龄意愿及其影响因素展开专题研究。具体来说，本书共分为五章。

第一章，绪论。这一部分提出本书的选题背景与研究意义，对当前国内外的研究现状进行综述，介绍本书的主要内容、研究思路、研究方法等。

第二章，武汉市养老保险制度研究。该部分按照养老保险的项目构成，分别回顾了武汉市城镇职工基本养老保险、城乡居民基本养老保险、机关事业单位养老保险、被征地农民养老保险、补充养老保险改革与发展的历程，分析了武汉市养老保险制度发展的现状，找出存在的问题，然后在借鉴其他副省级城市和国外典型国家经验的基础上,提出完善武汉市养老保险制度的政策建议。

第三章,武汉市医疗保险制度研究。该部分按照医疗保险的项目构成,分项回顾了武汉市城镇职工基本医疗保险、新型农村合作医疗、城镇居民基本医疗保险、补充医疗保险、城乡居民大病保险改革与发展的历程,分析了武汉市医疗保险制度发展的现状,找出存在的问题,然后在借鉴其他副省级城市和国外典型国家经验的基础上,提出完善武汉市医疗保险制度的政策建议。

第四章,武汉市社会救助制度研究。该部分按照社会救助的项目构成,分项回顾武汉市最低生活保障制度、农村五保供养、医疗救助、教育救助、住房救助、临时救助、灾害救助制度改革与发展的历程,分析武汉市社会救助制度发展现状,找出存在的问题,然后在借鉴其他副省级城市和国外典型国家经验的基础上,提出完善武汉市社会救助制度的政策建议。

第五章,专题研究报告。该部分是课题组结合当前社会保障领域的热点问题撰写的两篇专题研究报告,分别为《武汉市城乡居民基本养老保险缴费标准优化研究——基于合意替代率和个人缴费能力的双重考量》和《城镇职工延迟退休年龄意愿及其影响因素研究——基于武汉市 192 份问卷的调研数据》。

本书的写作思路与框架由邓大松教授拟定,薛惠元负责稿件收集和全书的统稿,全书最终由邓大松教授修改审定。本书的写作分工如下:前言,邓大松、薛惠元;第一章,邓大松、薛惠元、孟颖颖;第二章,薛惠元、赵羚雅、仙蜜花、王帆、宋君;第三章,孟颖颖、李玉娇、刘光阳、刘振宇、郭婷、赵英丽、李慧丽、尉家旗、饶黛;第四章,郭婷、赵羚雅、涂思、彭浩荣、尉家旗、董迦德、余思琦、饶黛;第五章,薛惠元、张怡、鲁雪媛。

需要特别指出的是,虽然武汉大学社会保障研究中心的洪丽博士、张郧博士、黄玉君博士、吴振华博士,以及梁书毓、张梅珏等硕士研究生没有参与本书的撰写,但是他们在课题论证、课题的实地调研和资料搜集等方面做了大量的工作,在此表示衷心的感谢!

另外,课题组在实地调研过程中,得到了武汉市人力资源和社会保障局、武汉市民政局、武汉市江夏区民政局、武汉市江汉区社会福利院、武汉市新洲区凤凰镇人力资源和社会保障服务中心等部门领导同志的大力支持和帮助，在此一一表示感谢！

受作者水平和时间所限，本书中的疏漏和不当之处在所难免，欢迎各位专家和广大读者批评、赐教。

目　录

第一章 绪 论

第一节 研究背景与研究意义

一、研究背景

（一）全面建成小康社会要求全面建成覆盖城乡居民的社会保障体系

社会保障与人民幸福安康息息相关，事关改革开放和社会主义现代化事业全局。党的十六届六中全会和十七大提出，到2020年要基本建立覆盖城乡居民的社会保障体系。中国《社会保障“十二五”规划纲要》也提出具体的目标：社会保障制度基本完备，体系比较健全，覆盖范围进一步扩大，保障水平稳步提高，历史遗留问题基本得到解决，为全面建设小康社会提供水平适度、持续稳定的社会保障网。近年来，中国社会保障制度的覆盖人群不断增加，保障范围不断扩大，保障水平不断上升，保障内容不断丰富，保障质量不断提高，制度建设取得了较为显著的成效。但不容忽视的是，目前中国社会保障发展中不平衡、不协调、不可持续的问题仍然存在，社会保障权益公平问题亟待解决，养老保险制度顶层设计亟待完善，社会保障资源动员与优化配置亟待行动，社会保障模式选择与政策评估亟待落实，社会保障可持续发展的基础与条件亟待夯实，社会保障管理制度与机制创新亟待探索，构建中国特色社会主义统筹城乡的社会保障体系尚未真正完成。党的十八大提出，2020年“全面建成覆盖城乡居民的社会保障体系”、“社会保障全民覆盖”的目标，党的十八届三中、五中全会也进一步提出“建立更加公平更可持续的社会保障制度”，这为未来中国社会保障制度的改革与发展提出了明确要求。

（二）人口老龄化引起人口结构的变化将对社会保障制度形成外部压力

21世纪上半叶中国人口迅速老龄化已成定局。据联合国2009年预测，中国人口中60岁及以上老年人口比重将从2000年的10.0%上升为2050年的31.1%。即使按低速增长预测，2050年这一比重也将达27.2%。中国人口老龄化的速度将大大快于率先出现老龄化的发达国家。据联合国预测，始于20世纪70年代初的中国人口老龄化从2010年开始提速，2020—2035年进入老龄化速度高峰期。人口中60岁及以上老年人口的比重从12%倍增为24%所需的时间，发达国家平均为64年，最早出现老龄化的法国需要141年（1872—2013），迄今老龄化速度最快的日本需要25年（1977—2002），而中国将只需要22年（2009—2031）。随着人口高速老龄化，中国人口的年龄结构将出现前所未有的历史性转变：60岁及以上老年人口的数量在2023年前后将开始超过0—14岁少年儿童人口的数量。到21世纪中叶即新中国成立100周年之际，中国人口老龄化的程度（31.1%）将远远高于除中国以外的发展中国家的平均水平（17.8%），甚至将有可能超过美国、英国等许多发达国家，届时中国将进入平均几乎每3人中就有一名老年人的“超老龄社会”。

另外，第六次全国人口普查数据显示，2010年全国60岁及以上人口占总人口的比例为13.26%，其中65岁及以上人口占到总人口的8.87%。在全国人口老龄化的大背景下，武汉市人口老龄化也难以避免，根据武汉市老龄委提供的数据，截至2011年年末，武汉市60岁及以上人口占总人口的比例为15.96%，65岁及以上人口占总人口的比例为10.33%，这一比例高于全国的平均水平。人口的高速老龄化，必将对经济和社会发展带来重大影响，同时也对社会保障基金的平衡，尤其是对养老保险基金的收支平衡产生冲击，需要社会保障制度做出相应的调整。

（三）快速城镇化对社会保障制度提出了新的要求

近年来，中国的城镇化不断加速，2013年中国城镇化率达到53.7%。随着城镇化进程的推进，涌现出了许多新的问题，同时也给社会保障制度提出了许多新的要求。如城镇化进程带来的被征地农民问题，需要建立和完善被征地农民社会保障；又如，城镇化进程带来的农民工问题，需要解决农民工的社会保障，另外，农民工跨地区流动，需要解决其社会保险关系的转移接续以及医疗费用异地报销的问题；再如，城镇化带来的农转非问题，需要解决好城乡社会保障制度的衔接问题，如城乡居民基本养老保险与城镇职工基本养老保险的衔接、新农合与城镇居民医保的衔接、农村低保与城市低保的衔接。作为副省级城市，武汉的城镇化率已达到70%，未来还会不断攀升，快速城镇化对武汉市社会保障制度提出了新的要求。

（四）户籍制度改革需要探索建立城乡一体化的社会保障制度

2014年7月，国务院印发《关于进一步推进户籍制度改革的意见》（国发〔2014〕25号），提出“取消农业户口与非农业户口性质区分”，“建立与统一城乡户口登记制度相适应的教育、卫生计生、就业、社保、住房、土地及人口统计制度”。目前，武汉市已取消农业户口与非农业户口的划分（湖北省全省已取消），统一为居民户口，这需要对社会保障制度做出相应的调整，如原来区分户籍的社会保障待遇应统一起来，同时也对建立城乡一体化的社会保障制度提出了新的要求。

二、研究意义

（一）理论意义

利用中国知网多次检索发现，尚没有对武汉市社会保障制度进行系统研究的文献，因此，本研究可以丰富相关理论研究成果。

（二）实践意义

本研究对武汉市社会保障制度改革与发展的宏观思路、体系设计与战略安排，以及对武汉市各个社会保障项目提出的具体的政策建议，可以直接为武汉市人社、民政、住房、财政等相关部门提供决策参考。另外，本研究的相关研究成果，不仅对武汉市，而且对其他副省级城市、湖北省乃至全国社会保障制度的改革和完善都具有一定的参考价值。

第二节　已有研究文献评述

一、武汉市社会保障研究综述

（一）对武汉市养老保险制度的研究

国内外关于养老保险的研究已经非常丰富，但大都是基于全国或针对某种类型的养老保险及其制度模式进行现状描述和分析，发现其中存在的问题，并提出相应的对策建议，专门针对武汉市养老保险的研究文献十分匮乏。目前武汉市的养老保险制度包括城镇职工基本养老保险、城乡居民基本养老保险、机关事业单位养老保险以及被征地农民养老保险、补充养老保险等，下面分项进行文献综述。

1. 对武汉市城镇职工基本养老保险的研究

陈道奎(2009)对武汉市城镇职工养老保险覆盖率的现状进行了研究，认为由于用人单位和劳动者社会保险意识淡漠、缴费机制缺陷以及沉重的养老金隐性债务，导致武汉市的养老保险扩面行动难以取得显著成效，并提出了扩大覆盖面的建议。① 曾娜、杨进(2009)以2007年为例，对武汉市的养老金预算状况进行了实证分析，认为武汉市养老保险预算编制不够科学合理化、执行约束性不强、预算管理方式单一，提出要推进财政绩效管理，加强监管、借助计算机优势为养老保险预算提供技术支持。② 郭卫华(2011)对武汉市城镇企业职工基本养老保险基金收支状况进行考察，建立了基金征收及支付模型并进行预测，认为武汉市的养老保险基金收支缺口呈现不断恶化的趋势，并提出了相应的政策建议。③

2. 对武汉市城乡居民基本养老保险的研究

张丽宾(2013)通过对6省12县市区(包括武汉市江夏区)74位居民的访谈，发现目前参加城乡居民养老保险最大的问题就是居民养老保险与职工养老保险之间的不衔接，并对两者在领取养老金的年龄、待遇以及转移接续方面进行了分析，提出了自己的思考。④ 薛惠元、仙蜜花(2014)通过对湖北省6个县区(包含武汉市江夏区)的比较分析，对城乡居民基本养老保险的保障水平做出了评估。⑤ 薛惠元、鲁欢等(2014)对湖北省(含武汉市)城

① 参见陈道奎:《论提高城镇职工养老保险覆盖率的基本策略——以湖北省武汉市为例》,《中南财经政法大学研究生学报》2009年第4期。

② 参见曾娜、杨进:《养老保险基金预算管理优化研究——基于武汉市养老保险金预算状况的实证分析》,《中国集体经济》2009年第24期。

③ 参见郭卫华:《城镇企业职工养老保险基金支撑力预测——基于武汉市的时间序列数据》,《武汉职业技术学院学报》2011年第1期。

④ 参见张丽宾:《我国城乡居民养老保险的调查与思考——从6省12市县区74位居民访谈说起》,《经济研究参考》2013年第72页。

⑤ 参见薛惠元、仙蜜花:《城乡居民社会养老保险保障水平评估——基于湖北省6个县区的比较分析》,《当代经济管理》2014年第6期。

乡居民基本养老保险缴费激励机制进行了研究。[①] 王贞琼、李敏（2013）基于城乡统筹的视角研究了武汉市新农保制度建设及城乡养老保险统筹中的问题与挑战，并提出了创新政策、完善制度、促进新农保规范发展的政策建议。[②]

3. 对武汉市机关事业单位养老保险制度的研究

目前关于机关事业单位养老保险制度的研究大都集中于对机关事业单位的改革以及其与城镇职工基本养老保险的并轨方面。杨晓芸、张力（2008）对中国机关事业单位养老保险制度改革的现状进行分析，认为机关事业单位养老保险改革滞后，增加国家财政负担，缺乏统一的改革方案，存在诸多问题，并且针对这些问题，提出了相应的政策建议。[③] 郭磊（2013）从路径依赖角度分析，认为目前机关事业单位养老保险存在与企业之间差距日益扩大、自身制度缺陷、公务员与事业单位养老保险改革不同步等问题，而解决的关键在于养老保险待遇差距的缩小[④]。樊琳（2014）利用比较分析法，对机关事业单位养老保险和企业职工养老保险进行分析，指出两者存在的问题，并从国家政策条件、经济条件、社会条件和文化因素四个方面对二者并轨的可行性进行分析，提出相关的建议。[⑤] 目前专门针对武汉市机关事业单位养老保险的研究文献基本没有。

4. 对武汉市被征地农民养老保险的研究

王晛（2009）对武汉市被征地农民的养老保险现状和实施效果进行考察与探讨，发现武汉市被征地农民养老保险问题突出：缺乏制度化养老保险模式，养老金标准偏低；认为武汉市被征地农民养老保险模式应采取由政府建立与城镇居民养老保险制度或与当地农村居民养老保险制度挂钩的过渡性

---

① 参见薛惠元、鲁欢、仙蜜花：《城乡居民社会养老保险缴费激励机制研究——以湖北省为例》，《广西经济管理干部学院学报》2014 年第 4 期。

② 参见王贞琼、李敏：《新型农村社会养老保险的政策创新与制度完善——基于武汉城乡统筹视角》，《江汉大学学报（社会科学版）》2013 年第 3 期。

③ 参见杨晓芸、张力：《对机关事业单位养老保险制度改革的思考》，《生产力研究》2008 年第 9 期。

④ 参见郭磊：《我国机关事业单位养老保险制度：破除路径依赖的“魔咒”》，《贵州社会科学》2013 年第 11 期。

⑤ 参见樊琳：《机关事业单位与企业养老保险制度并轨的可行性研究》，吉林大学硕士学位论文，2014 年。

模式,并提出了相关的建议。[①] 薛惠元(2011)对湖北省被征地农民养老保障问题进行探析,发现湖北省被征地农民养老保险存在严重的政策异质性和碎片化问题,认为将被征地农民统一纳入新农保制度具有极大的优越性,并提出了被征地农民参加新农保的相关政策建议。[②] 吴琦(2013)对武汉市江夏区被征地农民养老保险进行调查与分析,认为目前该区施行的由被征地农民根据自己的经济承受能力自主选择参保模式,虽然取得一定的效果,但仍存在被征地农民征地时间的划分和对象难以确定、与城镇职工养老保险待遇差距大、资金筹措困难以及续保率低等问题,并提出了相关解决对策。[③]

5. 对武汉市补充养老保险的研究

目前从全国层面对补充养老保险制度进行研究的文献较多,如邓大松、刘昌平(2005)对中国企业年金制度的理论、政策、基金管理、具体运行机制等进行了系统的研究[④];殷俊(2008)分别从企业年金制度的理论基础、管理制度架构、运营模式选择、投资理论和策略、税收政策、政府监管等宏观角度,以及从企业年金计划品种设计、企业员工流动性与企业治理、企业年金基金会计管理等微观视角对企业年金制度进行了全面研究[⑤]。郑秉文(2010)分析了制约企业年金发展的政策因素,认为税优政策不统一和不完整是导致企业年金发展严重滞后的主要原因之一,为促使企业年金的发展,应尽快制定一套完整的、符合中国国情的税收政策,建议采用部分 TEE 模式。[⑥] 纵观学术界,单独针对武汉市企业年金、职业年金进行研究的文献基本没有。

此外,还有对武汉市养老保障体系进行战略研究的文献,如杨皓等(2011)对武汉市城镇职工基本养老保险、新农保、养老服务等展开研究,指出了当前武汉市养老保障存在的问题与未来面临的挑战,并提出了相应的

① 参见王晛:《武汉被征地农民养老保险制度模式》,《合作经济与科技》2009 年第 18 期。

② 参见薛惠元:《被征地农民养老保障问题探析——以湖北省为例》,《当代经济管理》2011 年第 1 期。

③ 参见吴琦:《城镇化进程中被征地农民养老保险制度的完善——以武汉市江夏区为例》,《湖北工业大学学报》2013 年第 6 期。

④ 参见邓大松、刘昌平:《中国企业年金制度研究(修订版)》,人民出版社 2005 年版。

⑤ 参见殷俊:《中国企业年金计划设计与制度创新研究》,人民出版社 2008 年版。

⑥ 参见郑秉文:《中国企业年金发展滞后的政策因素分析——兼论"部分 TEE"税优模式的选择》,《中国人口科学》2010 年第 2 期。

对策建议。①

（二）对武汉市医疗保险制度的研究

在国家推进城镇职工基本医疗保险、新型农村合作医疗、城镇居民基本医疗保险的大背景下，相关研究如雨后春笋。但是，专门针对武汉市医疗保险制度的研究却凤毛麟角。

1. 对武汉市统筹三大基本医疗保险制度的研究

殷俊、陈天红（2012）认为，湖北省武汉市作为中部经济发展水平较高的大城市，在城市化和人口流动加快的背景下，迫切需要实现城乡医疗卫生资源的整合和基本医疗保险制度的衔接，首先实现城镇居民医疗保险和新型农村合作医疗衔接，进而探索城乡居民医疗保险和城镇职工医疗保险衔接，分两步走实现城乡三大医疗保险制度衔接。② 叶蓓、蔡娟（2014）认为，武汉作为中部重要大型城市，在三大医保体系的建立和运行中已取得了不凡成绩，但是，由于城镇职工、城镇居民和农村居民的人群特征不同，对医疗保障的需求各异，对制度的利益诉求便也不同，导致三项制度不尽完善，需从制度改革入手，统筹整合城乡医疗保障体系，构建迎合各方利益诉求的新制度。③

2. 对武汉市新型农村合作医疗的研究

张红梅（2007）对武汉市2003—2006年新型农村合作医疗制度的具体情况进行了分析，认为政策执行的支持力度不够、补偿方案设计存在缺陷、管理和监督制度不健全、存在逆向选择和道德风险，并提出了政策建议。④孟翔燕、曾蕾等（2008）采用调查评估表，对2007年度武汉市（区）级及乡镇级新型农村合作医疗定点医疗机构门诊治疗、费用及病人满意度进行调查评价，认为武汉市新型农村合作医疗定点医疗机构总体运行平稳，基本药品费用占处方费用比例达到较理想水平，对病人的关怀情况比较到位，但还存在着乡镇级医疗机构的例均门诊费用过高、抗生素使用比例过大等问题。⑤

---

① 参见课题组：《武汉市养老保障战略对策研究》，《湖北社会科学》2011年第9期。

② 参见殷俊、陈天红：《中国城镇居民医疗保险和新型农村合作医疗衔接路径探讨——基于湖北省武汉市的实证分析》，《社会保障研究》2012年第3期。

③ 参见叶蓓、蔡娟：《城乡医疗保障碎片化及解决思路——以武汉市为例》，《中国卫生事业管理》2014年第4期。

④ 参见张红梅：《武汉市新型农村合作医疗保险制度研究》，《经济论坛》2007年第10期。

⑤ 参见孟翔燕、曾蕾等：《武汉市新型农村合作医疗定点医疗机构住院服务行为调查分析》，《卫生经济研究》2008年第9期。

中共武汉市委党校第32期中青班课题组(2010)对武汉市新型农村合作医疗制度实施情况进行了调查,指出了存在的问题并提出对策建议。①

3. 对武汉市城镇居民基本医疗保险的研究

张勇(2009)对武汉市城镇居民基本医疗保险制度进行了探讨,认为还存在全民覆盖依然难以实现、保大病的目标与公共卫生政策提供基本卫生保健的责任相悖、不设个人账户使制度缺乏激励机制、居民医保制度统筹层次低、现有的社区服务水平难以应对居民医保等问题,为此要有针对性地解决。② 黎琴、周云等(2010)从覆盖面、医疗费用负担、医疗服务可及性、参保人员满意度等方面对武汉市城镇居民基本医疗保险制度进行了调研,指出存在缴费水平较高、保障水平不高、社区卫生服务与居民医保脱节、存在逆向选择、参保人员的医保卡没有得到充分使用等问题,并提出了解决措施。③代志明(2010)对基金盈余过多问题进行了研究,通过构建武汉市城镇居民基本医疗保险社会统筹基金盈余模型,测算了基金盈余的敏感性,从中找到了造成基金盈余过多的关键因素,并据此提出一些旨在缩小基金盈余的具体措施。④ 龚勋(2011)对武汉市未成年人适宜缴费水平进行了研究,认为按照不同年龄段测量的医疗费用支出特征和家庭支付意愿,0—1周岁未成年人缴费水平应在40元,2—3周岁和4—6周岁未成年人缴费水平应在50元,7—12周岁未成年人缴费水平应在40元,13—18周岁未成年人缴费水平应在30元。⑤

4. 对武汉市城镇职工基本医疗保险的研究

由于城镇职工基本医疗保险已建立多年,且制度也比较成熟,这方面的研究文献非常少。陆玲(2011)从参保人数和单位的变化、参保人员结构、基本医疗保险费用三个方面,研究了武汉市2001—2006年城镇职工基本医

① 参见王观松、宋斌文:《武汉市新型农村合作医疗制度实施情况的调查与思考》,《长江论坛》2010年第2期。

② 参见张勇:《武汉市城镇居民基本医疗保险制度的探讨》,《中国卫生经济》2009年第12期。

③ 参见黎琴、周云等:《武汉市城镇居民基本医疗保险制度实施情况调查及思考》,《卫生经济研究》2010年第2期。

④ 参见代志明:《"城镇居民医保"基金盈余敏感性实证研究——以武汉市为例》,《西北人口》2010年第4期。

⑤ 参见龚勋:《武汉市城镇居民基本医疗保险未成年人适宜缴费水平模型研究》,华中科技大学硕士学位论文,2011年。

疗保险制度的运行情况。[①]

5. 对武汉市补充医疗保险的研究

贾洪波、阳义南(2013)的研究认为,从1994年首次提出补充医疗保险概念到目前多种类补充医疗保险共同发展,不同群体对补充医疗保险的认识日渐深入,补充医疗保险从无到有,保险种类逐步增多,公务员医疗补助、大额医疗费用补助、企业补充医疗保险、职工互助医疗保险和商业补充医疗保险这五种不同的补充医疗保险的具体保障项目、参与机构和覆盖人群均有所增加。[②] 但目前专门针对武汉市补充医疗保险制度的研究还不多见。

6. 对武汉市城乡居民大病保险的研究

根据《关于开展城乡居民大病保险工作的指导意见》(发改社会〔2012〕2605号)的相关规定,城乡居民大病保险是在基本医疗保障的基础上,对大病患者发生的高额医疗费用给予进一步保障的一项制度性安排,是基本医疗保障制度的拓展和延伸,是对基本医疗保障的有益补充;开展这项工作,目的是为了减轻人民群众大病医疗费用负担,解决因病致贫、因病返贫问题,建立健全多层次医疗保障体系,推进全民医保制度建设,推动医保、医疗、医药互联互动,并促进政府主导与市场机制作用相结合,提高基本医疗保障水平和质量;同时,也是进一步体现互助共济,促进社会公平正义的重要举措。

由于城乡居民大病保险试点的时间还不长,相关的研究文献还不多,学界的研究大都是针对全国或某一试点地区的研究。如王明慧、陶四海(2013)研究了实施城乡居民大病医疗保险的影响因素[③];程斌(2014)分析了中国农村居民大病医疗保险的发展趋势,认为新农合重大疾病医疗保障是新农合制度的一部分,为基本医疗保险,而城乡居民大病保险为补充医疗保险,逐步实现新农合重大疾病医疗保障和大病保险并轨运行是中国农村居民大病保险的发展趋势[④];仙蜜花(2014)探讨了商业保险参与城乡居民大

① 参见陆玲:《浅析武汉市城镇职工基本医疗保险制度的运行》,《价值工程》2011年第30期。

② 参见贾洪波、阳义南:《中国补充医疗保险发展:成效、问题与出路》,《中国软科学》2013年第1期。

③ 参见王明慧、陶四海:《我国大病医疗保险实施的影响因素分析》,《经营管理者》2013第21期。

④ 参见程斌:《我国农村居民大病医疗保险的发展趋势》,《中国农村卫生事业管理》2014年第9期。

病保险的问题。[①] 虽然当前基本没有研究武汉市城乡居民大病保险的文献，但是学者针对全国及其他地区的研究，为做好武汉市城乡居民大病保险的研究奠定了基础。

7. 对武汉市护理保险的研究

护理保险是指对被保险人因为年老、严重或慢性疾病、意外伤残等导致身体上的某些功能全部或部分丧失，生活无法自理，需要入住安养院接受长期的康复和支持护理或在家中接受他人护理时支付的各种费用给予补偿的一种健康保险。近些年来随着中国老年人口的增多引致一些社会经济问题，呼吁建立护理保险的声音也越来越强烈。

从整体看，中国的护理保险制度发展还比较缓慢，国泰人寿、太平洋人寿推出了商业性长期护理保险产品，但是种类很少，发展也不太理想。关于武汉市护理保险的研究几乎是空白，仅有的资料是一份关于《武汉市城市居民对长期护理保险的需求调查报告》[②]，对武汉市的护理保险进行了分析。在已有的文献中对国外的护理保险研究比较多，国内仅有少量关于上海市护理保险的研究，而武汉市的护理保险制度还需要大量的探索。

世界各国应对老年长期护理风险的措施主要包括三种模式：以英国和瑞典为代表的长期护理服务津贴制度、以美国为代表的商业长期护理保险制度以及以德国和日本为代表的社会长期护理保险制度。以德国和日本为例，德国在1995年引入和推进长期护理保险制度，其宗旨是社会互助与个人自助、收支定价制和风险定价机制，国家官员、法官和职业军人的护理由专门人员负责和承担费用，其他公民纳入法定的护理保险体系；德国的护理分为在宅和住院护理两类，保险的给付方面按照类别有不同的给付层次和水平，在管理方面通过《护理保险法》对护理职业有明确的要求，其管理相当严密（丁纯、瞿黔超，2008[③]；刘源、赵晶晶，2008[④]；郝君富、李心愉，2014[⑤]）。日

① 参见仙蜜花：《商业保险参与城乡居民大病医疗保险研究》，《财政监督》2014年第11期。

② 参见余维、郭培、王梦雯等：《武汉市城市居民对长期护理保险的需求调查报告》，武汉大学大学生暑期社会实践报告，2006年。

③ 参见丁纯、瞿黔超：《德国护理保险体制综述：历史成因、运作特点以及改革方案》，《德国研究》2008年第3期。

④ 参见刘源、赵晶晶：《德国的医疗保险和护理保险》，《保险研究》2008年第3期。

⑤ 参见郝君富、李心愉：《德国长期护理保险：制度设计、经济影响与启示》，《人口学刊》2014年第2期。

本于2000年4月建立了护理保险制度,是通过医疗保健、心理调适、日常护理和帮助等活动,对高龄体弱的老年人的日常生活进行援助的一项社会保障制度;日本的护理保险制度为老年人提供了必要的生活保障和护理服务,完成了老年人护理从家庭模式向社会化模式的转变,2004年日本对保险制度进行了深化改革,日本的护理保险制度对65岁以上的老年人主要提供上门护理、上门看护、日托护理、日托康复、短期入住护理等,对40—64岁的人口主要通过福利场所实施和提供服务,如养护养人院、老人保健福利院和老人护理疗养院等;目前日本护理保险中在宅服务费用由保险(58%)和个人(42%)共同负担,特别养护费用中85%由保险承担,个人负担15%(柳清瑞,2006①;姚海明,2006②)。

(三)对武汉市失业保险制度的研究

国内学者研究武汉市失业保险制度,涉及失业保险制度对再就业的影响、失业群体的特征变动、失业保险制度的现状及特殊群体失业保险制度等方面的问题。慈勤英(2004)基于武汉、荆州、洪湖的研究,认为失业保险制度对再就业的影响是相当模糊和不确定的,表现为很复杂的相互关系,很难确定其影响的力度和方向,很多时候体现为一种刚性即没有什么作用和影响。③ 唐汉生(2005)从素质结构、人口结构、所有制结构和行业结构研究了武汉市失业群体变动的特征,认为武汉市失业人口素质出现"优化"趋向,失业年龄向前移,失业群体来自第二产业、国有集体企业的居多,即失业人口具有突出的"公有"性质和"产业"特征,"单位人"现象明显。④ 在失业保险制度现状方面,唐银佐(2014)认为武汉市失业保险给付标准偏低,基金支出结构不合理,统筹层次低。⑤ 殷俊(2014)则是基于武汉市城郊的调查数据,通过实证分析表明失地农民对失业保险制度的需求较高,因此建议将失地农民纳入城镇失业保险制度框架,同时设计了符合失地农民特点的失业保

① 参见柳清瑞、韩伟:《日本老年护理保险制度改革及经验启示》,《辽宁大学学报(哲学社会科学版)》2006年第2期。

② 参见姚海明:《国外老年护理保险制度及对我国的启示》,《现代经济探讨》2006年第6期。

③ 参见慈勤英:《失业者再就业选择的制度分析——基于武汉、荆州、洪湖的研究》,华中科技大学博士学位论文,2004年。

④ 参见唐汉生:《武汉市失业群体变动特征及保障对策研究》,《党政干部论坛》2005年第1期。

⑤ 参见唐银佐:《武汉市失业保险制度功能实现研究》,中国地质大学(北京)硕士学位论文,2014年。

险参保方案。[①]

（四）对武汉市工伤保险制度的研究

韩俊强（2013）基于2012年武汉市调研数据，对样本地区农民工参加工伤保险对其城市融合的作用进行了研究，结果表明，只有遭遇过工伤事故的农民工，工伤保险对城市融合的正向影响才显著，并进一步研究了影响农民工参加工伤保险的因素，对扩大农民工工伤保险的覆盖率，从而加强其城市融合给出了具体的政策建议。[②] 李容（2013）以社会性别视角为出发点，对武汉市女性农民工社会保障的现状进行了考察，简单介绍了武汉市工伤保险制度，通过实证研究得出结论：男性农民工和女性农民工在工伤保险的认知上存在显著的性别差异，其原因是男性农民工多就业于风险较大的行业，发生工伤事故的可能性比女性农民工大，因而对工伤保险关注较多。[③]

（五）对武汉市生育保险制度的研究

国内对生育保险制度的研究较少，针对武汉市生育保险制度的研究更是寥寥无几。刘娟（2011）从男性护理假或护理假津贴、未就业配偶生育医疗和生育补贴两个方面比较了15个副省级城市男性在生育保险中的权益，得出生育保险是少数人群的福利的结论，为了完善生育保险男性权益，提出转变传统观念、贯彻公平原则、确保生育保险男性义务和权利对等等建议。[④] 胡仕勇（2012）通过对武汉市女性农民工参与生育保险的情况进行调查，得出结论：女性农民工参与生育保险率低，参与意愿强却难以找到参与途径，在生育权利受到危害时不能及时意识到或找不到维权方法，使得他们的生育权益很难得到维护。[⑤] 李容（2013）则以社会性别视角为出发点，对武汉市女性农民工社会保障的现状进行了考察，简单介绍了武汉市生育保险制度，通过实证研究得出结论：女性农民工对生育保险的需求比男性农民工高，因

---

① 参见殷俊、陈天红：《失地农民失业保险制度需求影响因素以及方案设计——基于武汉市城郊的调查数据》，《当代经济管理》2014年第8期。

② 参见韩俊强：《农民工工伤保险参保行为与城市融合——基于武汉市的调查》，《社会保障研究》2013年第4期。

③ 参见李容：《女性农民工社会保障的现状及影响因素研究——基于武汉市的调查》，华中农业大学硕士学位论文，2013年。

④ 参见刘娟、黄柳梅：《生育保险中的男性权益比较——以15个副省级城市为例》，《中国社会保障》2011年第10期。

⑤ 参见胡仕勇、姜秀芬、邹丽娟：《女性农民工参与生育保险的现状、问题与对策——基于武汉市女性农民工个案的分析》，《社会福利（理论版）》2012年第12期。

为外出打工的流动女性主要以中青年为主，大部分人正处于婚育期，她们常常会因为外出务工而延期婚育，或者因为婚育而结束外出，因而其对生育保险的需求要比男性农民工高。[①]

（六）对武汉市社会救助制度的研究

1. 对武汉市生活救助的研究

武汉市的生活救助制度主要包含最低生活保障制度和农村五保供养制度。丁建定（2008）以武汉市武昌区最低生活保障制度为研究对象，指出中国低保管理存在缺乏依法管理、专业化程度低、低保档案管理混乱等问题，并提出提高实施细则的可操作性、充实低保工作队伍、完善低保档案管理、建立多元化筹资机制、完善调查与公示制度、完善低保对象退出机制、提高低保对象社会化管理程度等建议。[②] 李春燕、丁建定（2008）结合武汉市武昌区低保管理工作的实践，分析了低保对象、工作人员、资金、配套措施、档案、绩效管理等方面存在的问题，提出了适当增加低保公益劳动量、吸收低保志愿者参与管理、多部门相互配合完善资金管理及实施配套优惠政策、贯彻和落实低保规范化管理分级考核办法等改进对策。[③] 胡仕勇、李美多（2011）基于对武汉市青山区农村低保个案的调查分析，了解武汉市农村最低生活保障制度的施行状况，发现在运行中存在保障能力不足、保障资金缺乏等几个方面问题，并结合生态系统理论与社会支持网络理论提出相应的政策建议。[④] 廖芳柳（2012）分析了二元体制下武汉市农村社会保障存在的问题，如农村社会保障资金缺乏、资金管理不科学、相关政策宣传力度不足等，并有针对性地提出保障农村社会保障资金、完善资金监督、提高保障层次、加大宣传等对策与建议。[⑤] 杨欣（2013）以"武汉模式"为例对"低保制度"实施情况及发展完善进行分析阐述，认为应在资金筹措、人员监管、制度完善方面

① 参见李容：《女性农民工社会保障的现状及影响因素研究——基于武汉市的调查》，华中农业大学硕士学位论文，2013 年版。

② 参见丁建定：《城市居民最低生活保障管理中的问题与完善对策——以武汉市武昌区最低生活保障制度实施为研究对象》，《学习与实践》2008 年第 9 期。

③ 参见李春燕、丁建定：《武汉市低保管理中存在的问题与改进对策分析——以武昌区为例》，《长江论坛》2006 年第 1 期。

④ 参见胡仕勇、李美多：《武汉市农村最低生活保障制度的问题与建议——基于武汉市青山区的个案分析》，《社会工作》2012 年第 8 期。

⑤ 参见廖芳柳：《城乡一体化格局下农村社会保障的变迁——以武汉市农村为例》，《湖北文理学院学报》2012 年第 7 期。

加以反思和"升级",加大低保资助内部差距,实行激励措施。①

2. 对武汉市医疗救助的研究

目前针对武汉市医疗救助的研究还比较欠缺,仅有一篇相关文献。即王保真(2007)通过对武昌惠民医院2006—2007年运行与管理情况的调查,指出惠民医院是缓解贫困人群"看病难、看病贵"应运而生的,是社会医疗救助体系的有机组成部分;惠民医院在整个医疗救助与医疗服务体系中,是使特困群体看得起病,看得好病的良好场所;是当前有效处理特定困难患者与医方、管理方的经济关系,缓解医患矛盾与冲突的有益方式;最能体现政府扶贫济困的意志与医疗救助制度的福利性质,是最贴近贫困人群的载体和组织形式。②

3. 对武汉市教育救助的研究

当前学术界对教育救助的研究大都是从全国层面进行的研究,如孙月鹤(2009)指出虽然教育救助在解决教育公平问题方面取得了很大的成就,但是它不能从根本上阻止教育公平问题的产生,只有用全纳教育的基本理念对现有的教育进行根本的改造,进行制度创新,才能从根本上破解教育公平问题。③ 肖玉霞(2013)研究了女童教育救助,指出由于女童家长的教育观念落后,女童的教育自信心不足,教育救助物资的缺位,造成农村女童入学率高、巩固率低,建议建立多元化的农村女童教育救助体系,以保障女童受教育的权利和机会。④ 王贤斌(2014)指出当前中国农村教育救助存在教育救助资源匮乏且区域之间、城乡之间资源配置不平衡,教育救助理念落后、国家财政投入不足,教育救助程序不规范、保障机制不完善,教育救助与就业救助之间缺乏有效衔接等问题,并提出了相应的对策。⑤

当前专门研究武汉市教育救助的文献非常少,如沈燕(2005)以武汉市

① 参见杨欣:《我国城市居民最低生活保障制度研究——以"武汉模式"为例》,《法制与社会》2010年第8期。

② 参见王保真:《惠民医院在医疗救助体系中的地位和作用探讨——武昌惠民医院的再调查》,《中国卫生经济》2007年第10期。

③ 参见孙月鹤:《从教育救助到全纳教育——试论教育公平的制度安排》,《中国校外教育》2009年第3期。

④ 参见肖玉霞:《社会主义新农村建设背景下的女童教育救助问题研究》,《中国校外教育》2013年第6期。

⑤ 参见王贤斌:《新时期我国农村教育救助面临的困境与对策》,《教育理论与实践》2014年第28期。

为例，研究了城市贫困家庭子女的教育救助问题，发现贫困家庭在承担高中及以上阶段子女的教育费用方面存在很大困难，负担很重，建议政府、社会组织和个人发挥各自的作用来扶助贫困家庭子女的教育[①]。

4. 对武汉市住房救助的研究

柯峰、李峰等(2012)通过对武汉市部分区域的中低收入家庭进行问卷调查，了解其对现有公租房供给的意见，探索“夹心层”对公租房的需求及武汉市公租房供给与需求的差异，结果发现非户籍人口比户籍人口更能忍受较小的住房面积、较远的住房位置、集中的保障房小区，提出在适宜的区域选址、完善公租房小区的基础设施、建立多层次的补贴、适当集中建设等建议[②]。王晓蕾、艾建国等(2014)在介绍武汉公租房建设现状的基础上建立了一个基于多智能体的公租房选址决策体系，研究地方政府、低收入租户、开发商在武汉市公租房选址建设上的效用函数，模拟出公租房选址决策中各智能体博弈互动最终得到选址方案的过程，为评估公租房选址方案的效果提出了新的途径。[③] 方壮志(2014)利用对武汉市611名潜在需求人群的调查数据，从他们对公租房及其政策的认可与接受程度、公租房的需求意愿、租金水平、租金年增长幅度、公租房居住面积、公租房的处置等方面进行分析，了解公租房的需求现状，研究结果表明未来公租房的需求较高，居民希望公租房使用功能强、交通生活方便、租金水平合理且租金年涨幅不超过7%，五年后可以续租或者购买。[④] 陈淑云、范钦(2014)认为武汉市公租房在后期管理中面临着资金不可持续、各参与主体责任不清、退出机制不完善和租金补发方式不合理等问题，认为应通过财政预算列支租金补贴、减免物业服务企业税费等方式来拓展公租房后期管理的资金筹集问题，完善“人”与“物”同时退出的机制以及通过“住房券”来解决公租房的租金补贴匹配问题。[⑤]

---

① 参见沈燕：《城市贫困家庭教育救助研究——以武汉市贫困家庭为例》，华中科技大学硕士学位论文，2005年。

② 参见柯峰、李峰、江聪聪等：《武汉市公租房供给现状与需求的差异分析——以武汉市部分区域问卷调查为例》，《华中人文论丛》2012年第1期。

③ 参见王晓蕾、艾建国、王晨：《多智能体的公租房选址决策体系分析——以武汉市为例》，《中国房地产(学术版)》2014年第3期。

④ 参见方壮志：《城市公租房需求状况分析——基于武汉市的调查数据》，《城市问题》2014年第8期。

⑤ 参见陈淑云、范钦：《公租房的后期管理问题及其解决方略——以武汉市为例》，《城市问题》2014年第9期。

5. 对武汉市临时救助的研究

当前关于临时救助的研究成果非常少,如王绍文(2011)指出近年来临时救助工作在中国各地广泛开展,并取得了一定成效,但由于临时救助工作的特殊性和复杂性,在开展临时救助工作时仍面临救助对象认定主观因素较多、临时救助审批时间长、用于临时救助的资金有限、临时救助项目涉及面不全等一系列问题,并提出了临时救助个案管理介入的对策和方法[①];胡浩、吴思汉等(2014)提出临时救助的实施应以政府主导、社会参与、分级管理等多种形式开展,应与城乡低保、城乡医疗救助、司法救助、残疾人救助、信访救助等专项制度紧密衔接起来,让困难群众得到最大程度救助[②]。当前关于武汉市临时救助的研究基本没有。

6. 对武汉市灾害救助的研究

现阶段关于灾害救助的研究成果大都是从全国层面进行的研究,如郭剑平(2009)从灾害承受和管理能力建设,现行灾害救助体系与现代灾害保障需求,巨灾的风险分担机制等方面分析了问题产生的原因,提出了构筑参与主体多元化的自然灾害救助体系、不断加强灾害承受和管理能力建设以及建立巨灾风险转移机制等对策[③];又如林闽钢、战建华(2010)以国家与社会相互增权为视角,通过对四川汶川地震与台湾 9·21 地震灾害救助的比较,分析了四川汶川地震灾害救助中非政府组织(NGO)的参与及其管理的特点和存在的问题,提出了建立庇护型关系来优化中国 NGO 参与灾害救助的路径[④];再如黄帝荣(2010)认为中国传统的灾害救助不能适应防灾与减灾的需要,建议通过明确救助主体、提高救助标准、科学界定救助对象、建立救灾资金多元投入体制、优化救助管理、健全灾害风险社会共担机制、建立灾害救助制度的评估和监控体系等途径,提高防灾和救灾的效果[⑤]。当前研究

---

① 参见王绍文:《社会服务网络下社会临时救助制度的建立与管理》,《商业经济研究》2011 年第 28 期。

② 参见胡浩、吴思汉、李慧玲:《对于建立健全临时救助制度的建议》,《中国校外教育》2014 年第 10 期。

③ 参见郭剑平:《从汶川地震看我国自然灾害救助体系的健全》,《河海大学学报(哲学社会科学版)》2009 年第 1 期。

④ 参见林闽钢、战建华:《灾害救助中的 NGO 参与及其管理——以汶川地震和台湾 9·21 大地震为例》,《中国行政管理》2010 年第 3 期。

⑤ 参见黄帝荣:《论我国灾害救助制度的缺陷及其完善》,《湖南科技大学学报(社会科学版)》2010 年第 2 期。

武汉市灾害救助的文献非常少，彭绍兴（2012）分析了武汉市江夏区自然灾害的现状，指出了江夏区自然灾害应急救助工作存在的问题，提出进一步加强江夏区自然灾害应急救助体系建设的设想[①]。

（七）对武汉市社会福利制度的研究

社会福利是中国社会保障体系的重要组成部分，但就其发展历史来看，却始终滞后于社会保险和社会救助等社会保障内容。前期关于社会福利的研究，其理论依据主要是基于"社会福利社会化"的相关理论。原民政部部长多吉才让（2000）在"社会福利社会化工作会议"上的讲话中指出：社会福利社会化，是在政府的倡导、组织、支持和必要资助下，动员社会力量建设社会福利设施，开展社会福利服务，满足社会对福利服务的追求[②]。易松国（2006）认为，在中国社会福利社会化改革的二十多年间，我们主要在以下几个层面对社会福利问题进行了实践和探索：第一，形成了中国特色的"福利多元主义"，由国家、社会、家庭、个人等各方共同承担社会福利的责任；第二，社会福利的政策目标定位于效率优先，兼顾公平；第三，社会福利服务对象由原先的老弱病残等有限群体扩大到所有公民；第四，提供物质、收入、服务和精神等多方面保障，扩大社会福利的服务范围；第五，改革社会福利事业管理体制与政策模式，加强社会福利与社会政策领域中的国际合作。[③] 田北海（2008）认为，中国的社会福利社会化实践主要面临的是社会化合作机制难以形成、社会化的筹资渠道太过单一、社会化福利服务队伍成长缓慢三大困境。[④] 郑功成（2011）认为，中国的社会福利发展十分滞后，存在着体系残缺、多元分割、制度紊乱、功能异化等缺陷，与人口老龄化的趋势和社会发展带来的城乡居民福利需求全面升级的需要无法适应，国家应全面促进社会福利事业发展，实现中国社会福利体系从照顾弱者向普惠全民转变。[⑤]

当前学界对武汉市社会福利的研究远远滞后于社会保险与社会救助，

---

① 参见彭绍兴：《关于加强武汉市江夏区自然灾害应急救助体系建设的思考》，http://cds.nlc.gov.cn/hbsfz/xxgk/hbsmzt/201309/t20130923_3977778.html? classid=467。

② 参见贾晓九：《满足社会需求 加快社会福利事业发展——全国社会福利社会化工作会议综述》，《社会福利》2000 年第 3 期。

③ 参见易松国：《社会福利社会化的理论与实践》，中国社会科学出版社 2006 年版。

④ 参见田北海：《香港与武汉：老年福利服务模式比较》，《学习与实践》2007 年第 12 期。

⑤ 参见郑功成：《中国社会福利改革与发展战略：从照顾弱者到普惠全民》，《中国人民大学学报》2011 年第 2 期。

相关的研究文献非常少。李占乐(2005)通过对武汉市一个世纪以来福利事业中国家与社会的角色、相互之间的关系、福利事业保障的对象、保障的水平层次四个层面的变迁过程进行客观的描述和分析,来剖析处于现代化过程和转型时期的中国城市社会福利事业发展的规律和特征,并探寻这些历史经验对新世纪城市社会福利事业改革与发展的借鉴和启示。① 杨莉(2011)对武汉市老年人口和民办养老院发展现状进行了调查分析,从养老政策、养老投资、养老规范和养老人才等方面提出相应的对策建议。② 卢时秀(2009)基于对武汉市儿童福利院的调查,运用质性研究方法,全面、系统、直观地展现了小组家庭寄养模式的基本现状、实施效果及其不足,并提出了完善该模式的建议。③ 李实、魏玉平等(2008)以武汉市儿童福利院为例,对福利院孤(残)儿童社会化水平及其归因进行了分析。④ 王伶鑫(2012)以武汉大学老年大学为例,探讨了促进老年人精神福利建设问题。⑤

二、对已有文献的评析

通过以上分析可知,虽然当前"社会保障"是一个热门话题和热门研究领域,国内外对社会保障的研究文献可谓浩如烟海,但是专门针对武汉市社会保障制度进行研究的文献并不多,个别社会保障项目,如武汉市补充养老保险、武汉市补充医疗保险、武汉市临时救助、武汉市护理保险的研究文献基本为空白。总体来看,当前对武汉市社会保障制度的已有研究,大都是针对武汉市某一项目的研究,尚未见到对武汉市社会保障制度进行全面、系统研究的文献。基于此,本研究将从养老保险、医疗保险和社会救助三大部分对武汉市社会保障制度进行系统深入的研究。

---

① 参见李占乐:《现代城市社会福利事业的兴起、变迁与模式转换——以武汉市为个案的制度考察》,华中师范大学硕士学位论文,2005年。

② 参见杨莉:《武汉市民办养老院发展现状调查及对策建议》,《社会保障研究》2011年第3期。

③ 参见卢时秀:《孤残儿童小组家庭寄养模式研究——以武汉市儿童福利院为例》,中南民族大学硕士学位论文,2009年。

④ 参见李实、魏玉平、李剑华等:《福利院孤(残)儿童社会化水平及其归因分析——以武汉市儿童福利院为例》,《社会福利》2008年第5期。

⑤ 参见王伶鑫:《促进老年人精神福利建设——以武汉大学老年大学为例》,《改革与开放》2012年第5期。

第三节　研究内容、研究思路与研究方法

一、主要研究内容

囿于课题经费和研究时间的限制，本研究重点研究武汉市养老保险制度、医疗保险制度和社会救助制度。

（一）武汉市养老保险制度研究

该部分将按照养老保险的项目构成，分项回顾武汉市城镇职工基本养老保险、城乡居民基本养老保险、机关事业单位养老保险、被征地农民养老保险、补充养老保险改革与发展的历程，分析武汉市养老保险制度发展现状，找出存在的问题，然后在借鉴其他副省级城市和国外典型国家经验的基础上，提出完善武汉市养老保险制度的政策建议。

（二）武汉市医疗保险制度研究

该部分将按照医疗保险的项目构成，分项回顾武汉市城镇职工基本医疗保险、新型农村合作医疗、城镇居民基本医疗保险、补充医疗保险、城乡居民大病保险改革与发展的历程，分析武汉市医疗保险制度发展现状，找出存在的问题，然后在借鉴其他副省级城市和国外典型国家经验的基础上，提出完善武汉市医疗保险制度的政策建议。

（三）武汉市社会救助制度研究

该部分将按照社会救助的项目构成，分项回顾武汉市最低生活保障制度、农村五保供养、医疗救助、教育救助、住房救助、临时救助、灾害救助制度改革与发展的历程，分析武汉市社会救助制度发展现状，找出存在的问题然后在借鉴其他副省级城市和国外典型国家经验的基础上，提出完善武汉市社会救助制度的政策建议。

（四）专题研究报告

该部分是本课题组根据当前社会保障领域的热点问题撰写的两篇专题研究报告，分别为《武汉市城乡居民基本养老保险缴费标准优化研究——基于合意替代率和个人缴费能力的双重考量》和《城镇职工延迟退休年龄意愿

及其影响因素研究——基于武汉市 192 份问卷的调研数据》。

二、研究思路

本研究的具体技术路线图如图 1-1 所示：

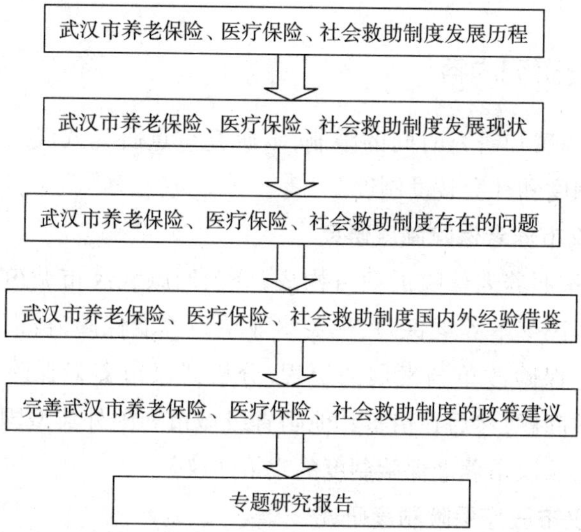

图 1-1　本研究技术路线图

三、研究方法

（一）实地调研法

在课题研究期间，课题组曾赴武汉市人力资源和社会保障局、武汉市民政局、武汉市江夏区民政局、武汉市江汉区社会福利院进行实地调研，与相关部门的工作人员进行座谈，获取武汉市社会保障的相关政策文件、统计公报、统计数据，了解武汉市社会保障存在的问题，并听取实务部门工作人员的想法与建议。另外，为了解武汉市城镇职工延迟退休年龄的意愿及影响因素，课题组成员还对武汉市城镇职工进行了问卷调查。

（二）比较研究法

在武汉市社会保障制度的国内经验借鉴部分，本研究将武汉市的养老保险、医疗保险、社会救助制度与其他 14 个副省级城市作对比，找出差距与不足，并借鉴其他副省级城市在养老保险、医疗保险、社会救助制度建设方面的成功经验。

（三）社会保险精算方法

在专题研究报告部分，本研究运用社会保险精算方法构建出武汉市城乡居民基本养老保险合意缴费标准精算模型，并进行了测算。

（四）计量经济学方法

在专题研究报告部分，本研究运用ELES模型（扩展的线性支出系统模型）来测算城乡居民基本养老保险合意替代率；利用二元Logistic回归模型来分析武汉市城镇职工延迟退休年龄意愿的影响因素等。

（五）文献法

在武汉市养老保险、医疗保险、社会救助制度改革与发展历程部分，本研究主要采用文献法来搜集和整理武汉市养老保险、医疗保险、社会救助制度改革与发展的政策文件；在国内外养老保险、医疗保险、社会救助制度的经验借鉴部分，本研究也主要采用文献法来搜集国外典型国家、其他副省级城市养老保险、医疗保险、社会救助制度的基本情况。

第二章　武汉市养老保险制度研究

本章首先回顾武汉市养老保险制度改革与发展的历程，分析武汉市养老保险制度发展现状，找出存在的问题，然后在借鉴其他副省级城市和国外典型国家经验的基础上，提出完善武汉市养老保险制度的政策建议。

第一节　武汉市养老保险制度发展历程

下面按照养老保险的项目构成，分项回顾武汉市城镇职工基本养老保险、城乡居民基本养老保险、机关事业单位养老保险、被征地农民养老保险、补充养老保险改革与发展的历程。

一、武汉市城镇职工基本养老保险制度发展历程

1998年，武汉市人民政府颁布《武汉市城镇企业职工基本养老保险暂行办法》（武政〔1998〕66号），规定武汉市城镇企业职工基本养老保险实行统账结合的制度模式，覆盖范围为本市城区的国有企业、集体所有制企业、股份制企业、股份合作制企业、外商投资企业、私营企业及其在职职工和退休人员，以及个体工商户业主、帮工和退休人员。基本养老保险费的缴纳分为三类：国有企业、集体所有制企业、股份制企业、股份合作制企业每月按缴费工资基数的25%，职工个人每月按缴费工资基数的4%；外商投资企业、私营企业每月按参保人员缴费工资基数的20%，外商投资企业中方职工、私营企业业主和职工个人，每月按缴费工资基数的4%；个体工商户业主本人每月按缴费工资基数的24%，帮工每月按缴费工资基数的4%缴纳基本养老保险，另由业主为

其按缴费工资基数的20%缴纳基本养老保险费;职工个人缴纳基本养老保险费比例逐步提高到其缴费工资基数的8%,1998年1月1日起,职工基本养老保险个人账户储存额按照职工本人缴费工资基数11%的比例记录。

2007年,武汉市人民政府颁布《武汉市人民政府关于完善我市企业职工基本养老保险制度的实施意见》(武政〔2007〕72号),将外商和灵活就业人员纳入城镇企业职工基本养老保险,从2007年7月1日起,企业与单位为职工(包括外来务工人员)缴费比例统一为20%,参保企业与单位职工个人以本人上年度月平均工资为缴费基数,缴费比例为8%;个体灵活就业人员(包括全市城镇个体工商户和灵活就业人员)缴费基数为全市上年度在岗职工平均工资,有困难的个体灵活就业人员2007—2011年的缴费基数分别为全市上年度在岗职工月平均工资的60%、70%、80%、90%、100%,2011年个体灵活就业人员的缴费比例为20%,8%记入个人账户,剩余划入社会统筹基金;从2006年1月1日起,个人账户的规模统一由本人缴费工资的11%调整为8%,全部由个人缴费形成,单位缴费不再划入个人账户。逐步做实个人账户,2006年个人账户按3%的规模做实,以后按照省统一部署逐步提高做实规模。新办法目前适用于中心城区,东西湖区、汉南区、蔡甸区、江夏区、黄陂区、新洲区等6个远城区基本养老金计发的调整,另行规定。

2010年《市人民政府办公厅关于转发武汉市未参保集体企业职工及退休人员原五七工家属工参加城镇企业职工基本养老保险方案的通知》(武政办〔2010〕169号)发布,其参保对象为拥有本市城镇户籍,截至2010年12月31日男性年满50周岁未满60周岁、女性年满45周岁未满55周岁(简称大龄人员)和男性年满60周岁、女性年满55周岁及以上人员(简称超龄人员),并曾在武汉市国有集体企业从事过生产自救和辅助性岗位工作,或在街道居委会生产自救组织中从事过季节工、轮换工、临时工,工作时间3年以上,未被劳动部门录用,不具备企业正式职工身份,且目前尚未参保或未享受定期养老保险待遇。缴费方式:中心城区一次性缴纳,基数为2008年全市在岗职工平均工资的60%,比例为20%,实行市级统筹;远城区一次缴纳基数为中心城区同类人员缴费金额的80%,实行区级统筹。从2011年1月1日起,此类人员符合按月领取基本养老金条件的,统一执行城镇企业职工基本养老金计发办法,中心城区超龄人员月基本养老金标准统一为710元,远城区为568元。

2014年,武汉市人社局颁布《关于进一步做好基本养老保险关系转移接续工作的通知》(武人社规〔2014〕2号),对省内和跨省符合条件的人员办理基本养老保险关系转移接续手续做出规定。同时给出了对市外转入人员缴费指数的计算确定办法、缴费基数记录不全参保人员办理基本养老保险关系转出手续的处理意见、参保人员存在多重养老保险关系的处理意见以及异地已退休人员在本市存在未转缴费记录的处理意见。此外,对参保人员在本市统筹范围内跨新城区与中心城区流动就业的转移接续办法做出了具体规定。该文件的出台有利于做好基本养老保险关系转移接续工作,对于保障参保人权益,促进人力资源合理配置及流动有重要意义。

待遇水平方面,从2005年起武汉连续12年上调企业退休人员基本养老金。2012年武汉市企业退休人员月人均养老金水平为1694元,在全国15个副省级城市中仅排倒数第五,低于全国平均水平(1721)元。2013年,武汉市企业退休人员月平均养老金水平达1880元。2014年,武汉市企业职工月平均养老金水平达到2090元,首次超过全国平均水平(2082元)。

二、武汉市城乡居民基本养老保险制度发展历程

1992年民政部颁布《县级农村社会养老保险基本方案(试行)》,开始农村社会养老保险的推广,史称"老农保"。在该方案颁布不久,武汉市就出台了《武汉市农村社会养老保险办法》。1999年《国务院批转整顿保险业工作小组〈保险业整顿与改革方案〉的通知》(国发〔1999〕14号)提出,"目前我国农村尚不具备普遍实行社会保险的条件。对民政系统原来开展的'农村社会养老保险',要进行清理整顿,停止接受新业务,区别情况,妥善处理,有条件的可以逐步将其过渡为商业保险"。此后,全国包括武汉市的农村社会养老保险制度陷入停滞状态。

在《国务院关于开展新型农村社会养老保险试点的指导意见》(国发〔2009〕32号)出台后,2009年9月22日,武汉市人民政府就印发了《武汉市新型农村社会养老保险试行办法》(武政规〔2009〕12号),开始了"新农保"的试点工作。2009年武汉市纳入国家首批新农保试点县的是黄陂区,2010年武汉市汉南区又被纳入国家第二批新农保试点县。

2011年《武汉市人民政府关于实施城乡居民社会养老保险制度的意见》(武政〔2011〕61号)出台,决定从2011年7月1日起,在全市已纳入国家和武汉市新农保试点的区,合并实施城乡居民社会养老保险,到2012年基本实

现全市城乡居民社会养老保险制度全覆盖。参保对象为具有武汉市城乡户籍,年满16岁(不包括在校生),未参加其他其他社会养老保险的城乡居民。城乡居民基本养老保险分为100元、200元、300元、400元、500元、600元、700元、800元、900元、1000元、1200元、1400元、1600元和1800元等14个缴费档次,参保人自主选择,多缴多得。基金来源于个人缴费和政府补贴,政府补贴标准为每人每年30元,其中省级财政负担20元,市、区财政各负担5元。待遇包括基础养老金和个人账户两部分,基础养老金为每月100元,中央财政负担55元,市、区各负担22.5元,个人账户部分为个人账户全部储存额除以139。

2013年武汉市城乡居民社会养老保险基础养老金提高了20%,由每人每月100元增至120元。

2014年武汉市城乡居民社会养老保险基础养老金由每人每月120元增至144元,其中,中央财政承担55元,市区政府共负担89元。2013年底以前城乡居民社会养老保险个人账户累计储存额年记账利率和2014年度城乡居民社会养老保险个人账户当年划入金额年记账利率均为3.25%。

2015年,武汉市决定再次提高城乡居民社会养老保险基础养老金,由每人144元/月提高到180元/月,涨幅达25%。

2015年9月,武汉市根据《省人民政府关于完善城乡居民基本养老保险制度的意见》(鄂政发〔2015〕41号)精神,出台《市人民政府关于完善城乡居民基本养老保险制度的实施意见》(武政规〔2015〕10号),与武政〔2011〕61号文件相比,该文件主要做了以下补充和完善:(1)对缴费档次进行了调整,最低缴费档次提高至200元,最高缴费档次提高至5000元。调整后的缴费档次仍为14档,分别为200—1000元、1500元、2000元、3000元、4000元、5000元。(2)提高了缴费补贴标准。即对选择200—400元档次标准缴费的,补贴标准不低于45元/人·年;对选择500元及以上档次标准缴费的,补贴标准不低于60元/人·年;以上最低补贴标准的缴费补贴由省、市、区人民政府按照4∶1∶1的比例负担。(3)规定武汉市提高基础养老金标准所需资金由市、区人民政府按照1∶1的比例承担。(4)设置了缴费年限基础养老金。规定根据本人累计缴费年限按照每满1年每月不低于2元的标准计算确定,所需资金按由区人民政府承担。(5)规定参保人员死亡的,个人账户资金全部余额由法定继承人或者指定受益人继承。(6)规定参保后因各种原因中断缴费的,在达到规定领取养老保险待遇年龄前可进行补缴,中断期间及补缴的年限不享受政府的缴费补贴。(7)对丧葬补助金做出了规定。即领取城乡居民基本养老保险待遇人员死亡的,从死亡次月起停止支付养老金,向其遗属发放一次性丧葬补助金,其标准按照不低于参保人员死亡当月享受的基础养老金标准(含缴费年限基础养老金)的10个月确定,所需资金由区人民政府负担。

三、武汉市机关事业单位养老保险制度发展历程

1995年,湖北省人民政府发布《关于印发湖北省机关事业单位社会保险制度改革方案的通知》(鄂政发〔1995〕138号),要求改变社会保险费由国家单位统包的状况,由国家、单位、个人共同合理负担,机关事业单位逐步建立基本养老保险、单位补充养老保险和个人储蓄积累式养老保险相结合的养老保险制度。

2003年,《湖北省人民政府办公厅关于全省机关事业单位养老保险制度改革有关问题的通知》(鄂政办发〔2003〕47号)指出,各地普遍建立的机关事业单位劳动合同制工人养老保险,省和市、县直事业单位养老保险及部分市县经地方政府批准开展的机关事业单位全员养老保险试点,要按照稳定队伍、规范管理、完善政策、稳步推进的要求,进一步规范和完善;要求严格执行现行缴费比例,待国家政策出台后再逐步调整统一;强化基金管理和监督,专款专用;实行社会统筹与个人账户相结合;待遇与缴费相关联的激励机制等。

2004年,《省人民政府关于印发〈湖北省试点县(市、区)乡镇事业单位基本养老保险实施意见〉的通知》(鄂政办发〔2004〕121号)提出,乡镇事业单位基本养老保险实行县级统筹,实行社会统筹与个人账户相结合;财政核拨经费单位的职工,以本人档案工资为缴费基数;其他单位的职工,以本人上年度月平均工资为缴费基数;缴费比例为参保单位20%,个人8%。

2006年《湖北省机关事业单位离退休人员计发离退休费等问题的实施意见》(鄂人〔2006〕19号)规定,在机关事业单位养老保险制度建立之前,按本办法计发公务员、事业单位工作人员、机关技术工人、普通工人的离退休费。

2008年《关于机关事业单位养老保险有关问题的处理意见》(鄂劳社发〔2008〕63号)将机关事业单位的缴费比例统一为单位20%,个人8%;未按此规定执行的地方,2009年必须按规定调整到位。

2008年《湖北省关于机关事业单位部分流动人员养老保险有关问题的

处理意见》(鄂劳社发〔2008〕27号),规范和统一了湖北省机关事业单位辞职或解除劳动关系人员与企业解除劳动关系人员的养老保险政策。

2015年1月3日,国务院发布《关于机关事业单位工作人员养老保险制度改革的决定》(国发〔2015〕2号),决定自2014年10月1日起实施机关事业单位工作人员养老保险制度改革,基本养老保险缴费比例为:单位20%,个人8%。2015年10月,《湖北省人民政府关于机关事业单位养老保险制度改革的实施意见》(鄂政发〔2015〕64号)出台。

2016年4月30日,根据《国务院关于机关事业单位工作人员养老保险制度改革的决定》(国发〔2015〕2号)和《湖北省人民政府关于机关事业单位养老保险制度改革的实施意见》(鄂政发〔2015〕64号)等文件精神,武汉市人民政府发布《关于做好全市机关事业单位工作人员养老保险制度改革工作的通知》(武政〔2016〕20号),决定推进武汉市机关事业单位工作人员养老保险制度改革,实行统账结合的基本养老保险制度,逐步建立独立于机关事业单位之外、资金来源多渠道、保障方式多层次、管理服务社会化的养老保险体系。实施范围为武汉市按照公务员法管理的单位,参照公务员法管理的机关(单位),实施事业单位分类改革后确定为行政类、公益一类、公益二类的事业单位及其编制内的工作人员。

按照(含参照)公务员法管理的单位工作人员的个人缴费工资基数,包括本人上年度工资收入中的基本工资、国家统一的津贴补贴、规范后的津贴补贴、年终一次性奖金等;事业单位工作人员的个人缴费工资基数,包括本人上年度工资收入中的基本工资、国家统一的津贴补贴、绩效工资等。其中,个人工资超过上年度全市(省)在岗职工平均工资300%以上的部分,不计入个人缴费工资基数;低于上年度全市在岗职工平均工资60%的,按上年度全市(省)在岗职工平均工资的60%确定个人缴费工资基数。单位缴费基数为本单位参加机关事业单位养老保险人员的个人缴费工资基数之和。单位和个人缴纳基本养老保险费的比例分别为20%、8%。

2014年10月1日及以后参加工作、个人缴费年限累计满15年的人员(简称"新人"),按月发给基本养老金,包括基础养老金和个人账户养老金。基础养老金月标准以退休时上年度全市在岗职工月平均工资和本人指数化月平均缴费工资的平均值为基数,缴费每满1年发给1%;个人账户养老金月标准为个人账户储存额除以计发月数。2014年9月30日前参加工作、

2014年10月1日及以后符合领取基本养老金条件的人员(简称“中人”),经领取基本养老金资格确认后,在发给基础养老金和个人账户养老金(计算方法同“新人”)的基础上,再依据视同缴费年限发给过渡性养老金,过渡性养老金等于参保人员退休时本市上年度在岗职工月平均工资、本人视同缴费指数、本人视同缴费年限、过渡系数的乘积。视同缴费年限为参保人员2014年9月30日前在机关事业单位的工作年限。

四、武汉市被征地农民养老保险发展历程

2004年9月,武汉市劳动和社会保障局下发《市劳动保障局关于“城中村”综合改造村改居人员就业和社会保障工作的意见》,规定“城中村”包括江岸、江汉、汉口、汉阳、武昌、洪山区的147个行政村和15个农林单位,将“城中村”中改登为城市居民户口的人员(简称“村改居”人员)纳入城市社会保障体系。覆盖人群为“5560”村改居人员;一次性缴费,包括10年的生活费、住院医疗费以及13个月的丧葬补助费;实行市级统筹。由于主要是针对“城中村”被征地农民中的“5560”人员,因此又称为“村改居”养老人员养老保障。

2006年《市人民政府办公厅转发市劳动保障局关于做好我市被征地农民基本生活保障工作意见的通知》(武政办〔2006〕113号)提出,江夏、蔡甸、黄陂、新洲、汉阳、洪山、武汉经济技术开发区和东湖新技术开发区,对“5560”人员提供每年每人不低于800的基本生活费;对已经纳入“村改居”养老人员养老保障的仍按原办法执行,纳入农垦企业基本养老保险的执行农垦企业职工基本养老保险办法。

2009年9月,《武汉市人民政府办公厅转发市人力资源和社会保障局关于做好被征地农民社会保障和就业培训工作意见的通知》(武政办〔2009〕139号),将被征地农民纳入城镇企业职工基本养老保险和养老保障,或新型农村社会养老保险范围,农民自由选择参保种类,不再建立单独的制度,资金由个人、村集体经济组织和政府共同负担。2009年7月1日以后的被征地农民采取“先保后征”,参加城镇企业职工基本养老保险的,以《征地补偿安置方案》批准之日上年度全市在岗职工月平均工资(远城区按照全市统一的“远城区在岗职工月平均工资标准”)的60%为缴费基数,缴费比例为20%,《征地补偿安置方案》批准之月起,选择参加“5560”养老保障的,次月起,按武汉市当地城镇居民最低生活保障标准130%,按月发给养老保险待

遇。2006年4月10日至2009年6月30日期间的被征地农民采取个人(集体)缴纳养老保险或养老保障费的70%,市区政府补贴30%。中心区实行市级统筹,远城区实行区级统筹。

2010年《市人民政府办公厅转发市人力资源和社会保障局等部门关于进一步做好我市被征地农民基本生活保障工作意见的通知》(武政办〔2010〕90号)决定,从2010年起,新增女年满55周岁,男年满60周岁的"5560"人员不再享受800元的基本生活保障,按照武政办〔2009〕139号文件参保。

2012年,武汉市人社局颁布《关于对参加城乡居民社会养老保险的被征地农民增加补助养老金的意见》,规定从2012年11月1日起,本市行政区域内的蔡甸、江夏、汉南、黄陂和新洲区中参加城乡居民社会养老保险的年满60周岁被征地农民,每月增发200元补助养老金,被征地农民补助养老金由市、区两级财政各承担50%。截至2012年6月,武汉市新城区历年被征地农民有29.9万人,其中已参加城镇职工基本养老保险4.5万人,已参加城乡居民社会养老保险25.4万人①。

2015年10月,武汉市人民政府印发了《武汉市被征地农民参加基本养老保险实施办法》(武政规〔2015〕13号)。该办法所称被征地农民,是指2015年1月1日以后因省级以上人民政府依法批准征收农村集体土地而导致失去全部或者大部分土地且在征地时享有农村集体土地承包权的在册农业人口;区人民政府对符合条件的被征地农民给予一次性养老保险补偿,补偿标准按照不低于被征地时上年度全市农村常住居民人均可支配收入的3倍确定;被征地农民选择参加城乡居民基本养老保险或者城镇职工基本养老保险,个人均应当按照规定缴纳基本养老保险费;被征地农民养老保险补偿资金专项用于被征地农民参加基本养老保险,并按照规定划入基本养老保险基金和记入个人账户,不得直接发放给被征地农民个人;对参加城乡居民基本养老保险且符合补偿条件的被征地农民,其所获得补偿资金(含利息)按照规定记入其城乡居民基本养老保险个人账户;对参加城镇职工基本养老保险且符合补偿条件的被征地农民,将其所获得补偿资金(含利息)按照规定划入城镇职工基本养老保险基金,并相应记录缴费年限及个人账户信息。该办法自2015年1月1日起施行。

① 王志新:《每月增发200元补助养老金》,《长江日报》2012年12月14日。

五、武汉市补充养老保险制度发展历程

广义上的补充养老保险包括企业年金、职业年金以及企业为员工购买的商业养老保险等。本研究主要分析武汉市企业年金、职业年金制度的发展状况。

为了提高职工退休后的待遇,建立多层次的社会保障体系,1996 年 12 月,原湖北省劳动厅下发了《关于湖北省企业职工建立补充养老保险制度的实施意见》(鄂劳险〔1996〕311 号),要求有条件的企业,要根据自身的经济效益为本企业职工建立补充养老保险,由企业和职工个人共同缴费,并建立职工的个人账户。

2004 年原劳动和社会保障部《企业年金试行办法》明确规定,企业年金实行完全积累,企业缴费不超过上年度职工工资总额的 1/12,企业和职工个人缴费总额不能超过上年度职工工资总额的 1/6。

2007 年《湖北省武汉市人民政府关于完善我市企业职工基本养老保险制度的实施意见》(武政〔2007〕72 号)要求,做好企业年金的政策宣传与指导,确保基金的安全。

2007 年之前,湖北省的企业年金一直由社然保险经办机构或者企业自管,这不仅使基金的运营缺乏监管,而且面临着巨大的贬值风险。2007 年,武汉市企业年金基金交由具备资质的金融机构管理运营,提高收益率,以实现基金的保值增值。

2014 年 4 月,武汉市举办企业年金论坛,以“新机遇、新挑战”作为论坛的主题,对武汉市的企业年金政策、基金投资、基金管理以及各种优惠政策进行了探讨,为武汉市企业年金的今后发展指出了一个方向。

2014 年 7 月,武汉市转发了人社部《关于进一步做好企业年金方案备案工作的通知》,要求武汉市按照统一的企业年金范本进行备案,使之更加规范化、清晰化。2014 年,武汉市有 110 家企业在人社部门报备实施企业年金制度,涉及 3 万多名职工。

2015 年 3 月,国务院办公厅印发了《机关事业单位职业年金办法》(国办发〔2015〕18 号),2016 年 9 月,人社部印发了《职业年金基金管理暂行办法》(人社部发〔2016〕92 号),这两个文件对职业年金及其基金的投资运营做出了明确规定。但截至 2016 年 12 月底武汉市没有出台关于建立职业年金的

具体的实施方案和细则，只是在《市人民政府关于做好全市机关事业单位工作人员养老保险制度改革工作的通知》（武政〔2016〕20 号）中做出了相关的规定：机关事业单位在参加基本养老保险的基础上，应当为其工作人员建立职业年金；单位和个人缴纳职业年金的基数与基本养老保险的缴费基数一致；职业年金缴费比例为单位 8%，个人 4%；职业年金基金采用个人账户方式管理；个人缴纳的职业年金实行实账积累；财政全额供款的单位，其单位应当缴纳的职业年金采取记账方式，退休前由同级财政拨付资金记实；非财政全额供款的单位，单位应当缴纳的职业年金实行实账积累；机关事业单位工作人员变动工作单位时，计入职业年金个人账户的资金可随同转移；职业年金的经办管理，由社会保险经办机构负责；职业年金基金投资运营收益，按照规定计入职业年金个人账户，职业年金基金投资运营的具体办法，按照省有关规定执行。

第二节　武汉市养老保险制度发展现状

由于武汉市机关事业单位养老保险制度改革于 2016 年 4 月才发布文件、正式启动，《武汉市被征地农民参加基本养老保险实施办法》（武政规〔2015〕13 号）的发布时间为 2015 年 10 月，实施的时间均不长，因此，本节重点介绍武汉市城镇职工基本养老保险、城乡居民基本养老保险、社会养老保险经办机构的发展现状。

一、武汉市城镇职工基本养老保险发展现状

（一）城镇职工基本养老保险覆盖范围逐步扩大，参保人数逐年增多

通过表 2-1 可知，武汉市自 1991 年建立城镇职工基本养老保险开始，经过 20 多年的发展，参保人数逐渐增加，覆盖面逐步扩大，包含了城镇企业职工、个体工商户、灵活就业人员、农民工、部分被征地农民，基本实现了参保人群的“应保尽保”。

表 2-1 1991—2014 年武汉市城镇职工基本养老保险参保人数

年份	参保人数(万人)	参保职工(万人)	参保农民工(万人)	参保离退休人员(万人)
1991	112.22	89.21	—	23.01
1992	113.12	89.25	—	23.88
1993	116.34	91.41	—	24.93
1994	117.51	92.41	—	25.10
1995	153.35	115.25	—	38.10
1996	156.74	116.20	—	40.54
1997	156.26	114.41	—	41.85
1998	170.35	127.12	—	43.24
1999	174.92	129.11	—	45.81
2000	182.65	132.61	—	50.04
2001	186.34	134.85	—	51.49
2002	196.66	142.79	—	53.87
2003	210.07	153.54	—	56.53
2004	231.88	167.09	—	64.79
2005	236.81	169.24	—	67.57
2006	253.59	183.00	—	70.59
2007	267.85	193.03	—	74.82
2008	281.20	202.36	—	78.85
2009	293.77	210.29	—	83.48
2010	309.58	220.91	14.35	88.67
2011	333.28	229.68	27.44	103.61
2012	350.59	239.18	30.38	111.41
2013	368.24	249.14	39.87	119.11
2014	380.90	256.53	49.06	124.38

资料来源:武汉市人力资源和社会保障局。

1991 年城镇职工基本养老保险参保人数仅为 112.22 万人,参保的主要对象是企业职工,为 89.21 万人,占参保总人数的 79.50%,参保离退休人员为 23.02 万人,占参保总人数的 20.50%;经过 20 多年的发展,参保人群逐渐扩大,到 2010 年,有 14.35 万人的农民工参加城镇职工基本养老保险。截至 2014 年年底,城镇职工基本养老保险参保对象达到 380.90 万人,是 1991 年的 3.4 倍,其中,参保职工为 256.53 万人,是 1991 年的 2.9 倍,占参保总人数的 67.35%;参保农民工达到 49.06 万人,是 2010 年的 3.4 倍,占总参保人数的 12. 88%；参保离退休人员达到 124. 38 万人，是 1991 年的 5. 4 倍，占总参保人数的 32. 65%。

通过图 2-1 可知，武汉市城镇职工基本养老保险参保人数的增长率，除个别年份有一定波动外，基本保持平稳增长，制度运行良好。

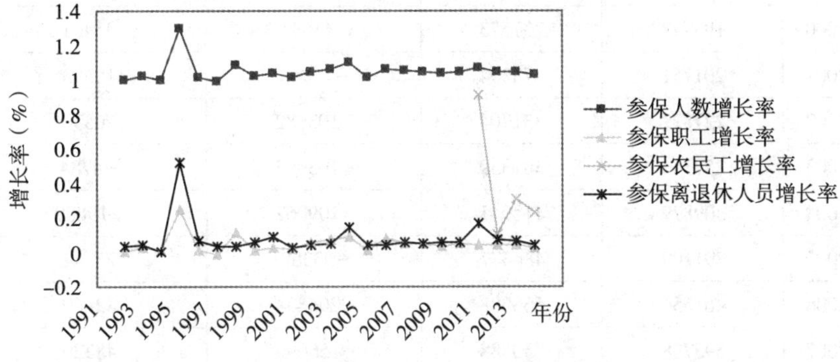

图 2-1　1991—2014 年武汉市城镇职工养老保险参保人群增长率

资料来源：武汉市人力资源和社会保障局。

（二）城镇职工基本养老保险的收支规模及基金积累数额不断增大

表 2-2 显示，若剔除财政补贴，1991 武汉市城镇职工基本养老保险基金收入为 38102 万元，基金支出为 38642 万元，当期收不抵支，该收不抵支的状态从 1991 年开始一直持续到 1994 年，1995—1997 年当期基金收支出现结余，但 1998—2014 年，武汉市城镇职工基本养老保险基金均收不抵支。可见，如果没有各级政府的财政补贴，武汉市城镇职工基本养老保险基金的收支缺口会非常大。

表 2-2　1991—2014 年武汉市城镇职工基本养老保险基金收支及累计结余

年　份	基金收入（万元）	基金支出（万元）	基金收支差额（万元）	基金累计结余（万元）
1991	38102	38642	-540	—
1992	46023	53114	-7091	—
1993	60798	64085	-3287	—
1994	46135	63020	-16885	—
1995	134965	125858	9107	—
1996	128453	115309	13144	—

续表

年　份	基金收入(万元)	基金支出(万元)	基金收支差额(万元)	基金累计结余(万元)
1997	148687	145234	3453	—
1998	157455	163605	-6150	29619
1999	189034	209402	-20368	30809
2000	193742	237573	-43831	35401
2001	201751	278394	-76643	10593
2002	227822	331704	-103882	653
2003	257366	361359	-103993	-8784
2004	309879	418941	-109062	-19889
2005	391109	484477	-93368	25744
2006	461554	666088	-204534	32660
2007	595798	750888	-155090	48320
2008	800147	955381	-155234	135001
2009	1019235	1144225	-124990	294942
2010	1229131	1380511	-151380	496811
2011	1918237	1739520	178717	1003145
2012	1908992	2185057	-276065	1372382
2013	2090041	2594773	-504732	1491020
2014	2447400	3082726	-635326	1515859

注:表中的基金收入不含各级财政补贴。

资料来源:武汉市人力资源和社会保障局。

但各级财政对武汉市城镇职工基本养老保险进行补贴后,情况就发生了较大的变化。1998 年武汉市城镇职工基本养老保险基金累计结余为 29619 万元,此后两年不断增加,2000 年基金累计结余达到 35401 万元,但从 2001 年开始,基金累计结余不断下降,2003—2004 年基金累计滚存出现了负值(-8784 万元、-19889 万元),从 2005 年开始,武汉市城镇职工基本养老保险基金再次出现了累计结余(25744 万元),此后不断增加,到 2014 年已经达到了 1515859 万元,2005—2014 年基金累计结余年均增长率达到了 57.28%。武汉市城镇职工基本养老保险基金累计结余的变动趋势如图 2-2 所示。

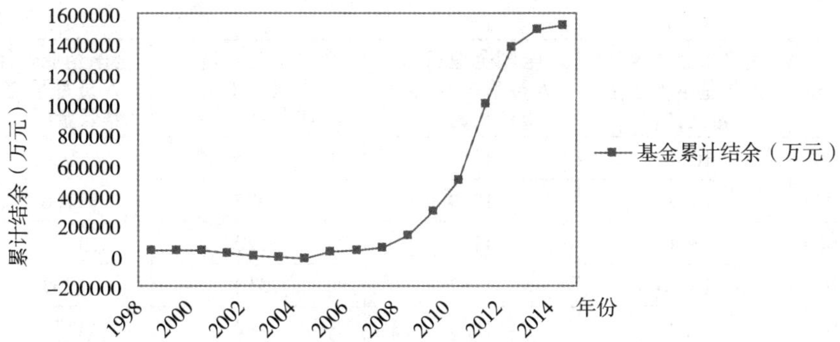

图 2-2　1998—2014 年武汉市城镇职工基本养老保险基金累计结余情况

资料来源:武汉市人力资源和社会保障局。

（三）企业退休人员基本养老金连续 12 年上调

2005—2016 年间,武汉市紧跟国家政策,连续 12 年上调企业退休人员基本养老金。2005—2014 年,除 2005 年企业退休人员基本养老金调整比例为个位数(8.01%)外,其他年份的调整比例均为两位数,2006 年调整比例更是高达 35.17%;2005—2014 年,除少数年份(2005 年、2007 年、2008 年、2012 年)武汉市企业退休人员基本养老金调整比例略低于全国平均水平外,其他年份均高于全国平均水平。

武汉市企业退休人员月平均基本养老金从 2005 年的 580 元,增加到 2014 年的 2118 元,9 年间增加了 2.65 倍,其年平均增幅达到 15.48%。2005—2013 年,武汉市企业退休人员月平均养老金虽然逐年增加,但均低于全国平均水平。2014 年,武汉市企业退休人员月平均养老金达到 2118 元,首次超过全国平均水平(2082 元)。

基本养老金的连年上调,保证了企业退休人员的生活水平不因物价上涨而降低,同时让企业退休人员分享到了经济发展成果,还缩小了企业与机关事业单位工作人员之间的养老金差距。

表 2-3　2005—2014 年武汉市与全国企业退休人员月平均养老金水平、调待比例对比

年份	武汉市企业退休人员基本养老金调整比例(%)	全国企业退休人员基本养老金调整比例(%)	武汉市企业退休人员月平均养老金(元)	全国企业退休人员月平均养老金(元)
2005	8.01	8.2	580	700
2006	35.17	16.9	784	818

续表

年份	武汉市企业退休人员基本养老金调整比例(%)	全国企业退休人员基本养老金调整比例(%)	武汉市企业退休人员月平均养老金(元)	全国企业退休人员月平均养老金(元)
2007	10.46	13.1	866	925
2008	13.97	18.9	987	1100
2009	13.48	11.4	1120	1225
2010	16.96	11.2	1310	1362
2011	14.27	10.9	1497	1511
2012	13.89	13.9	1705	1721
2013	10.38	10.0	1882	1893
2014	12.54	10.0	2118	2082

资料来源:武汉市人力资源和社会保障局。

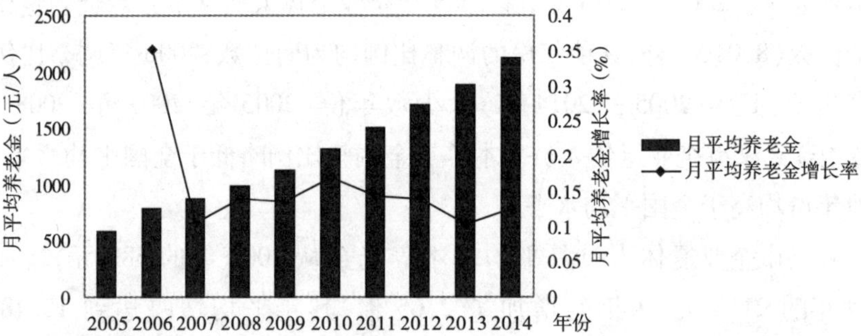

图 2-3　2005—2014 年武汉市城镇企业职工月平均养老金增长情况

资料来源:武汉市人力资源和社会保障局。

(四) 武汉市城镇职工基本养老保险个人账户基金积累逐年增多,投资方式单一

2006 年,武汉市开始进行做实城镇职工基本养老保险个人账户试点,个人账户基金积累额逐年增多,2006—2014 年个人账户基金积累额增长率均为两位数,2014 年突破 500 亿元,达到 5175984 万元。但做实的个人账户并未进行市场化投资运营,投资方式还主要是存银行,收益率为协议存款利率,这直接导致个人账户的记账利率偏低。目前武汉市个人账户记账利率基本参考银行一年期存款利率来确定。总体来看,个人账户投资收益率和记账利率均偏低(见表 2-4)。

表 2-4　2006—2014 年武汉市城镇职工基本养老保险个人账户基金积累与记账利率

年份	个人账户基金积累额（万元）	个人账户基金积累额增长率（%）	个人账户记账利率（%）
2006	1363963	12. 65	4. 14
2007	1536531	12. 69	4. 14
2008	1731553	18. 50	2. 25
2009	2051828	21. 85	2. 25
2010	2500089	28. 89	2. 75
2011	3222439	18. 14	3. 50
2012	3806900	19. 15	3. 25
2013	4535979	14. 11	3. 25
2014	5175984	12. 65	3. 00

资料来源：武汉市人力资源和社会保障局。

二、武汉市城乡居民基本养老保险发展现状

2011 年《武汉市人民政府关于实施城乡居民社会养老保险制度的意见》（武政〔2011〕61 号）决定将武汉市城镇居民社会养老保险制度和新农保合并为城乡居民社会养老保险制度。2013 年将中心城区和东西湖区纳入，实现全覆盖，待遇包括基础养老金和个人账户养老金两部分，基础养老金为每人每月 100 元，中央财政负担 55 元，市、区各负担 22. 5 元。2013 年武汉市城乡居民基本养老保险基础养老金提高了 20%，由每人每月 100 元增至 120 元，增幅达 20%。2014 年武汉市城乡居民基本养老保险基础养老金由每人每月 120 元增至每月 144 元，增幅达 20%，其中，中央财政承担 55 元，市区政府共负担 89 元。2015 年，武汉市决定再次提高城乡居民基本养老保险基础养老金，由每人每月 144 元提高到 180 元，涨幅达 25%。2016 年武汉市城乡居民基本养老保险基础养老金提高至每人每月 225 元，涨幅达 25%（见表 2-5）。

虽然武汉市城乡居民基本养老保险制度建立的时间还不长，从 2010 年武汉市开始试点新农保算起，只有 7 年时间，但城乡居民基本养老保险个人账户已经积累了大量的资金，截至 2014 年年底，已经累计结余 141053. 97 万元，但其个人账户基金的管理与城镇职工基本养老保险个人账户基金一样，尚未开始投资运营，导致其个人账户记账利率偏低，基本与一年期银行存款

利率持平(见表2-5)。

表2-5　2009—2016年城乡居民基本养老保险基金收支及累计结余

年份	基金收入（亿元）	基金支出（亿元）	基金累计结余（亿元）	基础养老金月标准（元/人）	基础养老金增幅（%）	个人账户记账利率（%）
2011	—	—	—	100	0.0	—
2012	21419.29	44873.82	81646.39	100	0.0	3.25
2013	22145.77	60027.89	104165.86	120	20.0	3.25
2014	21859.71	84549.22	141053.97	144	20.0	3.00
2015	—	—	—	180	25.0	—
2016	—	—	—	225	25.0	—

注:表中2012—2014年的城乡居民基本养老保险基金收入没有包含财政补贴。

资料来源:武汉市人力资源和社会保障局。

从表2-6可以看出,自制度建立以来,城乡居民基本养老保险基本实现了人群全覆盖,随着城镇化的进程,城乡居民基本养老保险参保人数稳中有降。

表2-6　2009—2015年武汉市城乡居民基本养老保险参保人数

年份	参保人数（万人）	达到领取待遇年龄参保人数（万人）	达到领取待遇年龄参保人数占总参保人数比率（%）
2011	—	—	—
2012	140.22	36.23	25.84
2013	142.47	37.91	26.61
2014	142.30	38.52	27.07
2015	142.07	—	—

资料来源:2011—2014年的数据由武汉市人力资源和社会保障局提供,2015年数据来源于《武汉市2015年暨"十二五"期间国民经济和社会发展统计公报》。

三、武汉市社会养老保险经办机构发展现状

武汉市自2000年以来,全市的城镇职工基本养老保险便实行了统一的信息管理系统,信息化建设成绩斐然;但随着参保人数的增加,养老保险经办机构数量以及经办机构工作人员的配备严重短缺。从表2-7可以发现,2000—2014年的15年间,养老保险经办机构数量仅仅增加了2个,经办机构工作人员仅增加了141个,而仅城镇职工基本养老保险的参保人数却增加了

198.25万人，截至2014年年底，相当于是每1个经办机构工作人员服务7439个城镇职工基本养老保险的参保人员，经办机构工作人员严重超负荷运转。

表2-7 武汉市2000—2014年养老保险经办机构情况

年份	经办机构数量（个）	经办机构工作人员数（人）	城镇职工基本养老保险参保人数（万人）	职工基本养老保险参保人数与经办人数之比	全市是否有统一的信息管理系统
2000	15	371	182.65	4923∶1	有
2006	16	379	253.59	6691∶1	有
2007	16	359	267.85	7461∶1	有
2008	16	368	281.20	7641∶1	有
2009	16	373	293.77	7876∶1	有
2010	16	474	309.58	6531∶1	有
2011	16	475	333.28	7016∶1	有
2012	16	470	350.59	7459∶1	有
2013	16	563	368.24	6541∶1	有
2014	17	512	380.90	7439∶1	有

资料来源：武汉市人力资源和社会保障局。

第三节 武汉市养老保险制度存在的问题

一、基本养老保险基金收不抵支，基金缺口较大

自从实行养老金社会化发放以来，武汉市一直存在基金收支缺口，剔除财政补贴，2014年城镇职工基本养老保险的基金收支缺口达63.5326亿元（见表2-2），基金收支形势不容乐观。近些年虽然基本养老保险制度扩大了参保覆盖面，但截至2014年年底，武汉市60周岁以上老龄人口达156.01万，占总人口的18.86%，高于全国15.5%[①]的平均水平，武汉市人口老龄化的加速发展对养老保险基金支出也提出了更高的要求。由于人口年龄结构趋于老龄化，在职劳动力的减少，基金的开源方面，通过扩面征缴并不一定

① 数据来源于《2014年国民经济和社会发展统计公报》。

能保证基金收入的提高。因为制度体系内参保缴费人口的增长率逐年放缓,基金收入增加速度减缓,但是基金的支出却是刚性增长的,这也说明武汉市基本养老保险基金的支撑力是越来越小的。再加上武汉市基本养老保险的覆盖率(综合覆盖率达到98%)已超过全国平均值,在覆盖率已经很高的前提下,本身进行扩面的空间就不是很大,通过扩大覆盖面来提高养老基金支付能力、缓解基金收支缺口问题的可能性是很小的。而目前武汉市城镇职工基本养老保险的制度抚养比仅为2.1∶1,更加为武汉市城镇职工基本养老保险基金的收支平衡敲响了警钟。因此,必须从其他途径扩大基金的收入来源,增大基金规模,为制度的可持续发展提供财力保证。

二、个人账户做实举步维艰,缺乏进一步制度设计

20世纪90年代,中国的城镇职工基本养老保险逐渐由“现收现付制”转变为现行的“统账结合”模式,由此产生大量的转制成本。在养老保险基金收不抵支的情况下,政府只好借用职工个人账户的基金填补社会统筹的基金缺口,造成“中人”的个人账户“空账”规模庞大,而且统筹账户与个人账户之间没有严格的管理界限,导致统筹账户严重透支个人账户基金。武汉市从2006年开始进行逐步做实个人账户的试点,但无论是地方政府还是参保个人,对做实个人账户都没有多大的积极性,截至2014年年底,个人账户基金积累为5175984万元(见表2-4),但距离做实个人账户还有巨大的缺口。一方面是剔除财政补贴后城镇职工基本养老保险基金当期收不抵支,另一方面却是个人账户基金的大量沉淀、贬值,这本身就没有实现资金的充分利用和效率的最大化。做实个人账户举步维艰,改革过程中遭遇的阻力较大。目前个人账户做实的规模增加缓慢,2013—2014年连续两年武汉市城镇职工基本养老保险个人账户基金积累额增长率下降,个人账户“空账”的规模却越来越大。面对人口老龄化日益严峻和养老金的缺口,对于未来是否还是要继续做实个人账户,以及做实个人账户后能否获得合理的投资收益率,或者还是实行名义账户制,目前尚存在争议,武汉市也并没有进行相应的前瞻性的顶层设计。

三、城乡居民基本养老保险制度设计存在缺陷,吸引力不高

2016年,武汉市城乡居民基本养老保险基础养老金为225元/月,较上年涨幅达25%。但是2014年武汉市城乡居民基本养老保险参保人群有

142.30万人,较2013年参保人数甚至有所下降,原因除了一部分人群加入到城镇职工基本养老保险制度中,更多的是制度本身的吸引力不高,导致“断保”情况较多。城乡居民特别是中青年居民对城乡居民基本养老保险的参保积极性不是很高,即使参保,中断缴费的可能性也很大,其长期参保的意愿难以持续。原因在于:第一,城乡居民基本养老保险的养老金水平偏低,领取的养老金只能当作“零花钱”又何谈用来养老。学者薛惠元、仙蜜花(2014)的研究显示,城乡居民基本养老保险只能满足部分选择较高缴费档次且缴费年限较长的居民年老时的基本生活需要。[1] 对大部分的城乡居民而言,微薄的养老金水平犹如杯水车薪,起不到多大作用。第二,这一制度设计存在不公平且缺乏激励性。如城乡居民基本养老保险与城镇职工基本养老保险、机关事业单位养老保险的保障水平差距过大,养老资源分配不均匀,导致居民虽然有较强的参保意识,但是参加城乡居民基本养老保险所享受的整体的保障水平偏低与人们的期望待遇过高形成较为突出的矛盾,制度对人群吸引力不高,所以目前仍然停留在“制度全覆盖”阶段,距离完全的“人群全覆盖”还有一定的差距。第三,对于城乡居民基本养老保险中的个人账户部分若支付完毕后的基金支付,武汉市没有进行相应的制度安排,导致制度的可持续性受到质疑,降低参保人的信心。

四、职工基本养老保险未实现人群全覆盖,基金征缴工作不到位

自2008年以来,武汉市高度重视社会保险的扩面征缴工作,采取各种措施努力扩大社会保险的覆盖范围,截至2014年年底城镇职工基本养老保险参保人数为380.90万人,城乡居民基本养老保险参保人数为142.30万人,扩面工作虽然取得了一定成效,但仍然有部分群体没有纳入到养老保险体系中。目前,武汉市职工养老保险扩面征缴工作存在问题的原因在于:第一,制度的缴费激励机制缺陷导致部分养老金“倒挂”现象,晚退休、缴费多、晚调待的职工领取的养老金可能会低于早退休、缴费少、早调待的退休职工,严重打击了在职职工及晚退休职工的缴费积极性,限制了养老保险覆盖面的进一步扩大。第二,巨额的隐性债务使当初养老金的支付承诺受到人

① 薛惠元、仙蜜花:《城乡居民社会养老保险保障水平评估——基于湖北省6个县区的比较分析》,《当代经济管理》2014年第6期。

们质疑。这部分由于转轨形成的隐性债务本应由政府承担,但政府却将此转嫁到新参保人身上,养老金的支付要靠参保人较高的缴费率来保证,不仅不利于养老保险覆盖面的进一步扩大,而且还可能导致参保人对政府给付承诺的不信任,不利于制度的可持续发展。第三,由于较高的社会保险缴费率和保险意识的淡薄,用人单位为降低成本总是尽可能不为企业职工进行相应的社会保险缴费,覆盖面无法持续扩大。第四,经济下行,加上社会保险部门基金征缴力度不够,使得参保过程中用人单位的欠费现象较为严重。

五、养老保险统筹层次较低,预算管理体制不健全

目前,武汉市城镇职工基本养老保险统筹层次停留在省级统筹的初级阶段,实行省级预算和省级调剂金相结合的制度。即每年由当地政府根据本地区征缴的基本养老保险基金总额的一定比例上缴省级调剂金,省级政府根据各地基金收支缺口进行一定比例的返回用于填补各地缺口,实行“预算管理,分账吃饭”。但实质上各地养老金的发放压力仍主要集中于市级政府。在这种实质上还是市级统筹的背景下,由于各地区经济发展的不平衡性,部分地市养老金存在严重缺口,而部分地区养老保险大量结余留存当地,造成了基金大量沉淀与基金缺口并存的严重的不对称现象。统筹层次较低使养老基金无法在省一级大范围调剂使用,导致基金使用效率差,无法体现统筹互济的功能。再加上城乡居民基本养老保险大多实行县级管理、县级统筹,地方的预算编制体系不够科学合理化,执行约束性不强,缺乏有效的监督制约机制,更加不利于保证基金的安全性和风险分散。

六、养老金连年上调,统筹基金压力增大

从2005年起武汉市连续12年上调企业退休人员基本养老金,除2016年调整比例为6.5%之外,其他年份调整比例均超过10%。2014年,武汉市企业职工月平均养老金水平达到2118元,首次超过全国平均水平。2013—2016年连续四年武汉市城乡居民基本养老保险基础养老金上调,上调幅度分别为20%、20%、25%、25%。这种行政命令式的、非制度化的养老金连年上调带来了一系列的问题:第一,出现了早退休、早调待、少缴费职工的养老金水平反而高于晚退休、晚调待、多缴费职工的现象,不仅背离养老保险制度设计的初衷,与“多缴多得”的缴费激励机制相矛盾,还将打击参保人长

缴、多缴的积极性,不利于制度的可持续发展。第二,养老金的连年上调加剧了社会统筹基金收不抵支的现状,财政补贴负担沉重,给制度的财务可持续性带来挑战。第三,养老金的连年上调具有一定的随意性,带有部分行政色彩,待遇调整的比例或额度受政策影响程度较大,而且社会公众会因此形成一种养老金刚性上涨的非理性心理期待,不利于养老保险待遇的稳步提升和制度的可持续发展。

七、尚未启动基本养老保险基金的市场化投资运营

虽然 2015 年 8 月国务院印发了《基本养老保险基金投资管理办法》(国发〔2015〕48 号),但截至 2016 年年底,武汉市尚未出台具体的基本养老保险基金投资方案和实施细则。目前,武汉市城镇职工基本养老保险和城乡居民基本养老保险的个人账户已经积累了大量的资金。截至 2014 年年末,武汉市城镇职工基本养老保险基金滚存结余 1515859 万元(见表 2-2),城乡居民基本养老保险基金滚存结余 141053. 97 万元(见表 2-5)。在通货膨胀的压力下,对基本养老保险基金保值增值提出了更高的要求。按照目前存银行、买国债的投资方式,虽然能够保证基金的安全性,但是其投资收益率很可能低于物价上涨率,无法应对通货膨胀带来的基金损失,导致基金处于贬值状态。随着武汉市进入人口老龄化的加速发展阶段以及日益严峻的养老保险基金收不抵支现状,保证未来养老金财务可持续性对基金的保值增值提出了更高的要求,武汉市迫切需要依据国务院颁布的《基本养老保险基金投资管理办法》(国发〔2015〕48 号),尽快出台武汉市养老保险基金投资管理方案和实施细则,拓宽投资渠道,实现基本养老保险基金的市场化投资运营。

八、城镇职工基本养老保险缴费率过高,个人和企业负担沉重

目前武汉市五项社会保险缴费的费率合起来达到 40%左右,其中养老保险的缴费费率最高,2016 年武汉市虽然阶段性的将城镇职工基本养老保险企业缴费的费率降至 19%,降低养老保险费率的期限暂定为两年,即 2016 年 5 月 1 日至 2018 年 4 月 30 日,但总体来看,降低的幅度不大。对个人而言,参加城镇职工基本养老保险的缴费费率过高,可能会导致一些个体工商户、灵活就业人员、农民工等弱势群体游离在养老保险体系之外,因为在城乡居民基本养老

保险对他们的吸引力不足的情况下，跨入职工基本养老保险的参保门槛又过高，其纵使有较高参保意愿，参保能力的有限性也制约了参保范围的扩大。事实上，武汉市有大量收入不稳定的灵活就业人员并没有参加任何形式的养老保险。对企业来说，社会保险的综合费率过高不但增加了企业的用工成本，减少企业利润，使企业不愿为职工参保缴费而瞒报缴费基数、漏报缴费人数，最终不利于社会保险参保范围的进一步扩大和制度的可持续发展。

九、养老金水平较低，与经济发展水平不相适应

武汉市从2005年起连续10年上调企业退休人员养老金，至2014年，企业退休人员月平均养老金水平达到2118元，首次超过全国平均水平。2016年，武汉市城乡居民基本养老保险基础养老金也上调至225元/月。近些年来武汉市作为中部地区的经济龙头，经济发展迅速，经济总量占湖北省的1/3以上，但城镇职工基本养老金水平才刚刚达到全国平均水平，较低的养老保险待遇水平与较快的经济发展速度形成鲜明对比，不利于社会的和谐稳定。这种现象迫切需要地方政府加大对武汉市养老保险体系建设的重视，增加财政支持力度，保证参保人员能够同步分享到经济发展成果。

十、养老保险制度多轨制并存，制度间待遇差距较大

目前武汉市的养老保险制度主要有企业职工基本养老保险制度、机关事业单位养老保险制度、城乡居民基本养老保险制度。首先，机关事业单位工作人员养老保险虽然已开始改革，但“隐性双轨制”依然存在。机关事业单位养老保险制度改革后，表面上看来，养老保险双轨制被打破，但机关事业单位的职业年金是强制建立的，而企业年金却是自愿建立的，2014年武汉市参加企业年金的职工有3万多人，仅为武汉市企业职工基本养老保险参保人数的0.79%①。强制性职业年金的存在，意味着机关事业单位养老保险制度改革以后，其养老金水平仍然会大大高于企业，“隐性双轨制”依然存在，造成新的不公平。其次，企业职工基本养老保险与城乡居民基本养老保险之间的待遇差距过大。2014年武汉市企业退休人员月平均养老金水平为2118元，而同年城乡居民基本养老保险基础养老金月标准仅为144元，由于目前领取城乡居民基本养

① 根据武汉市人力资源和社会保障局提供的数据自行测算得出。

老金的人群绝大部分为“老人”[①]，没有缴过费，没有个人账户养老金，其领取的城乡居民基础养老金就是其基本养老金，故可以计算出2014年武汉市企业职工基本养老金与城乡居民基本养老金的比值为14.7∶1。养老保险制度间待遇差距过大，显然有失公平且不利于社会的和谐稳定。

十一、多层次养老保险体系发展缓慢

目前武汉市的基本养老保险只能保障参保人退休后的基本生活，作为多层次养老保险体系重要组成部分的企业年金和个人储蓄性养老保险的发展却停滞不前，无法满足人们较高层次的养老需求。仅在2007年颁布的《湖北省武汉市人民政府关于完善我市企业职工基本养老保险制度的实施意见》（武政（2007）72号）中提到，有条件的企业应积极开展企业补充养老保险，提倡和鼓励职工参加个人储蓄性养老保险。但是到现在，企业年金和个人储蓄性养老保险的发展仍停滞不前。2014年，全国建立企业年金计划的66120家企业中，武汉市仅占110席，而且建立企业年金的企业大部分为大型国有企业，中小企业较少，享受到企业年金的人更是少数，使企业年金成为“富人俱乐部”，拉大了不同性质企业职工之间的养老金差距。第二层次、第三层次养老保险发展受限的原因在于：第一，政府没有把企业年金、个人储蓄性养老保险的发展放在必要的位置上进行推动，重视程度不够，现行的法律规定也只是适当鼓励，支持力度不够。第二，在税收方面，政府并没有对企业年金和个人储蓄性养老保险给予太多的税收优惠，一些中小微利企业在社会保险综合费率已接近40%的情况下，没有动力为职工建立企业年金，导致与机关事业单位养老保险待遇水平差距越来越大，造成新的不公平。

十二、经办服务能力不足

目前武汉市已经建立了全市统一的养老保险信息管理系统，但是经办服务体系中仍然存在一些问题。第一，经办服务人员数量不足。据统计，2014年年底，武汉市社会保险经办机构数量为17个，经办机构工作人员数为512人，而2014年年底武汉市基本养老保险参保人数达到523.20万人，

① 这里的“老人”指的是城乡居民基本养老保险制度实施时，已经年满60岁的城乡居民。

武汉市社会保险经办机构工作人员与养老保险参保人员的比例达 1∶10219[①],这大大加剧了经办人员的工作压力,使服务水平难以保障,服务质量有待提高。第二,经办服务经费有限,无法满足信息化管理的要求,缺乏相关的配套设施。第三,在调研中发现当前存在个人社会保险信息不实、错误、不完整等情况,失实的个人信息一方面源于社会保险经办机构工作人员的疏忽,另一方面源于参保人自身信息有误。

第四节 国内外养老保险制度经验借鉴

一、武汉市与其他副省级城市养老保险制度的比较及借鉴[②]

副省级城市正式施行于 1994 年,其前身为计划单列市,受省级行政区管辖,当前中国有 15 个副省级城市。社会养老保险(即基本养老保险)是国家立法强制征集社会保险费,并形成养老社会保险基金,当劳动者退休后支付其退休金,以保证其基本生活需要的社会保障制度,是社会保障制度重要内容之一。[③] 在当前人口老龄化的大背景下,基本养老保险制度的重要性日益凸显。本节将对比武汉市与其他副省级城市基本养老保险制度,包括企业职工基本养老保险、城乡居民基本养老保险和机关事业单位工作人员养老保险制度,明确武汉市养老保险制度存在的不足,并提出完善建议。

(一)武汉市与其他副省级城市企业职工基本养老保险制度比较

根据《国务院关于完善企业职工基本养老保险制度的决定》(国发〔2005〕38 号)的部署和要求,武汉市与其他 14 个副省级城市均建立起了较为完善的企业职工基本养老保险制度,都实行社会统筹与个人账户相结合、单位与职工共同缴费的基本养老保险模式。但受各地经济、社会发展情况的影响,各副省级城市企业职工基本养老保险制度的构成要素不尽相同,主

① 根据武汉市人力资源和社会保障局提供的数据自行测算得出。

② 本部分内容参考了赵羚雅:《中国副省级城市基本养老保险制度比较——兼谈对武汉市的建议》,《社会福利(理论版)》2006 年第 12 期。

③ 李珍:《社会保障理论(第二版)》,中国劳动社会保障出版社 2007 年版。

要体现在适用对象、缴费基数和缴费比例上，这也是对养老保险基金影响最为重要的方面。

1. 适用对象的差异

通过武汉市与其他副省级城市人民政府及人社局发布的养老保险相关政策法规可知，15个副省级城市企业职工基本养老保险制度的适用对象均包含本市所有企业及其职工、城镇个体工商户及其雇工、灵活就业人员。武汉、长春、哈尔滨、成都、厦门5市明确将实行企业化管理的事业单位及其职工纳入企业职工基本养老保险。长春、济南、杭州、宁波、厦门、广州、深圳7市还将国家机关、事业单位、社会团体中与其形成劳动关系的未纳入行政或者事业单位养老保险范围的职工列为企业职工基本养老保险制度适用对象。全国副省级城市企业职工基本养老保险制度的保障对象如表2-8所示。

表2-8 全国副省级城市企业职工基本养老保险制度适用对象

城 市	适 用 对 象
武 汉	所有企业及其职工，实行企业化管理的事业单位及其职工，城镇个体工商户及其雇工、灵活就业人员
长 春	各类企业职工，实行企业化管理的事业单位的全部职工，国家机关、社会团体和财政拨款事业单位招用的劳动合同制职工，城镇个体经营业主及其帮工、自由职业者和灵活就业人员
哈尔滨	城镇企业及其职工，城镇个体劳动者、劳动年龄内农村户籍、外省户籍在城镇灵活就业人员，企业化管理事业单位及其职工，如果单位和职工协商一致，可以参加城镇企业职工基本养老保险
沈 阳	城镇各类企业及职工和临时工，城镇自由职业者、个体工商户业主及其从业人员、失业人员
大 连	企业职工，城镇个体工商户业主及其从业人员、灵活就业人员
济 南	各类企业及其职工、城镇个体工商户及其雇工、采取各种灵活方式就业的自由职业者以及机关、事业单位中使用的未列入本单位参保范围的非在编人员，年销售收入在500万元以上的乡镇企业
青 岛	各类企业及其职工，个体业主、自由职业者、个体业主雇佣的从业人员
西 安	城镇各类企业职工、个体工商户和灵活就业人员
成 都	各类城镇企业、实行企业化管理的事业单位、民办非企业单位及其职工，本市行政区域内城镇个体工商户及其雇工，城镇自由职业者、城镇灵活就业人员
南 京	各类企业、民办非企业单位及其与之形成劳动关系的所有人员，个体工商户及其雇工，灵活就业人员，法律、法规规定应当参加基本养老保险的其他人员

续表

城市	适用对象
杭州	与企业建立劳动关系的职工,与国家机关、事业单位建立劳动关系的编制外职工,与社会团体、民办非企业单位、基金会等组织建立劳动关系的工作人员,个体工商户和与其形成劳动关系的雇工,灵活就业人员
宁波	城镇个体工商户和灵活就业人员,企业、民办非企业单位等和与其形成劳动关系的职工,国家机关、事业单位、社会团体和与其形成劳动关系的未纳入行政或者事业单位养老保险范围的职工
厦门	各类企业及其职工,实行企业化管理的事业单位及其职工,国家机关、事业单位和社会团体及其劳动合同制职工,城镇个体工商户及其雇工
广州	所有企业、城镇个体经济组织和与之形成劳动关系的劳动者,国家机关、事业单位、社会团体和与之建立劳动合同关系的劳动者(国家机关、财政拨款的事业单位、社会团体工作人员的养老保险基金计征和发放办法由省人民政府另行制定)
深圳	职工和与其形成劳动关系的企业、国家机关、事业单位、社会团体、民办非企业单位、个体经济组织以及其他社会组织,无雇工的个体工商户,灵活就业人员(公务员、参照公务员法管理的工作人员和事业单位职员参加基本养老保险的办法,依照国家和本市有关规定执行)

资料来源:根据全国副省级城市人力资源和社会保障局发布的政策法规整理。

2. 缴费基数的差异

(1)职工缴费基数

《关于规范社会保险缴费基数有关问题的通知》(劳社险中心函〔2006〕60号)规定,职工本人缴纳基本养老保险费的基数原则上以上一年度本人月平均工资为基础,在当地职工平均工资的60%—300%的范围内进行核定。从表2-9可以看出,武汉、长春、哈尔滨、大连、青岛、西安、杭州、宁波、厦门9市将本人上年度月平均工资作为职工缴费基数。沈阳、济南、成都、深圳4市职工缴费基数为本人上月工资。南京、广州2市则以本人当月工资作为职工缴费基数。15个副省级城市都规定职工个人缴费工资超过上年度全市(省)在岗职工月平均工资300%的,以300%作为缴费基数;低于上年度全市(省)职工月平均工资60%的,以60%作为缴费基数。厦门市还规定职工缴费工资超过全市上年度职工月平均工资的,超过部分应缴的社会统筹基金的50%,记入个人补充养老保险账户。

(2)单位缴费基数

《关于规范社会保险缴费基数有关问题的通知》(劳社险中心函〔2006〕

60号)规定,参保单位缴纳基本养老保险费的基数可以为职工工资总额,也可以为本单位职工个人缴费工资基数之和,但在全省区市范围内应统一为一种核定办法。

表 2-9　全国副省级城市企业职工基本养老保险缴费基数与比例(一)

城　市	职工缴费基数	单位缴费基数	职工缴费比例(%)	单位缴费比例(%)
武　汉	本人上年度月平均工资	本单位上年度职工月平均工资之和	8	19
长　春	本人上年度月平均工资	本单位职工缴费基数之和	8	20
哈尔滨	本人上年度月平均工资	本单位上年度职工月平均工资之和	8	20
沈　阳	本人上月工资	本单位职工上月工资之和	8	19
大　连	本人上年度月平均工资	本单位职工缴费基数之和	8	19
济　南	本人上月工资	本单位职工上月工资之和	8	18
青　岛	本人上年度月平均工资	本单位职工上年度缴费基数之和	8	18
西　安	本人上年度月平均工资	本单位上年度职工月平均工资之和	8	20
成　都	本人上月工资	本单位职工缴费基数之和	8	19
南　京	本人当月工资	本单位当月职工工资之和	8	20
杭　州	本人上年度月平均工资	本单位当月职工工资之和	8	14
宁　波	本人上年度月平均工资	本单位当月职工工资之和	8	12
厦　门	个人上年度月平均工资	本单位职工上年度月平均工资之和	5	17
广　州	本人当月工资	本单位职工当月工资之和	8	14
深　圳	本人上月工资	本单位职工缴费基数之和	8	13

资料来源:根据全国副省级城市人力资源和社会保障局发布的政策法规整理。

由表 2-9 可知,包括武汉在内的大多数副省级城市以职工缴费基数之和或职工工资总额作为单位缴费基数。青岛、杭州、宁波三市职工与单位使用的是双基数:青岛市单位缴费基数为本单位职工上年度缴费基数之和,杭州、宁波两市以本单位当月职工工资之和作为单位缴费基数,三市职工缴费基数为本人上年度月平均工资。

(3)城镇个体工商户及其雇工、灵活就业人员缴费基数

表2-10反映了包括武汉在内的大多数副省级城市城镇个体工商户及其雇工、灵活就业人员以所在市(省)上年度在岗职工月平均工资为缴费基数。个别城市如济南,按照职工实发工资或本人经营收入确定缴费基数;杭州、宁波、厦门以参保人员上年度月平均收入作为缴费基数;广州、深圳规定在本市企业职工基本养老保险缴费工资基数上下限范围内,由本人根据实际收入状况和经济承受能力自行申报缴费基数,更为灵活。

各副省级城市根据本地实际情况确定职工和单位缴费基数,但以职工当月工资作为缴费基数有时会存在一定的问题。如社保可能要求月初缴费,但计件工资、提成性质工资通常是月底发放,此时无法确定职工当月工资,因而用当月工资作为缴费基数存在困难,以职工上年度月平均工资或上月工资作为缴费基数更便于征缴。

表2-10 全国副省级城市企业职工基本养老保险缴费基数与比例(二)

城市	缴费基数	无雇工的个体工商户、自由职业者和灵活就业人员缴费比例(%)	有雇工的个体工商户	
			雇工缴费比例(%)	雇主为雇工承担的缴费比例(%)
武汉	全市上年度在岗职工平均工资	20	8	12
长春	全市上年度职工平均工资	20	8	12
哈尔滨	全省上年度职工月平均工资	20	8	12
沈阳	全市上年度在岗职工月平均工资	20	8	12
大连	全市上年度在岗职工月平均工资	20	8	12
济南	职工、雇工实发工资或本人经营收入	20	8	12
青岛	全市上年度月社会平均工资	20	8	12
西安	全省上年度在岗职工平均工资	20	8	20
成都	全省上年度在岗职工月平均工资	20	8	12

续表

城市	缴费基数	无雇工的个体工商户、自由职业者和灵活就业人员缴费比例(%)	有雇工的个体工商户	
			雇工缴费比例(%)	雇主为雇工承担的缴费比例(%)
南京	全省上年在岗职工月平均工资	20	8	12
杭州	参保人员上年度月平均实际收入(月平均工资)	18	8	10
宁波	参保人员上年度月平均实际收入	18	8	10
厦门	个人上年度月平均工资(无法计算的按全市上年度职工月平均工资)	18	8	10
广州	本市企业职工基本养老保险缴费工资基数上下限范围内,由本人根据实际收入状况和经济承受能力自行申报	20	8	14
深圳	本市企业职工基本养老保险缴费工资基数上下限范围内,由本人根据实际收入状况和经济承受能力自行申报	21	8	13

资料来源:根据全国副省级城市人力资源和社会保障局发布的政策法规整理。

3. 缴费比例的差异

表2-9显示,全国副省级城市企业职工缴费比例除厦门为5%外,其他均为8%。企业缴费比例多在20%以下,杭州、宁波、广州、深圳这些经济发达城市甚至低至12%—14%。2016年5月1起,武汉市企业职工基本养老保险企业缴费比例已经由原来的20%阶段性地降为了19%,虽然降了一个百分点,但和东部发达地区的副省级城市还是有一定的差距。

表2-10显示,各副省级城市无雇工的个体工商户、自由职业者、灵活就业人员的养老保险缴费费率差别不大,大都为20%,但杭州、宁波和厦门为18%,深圳为21%。对于有雇工的个体工商户,大部分副省级城市总体费率为20%,杭州、宁波、厦门为18%,其中雇工缴费比例全部为8%,雇主为雇工承担的缴费比例为10%—12%。但对于西安、广州和深圳而言,有雇工的个体工商户在为其雇员参保时,参照的是企业职工的做法,即养老保险总的缴

费费率分别为28%、22%、21%,其中,雇工缴费比例为8%,雇主为雇工承担的缴费比例分别为20%、14%、13%。

4. 基本养老金计发办法对比

各副省级城市均按照《国务院关于完善企业职工基本养老保险制度的决定》(国发〔2005〕38号)的规定,《国务院关于建立统一的企业职工基本养老保险制度的决定》(国发〔1997〕26号)实施后参加工作、缴费年限(含视同缴费年限,下同)累计满15年的人员,退休后按月发给基本养老金,基本养老金由两部分组成:基础养老金月标准以本人退休时上年度全市(省)在岗职工月平均工资和本人指数化月平均缴费工资的平均值为基数,缴费年限每满1年发给1%。个人账户养老金月标准为退休时个人账户储存额除以国家确定的相应计发月数。其中,厦门市在基础养老金之外还有每人每月30元特区补贴。《国务院关于建立统一的企业职工基本养老保险制度的决定》(国发〔1997〕26号)实施前参加工作,《国务院关于完善企业职工基本养老保险制度的决定》(国发〔2005〕38号)实施后退休且缴费年限累计满15年的人员,在发给基础养老金和个人账户养老金的基础上,再发给过渡性养老金。15个副省级城市按照待遇水平合理衔接、新老政策平稳过渡的原则,制订了具体的过渡办法。

从表2-11可以看出,15个副省级城市过渡性养老金计发办法主要分为三类。第一类为武汉、长春、哈尔滨、济南、青岛、西安、杭州、宁波、深圳9市,按照参保人员退休时本人指数化月平均缴费工资(杭州、宁波为参保人员1997年12月31日前本人指数化月平均缴费工资)、建立个人账户前的视同缴费年限、过渡系数的乘积计算过渡性养老金。第二类为沈阳、大连、成都3市,以本人退休时全市(省)上年度在岗职工月平均工资和本人指数化月平均缴费工资的平均值,乘以建立个人账户前视同缴费年限和过渡系数计算过渡性养老金。第三类为南京、广州、厦门3市,南京、广州的过渡性养老金以本人视同缴费账户总额除以固定月数来计算,厦门计算方法最为复杂,具体见表2-11。另外,深圳市规定领取过渡性养老金的参保人员如果在达到法定退休年龄前取得本市户籍,且在本市实际缴费年限累计满10年,每月增发300元调节金。

表 2-11　全国副省级城市企业职工过渡性养老金

城　市	过渡性养老金
武　汉	参保人员退休时本人指数化月平均缴费工资、视同缴费年限、过渡系数 1.2%的乘积
长　春	参保人员退休时本人指数化月平均缴费工资、建立基本养老保险个人账户制度前视同缴费年限、过渡系数 1.2%的乘积
哈尔滨	本人退休时指数化月平均缴费工资乘以统账结合前缴费年限再乘以 1.2%
沈　阳	过渡性养老金月标准=(本人退休时全市上年度在岗职工月平均工资+本人指数化月平均缴费工资)÷2×建立个人账户前的缴费年限(含视同缴费年限)×1.4%
大　连	同沈阳
济　南	按照职工建立个人账户前的缴费年限每满 1 年发给本人指数化月平均缴费工资的 1.3%
青　岛	同济南
西　安	月过渡性养老金=职工本人退休时指数化月平均缴费工资×视同缴费年限×1.4%
成　都	过渡性养老金=(退休时上一年四川省在岗职工月平均工资+本人指数化月平均缴费工资)÷2×1995 年 12 月 31 日以前未建立个人账户的累计缴费年限×1.3%
南　京	按照参保人员 1995 年底前的缴费工资和缴费年限,推算出 1995 年前全部缴费年限的储存额,再除以 120 按月计发
杭　州	按参保人员 1997 年 12 月 31 日前的本人指数化月平均缴费工资,乘以 1997 年 12 月 31 日前缴费年限,再乘以 1.4%计发。参保人员有视同缴费年限的,在计算过渡性养老金时一并计算
宁　波	同杭州
厦　门	过渡性养老金=[2005 年度全市在岗职工月平均工资×(社会平均缴费指数+0.25)×1988 年 12 月前视同缴费年限×1.3%]+[2005 年度全市在岗职工月平均工资×(1989 年 1 月至 1997 年 6 月个人平均缴费指数+0.25)×1989 年 1 月至 1997 年 6 月期间实际缴费年限×1.3%]。其中,社会平均缴费指数为 1
广　州	1998 年 7 月 1 日后参加基本养老保险,2006 年 6 月 30 日前已具有按国家规定视同缴费年限的,以本人视同缴费账户总额除以 120;2006 年 7 月 1 日后开始具有按国家规定的视同缴费年限的,以本人视同缴费账户总额除以个人账户计发月数
深　圳	本人指数化月平均缴费工资乘以享受比例。1992 年 7 月 31 日前缴费年限未超过 25 年的享受比例为:1992 年 7 月 31 日前缴费年限乘以 1.2%;1992 年 7 月 31 日前缴费年限超过 25 年的享受比例为:1992 年 7 月 31 日前缴费年限减 25 后乘以 1%,再加上 30%

资料来源:根据全国副省级城市人力资源和社会保障局发布的政策法规整理。

5. 武汉市与其他副省级城市企业职工基本养老保险运行情况比较

由表2-12可知,近年来,除哈尔滨市企业职工基本养老保险在职参保人数呈逐年下降趋势外,武汉市与部分副省级城市企业职工基本养老保险在职参保人数和退休参保人数总体均呈增长趋势。除济南、广州外,制度内抚养比总体呈下降趋势,与中国日益严峻的人口老龄化背景吻合。其中,2012—2014年间,武汉市企业职工基本养老保险在职参保人数年均增长率为2.42%,退休参保人数年均增长率为3.88%,在职参保人数增长明显低于退休参保人数增长,制度内抚养比从2.15下降至2.06,仅高于哈尔滨、大连等东北老工业基地城市。总体来看,武汉市企业职工基本养老保险养老负担较重。

表2-12 2012—2014年部分副省级城市企业职工基本养老保险参保人数和抚养比

城市	2014年			2013年			2012年		
	在职（万人）	退休（万人）	制度内抚养比	在职（万人）	退休（万人）	制度内抚养比	在职（万人）	退休（万人）	制度内抚养比
武　汉	256.53	124.38	2.06	249.14	119.11	2.09	239.18	111.41	2.15
长　春	139.4	57.3	2.43	133.5	54.8	2.436	126.1	51.7	2.439
哈尔滨	45.74	81.57	0.56	45.5	77.6	0.59	45.9	73.7	0.62
沈　阳	241.3	114.5	2.11	230.6	101.9	2.26	212.2	95.0	2.23
大　连	107	87.5	1.22	112.1	80.2	1.397	102.6	73.7	1.392
济　南	169.05	36.85	4.59	155.35	34.85	4.46	142.05	32.95	4.31
成　都	389.48	140.88	2.76	365.24	132.05	2.77	—	—	—
南　京	216.39	75.67	2.86	212.02	71.38	2.97	201.94	66.94	3.02
广　州	842.62	82.94	10.16	602.93	78.56	7.67	583.42	73.40	7.95
深　圳	767.94	23.18	33.13	813.9	21.01	38.74	774.22	18.22	42.49

注:表中的制度抚养比=在职职工参保人数/退休职工参保人数。

资料来源:各副省级城市统计局、人力资源和社会保障局公布的统计数据整理。

由表2-13可知,2012—2014年间,武汉市与部分副省级城市企业职工基本养老保险养老金水平均逐年增长。武汉市养老金水平从2012年每月1705元/人上涨到2014年每月2118元/人,年均调整比例达12.18%[①]。尽管如此,武汉市养老金水平与其他副省级城市相比仍处于较低水平。

① 这里的年均调整比例为武汉市2012—2014年企业退休人员基本养老金各年调整比例的几何平均值。

表 2-13　20012—2014 年部分副省级城市企业职工基本养老金水平与调整比例

城市	2014 年		2013 年		2012 年	
	养老金水平（元/人）	基本养老金调整比例(%)	养老金水平（元/人）	基本养老金调整比例(%)	养老金水平（元/人）	基本养老金调整比例(%)
武汉	2118	12.54	1882	10.38	1705	13.89
沈阳	1972	10.91	1778	8.95	1632	16.23
大连	2100	9.55	1917	9.17	1756	12.06
济南	2388	10	2171	10	1954	10
青岛	2655	17.06	2268	12.11	2023	14.49
宁波	2326	11.67	2083	1.71	2048	11.3
厦门	2838	14.21	2485	9.57	2268	12.67
广州	3019	6.57	2833	8.38	2614	8.33

资料来源：各副省级城市统计局、人力资源和社会保障局公布的统计数据整理。

（二）武汉市与其他副省级城市城乡居民基本养老保险制度比较

2009 年《国务院关于开展新型农村社会养老保险试点的指导意见》（国发〔2009〕32 号）发布，新型农村社会养老保险制度（简称“新农保”）开始试点并迅速扩面。2011 年《国务院关于开展城镇居民社会养老保险试点的指导意见》（国发〔2011〕18 号）发布，城镇居民社会养老保险制度启动试点工作，2012 年基本实现城镇居民养老保险制度全覆盖。2014 年《国务院关于建立统一的城乡居民基本养老保险制度的意见》（国发〔2014〕8 号）提出在总结新农保和城镇居民社会养老保险试点经验的基础上，将新农保和城镇居民社会养老保险两项制度合并实施，在全国范围内建立统一的城乡居民基本养老保险制度。各副省级城市均按照国务院的相关部署和要求，先后建立起较为完善的城乡居民基本养老保险制度，规定年满 16 周岁（不含在校学生），非国家机关和事业单位工作人员及不属于职工基本养老保险制度覆盖范围的城乡居民，可以在户籍地参加城乡居民基本养老保险。同时，坚持社会统筹与个人账户相结合的制度模式，巩固个人缴费、集体补助、政府补贴相结合的资金筹集渠道，完善基础养老金和个人账户养老金相结合的待遇支付政策，强化长缴多得、多缴多得的激励机制，建立基础养老金正常调整机制。由于 15 个副省级城市经济、社会发展水平不一，因而在基金筹集和养老保险待遇方面有所不同。

1. 基金筹集

各副省级城市城乡居民基本养老保险基金由个人缴费、集体补助、政府补贴构成，但缴费档次和政府补贴标准有所不同，详见表 2-14 和表 2-15。

表 2-14　全国副省级城市城乡居民基本养老保险缴费档次

（单位：元/人·年）

城市	一档	二档	三档	四档	五档	六档	七档	八档	九档	十档	十一档	十二档	十三档	十四档
武汉	200	300	400	500	600	700	800	900	1000	1500	2000	3000	4000	5000
长春	100	200	300	400	500	600	700	800	900	1000	1500	2000		
哈尔滨	100	200	300	400	500	600	700	800	900	1000	1500	2000		
沈阳	100	200	300	400	500	600	700	800	900	1000	1500	2000		
大连	100	200	300	400	500	600	700	800	900	1000				
济南	100	300	500	600	800	1000	1500	2000	2500	3000	4000	5000		
青岛	100	300	500	600	800	1000	1500	2000	2500	3000	4000	5000		
西安	100	200	300	400	500	600	700	800	900	1000	1500	2000		
成都	490.2	980.4	1470.6	1960.8	2451									
南京	900	1100	1300	1500	2000	2500								
杭州	100	300	600	900	1200	1500								
宁波	100	300	500	800	1100	1400	1700	2000						
厦门	100	200	300	400	500	700	1000	1500	2000	2500	3000	3500	4000	
广州	120	360	600	840	1080	1320	1560							
深圳	120	240	360	480	600	960	1200	1800	2400	3600				

注：成都市缴费标准为非固定数额，表中数据为 2015 年缴费标准。

资料来源：根据全国副省级城市人力资源和社会保障局发布的政策法规整理。

表 2-15　全国副省级城市城乡居民基本养老保险政府缴费补贴

（单位：元/人·年）

城市	一档	二档	三档	四档	五档	六档	七档	八档	九档	十档	十一档	十二档	十三档	十四档
武汉	45	45	45	60	60	60	60	60	60	60	60	60	60	60
长春	30	40	50	60	70	80	90	100	110	120	145	170		
哈尔滨	30	40	50	60	70	70	70	70	70	70	70	70		
沈阳	30	40	50	60	70	80	90	100	110	120	150	170		

续表

城市	一档	二档	三档	四档	五档	六档	七档	八档	九档	十档	十一档	十二档	十三档	十四档
大连	30	40	50	60	70	80	90	100	110	120				
济南	30	40	60	60	60	60	70	80	85	90	95	100		
青岛	30	30	60	60	60	60	100	100	100	100	100	100		
西安	30	30	40	45	60	65	70	75	80	100	150	200		
成都	98.04	196.08	294.12	392.16	490.2									
南京	130	130	130	140	140	150								
杭州	50	60	70	110	120	130								
宁波	60	60	200	200	200	300	300	300						
厦门	45	50	55	60	70	75	85	85	85	90	90	90	90	
广州	180	420	600	720	840	900	960							
深圳	30	40	50	60	70	80	90	100	110	120				

注：成都市政府补贴为非固定数额，表中数据为 2015 年政府缴费补贴标准。

资料来源：根据全国副省级城市人力资源和社会保障局发布的政策法规整理。

从表 2-14 和表 2-15 可以看出，全国副省级城市城乡居民基本养老保险缴费档次多在 10 档左右，缴费标准在 100—5000 元不等。补贴标准普遍具有多缴多补特点，符合城乡居民基本养老保险多缴多得的激励机制，有利于吸引更多城乡居民参加基本养老保险。武汉市缴费档次最多，从 200—5000 元共 14 档，多于国家规定的 12 个档次，为不同缴费意愿和经济能力的参保居民提供了更多的选择，最高缴费标准为 5000 元，远高于国家规定的最高缴费标准 2000 元，在 15 个副省级城市中名列第一，满足了有经济实力的居民的养老需求，较高的缴费标准也能使居民领取较高的养老金待遇。但也要看到，武汉市城乡居民基本养老保险 200—400 元缴费档次每人每年补贴不低于 45 元，500 元及以上缴费档次每人每年补贴不低于 60 元，其补贴标准与其他副省级城市相比明显偏低，且补贴层次偏少，几乎无法实现差别化补贴，缺乏激励性。

2. 养老保险待遇

各副省级城市城乡居民基本养老保险待遇均由基础养老金和个人账户养老金构成，支付终身。另外，包括武汉市在内的诸多副省级城市还根据本地实际情况对长期缴费的参保居民适当加发缴费年限基础养老金，以及建立起丧葬补助金制度,强化了多缴多得、长缴长得的激励机制。

2011 年《武汉市人民政府关于实施城乡居民社会养老保险制度的意见》(武政〔2011〕61 号)决定,在纳入国家新农保试点的黄陂、江夏、蔡甸、新洲和市级试点区汉南合并实施城乡居民社会养老保险制度,2013 年将中心城区和东西湖区纳入,实现全覆盖,基础养老金为 100 元/月。此后武汉市多次上调基础养老金标准,2015 年提高到 180 元/月。[①] 2015 年,全国副省级城市中城乡居民基础养老金最高的是深圳市 360 元/月,最低为哈尔滨市 80 元/月,武汉市基础养老金标准在 15 个副省级城市中排名第 5,仅次于深圳、南京、厦门、宁波 4 市。武汉市城乡居民基本养老保险待遇水平在全国副省级城市中位居前列,加之完善的缴费年限基础养老金和丧葬补助金配套制度,有效地保证了领取养老待遇的城乡居民共享经济发展成果,武汉市城乡居民基本养老保险事业取得了可喜成绩。

表 2-16　全国副省级城市城乡居民基本养老保险待遇

<table>
<tr><th>城　市</th><th>基础养老金</th><th>缴费年限基础养老金</th><th>个人账户养老金</th><th>丧葬补助金</th></tr>
<tr><td>武　汉</td><td>180 元/月</td><td>根据本人累计缴费年限,每满 1 年每月不低于 2 元的标准计算</td><td rowspan="8">个人账户全部储存额除以 139(与现行职工基本养老保险个人账户养老金计发系数相同)</td><td>10 个月不低于本人死亡当月享受的基础养老金</td></tr>
<tr><td>长　春</td><td>120 元/月</td><td>累计缴费满 15 年,每多缴 1 年,基础养老金每月加发 5 元</td><td>无</td></tr>
<tr><td>哈尔滨</td><td>80 元/月</td><td>无</td><td>无</td></tr>
<tr><td>沈　阳</td><td>130 元/月</td><td>累计缴费满 15 年,每多缴 1 年,基础养老金每月加发 5 元</td><td>3 个月的基础养老金</td></tr>
<tr><td>大　连</td><td>150 元/月</td><td>累计缴费满 15 年,每多缴 1 年,基础养老金增加 5%</td><td>无</td></tr>
<tr><td>济　南</td><td>85 元/月</td><td>无</td><td>800 元</td></tr>
<tr><td>青　岛</td><td>130 元/月</td><td>缴费满 15 年,每多缴 1 年加发 1% 的基础养老金</td><td>1000 元</td></tr>
<tr><td>西　安</td><td>145 元/月</td><td>缴费满 15 年,每多缴 1 年,在当年基础养老金标准之上多发 5 元</td><td>800 元</td></tr>
</table>

① 2016 年武汉市城乡居民基本养老保险基础养老金提高至 225 元/人·月。

续表

<table>
<tr><th>城　市</th><th>基础养老金</th><th>缴费年限基础养老金</th><th>个人账户养老金</th><th>丧葬补助金</th></tr>
<tr><td>成　都</td><td>本人指数化月平均缴费×累计缴费年限数×1%(另按省政府规定每月加发基础养老金补贴55元)</td><td>无</td><td rowspan="7">个人账户全部储存额除以139(与现行职工基本养老保险个人账户养老金计发系数相同)</td><td>按死亡当月养老金标准一次性支付4个月的养老金</td></tr>
<tr><td>南　京</td><td>310元/月</td><td>缴费年限满15年,每多缴一年,基础养老金增发1%。缴费年限每满1年可计发10元/月的缴费年限养老金(累计不超过150元/月)</td><td>按规定标准给予一次性丧葬补助金</td></tr>
<tr><td>杭　州</td><td>170元/月</td><td>缴费5年(含5年)以下的按1元/年;缴费6年以上10年(含10年)以下的从第6年起按2元/年;缴费11年以上15年(含15年)以下的从第11年起按3元/年;缴费16年(含16年)以上从第16年起按5元/年</td><td>本人死亡当月当地基础养老金标准的20个月金额</td></tr>
<tr><td>宁　波</td><td>210元/月</td><td>缴费年限为15年的,标准为30元/月;缴费年限为16年以上的,在30元/月的基础上,从第16年起,缴费年限每增加1年,增发5元/月</td><td>一次性丧葬补助费标准为参保人员死亡当月当地基础养老金标准的20个月金额</td></tr>
<tr><td>厦　门</td><td>245元/月</td><td>每缴费满1年按1元计发</td><td>无</td></tr>
<tr><td>广　州</td><td>165元/月</td><td>缴费年限满15年,每多缴1年,每月加发6元基础养老金</td><td>3000元</td></tr>
<tr><td>深　圳</td><td>360元/月</td><td>缴费满15年,每多缴1年,每月加发3元基础养老金</td><td>无</td></tr>
</table>

资料来源:根据全国副省级城市人力资源和社会保障局发布的政策法规整理。

3. 武汉市与其他副省级城市城乡居民基本养老保险运行情况比较

从表2-17可知,2012—2014年间,除厦门市外,武汉市与部分副省级城市城乡居民基本养老保险参保人数总体呈逐年增长趋势,且人数较为稳定,变动不大。这说明自制度建立以来,基本实现了全覆盖。武汉市城乡居民基本养老保险待遇领取人数从2012年36.23万人增长到2014年和38.52万人,年均增长率为3.1%。包括武汉在内的大部分副省级城市,由于当前达到领取城乡居民基本养老保险待遇年龄的参保人数并不多,因而城乡居民基本养老保险运行平稳。目前城乡居民基本养老保险个人账户记账利率与一年期银行存款利率基本持平,收益率较低。随着人口老龄化的加重,领取养老待遇的人数会逐年增多,未来可能会出现基金的支付压力。

表 2-17　2012—2014 年部分副省级城市城乡居民基本养老保险参保情况

城　市	2014 年		2013 年		2012 年	
	参保人数(万人)	领取养老金人数(万人)	参保人数(万人)	领取养老金人数(万人	参保人数(万人)	领取养老金人数(万人)
武　汉	142.30	38.52	142.47	37.91	140.22	36.23
哈尔滨	209.96	70.93	206.20	63.40	162.40	56.00
沈　阳	113.40	42.20	113.41	41.90	110.85	39.90
大　连	131.90	56.00	136.60	56.00	125.60	—
青　岛	300.10	94.50	302.20	93.40	240.00	91.90
西　安	250.97	61.98	248.21	—	246.93	—
厦　门	22.02	5.70	26.96	6.70	26.82	7.16
广　州	123.32	39.69	123.77	41.80	122.71	40.70
深　圳	0.68	0.61	0.63	0.57	—	—

资料来源:各副省级城市统计局、人力资源和社会保障局公布的统计数据。

(三)武汉市与其他副省级城市机关事业单位工作人员养老保险制度比较

2015 年 1 月 14 日,《国务院关于机关事业单位工作人员养老保险制度改革的决定》(国发〔2015〕2 号)发布,决定自 2014 年 10 月 1 日起,机关事业单位工作人员与企业职工一样,统一实行社会统筹与个人账户相结合的基本养老保险制度,待遇水平与缴费挂钩。这标志着中国养老保险制度"双轨制"终结,中国养老保险制度在走向更加公平的道路上迈出了重要的一步。截至 2016 年年底,15 个副省级城市中已有武汉、济南、青岛、西安、厦门 5 市按照国务院相关文件部署和要求,先后出台了本市机关事业单位工作人员养老保险制度改革实施办法,见表 2-18。

表 2-18　5 个副省级城市机关事业单位工作人员养老保险制度改革文件

城市	文　件	发布时间
武汉	《关于做好全市机关事业单位工作人员养老保险制度改革工作的通知》(武政〔2016〕20 号)	2016 年 4 月 30 日
济南	《关于印发〈济南市机关事业单位工作人员养老保险制度改革实施办法〉的通知》(济人社发〔2015〕142 号)	2015 年 11 月 17 日
青岛	《关于印发〈青岛市机关事业单位工作人员养老保险制度改革实施办法〉的通知》(青人社发〔2015〕31 号)	2015 年 11 月 25 日
西安	《西安市人民政府关于印发〈机关事业单位工作人员养老保险制度改革实施方案〉的通知》(市政发〔2016〕23 号)	2016 年 5 月 19 日
厦门	《厦门市人民政府关于印发〈厦门市机关事业单位工作人员养老保险制度改革实施意见〉的通知》(厦府〔2015〕340 号)	2015 年 11 月 30 日

资料来源:根据副省级城市人民政府、人力资源和社会保障局发布的政策法规整理。

1. 适用对象

武汉、济南、青岛、西安、厦门 5 个副省级城市机关事业单位养老保险的适用对象为本市按照公务员法管理的单位,参照公务员法管理的机关(单位),实施事业单位分类改革后确定为行政类、公益一类、公益二类的事业单位及其编制内的工作人员。

2. 缴费基数与比例

武汉、济南、青岛、西安、厦门 5 个副省级城市按照(含参照)公务员法管理的单位工作人员的个人缴费工资基数,包括本人上年度工资收入中的基本工资、国家统一的津贴补贴、规范后的津贴补贴、年终一次性奖金等;事业单位工作人员的个人缴费工资基数,包括本人上年度工资收入中的基本工资、国家统一的津贴补贴、绩效工资等。其中,个人工资超过上年度全市(省)在岗职工平均工资 300%以上的部分,不计入个人缴费工资基数;低于上年度全市在岗职工平均工资 60%的,按上年度全市(省)在岗职工平均工资的 60%确定个人缴费工资基数。单位缴费基数为本单位参加机关事业单位养老保险工作人员的个人缴费工资基数之和。单位和个人缴纳基本养老保险费的比例分别为 20%、8%。

3. 基本养老金计发办法

武汉、济南、青岛、西安、厦门 5 个副省级城市在机关事业单位基本养老保险计发办法方面没有什么区别,均规定"新人新办法,老人老办法,中人过渡办法"。

2014 年 10 月 1 日及以后参加工作、个人缴费年限累计满 15 年的人员(简称"新人"),经领取基本养老金资格确认后,按月发给基本养老金,包括基础养老金和个人账户养老金。基础养老金月标准以退休时上年度全市(省)在岗职工月平均工资和本人指数化月平均缴费工资的平均值为基数,缴费每满 1 年发给 1%;个人账户养老金月标准为个人账户储存额除以计发月数。

2014 年 9 月 30 日前参加工作、2014 年 10 月 1 日及以后符合领取基本养老金条件的人员(简称"中人"),在发给基础养老金和个人账户养老金(计算方法同"新人")的基础上,再依据视同缴费年限发给过渡性养老金,过渡性养老金数额为参保人员退休时本市(省)上年度在岗职工月平均工资、本人视同缴费指数、本人视同缴费年限、过渡系数的乘积。视同缴费年限为参保人员 2014 年 9 月 30 日前在机关事业单位的工作年限。

济南、青岛、西安、厦门 4 市还规定了详细的过渡期内基本养老金发放办法。对于改革前参加工作、改革后退休的"中人"设立 10 年过渡期,过渡期内实行新老待遇计发办法对比,保底限高。即:新办法计发待遇(含职业年金待遇)低于老办法待遇标准的,按老办法待遇标准发放,保持待遇不降低。高于老办法待遇标准的,超出的部分,第一年(2014 年 10 月 1 日至 2015 年 12 月 31 日)退休的人员发放超出部分的 10%,第二年(2016 年 1 月 1 日至 2016 年 12 月 31 日)退休的人员发放 20%,依此类推,到过渡期末年(2024 年 1 月 1 日至 2024 年 9 月 30 日)退休的人员发放超出部分的 100%。过渡期结束后退休的人员执行新办法。武汉市尚无相关规定。

4. 职业年金制度

武汉、济南、青岛、西安、厦门 5 个副省级城市均按照《国务院办公厅关于印发机关事业单位职业年金办法的通知》(国办发〔2015〕18 号)的规定,执行机关事业单位在参加基本养老保险的基础上,为其工作人员建立职业年金。单位和个人缴纳职业年金的基数与基本养老保险的缴费基数一致,缴纳比例分别为 8%、4%,由单位代扣代缴,均计入职业年金个人账户。工作人员退休后,按规定领取职业年金待遇。

(四)其他副省级城市养老保险制度的经验借鉴

通过与其他副省级城市的比较,武汉市基本养老保险制度可以借鉴以下经验。

1. 在基金平衡的前提下，继续降低企业职工基本养老保险企业缴费率

2016年4月13日国务院常务会议研究通过了《关于阶段性降低社会保险费率的通知》（人社部发〔2016〕36号），决定从2016年5月1日起，为期两年，阶段性降低企业社会保险缴费费率，降低企业成本，增强企业活力。其中，企业职工基本养老保险单位缴费比例为20%且2015年年底基金累计结余可支付月数超过9个月的省份，可以阶段性降低至19%。为此，武汉市人社局也下发了《关于阶段性降低社会保险费率的通告》，规定自2016年5月1日起，武汉市企业职工基本养老保险单位缴费比例由20%降至19%，阶段性降低养老保险费率的期限暂定为两年，即2016年5月1日至2018年4月30日。但缴费率与杭州、厦门、宁波、广州、深圳等经济发达地区的城市相比，还是较高。社会保险应在经济下行压力加大时期灵活调整，以降低企业经营成本，帮助困难企业渡过难关。建议武汉市结合实际情况，在基金可承受范围内适当降低职工基本养老保险企业缴费比例，同时不断扩大养老保险覆盖范围，做实养老保险的缴费基数，强化养老保险费征缴，各级财政部门要切实调整财政支出结构，加大对养老保险的投入。

2. 改善职工基本养老保险制度抚养比，建立合理的养老金调整机制

针对武汉市企业职工基本养老保险制度内抚养比逐年下降，养老保险负担较重问题。建议积极推行“全面二孩”政策，从根本上改善人口结构，减缓老龄化进程；继续扩大养老保险覆盖范围，吸纳外来务工人员参保，改善参保人口结构；贯彻落实渐进式延迟退休政策，推迟领取养老金年龄，减轻养老保险负担；放开户籍限制，允许武汉市的农业人口以灵活就业人员的身份参加城镇职工基本养老保险。

养老金水平不仅关系到退休职工基本生活，也影响着在职职工的参保积极性。武汉市在加大对养老保险的财政投入，适度提高养老金水平的同时，最为根本的是取消行政命令式的养老金调整方式，建立与缴费年限、缴费数额挂钩的调整机制。[①] 对缴费超过一定年限的人员，可以按超出年数的一定比例进行调整。还可借鉴厦门市的经验，职工缴费工资超过全市上年

① 仙蜜花、薛惠元：《缴费激励机制下的养老金连年上调：矛盾及其化解》，《贵州财经大学学报》2015年第2期。

度职工月平均工资的，超过部分应缴的社会统筹基金的50%，记入个人补充养老保险账户。通过待遇调整鼓励人们多缴费、长缴费是实现基金收支平衡的良策。

3. 提高城乡居民基本养老保险补贴标准，丰富补贴层次

1991年中国开始农村社会养老保险（简称“老农保”）试点，规定以个人账户缴费为主，集体补助为辅、国家给予政策扶持。由于国家未给予资金扶持，集体经济实力薄弱，集体补助难以实现，使农村社会养老保险成为了事实上的个人储蓄，意义不大，在推行一段时期之后，不得不叫停。① 城乡居民基本养老保险补贴的意义，一方面是“城乡居民基本养老保险基金由个人缴费、集体补助、政府补贴构成”制度设计对政府投入的客观要求，表明政府对居民老有所养承担重要责任；另一方面是为了提高居民参保积极性。武汉市城乡居民基本养老保险补贴标准与其他副省级城市相比明显偏低，且补贴层次偏少，缺乏激励性。补贴标准既要突出公平性，又要兼顾效率。建议武汉结合本市财政状况，在参考其他副省级城市居民基本养老保险补贴标准与层次的基础上，适当提高补贴标准，丰富补贴层次，以实现差别化补贴，发挥多缴多补对居民参保的激励作用。如最低档次补贴45元，每提高一个缴费档次，补贴增加5元，最高档次（第十四档5000元/年）补贴为110元，最高和最低档次补贴相差65元，既保证了对低缴费档次居民的公平，又具有一定的激励作用。

4. 推动养老保险基金多元化投资，实现保值增值

当前，《基本养老保险基金投资管理办法》（国发〔2015〕48号）虽然已经发布，但基本养老保险基金尚未正式启动投资运营，养老保险基金基本存银行是常态，收益率偏低，贬值风险较大。在保证基金安全的前提下，尽快实行市场化、多元化投资，有利于实现养老基金的保值增值。目前可行措施之一是委托全国社会保障基金理事会对部分结余基金投资运营。2012年广东省将近千亿元养老金委托全国社会保障基金理事会投资运营，两年多的时间内实现近百亿的收益，山东省也在2014年将1000亿元的养老基金委托全国社会保障基金理事会投资运营。全国社会保障基金每年的收益率较为可

① 邓大松、薛惠元：《新农保财政补助数额的测算与分析——基于2008年的数据》，《江西财经大学学报》2010年第2期。

观,其管理的自身资产在过去十多年内的平均收益率达到8%以上,若条件成熟,武汉市也可以尝试将部分养老基金委托全国社会保障基金理事会负责运营。此外,要加强对基金的监管,防止基金被挤占挪用。

5. 出台过渡期内机关事业单位基本养老金计发办法实施细则

济南、青岛、西安、厦门4市机关事业单位工作人员养老保险制度对于改革前参加工作、改革后退休的"中人"设立10年过渡期,过渡期内实行新老待遇计发办法对比,保低限高。建议武汉市参考以上4城市以及《关于贯彻落实〈国务院关于机关事业单位工作人员养老保险制度改革的决定〉的通知》(人社部发〔2015〕28号)的相关规定,尽快出台机关事业单位过渡期内基本养老金计发办法实施细则。这既有利于实现"中人"从老办法待遇标准向新办法待遇标准的平稳过渡,也可在一定程度上减轻财政和机关事业单位养老保险基金负担。

二、国外典型国家养老保险制度及其经验借鉴

1889年德国颁布《老年和残障社会保险法》,以法律形式确立世界上首个现代意义的社会养老保险制度。此后,多国相继建立起富有本国特色的社会养老保险制度。1951年中国政务院颁布《劳动保险条例》,这是中国第一部全国统一的社会保险法规,标志着中国面向城镇职工的基本养老保险制度建立。经过60余年发展,中国社会养老保险制度已包含城镇职工基本养老保险、城乡居民基本养老保险、机关事业单位工作人员基本养老保险三大部分,在制度上实现了人群全覆盖。在当前人口老龄化背景下,社会养老保险制度的重要性日益凸显。各国在建立和完善本国社会养老保险制度的过程中,形成了极具借鉴意义的成功经验和失败教训。比较典型国家社会养老保险制度,总结其经验和教训,对进一步完善中国社会养老保险制度,有效应对人口老龄化具有重要的现实意义。

依据不同的标准可将社会养老保险制度进行不同的分类,如根据养老保险基金筹资方式,分为自保公助型、全民福利型、强制储蓄型和国家保险型;根据养老保险基金的筹资模式,分为现收现付制、完全积累制与部分积累制;根据养老保险基金运行管理模式分为社会统筹制、个人账户制和统账结合制;根据养老金给付模式,分为待遇确定型、缴费确定型和混合型。本研究以发达国家和发展中国家为分类标准,对典型国家社会养老保险制度

进行比较。

（一）国外典型发达国家的养老保险制度

1. 美国的养老保险制度①

美国于1935年通过社会保障法案，开征工薪税并建立老年人储备基金。1939年修订该法案，将老年人储备基金改造为老年人和遗属信托基金，1957年建立残障保险信托基金，合称老年人、遗属和残障保险信托基金，简称社保基金，形成了以现收现付为特征的基本养老保险制度。美国社会一直把市场效率奉为圭臬，反对政府提供高福利，基本养老保障水平不高，加之美国是一个移民国家，人口老龄化问题不突出，社保基金总体保持盈余，因此美国基本养老保险制度一直没有进行大的改革。美国现行养老保险体系主要由三大支柱构成：第一支柱是由政府主导、强制实施的社会养老保险制度，即联邦退休金制度；第二支柱是由企业主导、雇主和雇员共同出资的企业补充养老保险制度，即企业年金计划；第三支柱是由个人负责、自愿参加的个人储蓄养老保险制度，即个人退休金计划。这三大支柱俗称"三脚凳"，分别发挥政府、企业和个人作用，相互补充，形成合力，为退休人员提供多渠道、可靠的养老保障。

(1)联邦退休金制度

联邦退休金制度是由政府主导的基本养老保险制度，是美国政府为退休人员提供的一种保障型社会福利。具体内容如下：

第一，缴纳社会保障税。社会保障税是联邦退休金制度最核心的内容。社会保障税是美国仅次于个人所得税的第二大税种，由联邦政府按照一定工资比率在全国范围内统一征收，强制要求企业在每月发工资时按照雇员的社会保障号码(SSN)代扣代缴。社会保障税由美国财政部国内工资局集中收缴后，专项进入养老保险管理机构——美国社会保障署(Social Security Administration)设立的社会保障基金。

第二，社会保障税税率。社会保障税税率由社会保障署动态调整，经国会批准后执行。调整依据是根据人口老龄化预测数据和养老金支出需要。例如，社会保障税税率在1980年时为雇员工资额的10.16%，1990年上调至

① 该部分资料来源于：《美国养老保险制度简介》，中国驻美国大使馆经济商务参赞处网站，http://us.mofcom.gov.cn/article/ztdy/201603/20160301284679.shtml；《美国基本养老保险制度概况》，中国财政部网站，http://zys.mof.gov.cn/pdlb/tszs/201601/t20160122_1655093.htm。

12.4%。自1990年以来,社会保障税税率未再调整。2015年社会保障税税率为雇员工资额的12.4%,由雇员和雇主各缴纳50%。即,雇员和雇主各缴纳该雇员工资额的6.2%;对于个体经营者,则缴纳其工资额的12.4%。

第三,社会保障税税基。联邦退休金制度鼓励"工作时多存社保税、退休后多领养老金"。工资较高的雇员,缴纳的社会保障税更多,退休后领取的联邦退休金也更多。同时,为体现社会公平性,防止极少数退休人员领取过高退休金,社会保障税设定了应税工资上限,超出应税工资上限那部分工资不再缴纳社会保障税。应税工资上限随着物价和工资水平的变化而逐年调整。例如,应税工资上限在2006年时为9.42万美元,到2015年已提升至11.85万美元。相应地,2015年,雇员至多能够缴纳社会保障税1.4694万美元(11.85×12.4%)。

第四,领取联邦退休金。联邦退休金制度规定,雇员必须纳税40个季度(相当于10年缴费年限),退休后才能按月领取联邦退休金。同时,退休金计发与实际退休年龄挂钩。联邦退休金制度对不同时间出生的人规定了不同的法定退休年龄,例如,1943年、1957年出生者的法定退休年龄分别为66岁和66岁6个月,1960年及以后出生者的法定退休年龄均为67岁。到法定退休年龄才退休者,可享受全额退休金。联邦退休金制度不实行强制退休,在法定退休年龄之前退休者,退休金减额发放,每提前一个月养老金减发0.56%,最早可以提前至62岁退休;鼓励在法定退休年龄之后退休,每延后一个月退休金增加0.25%,如70岁退休,则可拿全额退休金的130%,年满70岁以后才退休者,退休金不再继续增加,仍是全额退休金的130%。退休人员被鼓励继续从事力所能及的工作。退休后从事有收入工作的,如年总收入低于一定标准,仍可领取全部退休金;收入超过一定标准时,按超过部分金额的50%减发退休金;70岁以上仍工作者,不管收入多少,均不减发退休金。退休人员领取联邦退休金时免税,但年总收入超过一定金额者需纳税。2015年,年收入超过2.5万美元的单身退休人员以及超过3.2万美元的退休夫妇在领取联邦退休金时需纳税。目前,这部分人约占美国退休人口的40%。

根据美国社会保障署公布数据,2015年,有1.67亿美国雇员缴纳社会保障税,有4200万退休人员按月从社会保障基金领取退休金。平均每位单身退休人员每月领取退休金1328美元(约占退休人员平均月收入的40%左右),平均每对退休夫妇每月领取退休金 2176 美元。美国社会保障署共有工作人员 65000 余名,分布在全国 10 个大区的社会保障局及其下属 13000 个办公室。社会保障税除了运营成本和支付结余以外,其他主要用于支付联邦退休金和遗属补贴(约占 85%),以及残疾人(及其家庭成员)生活补贴(约占 15%)。

第五,养老金定期调整机制。美国每年都根据统计局"城市工薪与职员消费价格指数(CPI-W)"调整养老金水平。CPI-W 指数包括 38 个地区、211 种消费品,共 8018 个"项目—地区指数"。相对于通用的 CPI 指数,CPI-W 指数构成更贴近美国老年人的消费情况。近 30 年来美国物价较为平稳,每年物价涨幅基本不超过 5%,退休人员的养老金稳定增长。即使在金融危机后 2009—2010 年的通货紧缩期间,养老金也未降低。以物价指数调整养老金,主要是抵消通货膨胀影响,保障购买力。与工资增长率挂钩等调整方式相比,参保人难以分享经济增长成果,但有利于降低养老金水平快速提高所带来的支付压力。

第六,养老基金平衡情况。美国联邦社保基金预算独立于一般公共预算之外,单独管理,但其财务管理规则与一般公共预算相同。联邦财政预算对社保基金没有法定的补贴责任。当社保基金入不敷出时,一般通过提高工薪税率、退休年龄等进行平衡。从 1980 年起,美国社保基金持续盈余,规模发展十分迅速,到 2013 年年底,基金历年滚存结余高达 2.67 万亿美元,是当年养老支出总额的 3.84 倍,同时也使基金投资收益成为重要收入来源。事实上,扣除基金投资收益,2010 年起社保基金当期已收不抵支。从精算平衡看,2014 年测算未来 75 年基金收支累计缺口为 9.87 万亿美元。但美国对养老金支出相对规模增速控制较好,养老金收支缺口占缴费基数累计额的比例稳定在 2.55%,也就是说,未来缴费率只要提高 2.55%,就可以弥补支付缺口,风险基本可控。

(2)企业年金计划(401K 计划)

企业年金计划是美国雇主为雇员提供的一种最普遍的退休福利计划。

第一,产生背景。20 世纪 80 年代之前,美国不少私人企业由雇主全额承担雇员退休金,特别是在工会组织力量强大的企业,雇主被迫对退休工人的各种福利大包大揽。这种退休福利方式虽对员工有利,但加重了雇主的经济负担,不利于企业经营和发展。1978 年,美国《国内税收法》新增的第

401条K项条款规定,政府机构、企业及非营利组织等不同类型雇主,为雇员建立积累制养老金账户可以享受税收优惠。根据这一条款,越来越多美国企业选择了雇主和雇员共同出资、合建退休福利的方式。因此,美国企业年金计划又称作401K计划。目前,401K计划已成为美国诸多雇主首选的企业补充养老保险制度。根据美国投资公司协会数据显示,截至2013年第二季度,401K计划账户资产余额达到3.79万亿美元,相当于美国当年GDP的22.9%左右。

第二,账户管理。雇主为雇员设立专门的401K账户后,双方共同缴纳一定数量的资金存入账户。即雇主对雇员的账户有投资。其中,雇员年度缴费总额不得超过规定上限(2014年为2000美元);雇主为雇员缴费的比例由劳资双方协议确定,一般为雇员工资的3%到7%。401K账户归雇员所有,离职时由雇员自行转走,转入其选定的任何提供401K计划的基金公司。提供401K计划的雇主,一般会指定一个基金公司管理雇员的401K账户,这个基金通常有各种不同类型的投资组合供员工选择,有定期存款、股票基金、债券基金、指数基金以及平衡基金等,投资标的从最保守的货币市场到最激进的新兴市场。雇员自主决定投资决策,并承担投资风险。一般在年轻时,雇员会选择比较激进的投资组合,博取较高的投资回报,但随着年龄增长,投资方式渐趋保守。雇员退休后从账户领取的养老金取决于缴费多少和投资收益状况。美国推行"401K"计划后,其资金迅速与股市形成良好互动,美国大公司的职工将自己养老基金中约1/3的资金投资本公司股票,道琼斯指数从1978年到2000年累计上涨1283.25%。

第三,税收优惠。401K计划被称作"政府给中产阶级最大的礼物",参与401K计划的退休人员及其受益人可得到实实在在的减税优惠。税收优惠具体体现为"延迟纳税"(Tax Defer)。法律规定,雇员在401K账户的缴费和投资收益均免税,直到退休后从账户领取养老金时才对账户总额(包括利息红利附加增值)上缴个人所得税。由于退休人员的收入较退休前普遍下降,纳税基数随之减小,再加上投资收益免税,其实际缴纳的个人所得税将大幅下降。

第四,领取条件。401K计划养老金领取条件是:账户持有人年满59.5岁;死亡或永久丧失工作能力;发生大于年收入7.5%的医疗费用;55岁以后离职、下岗、被解雇或提前退休。户主如在59.5岁之前提前取款,将被征收惩罚性税款;但允许提前借款,再还回账户。户主退休时,可以选择一次性领取、分期领取和转为存款等方式使用401K账户资金。雇员在年满70.5岁时,必须开始从个人账户中取款,否则将对应取款额征税50%,这一规定目的在于刺激退休者的当期消费,避免社会落入消费不足的陷阱。

美国公务员养老金计划与私营企业雇员401K计划类似。1986年6月,美国国会通过《联邦雇员退休制度》,规定了联邦政府所有文职人员的养老、救助和残疾福利管理办法,其主要内容与上述针对企业雇员的401K计划基本一致。美国各地方层级(州、郡、市)的公务员也各自建立了类似401K计划的养老金制度。

(3)个人退休金计划(IRA计划)

个人退休金计划即个人储蓄保险,是一种联邦政府提供税收优惠、个人自愿参与的个人补充养老金计划。个人退休金计划始建于20世纪70年代,其核心是建立个人退休账户(Individual Retirement Accounts,简称IRA),因此个人退休金计划被称作IRA计划。

第一,账户管理。与401K账户不同,IRA账户由参与者自己设立,所有16岁以上70.5岁以下、年薪不超过一定数额者均可以到有资格设立IRA基金的银行、基金公司等金融机构开设IRA账户,而且不论其是否参加了其他养老金计划。户主可根据自己的收入确定年度缴费金额,并在每年4月15日之前存入账户。IRA有最高缴费限额。例如,50岁以下者2014年最高缴费限额为5000美元。年薪超过一定数额者不能参加IRA计划。例如,已有401K计划者中,未婚者年薪超过5.6万美元,已婚者年薪超过8.9万美元,则不得申报该年度IRA计划。IRA账户由户主自行管理,开户银行和基金公司等金融机构提供不同组合的IRA基金投资建议,户主根据自己的具体情况和投资偏好进行投资管理,风险自负。IRA账户具有良好的转移机制,户主在转换工作或退休时,可将401K计划的资金转存到IRA账户,避免不必要的损失。户主退休后从账户领取的养老金取决于缴费多少和投资收益状况。

第二,税收优惠。IRA计划并非投资行为,而是储蓄行为。参与者可以使用账户内资金从事股票、债券等投资活动,但这些本金和收益被严格限定并储蓄在IRA账户内,不得转移至别的账户,以强制这部分资金在退休后才能使用。与普通投资账户相比,IRA账户具有免税等多种税收优惠。一是延迟纳税,在年度免税额度(即最高缴费限额)内不缴纳个人所得税,退休后支取时再纳税。二是免征账户内的存款利息、股息和投资收益所得税。参与者可以选择存储税前或税后收入,如果存的是税前收入,在领取的时候要对账户总额上缴个人所得税;如果存的是税后收入,在领取时要对多年来的附加增值款上缴个人所得税。税收优惠政策促进了IRA计划的持续快速发展。2012年底,44.7%的美国家庭拥有IRA账户。

第三,领取条件。IRA户主在年满59.5岁后方可领取IRA退休金,提前支取将被处以支取金额10%的罚金。政府此举在于鼓励户主到退休后才开始使用IRA资金。法规同时规定户主年满70.5岁必须开始支取账户金额。

IRA计划作为美国养老体系的重要组成部分,也是美国政府经常使用的宏观调控手段。IRA账户免税额度的提高使全美IRA基金中增加巨额投资,这笔巨资通过有效的投资体系投向美国各行业,从而促进美国经济发展,也使普通美国人分享到经济增长的好处。

总体来看,美国养老保障体系较为多元,联邦退休金制度为老年人提供最基本的养老保障,65岁以上老年人收入构成中平均有33.7%来源于联邦政府基本养老金,属“雪中送炭”;401K计划和IRA计划则能有效提高退休人员实际收入,属“锦上添花”。相对而言,低收入老年群体对基本养老金依赖性较强,而私人养老金及资产收入则是高收入老年群体收入的重要组成部分。结构均衡的多支柱养老体系,使得美国既享受了适度的福利制度带来的正面效应,也避免了过于慷慨的福利制度所产生的负面激励。

2. 荷兰的养老保险制度

荷兰建立了普惠性的公共养老金制度,为所有65岁以上荷兰独居居民提供相当于最低工资70%的养老金待遇,夫妻双方每人可获得相当于最低工资50%的养老金待遇,有效保障了老年人基本生活需要。享受养老金待遇的前提是居住年限,年满65岁且15岁到65岁之间的50年一直在荷兰居住的老年人可获得全额养老金,居住时间每少一年,养老金待遇相应减少2%,居住时间不满50年的居民基本上都有资格获得社会救助。若达到退休年龄后继续工作,可获得全额养老金,但提前或延迟领取养老金都是非法的。荷兰公共养老金制度属于现收现付制,其资金来源于根据《基础养老金法案》设立的专项税收,仅由65岁以下人缴纳,其税基是收入,因而整合到收入税中一并征收。自1957年荷兰设立公共养老金制度起,需每年确定缴费率以保证基金收支平衡,20 世纪 90 年代末,荷兰规定年缴费率上限为个人收入的 18.25%,基金收支缺口由公共财政负担。

荷兰婴儿潮一代人相继退休,人口老龄化程度加剧,使得公共养老金制度给政府带来的成本负担日益加重。为了应对这一问题,荷兰政府采取了如下措施:第一,推迟退休年龄。2012 年,荷兰政府提出加快 2015 年以后提高法定退休年龄的进度,2018 年实现退休年龄提高到 66 岁,2021 年退休年龄提高到 67 岁,此后每 5 年根据人口预期寿命调整退休年龄。[①] 第二,控制国债发行减少利息支出以及在经济景气年份进行财政划拨建立储备基金。此外,大力提倡发展以企业和个人为责任主体的"第二支柱""第三支柱"养老金。

3. 瑞典的养老保险制度

瑞典的国家养老金制度在 1999 年进行重大改革之后,现包含两大部分:部分积累制名义账户养老金和完全积累制个人账户养老金。

瑞典国家养老金制度规定职工从 16 岁起,开始缴纳养老保险费,且没有规定职工缴费年龄上限,缴费率为 18.5%。其中,16%进入部分积累制名义账户。部分积累制名义账户养老金用于给付当期退休职工的养老待遇,职工的缴费将被记录,名义账户会规定一个等于平均工资增长率的名义利率,如果计算出来的财务结余不令人满意,名义利率会自动调低,不需经过任何法律程序。另外,为解决当期给付的流动性问题,瑞典政府设立了瑞典国家养老基金作为储备基金。剩余的 2.5%进入积累制个人账户。该账户基金可投资于瑞典的共同基金,也可投资于符合《瑞典共同基金法》并在瑞典开展基金业务的外国集合投资产品。职工有权选择所投资的基金,最多可选 5 只,若职工不做选择,则投资于默认基金。职工每年都可以收到一份有关名义账户和个人账户的余额以及待遇预测等信息的年度报告。为适应金融市场的变化,确保养老基金运作的安全性和效率性,瑞典政府对国家养老基金的管理机构和投资规定进行改革,并通过多样化投资进一步降低风险,这不仅可以巩固养老金体系,也将完善瑞典资本市场的运行。

职工达到 61 岁可申请领取养老金,事实上,大多数职工首次领取养老金的年龄会在 65 岁。名义账户养老金初始待遇根据职工出生群组的死亡率、

① 张浚:《荷兰的养老金改革:政府主导下的市场参与》,《欧洲研究》2015 年第 6 期。

初次领取养老金的年龄以及预期的待遇增长率进行准精算。退休后的待遇每年会根据名义利率和每年1.6%的增长期望值之间的差距进行调整。个人账户养老金待遇取决于投资收益情况。

（二）国外典型发展中国家的养老保险制度

1.波兰的养老保险制度

政治经济体制剧变后，波兰的养老金制度难以适应市场经济。这一方面是因为在社会主义制度时期，几乎实现全覆盖的养老金制度导致养老金领取者规模非常庞大；另一方面在社会主义体制后期，为解决失业问题，允许提前退休和宽松的残疾人养老金领取审核标准，导致领取养老金的资格年龄偏低；此外，养老金平均替代率过高，20世纪90年代已达到70%—80%。[①] 以上因素导致20世纪90年代早期，波兰的养老金支出达到GDP的15%，高额的养老金支出与其他财政支出需求难以调和。同时，高替代率挫伤了职工工作和储蓄积极性，雇主单方缴费滋生了逃费和裁员现象。

1998年波兰进行了养老金制度改革，新的养老金制度包括两部分，名义账户制(NDC)养老金和一个强制性DC型养老金。雇主和雇员各承担50%的养老保险缴费，62.5%划入名义账户，剩余37.5%划入强制性DC账户。养老金待遇取决于雇员缴费总额，如果雇员达到退休年龄后继续工作，则会增加养老金给付金额，这大大减少了提前退休现象。

名义账户养老基金根据每季度工资总额增长比率的75%增长[②]，退休后养老金待遇根据物价指数调整。每年3月1日社会保险管理机构会提供给每位参保人一份有关自己名义账户余额和不同退休年龄所获养老金评估标准的报告。为应对未来人口老龄化导致退休人数增加，波兰为名义账户制建立了储备金。储备金来源于名义账户中的所有余额、国有资产私有化的部分收入、2002—2008年从养老保险总缴费额中提取的1%和利息收入。

波兰实行的名义账户制提供了一个不必对个人账户“做实”的“模拟运行”模式，为最终向“做实账户”的积累制发展做了铺垫。同时，避免了由现

① Gomulka S.,“Pension Problems and Reforms in the Czech Republic, Hungary, Poland and Romania”, Cep Discussion Papers, December 2000.

② Beata Putelbergier,“Changes in the Financing of the Pension System in the Face of Ageing: The New Pension System in Poland and Its Adaptation to other Countries'systems”, The Year 2000 International Research Conference on Social Security, Helsinki, September 25-27, 2000.

收现付制向积累制转变所产生的大量转制成本,使更多的资金用于经济建设。

2. 智利的养老保险制度

1981 年智利对传统现收现付制养老保险制度进行根本性变革,改革的基本内容为:雇员承担全部缴费,缴费率为缴费工资的 10%,全部被存入个人账户;成立单一经营目标的养老金管理公司(AFPs),负责对账户养老基金进行管理;雇员可自由选择 AFPs,并向 AFPs 缴纳管理佣金;退休时养老金待遇以通胀指数化年金或分期付款形式发放;成立养老基金监管局(SAFP),对养老金管理公司进行监管,政府担保最低养老金。智利建立起以个人账户为基础完全积累制养老保险制度。另外,政府还建立了基础养老金(与残疾和遗属待遇并存),不需缴费,不分性别,只要达到 65 岁即可领取。如果个人的缴费型养老金收入增加或家庭总收入处于较高水平,基础养老金会被收回。如果一个家庭不属于最贫困的 60%,也不能领取基础养老金。

智利养老保险制度向积累制转型,意味着每个雇员的缴费被存入自己的养老金个人账户。因此,政府不得不为已有退休者的养老金和继续工作者在旧制度下所积累的养老金权益筹资。智利在改革养老保险制度时,预留了相当于 GDP5%的资金。自 1987 年以后产生的数额庞大的系统性财政盈余,为政府在避免深陷债务又不削减养老金待遇的情况下接手这些法定责任提供了可能。另外,针对向积累制转轨产生的转制成本问题,智利政府采取了发行“认购债券”的方式予以解决。总额应满足为雇员退休时提供一份标准养老金的需要,该退休金的标准为:雇员在 1978 年 6 月 30 日至 1979 年 7 月 30 日之间缴费工资的 80%与雇员在旧制度下缴费记录年限的乘积除以假定全额缴费年限 35 年。认购债券由财政担保,它的价值会根据消费价格指数进行调整,并以每年 4%的利率计息,资金在雇员退休时转入个人账户。认购债券将转制产生的隐性债务显性化,明确了隐性债务规模并防止了隐性债务规模的继续扩大,一次性解决了转制产生的隐性债务问题。

(三)国外典型国家养老保险制度的经验借鉴

1. 正视并积极解决转制成本

首先,社会养老保险制度可引入名义账户制化解转制成本问题。名义账户制是现收现付制与积累制、待遇确定型(DB)与缴费确定型(DC)的一种混合模式，兼具待遇确定型现收现付制和缴费确定型积累制的一些特征。名义账户中的资金现收现付，用于支付当前退休者养老金，个人账户中的资产是“名义上”和“模拟的”，以“记账”方式进行管理，不需实际存入缴费，但在退休时具有实际意义。名义账户中的“记账”缴费积累和“名义资产”投资收益是养老金的计发依据。1995 年，瑞典、波兰等欧亚 6 国引入名义账户制后，实现了从现收现付向（部分）积累制的平稳过渡，克服了转制成本问题。中国自 1995 年确立社会统筹与个人账户相结合的养老保险制度，到 1997 年正式实现从现收现付向部分积累制的转化，很快出现了个人账户转制成本问题。加之统筹账户和个人账户的“混账”管理，导致个人账户“空账”规模日益膨胀。名义账户制则提供了一个不必对个人账户“做实”，通过记账，令其“模拟”运行的方法，避开了转制成本问题。名义账户制兼具现收现付制“统筹”的优点和积累制“精算给付”的性质，与中国社会统筹与个人账户养老保险制度所提倡的社会互济和自我保障原则不谋而合。第二，智利通过发行“认购债券”明确并解决养老保险制度改革中产生的转制成本的做法，同样值得中国和武汉市借鉴。

2. 实行延迟退休政策，并实行弹性退休制

随着生活水平的提高和医疗卫生条件的改善，人均预期寿命呈增长趋势。老龄化和人均预期寿命的增长给养老保险制度带来了较大的支出压力，荷兰、瑞典、波兰等国均采取了限制提前退休或延迟退休的政策。中国现在依然执行 20 世纪 50 年制定的退休年龄（男 60 岁、女职工 50 岁、女干部 55 岁）。随着人均预期寿命的增长，延迟退休年龄有其现实性和必要性，建议采取“女先男后、女快男慢”的渐进式延迟退休方式，同时可通过增发养老金鼓励职工延迟退休。考虑到个体差异，退休年龄不宜实行一刀切，建议学习美国的做法，实行弹性退休制，但对于提前退休的人员，减发一定的养老金。

3. 建立养老储备基金制度

荷兰、瑞典、波兰均建立起养老储备基金以应对人口老龄化高峰对养老基金的大规模需求。中国人口老龄化基数大、速度快，社会养老保险历史欠账严重。为了满足日益增长的社会养老保险基金支出需求，2001 年，国务院颁布《减持国有股筹集社会保障资金管理暂行办法》，正式以法律形式建立全国社会保障基金，并确认其来源为国有股减持变现资金和中央财政预算

拨款以及其他方式筹集的资金。2001 年 12 月，财政部与劳动和社会保障部共同颁布《全国社会保障基金投资管理暂行办法》，进一步将全国社会保障基金的资产来源细化为国有股减持划入资金及股权资产、中央财政拨入资金、经国务院批准以其他方式筹集的资金、投资收益四个部分。2002 年 6 月，国务院指出，为增强全国社会保障基金实力，除继续采取国家财政增加拨款等方式外，把国有股划拨给全国社会保障基金，这部分划拨的国有股不在证券市场上减持套现，全国社会保障基金在需要时，以分红、向战略投资者协议转让等形式来充实社保资金。以上两个文件构成了中国养老储备基金筹集制度的主要法律依据。但在实际执行中，关于国有股协议转让收入中的一定比例上缴全国社会保障基金的规定并未得到贯彻执行，划入股权资产也未落实。境内国有股减持暂停执行后，党中央和国务院确定的“增加国家财政拨款、通过多种方式包括依法划拨部分国有资产”也一直没有取得实质性进展。全国社会保障基金主要资金来源仅剩中央财政拨款。2013 年党的十八届三中全会报告中指出要划拨部分国有资本充实社会保障基金。2015 年 4 月，人力资源和社会保障部召开新闻发布会，人社部发言人李忠表示，划拨部分国有资本充实社会保障基金这项工作正由财政部牵头，国资委、人社部、全国社保基金理事会、证监会等部门参加，共同推进这项工作的开展。2016 年《中华人民共和国国民经济和社会发展第十三个五年规划纲要》也提出划转部分国有资本充实社保基金是完善社会保险体系的重要组成部分。

4. 按照物价指数来调整基本养老金

中国企业退休人员基本养老金自 2005 年以来已经连续 12 年上调，上调幅度为 2005—2015 年 10%左右，2016 年 6.5%左右。养老金的连年上调已经使各地养老保险基金捉襟见肘，武汉市每年养老保险基金“保发放”的压力也较大，再照这个比例持续上调，武汉市养老基金“十三五”期间必将出现收支缺口。对此，可以借鉴美国的经验，根据 CPI 来调整基本养老金，而不是采取行政命令的方式，以超过 GDP 增长率的增幅来调整基本养老金。

5. 加大税收优惠，促进第二、第三支柱的发展

世界银行建议，要维持退休前的生活水平不下降，养老金替代率需不低于 70%；国际劳工组织建议养老金替代率最低标准为 55%。当前，中国养老保险体系中第一支柱的替代率较低，2015 年城镇职工基本养老保险平均替

代率仅为43.5%，与世界银行和国际劳工组织要求的标准相去甚远。为此，未来中国和武汉市应学习美国的经验，大力发展企业年金、职业年金和个人税收递延型商业养老保险。具体包括：提高企业年金的企业税收优惠比例，可以由当前的5%，提高至于8%（此比例为职业年金单位的缴费比例）；借鉴美国联邦公务员职业年金“节俭储蓄计划”（简称“TSP”），建立一定数量的养老金管理公司，在政府的推动下，投资托管，增强基金的收益性；将职业年金12%的固定缴费费率改为浮动费率，以满足不同收入群体、不同单位的实际需要；加快个人税收递延型商业养老保险的试点进度，争取“十三五”期间在全国范围内全面推开。

第五节　完善武汉市养老保险制度的政策建议

由前文的分析可知，目前武汉市养老保险制度存在诸多问题，突出表现在当期基金收支缺口较大、制度缺乏激励性、基金保值增值困难等方面。养老保险制度是解决人们老年后基本生活需要的重要制度安排，如何在经济新常态下实现养老保险制度的可持续发展是人们普遍关注的问题。从武汉市的实际出发，本节针对武汉市养老保险制度存在的问题提出相应的对策建议。

一、做好养老保险顶层设计

（一）完善统账结合的基本养老保险制度

统账结合的养老保险制度是中国针对具体国情做出的创新性的制度安排。《国务院关于建立统一的企业职工基本养老保险制度的决定》（国发〔1997〕26号）中规定到20世纪末基本建立起适应社会主义市场经济体制要求，适用城镇各类企业职工和个体劳动者，资金来源多渠道、保障方式多层次、社会统筹与个人账户相结合、权利与义务相对应、管理服务社会化的养老保险体系。《国务院关于完善企业职工基本养老保险制度的决定》（国发〔2005〕38号）指出要完善社会统筹与个人账户相结合的基本制度，用人单位缴费全部划入统筹账户，个人缴费全部划入个人账户。两个账户分别体现了制度的责任分担和制度激励特点，一定程度上促进了制度的良性发展。据此，武汉市在养老保险制度改革过程中应进一步完善统账结合的城镇职工基本养老保险制度，坚持统账结合。

城乡居民基本养老保险制度实行的是基础养老金和个人账户相结合的制度模式。与职工基本养老保险个人账户不同的是，城乡居民基本养老保险个人账户在制度建立伊始就是实账，不存在空账运行问题。在今后的发展过程中应继续坚持和完善统账结合的制度模式。

（二）完善个人账户制度

统账结合的城镇职工基本养老保险制度在执行中显现出了明显的优势，但是现有政策并没有明确规定统筹账户和个人账户之间的界限，造成两个账户之间的“混账”管理，使得统筹账户可以毫无障碍的透支个人账户基金。此外，由于养老保险制度在转制过程中产生的隐性债务并没有被完全消化掉，“中人”和“老人”的个人账户没有相应的积累，基金缺口问题相当严重，目前武汉市的养老保险基金缺口达60亿元左右。武汉市从2008年开始做实个人账户，但阻力较大，最后不了了之。党的十八届三中全会公报提出“坚持社会统筹和个人账户相结合的基本养老保险制度，完善个人账户制度”；党的十八届五中全会公报也提出“完善职工养老保险个人账户制度”。由“做实”到“完善”，此处传达的重要信息是今后个人账户将不再做实，而是实行名义账户制。在经济发展新常态背景下，武汉市应完善个人账户制度，提高个人账户的收益水平。

统账结合的城乡居民基本养老保险制度自实施以来运行良好，个人账户一直是实账运行。但仍存在制度缺陷，如个人账户是分别记账，账户基金没有实现统筹，若个人账户支付完毕而个人还健在，那么个人账户就面临偿付能力不足问题。现阶段，针对这一问题并没有相应的制度安排。因此，建议设立风险储备金，由个人账户投资收益率高于记账利率的差额组成，仅用于弥补由于参保人的长寿风险而导致的基金缺口，在风险储备金支付完毕时，应由地方财政来承担保底责任。①

① 薛惠元、仙蜜花：《城乡居民基本养老保险个人账户基金收支平衡模拟与预测——基于个体法的一项研究》，《当代经济管理》2015年第10期。

（三）化解养老保险的隐性债务问题

城镇职工基本养老保险制度和即将进行改革的机关事业单位养老保险制度都会产生转制成本。随着“老人”和部分“中人”退休，隐性债务会逐渐显性化。隐性债务本应由政府承担，但政府却将此转嫁到新参保人身上，成为养老保险费率过高的原因之一，加重了个人和单位的负担。且巨额隐性债务不仅导致养老基金收支出现缺口，可能导致制度转轨的失败；而且国家为维持统账结合制度的正常运行，不得不加大对制度的财政支持力度，加大了财政负担和财政风险。武汉市城镇职工基本养老保险隐性债务规模不容小觑，若解决不好，可能导致养老金缺口增大等一系列连带问题。建议政府履行好职能，通过划拨国有资本、划拨福利彩票公益金、提高养老保险基金投资收益率、申请动用全国社会保障基金、申请中央财政转移支付、开征新的税种等方式，多管齐下，逐步解决养老保险隐性债务。

二、完善长缴多得、多缴多得的缴费激励机制

（一）完善基础养老金计发办法，对超过一定缴费年限的职工加发一定比例的基础养老金

现行城镇职工、机关事业单位基本养老保险基础养老金计发办法中“缴费每满1年发给1%”的做法缺乏累进性，激励性有限。建议对超过一定缴费年限的职工，采取累进制的办法，分段加发一定比例的基础养老金。具体可以借鉴吉林省的经验，即对于累计缴费年限21—25年的，每年增加0.15%的基础养老金；累计缴费年限26—30年的，每年增加0.2%的基础养老金；累计缴费年限31年及以上的，每年增加0.25%的基础养老金[①]。

（二）完善个人账户记账利率办法，对缴费年限长的参保人员给予较高的记账利率

目前武汉市基本养老保险个人账户的记账利率主要是参照一年期银行存款利率，或者财政社保部门与银行的协议存款利率来确定，总体来看，水平较低。随着基本养老保险基金的投资运营和基金实际收益率的提高，为个人账户记账利率的提高创造了条件。建议对缴费年限较长的职工给予

① 详见《吉林省人民政府办公厅关于完善城镇职工基本养老保险多缴多得激励机制有关事项的通知》（吉政办明电〔2015〕11号）。

较高的记账利率，这将有利于提高个人账户养老金水平，激励职工长期缴费。

（三）城乡居民基本养老保险的政府缴费补贴采用比例制

2011 年，武汉市决定将城镇居民社会养老保险制度和新农保合并实施，到 2013 年实现全覆盖。武汉市城乡居民基本养老保险分为 14 个缴费档次，参保人自主选择，多缴多得。政府对个人缴费部分实行补贴，补贴标准为每人每年 30 元。随着个人缴费档次的提高，政府的补贴率逐渐下降。这种规定使得城乡居民基本养老保险的激励效应大打折扣，也成为参保人选择较低缴费档次的重要原因之一。为鼓励人们选择较高的缴费档次，增强制度的激励效应，达到多缴多得的目的，建议政府增加对城乡居民基本养老保险个人缴费的补贴数额。可以按缴费档次的一定比例如 15%进行补贴，同时加大对缴费困难群体的补贴力度。

（四）城乡居民基本养老保险缴费年限养老金采取累进制

武汉市城乡居民基本养老保险缴费年限养老金的计发原理与企业职工基本养老保险基础养老金的计发办法（缴费每满一年发放 1%）有点类似，虽然具有一定的激励效应，但是激励效果对于长期缴费的居民来说不是很强。为促使城乡居民尽早参保并保持长期参保，建议在落实"长缴多补"政策的时候可以实行累进制，即随着居民缴费时间的延长，其补助的力度相应加大。具体可以参照浙江省的做法：缴费 5 年（含 5 年）以下的参保人，其月缴费年限养老金按 1 元/年计发；缴费 6 年以上、10 年（含 10 年）以下的参保人，其月缴费年限养老金从第 6 年起按 2 元/年计发；缴费年限 11 年以上、15 年（含 15 年）以下的参保人，其月缴费年限养老金从第 11 年起按 3 元/年计发；对缴费年限 16 年（含 16 年）及以上的参保人员，其月缴费年限养老金从第 16 年起按 5 元/年计发①。

三、建立基本养老金正常调整机制

为使老年人适当分享经济发展成果，保证养老金的购买力不因物价上

① 详见《浙江省人民政府关于建立城乡居民社会养老保险制度的实施意见》（浙政发〔2009〕62 号）和《浙江省人民政府关于加快实施城乡居民社会养老保险制度的意见》（浙政发〔2011〕19 号）。

涨而下降,武汉市自2005年以来已经连续12年上调企业退休人员基本养老金,一定程度上缩小了与机关事业单位退休人员养老金的收入差距,对保障退休人员的基本生活起到了一定的作用。近几年来,武汉市对城乡居民基本养老保险基础养老金做了调整,上调幅度相对较大,到2016年,武汉市城乡居民基本养老保险基础养老金已经达到225元/月。但是职工基本养老保险和城乡居民基本养老保险养老金调整带有很强的行政色彩,调整较为随意。建议取消行政命令式的养老金调整方式,建立与缴费年限、缴费数额挂钩的调整机制。① 研究并测算养老金调整时机、调整基数、调整幅度和调整方式,充分考虑缴费年限和缴费基数等因素,强化缴费年限在养老金调整中的作用。对缴费超过一定年限的人员,可以按超出年数的一定比例进行调整。明确告知参保人养老金调整与缴费年限、计发方式以及退休年龄之间的关系。通过待遇调整鼓励人们多缴费、长缴费,不失为一种增加基金收入、减轻财政负担、实现基金收支平衡的良策。

四、扩大养老保险覆盖面,实现人群的全覆盖

党的十八大明确提出到2020年全面建成覆盖城乡居民的社会保障体系。提高养老保险覆盖率是完善制度的重要举措。党的十八届六中全会公报明确提出:“实施全民参保计划,基本实现法定人员全覆盖。”近年来,武汉市积极推进养老保险制度的扩面工作并取得了一定的成效,但仍然还有部分群体没有参加任何形式的养老保险。该部分群体主要是农民工、城镇个体工商户、自由职业者和灵活就业人员(简称个体灵活就业人员)②。一方面由于城乡居民基本养老保险的保障水平太低,对其没有任何的吸引力;另一方面,由于农民工、城镇个体灵活就业人员的收入水平较低且不稳定的特点,企业职工基本养老保险的缴费门槛对其而言又相对较高(缴费基数为武汉市上年度在岗职工平均工资的100%,缴费比例为20%),使得部分农民工、城镇个体灵活就业人员无力参加企业职工基本养老保险。对此,笔者的建议是:(1)以实施全民参保计划为契机,对武汉市所有的养老保险参保对

① 仙蜜花、薛惠元:《缴费激励机制下的养老金连年上调:矛盾及其化解》,《贵州财经大学学报》2015年第2期。

② 2014年武汉市取消了对参保人员的户籍限制,农民工群体可以以灵活就业人员身份参加企业职工基本养老保险,实现养老保险的国民化。

象进行全面的核查和摸底,明确武汉市到底有多少人没有参加基本养老保险或者已经断保,然后将该批人群列为扩覆的重点,动之以情,晓之以理,尽快将其纳入企业职工基本养老保险和城乡居民基本养老保险。(2)个体灵活就业人员的缴费基数采取弹性区间制。即可以参照其他城市的做法,将武汉市个体灵活就业人员的缴费基数确定为武汉市上年度在岗职工平均工资的60%—300%,由个体灵活就业人员根据自己的收入情况自行选择缴费基数。

五、不断提高武汉市城镇职工基本养老金水平

保障水平是养老保险制度的核心问题。待遇水平的高低不仅关系到人们老年后的生活保障状况,也关系到年轻一代的参保及缴费的积极性。2014年,武汉市企业职工月均养老金水平达到2118元,首次超过全国平均水平。这与武汉市的经济发展水平不匹配。建议武汉市政府高度重视以基本养老保险为主体的社会保障制度建设,继续加大财政投入力度,完善城镇职工基本养老保险计发办法,增强制度的激励性,鼓励职工长缴、多缴,并适时适度调整企业退休人员基本养老金水平,以使武汉市城镇职工基本养老金水平处于全国的前列,而不是仅仅处于全国的平均水平。

六、提高统筹层次,在更大范围内分散制度风险

统筹层次的高低直接关系到养老保险的抗风险能力。统筹层次越高,养老保险分散风险的能力越强。目前武汉市城镇职工基本养老保险实现了真正意义上的市区级统筹(在中心城区是市级统筹,远城区是区级统筹)和初级的省级统筹(省级调剂金制度)。城乡居民基本养老保险在中心城区是市级统筹,远城区是区级统筹。为在更大范围内分散风险,促进人口流动,提高制度抵御风险的能力,建议提高基本养老保险的统筹层次,将城镇职工基本养老保险、城乡居民基本养老保险、机关事业单位养老保险的统筹层次统一提高到市级,待条件成熟时与湖北省其他地区实现真正意义上的省级统筹,实行基本养老保险基金的统收统支和垂直管理。城镇职工基本养老保险、机关事业单位基本养老保险的最终目标是实现基础养老金的全国统筹,城乡居民基本养老保险的最终目标是实现省级统筹。

七、继续降低养老保险缴费率，同时做实缴费基数

为了降低企业负担，增强企业活力，截至2016年年底，武汉市根据人社部关于阶段性降低社会保险费率的政策文件，已将失业保险费率由3%降至1%（单位费率0.7%，个人费率0.3%），将工伤保险平均费率从1%降至0.75%，将生育保险费率从0.7%降至0.5%，将城镇职工基本养老保险单位缴费比例由20%调整到了19%。与之前相比，武汉市社会保险综合缴费率降低了3.45%。总体来看，武汉市企业职工基本养老保险企业缴费率仅降了一个点，企业缴费率与宁波（12%）、深圳（13%）、广州（14%）、杭州（14%）、厦门（17%）、青岛（18%）、济南（18%）等东部地区副省级城市相比，还有一定的下降空间。社会保险应在经济下行压力加大时期灵活调整，以降低企业经营成本，帮助困难企业渡过难关。建议武汉市结合实际情况，在基金可承受范围内和精算的基础上，继续降低城镇职工基本养老保险企业缴费率，同时做实养老保险的缴费基数，严查虚报缴费基数的行为，并强化养老保险费的征缴，避免养老保险基金的跑冒滴漏。

八、加快机关事业单位养老保险制度改革，妥善处理转制成本

2015年1月3日，国务院发布《关于机关事业单位工作人员养老保险制度改革的决定》（国发〔2015〕2号），2015年10月，湖北省人民政府出台《关于机关事业单位养老保险制度改革的实施意见》（鄂政发〔2015〕64号），但直到2016年4月30日武汉市才出台《市人民政府关于做好全市机关事业单位工作人员养老保险制度改革工作的通知》（武政〔2016〕20号），正式启动机关事业单位养老保险制度改革，距离国发〔2015〕2号的实施时间（2014年10月1日），过去了1年零7个月，拖的时间太长，而2014年10月1日至2016年4月30日期间的养老保险费是一笔较大的数额，一次性补缴会对单位和个人产生一定的负担。建议在武政〔2016〕20号文件发布以后尽快落实该政策①，同时在改革初期差额拨款的事业单位既要给已经退休的人员发放

① 笔者是武汉市某高校（事业单位）的教师，截至2016年年底，笔者所在的单位尚未缴纳养老保险费，笔者的工资中也没有扣除养老保险费，这意味着武汉市机关事业单位养老保险改革在实践中落实较慢。

养老金,同时还要给在职人员缴纳养老保险费(包含职业年金),压力较大,社保部门要做好摸底和测算工作,给予经济困难的差额拨款的事业单位以财政拨款支持;同时要测算武汉市各级财政要为本市机关事业单位承担的补贴,以便提前做好财政预算。另外,机关事业单位养老保险改革与企业职工基本养老保险改革一样,同样存在着转制成本,对于这块转制成本,建议武汉市政府精心测算,与企业职工基本养老保险的转制成本合并考虑、一同解决。

九、将职业年金改为自愿参保,同时提高企业年金的企业税收优惠比例

在中国经济进入新常态和人口老龄化背景下,构建多层次的养老保险体系迫在眉睫。事实上,中国早在 1991 年就明确了构建多层次养老保险制度体系的目标。经过 20 多年的改革和完善,中国养老保险制度覆盖面不断扩大,保障水平不断提高,但是第二、第三层次的企业年金和个人储蓄性养老保险发展却十分缓慢。相关数据显示,美国、加拿大、法国、挪威等国的第二支柱占养老金构成的比例超过 50%,新加坡、西班牙、澳大利亚、韩国的第三支柱占养老金构成的比例已经超过 30%。而在中国,基本养老保险占比超过 85%,其他支柱占比则不到 15%。① 与全国类似,武汉市多层次的养老保险制度发展也极为不平衡。在 2007 年颁布的《湖北省武汉市人民政府关于完善我市企业职工基本养老保险制度的实施意见》(武政〔2007〕72 号)中提到要大力发展企业年金,为企业年金的发展创造条件。但是到目前为止,武汉市企业年金和个人储蓄性养老保险发展仍然相对滞后。事实上,政府的税收优惠政策对多层次养老保险产品发展有强大的拉动作用。2014 年中国开始实行"EET"模式的个人所得税优惠政策,推动了企业年金的发展。但是政府对其他形式的养老保险产品优惠政策还相当模糊,抑制了个人储蓄性养老保险,如个人税收递延型商业养老保险产品的发展。建议武汉市相关部门为企业年金和个人储蓄性养老保险的发展提供更多的税收及其他政策优惠,扩大个人税收递延型商业养老保险产品的种类供人们选择,推动多

① 《"未富先老"又遇"新常态"完善多层次养老保障体系》,http://news.cnhan.com/html/413/2015/0608/271869.html。

支柱养老保险体系的发展，切实提高退休人员的生活水平。

此外，由于职业年金具有强制性，使得机关事业单位工作人员与企业职工之间的“隐性双轨制”依然存在。第一，为了降低财政负担，减少转制成本，增加公平性，笔者建议将职业年金改为自愿参保。第二，由于企业年金的企业税收优惠比例为“职工工资总额的5%”①，建议提高至8%，与职业年金单位的缴费比例相一致，这样会鼓励有能力的企业积极建立企业年金制度。②

十、尽快出台渐进式延迟退休年龄政策

截至2013年年底，武汉市60岁以上人口为145.62万人，占常住人口的14.09%。预计到2020年，这一比例将达到25%，武汉将成为重度老龄化城市。老龄化对养老保险制度的可持续发展构成威胁，一方面缴费人数减少，加重在职职工的缴费压力；另一方面退休人员增加且领取养老金的年限变长，增加了基金支出压力。此外，现行退休年龄偏低，造成人力资本的浪费，不适应现代社会经济及养老保险制度的发展。因此，延迟退休年龄成为养老保险顶层设计中的一项重要内容。延迟退休不可避免的对劳动力市场及人们的生活产生影响。目前中国就业压力较大，每年大量的新增劳动力需要安置；同时延迟退休年龄对年龄较大的缺乏工作技能的体力劳动者极为不利，受身体健康状况、劳动技能等条件的限制，他们缺乏竞争优势，极易失业且再就业很困难。但是从长远来看，延迟退休年龄是发展趋势。在此背景下，建议武汉市根据国家的改革思路，推行渐进式延迟退休年龄政策。首先，要做好宣传，使人们有一定的心理预期。政策出台后留有一定的过渡期，如2017年出台政策，到2020年开始执行。其次，根据人口年龄、性别、行业种类及工作需要实行弹性退休制，不能搞“一刀切”。再次，延迟退休的幅度不宜过大，宜采取小步慢行、循序渐进的方式。最后，还要做好相关的配套工作。如加大医疗卫生投入力度，提高人们的健康水平及健康预期寿命；加强对老年劳动者的职业技能培训；严格控制提前退休等。

① 详见《财政部 人力资源社会保障部 国家税务总局关于企业年金 职业年金个人所得税有关问题的通知》（财税〔2013〕103号）。

② 薛惠元、邓大松：《我国养老保险制度改革的突出问题及对策》，《经济纵横》2015年第5期。

十一、完善财政投入制度，加大对养老保险的财政支持力度

目前武汉市财政用于社会保障的支出比例较低，且养老保险支出在整个社会保障支出中的比例也较低。建议政府调整财政支出结构，加大对养老保险的投入力度。此外，明确中央和地方在社会保障转移支付方面的财政责任，形成中央和地方政府共同负担养老保险财政转移支付的机制，且中央财政转移支付的规模和比例应继续上升而不是下降。各级财政应承担起兜底功能，安排一定的资金解决养老金缺口的问题。

十二、多渠道筹集养老保险基金，增加基金收入

城镇职工基本养老保险基金来源于单位和职工个人缴费、基金利息收入及其他投资收益、上级补助、下级上解收入、转移收入、政府财政补贴和社会捐赠等，但主要来源是单位和个人缴费以及财政补贴。值得注意的是由于中国慈善事业发展相对滞后，慈善和社会捐赠在基金中所占的份额较小，制约了基金规模的扩大。

2015 年颁布的《武汉市人民政府关于完善城乡居民基本养老保险制度的实施意见》(武政规〔2015〕10 号)规定，城乡居民基本养老保险基金主要由个人缴费和政府补贴构成，同时还规定有条件的村集体经济组织应当对参保人员缴费给予补助，鼓励有条件的社区将集体补助纳入社区公益事业资金筹集范围，鼓励其他社会经济组织、公益慈善组织、个人为参保人员缴费提供资助。但是，目前大多数村集体和社区经济实力较弱，基本无法给予城乡居民缴费补贴，目前的慈善组织更多关注的是社会救助和社会福利，对养老保险的关注和投入非常有限。

基金来源渠道的单一性不仅影响基金收入的稳定性和可持续性，也相对加重了政府、单位和个人的缴费负担。在人口老龄化日益严重的背景下，退休人员增速快于缴费人员，基金增收困难。剔除财政补贴后，2014 年武汉市当期城镇职工基本养老保险基金收支缺口达 63.5326 亿元(见表 2-2)，支付压力较大。建议采取拓宽基本养老保险基金增收渠道、划拨部分国有资本注入养老保险基金、将查处的部分贪官的赃款注入当地养老保险基金财政专户、划拨福利彩票公益金等方式来拓宽筹资渠道，同时推动第三次收入分配改革，发挥社会经济组织、公益慈善组织等力量，不断壮大养老保险基

金规模。

十三、实现养老保险基金多元化投资，确保基金的保值增值

养老金是退休人员的养命钱，其安全性受到政府及社会各界的普遍重视，因此，在很长一段时间内，武汉市基本养老保险基金基本存入银行，按一年期存款利率计算其收益。考虑到通货膨胀因素，武汉市基本养老保险基金实际上处于贬值状态，而实现保值增值是由养老保险基金的功能和作用决定的。2015 年 8 月国务院印发了《基本养老保险基金投资管理办法》（国发〔2015〕48 号），但截至 2016 年年底，武汉市尚未出台具体的基本养老保险基金投资方案和实施细则。因此，建议武汉市依据国务院颁布的《基本养老保险基金投资管理办法》（国发〔2015〕48 号），尽快出台基本养老保险基金投资管理方案和实施细则，尽快实现基本养老保险基金的市场化投资运营。另外，借鉴广东省和山东省将基本养老保险基金交由全国社会保障基金理事会运营的成功经验，建议武汉市人民政府委托湖北省人民政府，再由湖北省人民政府委托全国社会保障基金理事会来负责基本养老保险基金的投资运营。当然，在基金投资运营的过程中，应加强对基金的监管，防止基金被挤占挪用。

十四、完善参保人员个人信息，提高信息的准确性

参保人员个人信息的准确性关系到参保人员的切身利益。调研中发现，当前武汉市部分地区存在个人社保信息不实、录入错误、信息不完整等问题，失实的个人信息一方面源于社保经办机构工作人员的疏忽，另一方面源于参保人自身信息错误（如在一代身份证向二代身份证过渡过程中产生的误差）和不配合。武汉市新洲区[①]凤凰镇人力资源和社会保障服务中心一位负责城乡居民基本养老保险的经办人员向课题组反映，由于城乡居民基本养老保险的保障水平较低，大多数居民的参保积极性不高，不在乎那一月一两百块钱，根本不愿意提供身份证、户口本等参保证明材料，他们认为去劳动保障所照相都是浪费时间；另外，还有部分居民常年在武汉市中心城区或者其他城市打工，经办机构工作人员和村（居）委会的工作人员根本就找不到人；

① 新洲区为武汉市远城区。

在面临上级下达的参保率指标的压力下，最后实在没办法了，社保经办机构花钱从派出所户籍科购买了参保人的数据（包括姓名、性别、身份证号、家庭住址、电子照片等），然后由村（居）委会先给参保对象垫付缴费资金，再由村（居）委会干部登门收取或者等打工者春节回家时再向其本人追偿。由于部分参保数据没有经过参保者本人的签名确认，信息的准确率会存在一定的误差。

信息准确是养老保险制度及保护参保人权益的内在要求。在信息化、法治化的社会背景下，建议进一步完善参保人个人信息，社保部门可以同公安部门联网和实现数据共享，共同完善参保人信息，提高信息的准确性，确保参保人利益。

十五、完善经办服务体系

目前武汉市社会保险经办服务体系存在一些问题：一是经办服务人员数量不能满足不断增加的经办业务需求，经办人员高负荷运转。根据武汉市人社局提供的数据测算，2014 年年底武汉市养老保险参保人数与社会保险经办机构工作人员的比例超过了 10000 : 1，工作人员负担较重，服务质量难以保证。二是社保经办机构的经费有限，工作人员待遇较低。随着业务规模的扩大及人们对服务质量要求的提高，完善经办服务体系迫在眉睫。建议社保部门适当增加工作人员以缓解人手不足的矛盾，同时加大对经办机构的财政投入，提高工作人员待遇，逐步完善基层服务设施，提高服务水平。此外，社保机构要更新服务理念，从传统的以单位管理为基础的管理服务方式，彻底转变为以人为本的管理服务方式①。

十六、用“社平工资”代替“岗平工资”来确定社会保险缴费基数

缴费工资的高低直接影响着企业和个人的缴费负担。目前，武汉市五个社会保险项目的缴费工资基数不统一，其中，养老保险的缴费工资基数参照的是武汉市上年度在岗职工平均工资（简称“岗平工资”），而其他四个险种（医疗保险、失业保险、工伤保险、生育保险）参照的是武汉市上年度社会

① 《武汉人社局打造高效便捷透明社保经办服务体系》，http://news.cnhubei.com/xw/wuhan/201501/t3143255.shtml。

平均工资(简称"社平工资")。一方面,"岗平工资"要明显高于"社平工资",采用"岗平工资"来确定缴费基数,会加重企业和个人的缴费负担;另一方面,近年来武汉市统计局发布的统计数据中只有"社平工资",而没有"岗平工资",这导致武汉市人社局在确定"岗平工资"的时候要费相当一番周折。因此,建议武汉市尽快统一社会保险缴费基数,统一用"社平工资"代替"岗平工资"来确定五个险种(医疗保险与生育保险合并之后就变为四个险种了)的缴费基数,实现"五险合一,一票征缴"。这一方面可以减轻企业和个人的缴费负担,另一方面还有利于社会保险的经办管理。

第三章　武汉市医疗保险制度研究

医疗保险制度作为一项改善国民健康的福利制度，对于分散人们因疾病带来的风险具有重要作用。武汉市作为中国中部主要城市，在医疗保险制度的建立和推行过程中扮演着重要的角色，也在探索中积累了丰富的经验。下面将从城镇职工基本医疗保险、城镇居民基本医疗保险、新型农村合作医疗、城乡居民大病保险以及补充医疗保险五个方面，介绍武汉市医疗保险制度的发展历程、发展现状、存在的问题以及相应的政策建议。

第一节　武汉市基本医疗保险制度的发展历程

一、武汉市城镇职工基本医疗保险制度发展历程

1998 年 12 月，国务院发布了《关于建立城镇职工基本医疗保险制度的决定》(国发〔1998〕44 号)，确立了全国范围内城镇职工基本医疗保险制度改革的时间表，“从 1999 年初开始启动，1999 年底基本完成”。1999 年 7 月，湖北省人民政府制定了《湖北省城镇职工基本医疗保险制度总体规划》(鄂政发〔1999〕57 号)，对全省城镇职工基本医疗保险制度改革作出全面部署。2001 年 10 月，《武汉市城镇职工基本医疗保险办法》(武汉市人民政府令第 126 号)出台，构建了城镇职工基本医疗保险的框架体系(见表 3-1)。2005 年 6 月，根据实际情况对《武汉市城镇职工基本医疗保险办法》部分条款作了修改(武汉市人民政府令第 164 号)。在具体经办过程中，武汉市人力资源和社会保障局(2008 年以前为劳动和社会保障局)也下发了相关解释性和操作性文件，逐步规范了城镇职工基本医疗保险的正常运转。

表 3-1 《武汉市城镇职工基本医疗保险办法》主要内容

内容名称		具 体 规 定
统筹范围		行政区域内的机关、事业单位、社会团体、城镇企业、民办非企业单位（以下简称用人单位）及其职工和退休人员（不含聘用的外籍人员）
统筹层次	目标	实行全市统筹，属地管理
	当前	中心城区实行市级统筹；蔡甸、江夏、东西湖、汉南、黄陂和新洲区暂由本区统筹管理，具备条件后，纳入全市统筹
缴费比例	用人单位	以本单位职工缴费基数之和作为缴费基数，缴费比例为 8%；用人单位应按上年度全市职工平均工资的 50%为退休人员缴纳一次性的基本医疗保险费，具体办法由市劳动和社会保障行政管理部门制定
	在职职工	以本人上年度月平均工资作为缴费基数，缴费比例为 2%。其中：没有上年度月平均工资的，以本年度月平均工资作为缴费基数；没有本年度月平均工资的，以当月工资作为缴费基数。月平均工资或当月工资低于上年度全市职工月平均工资 60%的，以上年度全市职工月平均工资的 60%作为缴费基数；超过上年度全市职工月平均工资 300%的，以上年度全市职工月平均工资的 300%作为缴费基数
	退休人员	不缴费
保险基金	统筹基金	用人单位缴纳的基本医疗费用减去划入职工个人账户部分
	个人账户	个人缴纳部分+用人单位划转部分+利息。其中用人单位划转分为：在职职工≤35 岁的，按本人缴费基数的 1.1%划入；35 岁<在职职工≤45 岁的，按本人缴费基数的 1.4%划入；在职职工>45 岁的，按本人缴费基数的 1.7%划入；退休人员≤70 岁的，以本人上年度月平均退休费为基数，按 4.8%划入；退休职工>70 岁的，以本人上年度月平均退休费为基数，按 5.1%划入。其中：退休人员没有上年度月平均退休费的，以本人本年度月平均退休费为基数；没有本年度月平均退休费的，以当月退休费为基数；退休费低于上年度全市职工月平均工资 80%的，以上年度全市职工月平均工资的 80%为基数
保险待遇	生效条件	用人单位及其职工按规定缴纳基本医疗保险费 1 个月后；未缴不得
	缴费年限	男性累计满 30 年、女性累计满 25 年的，按规定办理退休手续后可享受退休人员基本医疗保险待遇。缴费年限不满本条规定年限的，退休时由用人单位、职工本人按规定一次性补足应缴纳的基本医疗保险费。缴费年限的计算办法，由市劳动和社会保障行政管理部门制定
	支付范围	在统筹基金起付标准以下的由个人自付。医疗费用在统筹基金起付标准以上部分，根据医疗机构等级，由统筹基金和职工个人按下列比例支付，退休人员个人自付医疗费用的比例为职工个人自付比例的 80%：一级医疗机构统筹基金支付 88%，职工个人自付 12%；二级医疗机构统筹基金支付 85%，职工个人自付 15%；三级医疗机构统筹基金支付 82%，职工个人自付 18%

续表

内容名称	具体规定	
保险待遇	支付限额	上限:统筹基金在一个年度内的最高支付限额,按上年度全市职工平均工资的4倍左右确定。下限:统筹基金起付标准,按上年度全市职工平均工资的10%左右并结合医疗机构的不同等级确定;同一年度内2次以上住院的减半。统筹基金的起付标准和最高支付限额的具体数额,由市劳动和社会保障行政管理部门会同市财政部门提出意见,报市人民政府批准后,向社会公布
	重症门诊	职工、退休人员患部分重症疾病在门诊治疗,符合基本医疗保险规定的医疗费,由统筹基金对职工按80%的比例支付,对退休人员按85%的比例支付。门诊治疗部分重症疾病的规定,由市劳动和社会保障行政管理部门会同市卫生行政管理部门制定
	个人预付	职工、退休人员住院、门诊紧急抢救和在门诊治疗重症疾病,属于《基本医疗保险统筹基金支付部分费用的诊疗项目》和《基本医疗保险药品目录》中乙类药品的医疗费用,应先由个人自付20%
补充医疗保险	大额医保	缴费:由参加基本医疗保险的人员按每人每月5元的标准,在每月缴纳基本医疗保险费时一并缴纳,其中退休人员由发放退休费的单位代扣代缴;终止解除劳动合同人员继续参加基本医疗保险的,向医疗保险经办机构缴纳。待遇:职工、退休人员在1个年度内医疗费用超过一定限额的部分,由商业保险公司和个人按一定比例负担,商业保险公司累计赔付医疗费用的最高限额为30万元。大额医疗保险的具体办法,由市劳动和社会保障行政管理部门拟订,报市人民政府批准后执行
	企业补充医保	参加基本医疗保险的企业,可根据实际情况建立企业补充医疗保险,用以补助个人自付医疗费用。补充医疗保险费在本单位职工工资总额4%以内的部分,可列入成本。企业补充医疗保险指导意见,由市劳动和社会保障行政管理部门制定
	公务员医疗补助	在基本医疗保险的基础上,实行医疗补助。补助实行市、区两级管理,医疗补助经费按现行财政管理体制分级负担。市直机关国家公务员医疗补助办法,由市劳动和社会保障行政管理部门会同市财政部门制定。国家公务员医疗补助范围,按《国务院办公厅转发劳动保障部财政部关于实行国家公务员医疗补助意见的通知》(国办发〔2000〕37号)规定执行
	职工互助医保	参加基本医疗保险的用人单位可建立本单位职工医疗互助保险,用以补助个人自付医疗费用。职工医疗互助保险指导意见,由市劳动和社会保障行政管理部门会同市总工会制定
	特困人员救助	建立特困人员医疗救助制度,帮助特困人员减轻个人的医疗费用负担。具体办法,由市民政部门会同市财政、卫生等部门制定

资料来源:根据《武汉市城镇职工基本医疗保险办法》(武汉市人民政府令第126号发布,武汉人民政府令2005第164号修改)整理。

二、武汉市城镇居民基本医疗保险制度发展历程

武汉作为中部地区的特大城市，人口多、经济发展水平较高，但与北京、上海、广州、深圳等一线城市相比，仍存在较大差距。武汉市医疗资源相对丰富，一些较大的药品生产企业聚集在此，形成所谓的中部“医都”，但市民的就医需求仍难得到有效满足，还存在一些就医困难的现象。2007 年，在党中央、国务院的政策引导下，武汉市作为全国 79 个试点城市之一，开始了城镇居民基本医疗保险制度的试点和探索历程。

2007 年 11 月 23 日，武汉市人民政府印发了《关于武汉市城镇居民基本医疗保险试行办法的通知》（武政〔2007〕84 号），标志着城镇居民基本医疗保险制度的试点工作正式启动。随后江岸区、江汉区等中心城区开始展开实践，为试点工作的推行积累经验。该文件明确规定了城镇居民基本医疗保险的经办机构、医疗待遇以及结算办法等方面的基本原则，为制度的实施提供了政策依据。根据文件要求，黄陂、新洲区等远城区也制定了相应的实施办法，以保证这一制度的全面实施。

根据党的十七大精神，2009 年 3 月，党中央、国务院下发了《关于深化医药卫生体制改革的意见》和《医药卫生体制改革近期重点实施方案（2009—2010 年）》，开始启动全国医药卫生体制改革工作，“加快建立和完善基本医疗保险体系，全面推开城镇居民医疗保险”。2009 年 11 月，湖北省政府办公厅转发了省人力资源和社会保障厅《关于完善城镇居民基本医疗保险制度指导意见》（鄂政发〔2009〕162 号），提出在完善城镇居民基本医疗保险方面，要进一步明确覆盖范围，建立可选择的筹资和待遇标准，完善居民医保门诊统筹制度，规范医院管理等工作任务。2010 年 9 月 15 日，武汉市人民政府办公厅转发了《市人力资源和社会保障局关于完善我市城镇基本医疗保险制度意见的通知》（武政办〔2010〕134 号），这一文件从巩固提高城镇基本医疗保险覆盖率、待遇水平和管理服务能力等方面提出完善武汉市城镇居民医疗保险的办法，也确实在很大程度上提高了城镇居民的医保待遇。之后的几年里，武汉市人力资源和社会保障局根据社会经济发展水平，逐年适度提高了待遇水平和缴费标准，很大程度上满足了城镇居民的就医需求，缓解了居民就医负担。

三、武汉市新型农村合作医疗制度发展历程

新型农村合作医疗制度（以下简称“新农合”）是指由政府组织、引导、支持，农民自愿参加，集体和政府多方筹资为主要内容的农村医疗互助共济制度。以大病统筹为主，解决农民“看病难、看病贵”问题，防止广大农民“因病致贫、因病返贫”。

2003年，武汉市自筹资金，在全国副省级城市中率先开展了新农合试点工作。2003年初，经过广泛调研，武汉市政府制定了《武汉市新型农村合作医疗试点工作方案》，并于当年10月选择洪山、蔡甸和汉南三个区作为首批试点单位开展新农合工作。其主要内容为：坚持“自愿参加，多方筹资；以收定支，保障适度；有机结合，加强管理；积极探索，稳步发展”的基本原则，并对农村的弱势群体给予特殊照顾，农村五保户参加新农合个人缴费部分，从税费改革五保户供养转移支付资金中缴纳，特困户个人缴费部分，从扶贫资金中解决。新农合基金由区管委会及其经办机构进行管理，采取区级管理，区、乡（镇、街道办事处）两级核算的办法，并通过招标方式确定新农合基金代理银行，实行专款专用，专户储存，不得挤占挪用。新农合基金主要补助参合农民大额医疗费用或住院费用，对长期患慢性疾病病人的门诊费用给予一定比例的补助，其补助比例一般确定在10%—20%范围内，住院费用采取分段补助的办法，费用越高，补助比例越高。起付线一般以试点区上年度农民人均纯收入的5%—10%为基准，补助的封顶线按上年度农民人均纯收入的5—8倍为界。起付线以上、封顶线以下的费用补助比例确定在40%—80%的范围内，对参加新农合的农民，年内没有动用新农合基金的，原则上要安排一次常规性健康体检，费用从新农合基金中支付。

在试点经验的基础之上，武汉市新农合不断发展，2004年底，新增新洲区和东西湖区两个试点区，2005年底，新增黄陂区和江夏区两个试点区，参合人数达140万人，实现了全市以区为单位的新农合的全覆盖。

为了进一步提高广大农民的医疗保障水平，为农民建立多层次的医疗保障体系，2012年，武汉市探索利用基本医疗保险基金购买商业大病保险或建立补充医疗保险，在全省率先选择江夏区、黄陂区和东湖技术开发区，鼓励农民在参加新农合后，在自愿的前提下，再缴纳10—15元购买商业大病保险，补充医疗保险由商业保险公司独立管理。2013年启动新农合大病保

险工作，出台《武汉市城乡居民大病保险工作实施方案（试行）》，按照每人24元的筹资标准，从新农合基金出资6791.6万元，指定中国人民财产保险有限公司武汉分公司为承保公司，为全市282.9万参合农民购买新农合大病保险，参合农民新农合报销后超过8000元的高额合规个人负担费用的实际赔付比例不低于50%，年度最高赔付达30万元。

四、武汉市城乡居民大病保险制度发展历程

根据国家发展改革委等六部委《关于开展城乡居民大病保险工作的指导意见》（发改社会〔2012〕2605号）、《省人民政府办公厅关于印发湖北省城乡居民大病保险工作实施方案（试行）的通知》（鄂政办发〔2013〕6号）以及湖北省卫生、财政、人社等部门相关文件精神，2013年8月20日，武汉市人民政府办公厅印发《武汉市城乡居民大病保险工作实施方案（试行）》（武政办〔2013〕115号），2013年12月3日，市人力资源和社会保障局印发《武汉市城镇居民大病保险工作实施细则（试行）的通知》（武人社办〔2013〕79号），12月19日市卫生计生委印发了《武汉市新型农村合作医疗大病保险工作实施细则（试行）》（武卫计办〔2013〕228号）。至此，武汉市全面启动了城乡居民大病保险理赔工作。

五、武汉市补充医疗保险制度发展历程

补充医疗保险是指在一个国家（地区）的医疗保障体系中，独立于基本医疗保险制度之外的，主要用于满足参保人群更高层次医疗需求或者是专门用于减轻参保人群疾病经济负担，缓解个人医疗费用支付压力的各种营利性或非营利性医疗保险项目的总称。补充医疗保险是现代社会保障体系的重要组成部分，在保障民生和提高居民生活质量方面发挥着重要的作用。根据承办机构的不同，补充医疗保险在中国目前主要包括公务员医疗补助、大额医疗费用补助、企业补充医疗保险、职工互助医疗保险和商业补充医疗保险这五种形式。

为更好地实现城镇职工和退休人员的医疗保障，武汉市根据《国务院关于建立城镇职工基本医疗保险制度的决定》（国发〔1998〕44号），结合本市实际，于2001年10月出台了《武汉市城镇职工基本医疗保险办法》（武汉市人民政府令第126号）。在该办法的第四十六条至第五十二条明确了武汉

市的补充医疗保险制度的具体内容。同年,武汉市人民政府办公厅、武汉市劳动和社会保障局根据该办法,制定了《武汉市市直机关国家公务员医疗补助办法》(武政办〔2001〕267号)、《武汉市企业补充医疗保险指导意见》(武劳社〔2001〕129号)对企业补充医疗保险做出了具体规定。2004年8月武汉市劳动和社会保障局与市财政局颁布了《关于调整武汉市2004年度市直国家机关公务员医疗补助政策的通知》(武劳社〔2004〕92号),适当上调了武汉市直国家机关公务员的医疗补助待遇。

2009年发布的《中共中央国务院关于深化医药卫生体制改革的意见》(中发〔2009〕6号)指出"加快建立和完善以基本医疗保障为主体,其他多种形式补充医疗保险和商业健康保险为补充,覆盖城乡居民的多层次医疗保障体系","积极发展商业健康保险。鼓励商业保险机构开发适应不同需要的健康保险产品,简化理赔手续,方便群众,满足多样化的健康需求。鼓励企业和个人通过参加商业保险及多种形式的补充保险解决基本医疗保障之外的需求"。同年5月,中国保险监督管理委员会发布了《关于保险业深入贯彻医改意见积极参与多层次医疗保障体系建设的意见》(保监发〔2009〕71号),指出"商业健康保险是多层次医疗保障体系的有机组成部分","积极参与多层次医疗保障体系建设"和"大力发展基本医疗保障补充保险"等。上述两个文件是实施补充医疗保险的最新规定,为新时期补充医疗保险发展提供了机遇和直接依据。

第二节　武汉市基本医疗保险制度的发展现状

一、武汉市城镇职工基本医疗保险制度发展现状

武汉市城镇职工基本医疗保险经过十几年的开展,主要取得了以下几方面的成效:

一是城镇职工参保意识普遍提高,参保人数稳步上升,参保率进入稳定状态。全市参保单位从2003年的6118个增加到2014年64776个,年均增长23.9%。参保人数从2002年的71.42万人增加到2014年的384.43万

人,年均增长15.1%。参保离退休人员从2002年的25.53万人增加到2014年的119.11万人,年均增长13.7%(见表3-2)。

表3-2 武汉市城镇职工基本医疗保险参保情况

年份	参保单位(个)	参保人数(万人)	参保离退休人员(万人)
2002	—	71.42	25.53
2003	6118	131.21	50.52
2004	8789	156.21	63.08
2005	11101	176.21	74.35
2006	18600	196.21	72.4
2007	25355	238.93	83.02
2008	33531	279.85	90.55
2009	39022	309.18	96.16
2010	44158	342.38	101.02
2011	45889	379.71	105.46
2012	52159	389.32	108.67
2013	59092	381.45	120.13
2014	64774	384.43	119.11

资料来源:武汉市人力资源和社会保障局。

二是保险费用筹集总量不断变大,为城镇职工基本医疗保险基金的正常运转奠定了坚实基础。

三是极大降低了城镇职工的基本医疗支出,在很大程度上消解了"看病难、看病贵"的压力。从门诊来看,就诊人次2003年为185万人次,2014年增加到1035万人次,年均增长16.9%;发生费用从2003年的0.7亿元增加到2014年的15.74亿元,年均增长32.7%。从住院来看,就诊人次由2003年的7万人次上升到2014年的112.09万人次,年均增长28.7%;发生费用从2003年的3.63亿元上增加到2014年的89.28亿元,年均增长33.8%;报销费用从2004年的3.45亿元上升到2014年的62.32亿元,年均增长33.6%。从费用负担来看,全市报销费用总额占门诊费用和住院费用总额的比例从2004年的47.5%提高到2014年的59.3%,意味着城镇职工基本医疗费用负担由2004年的52.5%下降到2014年的40.7%,下降了11.8个百分点(见表3-3)。

表 3-3 武汉市城镇职工基本医疗保险历年费用报销情况

年份	门 诊		住院(万人次/亿元)			
	就诊人次(万人次)	发生金额(亿元)	就诊人次(万人次)	发生金额(亿元)	承认金额(亿元)	报销额(亿元)
2003	185	0.7	7	3.63	—	—
2004	312	1.52	11.64	5.74	—	3.45
2005	421	3.66	14.73	7.79	—	4.71
2006	492	2.86	20.69	11.58	—	7.47
2007	569	3.74	23.88	13.31	—	8.93
2008	611	4.82	30.43	17.25	—	11.61
2009	684	5.96	37.43	22.88	21.56	15.71
2010	789	7.49	51.28	31.27	29.47	21.85
2011	795	9.3	66.45	45.75	42.7	32.04
2012	929	11.56	76.52	60.45	56.23	42.63
2013	1009	13.82	100.39	77.33	71.81	54.39
2014	1035	15.74	112.09	89.28	82.34	62.32

资料来源:武汉市人力资源和社会保障局。

四是成为推动医疗服务领域的竞争和健康发展的重要力量。通过定点医疗机构的审批,能够起到激励的作用,定点医疗机构不断增加,两定机构(定点医疗机构和定点药店)由2008年以前的322家增加到2014年的3418家(见表3-4)。同时,一些有实力的民间经济力量开始广泛介入,医疗服务领域的供给能力不断全面提高。2014年年末全市卫生事业机构达到2782个,比上年年末增加18个,其中医院、卫生院266个,社区卫生服务中心129个,卫生防疫、防治机构25个,妇幼保健院、所、站17个。卫生事业床位数72827张,增加6264张,其中,医院病床60127张。卫生技术人员数78492人,增加6328人,其中,医生29523人,护师、护士36267人。平均每千人拥有医生3.59人,拥有医院病床7.31张。

表 3-4 武汉市城镇职工基本医疗保险定点机构

年份	定点医疗机构(不含药店(个)	定点药店(个)	两定机构(个)
2008以前	125	197	322
2008	232	397	629

续表

年份	定点医疗机构(不含药店(个)	定点药店(个)	两定机构(个)
2009	297	399	696
2010	316	814	1130
2011	401	1516	1917
2012	537	1885	2422
2013	587	2295	2882
2014	855	2563	3418

注:两定机构指的是定点医疗机构和定点药店。

资料来源:武汉市人力资源和社会保障局。

二、武汉市城镇居民基本医疗保险制度发展现状

2007 年,自启动城镇居民基本医疗保险制度试点工作以来,武汉市相关部门不断健全和完善政策安排,积极开展实践,已经取得了一些成就,形成了相对稳定的制度运行模式,下面将从覆盖面、保障待遇以及缴费负担等方面介绍武汉市城镇居民基本医疗保险制度的发展现状。

(一) 制度模式

基本的政策安排是制度运行的保障。武汉市在城镇居民基本医疗保险制度发展过程中,已经对缴费标准、费用结算、基金管理等方面做出了原则上的规定,形成了一个相对完整的制度运行模式。

1. 参保对象

城镇居民基本医疗保险制度的保障对象是不被纳入城镇职工医疗保险保障范围的城镇居民。一般指具有城镇户籍、非正式的从业人员。武汉市城镇居民医疗保险的参保对象具体针对三类群体:一是 18 岁以下的非从业人员以及各类中小学阶段取得本市学籍的在校学生;二是 18 周岁以上、处于非就业状态的城镇居民;三是低收入老人,即 60 岁以上,未能按月享受养老金或退休待遇的老人。

可以看出,户籍是参加武汉市城镇居民基本医疗保险重要条件之一。但是 2010 年来,武汉市逐渐突破了户籍限制,逐步扩大了覆盖范围,吸纳更多的非城镇户口人员参加城居保,凸显了制度覆盖目标要求的逐步提高。

2. 筹资机制

武汉市城镇居民基本医疗保险的筹资来源主要是家庭或个人缴费和政府补助。总体来讲,2007 年,18 周岁以下非从业居民和在读的中小学生的筹资标准是每人每年 100 元,18 岁以上的非从业居民的筹资标准则为每人每年 420 元。其中重度残疾群体不缴费。如表 3-5 所示,城镇居民基本医疗保险的财政补助机制随参保对象不同,具有一定的灵活性,各级的财政负担也出现层次化差异。

表 3-5 武汉市城镇居民基本医疗保险的筹资标准

单位(元/人·年)

人员类别	各级财政补助					家庭(个人)缴费	总额
	总额	中央	省级	市级	区级		
18 周岁以下居民及学生、儿童	80	20	20	20	20	20	100
其中:重度残疾	165	25	100	20	20	0	165
18 周岁以上非从业居民	80	20	20	20	20	340	420
其中:重度残疾	420	50	100	135	135	0	420
低收入家庭 60 周岁以上老人	370	50	50	135	135	50	420

资料来源:2007 年武汉市财政局《武汉市城镇居民基本医疗保险财政补助管理办法》,武汉市人资源和社会保障局《武汉市城镇居民基本医疗保险试行办法》。

近年来,随着社会经济的发展,人们生活水平的提高和消费支出的增加,武汉市城镇居民基本医疗保险的筹资标准也出现新的变化。2015 年 5 月,国务院发文,要求各地逐步提高个人缴费在城居保中的筹资比重,确保平均达每人每年 90 元左右,而武汉市个人平均缴费 37 元,调整个人缴费标准有很大空间。根据中央政策和武汉市实际情况,上述三种类型的参保群体的筹资进行了调整:个人缴费 20 元,调整为每人每年 60 元;个人缴费 340 元,调整为每人每年 500 元;个人缴费 50 元,调整为每人每年 100 元。而对于 18 岁以上非从业人员和 18 岁以下儿童和居民的财政补助也提高至每人每年 320 元。对于非武汉市户籍的长期居住群体,可根据情况参保并缴费。

3. 待遇支付

2007 年《武汉市城镇居民基本医疗保险试行办法》规定,城镇居民门诊费用在 100 元以内,报销 30%;100 元以上,由个人自付。住院费用按医疗机构级别不同分别报销60%(一级)、50%(二级)、40%(三级)。2014年,武汉市逐渐提高了医疗费用报销比例,以更大程度上满足居民的就医需求。

对于普通门诊来说,一个保险年度,门诊费用累计300元以内,医保基金支付30%;300元以上则由个人自行支付。而门诊重症的医疗费用,个人和医保基金分别负担50%。

表3-6 武汉市城镇居民医疗保险住院费用偿付比例

医疗机构	起付线(元)	医保基金支付比例(%)	个人支付比例(%)
社区卫生服务中心、惠民医院及一级医疗机构	200	80	20
二级医疗机构	400	70	30
三级医疗机构	800	60	40

资料来源:武汉市人力资源和社会保障局门户网站。

如表3-6所示,参保居民持医保卡到定点医疗机构住院的费用,根据医疗机构的级别,偿付标准和比例也有所不同。参保居民转诊到上一级医疗机构要补齐医保起付标准的差额。一个保险年度,居民医保累计报销的最高限额为11万元。

4. 基金管理

武汉市城镇居民基本医疗保险实行的是市级统筹,远城区仍实行的是区级统筹,坚持以收定支、收支平衡略有结余的原则,财政并不完全兜底。武汉市的城镇居民基本医疗保险基金主要包括门诊家庭补偿基金、统筹基金和风险基金三个部分①。城镇居保基金纳入财政专户,实行收支两条线管理,专款专用,不得挤占和挪用。医疗保险经办机构主要负责基金的管理,并编制年度预算报财政部门审批,接受审计部门监督,以确保制度可持续发展。

(二)发展现状

2007年11月,武汉市建立了城镇居民基本医疗保险制度,人们的参保积极性很高。2007年年底,参保人数已达到49.77万人。2009年,武汉市全面实施城镇居民医疗保险,在政策的大力宣传下,城镇居民医疗保险的覆盖

① 孙莎:《武汉市城镇居民基本医疗保险制度研究》,武汉科技大学硕士学位论文,2012年。

面进一步扩大。截至2010年8月底,城镇居民参保人数已达106.62万人,大学生参保人数增至82万人。可以说,在国家政策引导和武汉市政府的大力支持下,城镇居民基本医疗保险的参保率逐年提升,目前已基本达到制度全覆盖。

表3-7　2008—2014年武汉市城镇居民基本医疗保险参保人数

年　份	2008	2009	2010	2011	2012	2013	2014
参保人数(万人)	108.56	188.62	188.62	166.42	186.15	203.59	211.69

资料来源:武汉市人力资源和社会保障局。

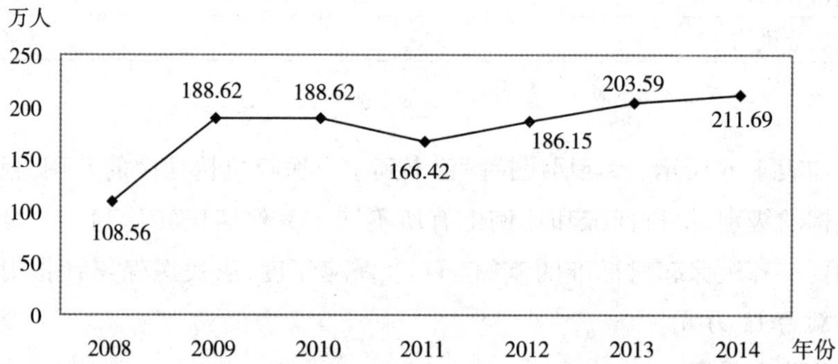

图3-1　2008—2014年武汉市城镇居民基本医疗保险参保人数变动趋势

资料来源:武汉市人力资源和社会保障局。

如表3-7和图3-1所示,自2007年以来,武汉市城镇居民基本医疗保险的参保人数不断攀升,除2011年出现小幅下降外,基本呈现持续增加的趋势。尤其是近几年,在参保人口基数扩大的前提下,增速较为明显。这一方面说明,在政策宣传力度不断加大的推动下,人们的参保积极性不断提高,越来越多的城镇居民被纳入保障范围,对于分散其疾病风险起到了积极的作用。同时在很大程度上也显示了在中央引导和地方政府配合的共同努力下,武汉市城镇居民基本医疗保险"扩面"工作取得了较大的成效。另一方面也突出反映了在制度顶层设计不断完善的过程中,人们对城镇居民医疗保险相关政策的了解和认知程度不断提高,对政府和制度的信任度大幅提升。

表 3-8 2007—2014 年武汉市城镇居民基本医疗保险定点医疗机构级别构成

年份	三级(个)		二级(个)	一级(个)	社区(个)	总计(个)
	甲等	乙等				
2008 以前	25	15	20	24	41	125
2008	29	15	27	54	107	232
2009	31	15	33	101	117	297
2010	31	15	38	114	118	316
2011	31	15	48	171	136	401
2012	36	15	50	267	169	537
2013	36	15	50	307	179	587
2014	40	15	53	369	378	855

资料来源:武汉市人力资源和社会保障局。

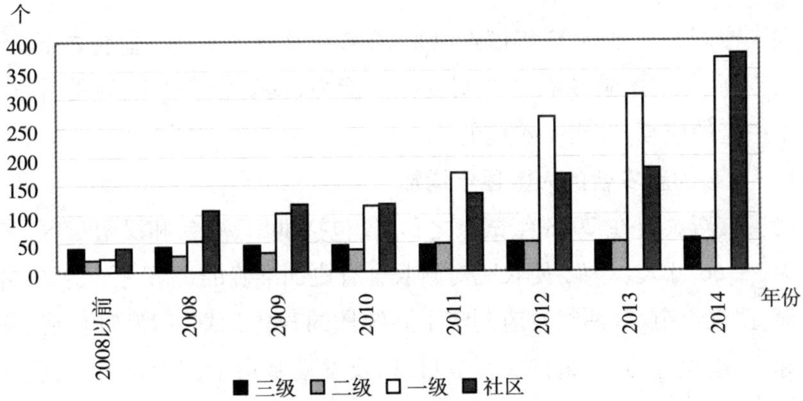

图 3-2 2007—2014 年武汉市城镇居民基本医疗保险定点医疗机构分布

资料来源:武汉市人力资源和社会保障局。

定点医疗机构是参保群体享受城镇居民医保待遇的前提之一,城镇参保居民必须到武汉市人力资源和社会保障部门指定的医疗机构就医才能享受相关的费用减免和报销待遇等。因此,定点医疗机构的数量和级别构成在很大程度上也反映了城镇居民医疗保险资源的供给和使用的可及性。如表 3-8 和图 3-2 所示,2007 年以来,武汉市定点医疗机构建设取得了较大的进步。从数量上看,武汉市各个级别的医疗保险指定医疗服务机构均持续增加。三级和二级定点医疗机构数量的增幅较小,且相对稳定;一级定点医疗机构数量则逐年攀升,且增速较快。社区基层卫生服务机构也呈现明显的增长趋势,尤其是2014年,总数已达378家,说明武汉市的卫生服务供给,更倾向于发展基层医疗机构,发挥其在就医距离和价格上的优势,为更多的城镇居民服务。从结构来看,武汉市城镇居民医疗保险定点医疗机构分布仍以一级医院和社区卫生服务站这类基层的医疗机构为主,同时三甲医院和三乙医院的作用也日益突出,以其较高的技术水平和先进医疗设备,为更多城镇居民的疾病治疗和保健康复提供了有利条件。与此相比,二级定点医疗机构的发展相对缓慢,所占比重较小,且优势不明显。因此,应有效平衡二级医疗机构和一级定点医院、社区卫生服务站之间的比例,缓解三级医院看病人数过多、资源有限的压力,保证城镇居民医疗保险参保群体享受更优质、便捷的医疗服务,有效分散因疾病产生的经济风险,提升其健康水平。

三、武汉市新型农村合作医疗制度发展现状

武汉市新农合自2003年试点以来,在各级领导的支持与监督之下,不断探索与创新,努力增强新农合的制度保障能力,提高参合农民的受益水平,取得了一定的成绩,获得了农民的认可与支持。

(一)参加新农合的人数逐年增加

武汉市新农合在2003年试点之初,仅包括洪山、蔡甸和汉南三区,参合人数为33.66万人。为了使农民对新农合有更加准确的理解,扩大新农合的覆盖面,武汉市市、区两级政府制定了系统性的宣传计划,印发宣传册、悬挂宣传标语、组织宣传车、编排文艺节目,以及发动基层干部走村入户,引导农民自愿参加新农合,营造了良好的新农合工作氛围,使新农合深入人心,发展到2014年,全市参合人数达到282.98万人,参合率为99.9%,已经基本实现新农合人群全覆盖。

(二)筹资水平持续上升

试点之初,武汉市新农合属于自筹资金,市级财政对参加新农合的农民按每年人均10元安排补助资金,区级财政按每年人均10元安排补助资金,农民个人缴费,每人每年15元,共筹集资金1364万元,筹资渠道少,筹资水平低。2007年,黄陂、新洲、江夏、蔡甸、东西湖、汉南等六个远城区全部纳入国家和省级财政补助范围,参合农民在原有筹资基础之上获得中央和省级财政补助每人每年35元,每人每年筹资达到85元以上。随着经济发展水平的提高,农民的收入不断增加,个人筹资能力提升,同时各级财政投入力度

不断加大，至 2014 年，武汉市新农合年人均筹资水平达 430 元以上，中央、省、市、区级财政补助分别为 180 元、93 元、43.5 元、43.5 元，个人缴费 70 元，共筹集资金 55.9 亿元，在中西部地区处于领先水平，东西湖区的年筹资水平达到人均 470 元，属全省最高。

（三）参合农民的补偿水平不断提高

无论是从政府为农民建立新农合制度，还是从农民选择参加新农合制度的角度来考虑，其最终的目的是为了减轻农民的医疗负担，提高农民的健康水平，因此，参合农民的补偿水平成为一个非常重要的评价指标。在洪山、蔡甸和汉南三区试点之初，有 94450 人次接受门诊费用补偿，补偿总费用为 95.28 万元，7420 人次接受住院医疗费用补偿，补偿总费用为 514.92 万元。武汉市新农合试点之初实行家庭门诊账户，供门诊就医使用，但由于家庭门诊账户资金少，报销程序复杂，以及农民的“节约”意愿，导致家庭账户资金大量沉积，管理成本日益上升。为了进一步扩大参合农民的受益面，2009 年，武汉市合医办出台《武汉市新型农村合作医疗门诊统筹实施办法指导意见》，3 月份在全市开展新农合的 7 个区分别选择了 1 个乡（镇、街）开展门诊统筹试点工作，11 月 1 日起，在全市推广门诊统筹补偿模式，取消门诊家庭账户，2010 年全市各区均开展了门诊统筹工作。2012 年，医疗费用报销年度封顶线由 8 万元提高至 10 万元。2014 年 1 月至 9 月，门诊统筹补偿 573.79 万次，一般住院补偿 27.72 万人次，其他补偿 3.95 万人次，全市共有 605.46 万人次参合农民受益，全市政策范围内住院补偿率由开始的 24.8% 提高至 75.3%，参合农民例均补偿由 758 元提高至 2835 元。

（四）新农合报销程序不断简化

《武汉市新型农村合作医疗试点工作方案》（武政办〔2003〕123 号）规定：参加新农合的农民持就医凭证在区级以下机构就医的费用采取直接减免的方式给予支付；在市级以上医疗机构就医的费用一般先由农民垫付，再按规定方式报销。参合农民的报销程序复杂，尤其是在市级以上医疗机构就医的农民。为了方便参合农民的就医报销，2009 年全市加快信息系统建设步伐，在全省率先实现了参合农民到市级转诊定点医疗机构就医的即时结报工作，并于 2010 年启动新农合一卡通工程，于 2011 年底实现了武汉市参合农民在各级定点医疗机构持卡就医、住院和门诊医疗费用数据实时上传、即时结报。由于新农合是以户为单位参加，因此，为了方便外出农民工的异地就医,使其也能够享受到新农合待遇,2012 年,江夏区在该区农民工比较集中的的湖南省株洲市展开农民工异地医疗费用报销试点,选择株洲市中医院作为江夏区异地就医定点医院,实现省外农民工享受与区内医院同等报销政策,达到新农合就医"一卡通"跨省即时结报的目的。

四、武汉市城乡居民大病保险的发展现状

武汉市城乡居民大病保险的制度安排如下:

(一)筹资机制

1. 筹资标准

2013 年度武汉市城乡居民大病保险筹资标准为:城镇居民医保 27 元/人,新农合 24 元/人。以后根据大病保险资金实际运行情况调整筹资标准。

2. 资金来源

根据确定的年度筹资标准,从城镇居民医保基金、新农合基金中划出一定额度并按规定拨付给商业保险机构,作为大病保险资金。

3. 统筹层次

城镇居民大病保险在中心城区和经济开发区实行市级统筹,边远城区为区级统筹;新农合则是 9 个统筹区。

(二)保障内容

1. 保障对象

大病保险保障对象为城镇居民医保、新农合的参保(合)人。

2. 保障范围

参保(合)患者住院和治疗门诊特殊慢性病,经基本医疗保险报销后、超过大病保险起付标准以上的合规医疗费用(不含基本医疗保险住院和门诊特殊慢性病起付线),由商业保险机构进行赔付。

3. 起付线标准

2013 年武汉市城乡居民大病保险起付线标准为 8000 元。起付线不含基本医疗保险起付标准以下个人负担部分。农村五保户、低保户、特困优抚对象每次住院新农合报销起付线标准以下个人负担部分包含在大病报销起付线标准以内。

4. 保障水平

根据2013年武汉市城乡居民大病保险起付标准，年度内符合大病保险保障范围的累计个人自付费用在8000—30000元（含30000元）的部分赔付50%；30000—50000元（含50000元）的部分赔付60%；50000元以上的部分赔付70%。一个保险年度内，参保（合）患者符合大病保险保障范围的个人自付医疗费用累计计算、分段报销、按次结算，全年最高支付限额为30万元。在计算大病保险个人累计负担额度时，不扣除贫困患者当年享受的医疗救助额度。

（三）承办方式

武汉市人力资源社会保障局通过公开招标的方式，确定中国人寿保险股份有限公司湖北省分公司（简称中国人寿保险公司）为承办居民大病保险的商业保险机构，并与其签订居民大病保险合同。武汉市卫生计生委通过招标选定中国人民财产保险公司武汉分公司承办大病保险的商业保险机构。

承办城乡居民大病保险的保险公司的综合费率（包括盈利与经营成本）为年度筹资总额的5%。大病保险年度结余低于年度筹资总额的5%时，由保险公司获得结余；大病保险年度结余高于年度筹资总额的5%时，保险公司获得年度筹资总额的5%，其余结余返至大病保险资金专账。政策性亏损由大病保险资金和保险公司各按50%的比例承担，非政策性亏损由保险公司独立承担。

2013年度武汉市有11689人获得5365.32万元的新农合大病保险补偿。武汉市城镇居民大病保险基本情况如表3-9所示。

表3-9　2013—2014年武汉市城镇居民大病保险基本情况

年份	参保人数（万人）	筹资标准（元/人·年）	起付线（元）	最高限额（万元）	惠及人数（人）
2013	203.59	27	8000	30	7742
2014	211.69	27	8000	30	8521

资料来源：武汉市人力资源和社会保障局。

五、武汉市补充医疗保险制度发展现状

经过十余年的实施和发展，武汉市的补充医疗保险制度已取得了初步

成果,并形成了一个相对完整的制度体系。截至2014年,武汉市城镇职工补充医疗保险参保人数已达到384.43万人,与2002年的71.42万人相比显著提高。具体来说,武汉市补充医疗保险制度的发展现状具有以下几个特点:

(一)制度覆盖率稳定,覆盖范围增大

通过武汉市人力资源与社会保障局提供的相关数据可以发现(见表3-10),自2002年起,直至2011年,武汉市城镇职工补充医疗保险参保人数以每年30万人左右的增长速度逐年增加,并与武汉市城镇职工总人数保持100%的覆盖率。2011年至2014年,武汉市城镇职工总人数增长放缓、趋于稳定,与此同时武汉市城镇职工补充医疗保险参保人数亦保持与城镇职工总人数的全覆盖。

表3-10　2002—2014年武汉市城镇职工补充医疗保险参保人数

年份	参保人数(万人)	参保职工(万人)	武汉市城镇职工总人数(万人)
2002	71.42	71.42	71.42
2003	131.21	131.21	131.21
2004	156.21	156.21	156.21
2005	176.21	176.21	176.21
2006	196.21	196.21	196.21
2007	238.93	238.93	238.93
2008	279.85	279.85	279.85
2009	309.18	309.18	309.18
2010	342.38	342.38	342.38
2011	379.71	379.71	379.71
2012	389.32	389.32	389.32
2013	381.45	381.45	381.45
2014	384.43	384.43	384.43

资料来源:武汉市人力资源和社会保障局。

(二)各类制度规范明确,初步建立完整的制度体系

1.大额医疗费用补助

武汉市《城镇职工基本医疗保险政策指南》中对于大额医疗保险方面的规定:一个保险年度内,参保人员在门诊治疗部分重症(慢性)疾病、门诊紧急抢救和住院发生的医疗保险范围内费用超过基本医疗保险支付限额24万

元后,由大额医疗保险基金支付,支付比例为98%。使用属于医保范围类的乙类药物或诊疗项目,先由个人自付10%,余额由大额医疗保险按以上比例支付。大额医疗保险最高支付限额为30万元。(见下表3-11)

表3-11 武汉市大额医疗保险的自付比例

<table>
<tr><th>费用段</th><th>甲类项目自付比例</th><th>其他范围内项目自付比例</th><th>备 注</th></tr>
<tr><td>10万元至20万元(含20万元)</td><td>4%</td><td rowspan="2">乙类项目先自付10%,再按甲类项目自付比例支付;适当放宽项目先自付30%,再按甲类项目自付比例支付</td><td rowspan="2">使用体内置换人工器官、体内置放材料,国产的个人自付35%,进口的个人自付50%;使用医保范围外项目的费用需全自费</td></tr>
<tr><td>20万元以上</td><td>2%</td></tr>
</table>

资料来源:武汉市人力资源和社会保障局。

2. 公务员医疗补助

武汉市公务员医疗补助的相关政策制度主要为《武汉市市直机关国家公务员医疗补助办法》(武政办〔2001〕267号)和《关于调整武汉市2004年度市直国家机关公务员医疗补助政策的通知》(武劳社〔2004〕92号)。具体的制度现状为:

第一,个人账户补助,以本人上年度月平均工资或月平均退休费为基数。工作人员年龄在35岁(含35岁)以下的,划入比例为1.4%;工作人员年龄在36岁至45岁(含45岁)的,划入比例为2.1%;工作人员年龄在46岁(含46岁)以上的,划入比例为2.9%;退休人员划入比例为3.6%。

第二,在一个保险年度内,享受医疗补助人员在定点医疗机构门诊就医、定点零售药店购药,通过市社会保障五保合一电子政务系统记载的符合武汉市基本医疗保险"三个目录"的医疗费用超过1200元的,其超过部分的补助比例,工作人员为60%、退休人员为70%,医疗费补助最高限额为3000元。

第三,享受医疗补助人员住院、门诊紧急抢救和门诊治疗部分重症疾病、慢性疾病,在基本医疗保险统筹基金支付范围内由个人负担的医疗费,对工作人员补助比例为70%、退休人员补助比例为75%。

第四,住院、门诊紧急抢救和门诊治疗部分重症疾病的医疗费用按下列比例分段计算,累加补助:

3万元(含3万元)以下由个人负担的部分,对工作人员补助60%,对退休人员补助65%;3万元以上至10万元(含10万元)由个人负担的部分,对工作人员补助80%,对退休人员补助85%;10万元以上至20万元(含20万元)由个人负担的部分,对工作人员补助85%,对退休人员补助90%;20万元以上由个人负担的部分,对工作人员补助90%,对退休人员补助95%。

3. 企业补充医疗保险

武汉市于2001年11月颁布的《武汉市企业补充医疗保险指导意见》(武劳社〔2001〕129号)中规定:按规定参加各项社会保险并按时足额缴纳社会保险费的企业,可自主决定是否建立补充医疗保险。补充医疗保险基金,用于企业按规定参加当地基本医疗保险,对城镇职工基本医疗保险制度支付的待遇以外由职工个人负担的医药费用给予适当补助,减轻参保职工的医疗费负担。具体内容包括:

第一,企业参加本市城镇职工基本医疗保险,按时足额缴纳基本医疗保险费的,可为本单位职工和退休人员建立补充医疗保险。

第二,企业可按照本企业职工工资总额的一定比例筹集补充医疗保险费。补充医疗保险费在本单位职工工资总额4%以内的部分,可列入成本。

第三,企业补充医疗保险费可用于补助职工和退休人员个人支付的下列医疗费用:在定点医疗机构门诊就医、定点零售药店购药的医疗费用;在定点医疗机构住院、门诊紧急抢救和门诊治疗部分重症疾病的医疗费用(不包括基本医疗保险统筹基金起付标准以下的医疗费用);大额医疗保险中由个人支付的医疗费用。

第四,补充医疗保险的支付范围可比照本市基本医疗保险办法以及基本医疗保险药品目录、诊疗项目范围、医疗服务设施范围和支付标准,由各企业自主确定。

第五,实行补充医疗保险的企业应建立补充医疗保险费管理制度,并可根据本意见的规定制定具体管理办法。

第六,实行企业化管理的其他用人单位可参照本意见的规定建立补充医疗保险。

4. 职工互助医疗保险

武汉市职工互助医疗保险主要由武汉市人力资源和社会保障局同武汉市总工会一同制定和实施。《武汉市职工综合医疗互助办法》是由武汉市总

工会下属武汉市职工医疗互助办公室制定,以一年为周期逐年实施。主要内容包括(以2015年为例):

互助对象:凡已参加武汉市城镇职工基本医疗保险和大额医疗保险的在职职工(以下简称参加人),可在本单位工会统一组织下团体参加。

互助范围:一是参加人在互助有效期内,在医保定点医院住院治疗,可向武汉市职工医疗互助办公室(以下简称"互助办")申请住院医疗互助待遇。二是参加人在互助有效期内在医保定点医院住院治疗时,首次确诊(指以前从未被医疗机构正式确诊过)患有以下16种原发性疾病或因患病直接引致身故,在享受住院医疗互助待遇同时,可向互助办申请重大疾病医疗互助待遇。

16种原发性疾病是指:(1)恶性肿瘤;(2)依赖血透、腹透的慢性肾功能衰竭;(3)冠状动脉搭桥及支架植入术;(4)再生障碍性贫血;(5)白血病;(6)重型肝炎;(7)良性脑肿瘤;(8)脑动脉瘤;(9)心脏瓣膜置换术;(10)意外伤害致关节功能完全丧失;(11)严重烧伤Ⅲ度面积达全身20%以上;(12)急性重症胰腺炎;(13)肾、肝、心、肺、骨髓及联合移植术;(14)主动脉手术;(15)急性脊髓灰质炎引起的截瘫;(16)阿尔兹海默氏症。

互助期限:一期互助活动的周期为一年。首次参加的职工,重大疾病医疗互助执行90天观察期(如参加人已参加上一期职工综合医疗互助,并在本期互助活动开始前或本期互助活动开始后30天内办理了继续参加本期互助手续的,取消90天观察期;超过30天后继续参加本互助的视作首次参加,仍须执行90天观察期)。

参加办法:本办法采取团体会员制。参加人由所在单位工会统一组织缴纳互助费,然后由所属区、局(总公司)、直属大单位工会到互助办统一办理参加手续。在职职工参加人数不少于本单位参加基本医疗保险的在职职工总数的80%;单位参加基本医疗保险的在职职工总数少于或等于30人的,须100%参加。

缴费标准:参加人本期缴纳的互助费为每人每份130元。互助费可由职工个人缴纳或单位出资为职工缴纳;也可由单位、工会和职工共同出资缴纳。互助费应一次性缴纳。互助费一经缴纳,不予退还。参加人在一个互助期限内只能参加一份,超出的份额视作无效。

互助责任:在互助有效期内,参加人在医保定点医院住院治疗时,发生符合基本医疗保险规定的医疗费用,在基本医疗保险、大额医疗保险结算支付后,对个人自付的医疗费用(不含起付线和自费费用),采取分段计算的办法给付住院医疗互助金(医疗互助金四舍五入保留到元)。具体为:1 万元以下(含 1 万元)的部分,按 30%给付医疗互助金;1 万元(不含 1 万元)至 10 万元(含 10 万元)的部分,按 60%给付医疗互助金;10 万元(不含 10 万元)至 12 万元(含 12 万元)的部分,按 80%给付医疗互助金。

在一个互助有效期内,住院医疗互助金的申请不受次数限制。参加人申请住院医疗互助金,按每次出院分别办理,不累计重复计算。

第三节　武汉市基本医疗保险制度存在的问题

一、武汉市城镇职工基本医疗保险制度存在的问题

武汉市城镇职工基本医疗保险取得了较为明显的成效,但随着该制度的实施,也出现一些亟须研究解决的问题。

(一) 部分职工还在实行公费医疗,部分群体放弃职工医保参加居民医保

首先,尽管《国务院关于建立城镇职工基本医疗保险制度的决定》(国发〔1998〕44 号)规定,城镇职工基本医疗保险的覆盖范围是城镇所有用人单位,但武汉市仍然有部分群体,如教育部直属高校的教职工,仍然实行的公费医疗制度,尚未参加城镇职工基本医疗保险。这部分群体由于不用缴医疗保险费就能享受到公费报销待遇,因此,饱受争议,亟须进行改革。其次,部分个体工商户、灵活就业人员、农民工等群体,由于其收入水平较低,参加城镇职工基本医疗保险的缴费压力较大,后来不得不改为参加城镇居民基本医疗保险。

(二) 地区经济差距较大,统筹层次较低

从理论上讲,统筹层次越高,医保基金的风险互济能力就越强;统筹层次越低,风险互济能力就越差。同时,统筹层次的高低还体现了社会医疗保险的公平程度、管理水平以及制度发展水平。《国务院关于建立城镇职工基

本医疗保险制度的决定》(国发〔1998〕44 号)也指出,“基本医疗保险原则上以地级以上行政区(包括地、市、州、盟)为统筹单位,也可以县(市)为统筹单位”。从武汉市的实践来看,现在由市级统筹的区也只有 6 个,而且都处于中心城区,另外还有 7 个边远城区由区级统筹。以县级统筹为主,统筹范围小、层次低,基金管理分散,调剂力度小,抗风险能力弱。由于武汉市各个区的经济发展差距较大(见表 3-12),要实现市级统筹还有很多现实难题。

表 3-12　2012 年武汉市各区主要经济指标

地　区	地区生产总值(亿元)	地方财政收入(亿元)	城镇居民人均可支配收入(元)	城镇居民人均消费支出(元)	农村居民人均纯收入(元)
武汉市	8003.82	1397.74	27061	18813.14	11190.45
江岸区	612.38	41.61	27533.00	21651.22	—
江汉区	678.77	46.74	27744.39	21100.28	—
硚口区	422.68	27.22	25653.62	16897.87	—
汉阳区	609.17	26.27	26985.19	14681.80	—
武昌区	637.25	48.68	27319.39	16966.49	—
青山区	449.27	15.58	27216.71	19155.53	—
洪山区	560.64	32.48	27294.27	21637.18	13134.88
东西湖区	404.68	86.45	23145.68	14208.05	11568.23
汉南区	88.1	11.61	19158.51	13248.09	11289.06
蔡甸区	263.67	42.86	18271.03	13198.21	11053.83
江夏区	477.24	70.24	17863.03	11559.29	11289.07
黄陂区	393.55	73.14	17173.51	10566.11	10897.25
新州区	384.42	52.73	16915.30	10183.15	10687.46

资料来源:根据《武汉统计年鉴 2013》整理。

(三)统筹基金支付压力较大

统筹基金收支平衡是城镇职工基本医疗保险可持续运行的基础,基金结余过多容易影响城镇职工的受益范围和保障程度,收不抵支又为保险基金持续健康运行带来风险。由于退休人员不缴基本医疗费用,而老龄化进程又在加快,统筹基金支付压力加大。目前各大保险公司在开展业务的过程中,都将养老保险视为其主要险种之一,而其原因便是人口老龄化趋势已是公认的事实。就中国而言,伴随着人口老龄化的发展,国内城镇居民将面临着巨大的养老问题,而购买医疗保险以及具体的养老保险也成为了很多城镇居民的自我养老保障措施。但是就目前针对城镇职工基本医疗保险制度的发展情况看来,虽然该医疗保险险种同时附带了储蓄性质,能够满足一些城镇职工的养老储蓄需求,但是从整体上来看,该险种并不能有效地缓解由人口老龄化所带来的经济压力。而城镇职工基本医疗保险制度之所以无法从经济角度解决职工的养老需求,一是因为该险种制度主要起步于一种"未富先老"的国情,而是因为该险种本质上是通过代际转嫁的方式来实现城镇退休人员医疗费用的经济转移,也就是说本质上上一代人所花费的医疗费用是需要由下一代人去承担的。

(四) 个人账户作用发挥不佳

城镇职工基本医疗保险制度采取的是社会统筹和个人账户相结合的模式。这种模式主要是借鉴德国和新加坡的做法,被认为是一种符合东方文化环境的模式。在改革实践中统账结合模式又形成了"通道式"和"板块式"两种典型形式。"通道式"运行方式是,参保人员发生的医疗费用先由个人账户支付;个人账户用完后,由个人自付统筹起付标准内的费用;累计医疗费超过起付标准,进入统筹,按"三段累进制"报销,累计费用越多,报销比例越大。超过基本医疗最高支付限额的费用,由大病补充医疗保险基金报销。但目前采用较多的还是板块式模式。即个人账户管门诊,社会统筹管住院。各地一般都是划出几个年龄段分别确定不同的记账比例,年龄段越高记入比例越高,退休人员虽没有个人缴费,但记账比例最高。目前,形成了个人账户结余越来越多,降低了医疗保险的互助共济作用,统筹基金越来越少的情况。同时,对于具体参保职工来说,由于每年个人账户积累资金非常有限,并且使用个人账户支付统筹部分所缺资金没有任何限制措施,于是职工要么尽快花光个人账户的钱,要么起不到大的作用。

二、武汉市城镇居民基本医疗保险制度存在的问题

2007 年,武汉市城镇居民基本医疗保险制度开始试点,经过多年的发展和完善,制度模式日渐成熟,在稳步推行过程中也已积累了较多经验。但在具体的实施过程中,还存在一些不得忽视的问题。

(一) 制度设计不完善,参保吸引力不足

良好的制度设计是政策执行和可持续推进的关键,对于武汉市城镇居民基本医疗保险制度来讲同样如此。在中央政策的引导下,武汉市不断改

进和健全相关政策，但在整体政策制定和制度设计上，确也存在一些不完善之处，造成参保吸引力不足。

1. 人口覆盖面不广，目标定位局限

目前，武汉市已经逐渐放开了户籍限制，将一些进城务工人员和失地农民逐步纳入城镇居民医保的覆盖范围，在很大程度扩大了参保率，可以说基本实现了制度的全覆盖。但是，由于城镇居民医疗保险的缴费标准逐渐提高，一些灵活就业人员的参保积极性不高。加之相关政策宣传不到位，制度要求参保人员必须坚持连续参保，导致一些“断保”“退保”现象的发生，并未真正实现人口全覆盖。

此外，城镇居民医疗保险很明显是一种“保大病”的制度模式，门诊报销额度有限，对于日益增长的基层卫生服务需求的偿付相对不足。这种并未将“大病”和“常见病”相结合的制度目标，显然已经不能适应当今社会的发展，往往造成制度吸引力不高。

2. 统筹层次低，制度并轨困难

目前，武汉市城镇居民基本医疗保险实行的是市级统筹，远城区如黄陂、新洲、江夏等地仍实行的是区级统筹。这种较低的统筹层次，对于整个制度的持续运行和健康发展都带来了一定影响。一方面，不利于武汉市城镇居民医疗保险基金的统筹使用，不能在更大范围内分散居民因疾病造成的经济风险；另一方面，在城镇化进程日益加快的背景下，也不利于城乡居民自由流动，给个人医保缴费的转移和接续带来不便。

3. 不设个人账户，缺乏相应激励

武汉市城镇居民医疗保险制度设计之初，选择不设立个人账户，目的在于防止个人在道德风险的刺激下私自动用医保账户资金，造成医保资源的过度浪费和医保基金的流失。但这也忽视了一个问题，不设个人账户，导致居民在门诊就医时报销水平不高，缺乏相应积累，无法更好分散就医风险。与城镇职工不同，城镇居民医疗保险的参保对象多是收入水平较低的群体，过度刷医保卡浪费资源的可能性较低。不设个人账户，会在一定程度上使其降低参保投入，挫伤其参保积极性。

（二）财政投入不足，基金支付压力大

健全、可持续的财政投入机制是城镇居民基本医疗保险制度运行的保障。对于城镇居民基本医疗保险制度来说，是一项关乎国民健康的福利事业，政府应承担主要责任。目前，武汉市城镇居民医疗保险制度面临基金结余少、收不抵支的困境。

1. 各级财政支持有限，个人缴费负担重

政府是公共产品的供给主体，城镇居民基本医疗保险作为一项提升国民健康水平的制度安排，政府应承担主要责任。从武汉市城镇居民医疗保险的筹集机制可以看出，中央、省级及市级的财政投入有限，2016 年平均补助总额达到每人每年 420 元，近几年来虽有所提高，但与 18 周岁及以上的普通个体每人每年 500 元的缴费标准①相比，还存在一定差距。对于本处于社会收入阶层底部的群体来说，缴费压力比较大。尤其是目前制度待遇不公平的背景下，更易影响个人的参保积极性。

2. 筹资渠道单一，机制缺乏灵活性

目前，武汉市城镇居民基本医疗保险的筹资主要是以各级政府补助和个人缴费为主，资金来源相对单一，社会化筹资渠道不畅。与国内其他发达城市相比，武汉市并未将福利彩票、高档消费品征税以及社会慈善募捐等收入纳入城镇居民医疗保险基金筹集范围，难以应付医疗费用上涨的支付负担，可能出现收不抵支的现象。另外，武汉市城镇居民医疗保险的缴费机制缺乏灵活性，并未分层次、分类别的设置缴费标准，导致人们无法根据自身情况自由选择，对于城镇居民医保基金的筹集也造成了消极影响。

（三）管理体制不健全，法律法规建设空白

有效、健全的管理体制对制度稳定、持续运行具有重要作用，对于城镇居民基本医疗保险制度来说，更是如此。设计配套的管理体制不仅能保证医疗保险基金的安全，提升其支付能力，分散疾病风险，对于整个社会的安定、和谐也具有较大影响。武汉市城镇居民基本医疗保险由市人力资源和社会保障局管理，各级卫生机构配合。由于体制不健全和法律建设不完善等原因，在管理过程中还存在一些不足之处。

1. 费用控制机制不成熟，缺乏针对性法律法规

目前，武汉市城镇居民基本医疗保险基金主要由医疗保险经办机构管

① 2017 年武汉市城镇居民医保缴费标准分三种：武汉地区高等学校在校大学生、各类中小学阶段的在校学生、少年儿童及其他 18 周岁以下的居民，个人缴费标准为每人每年 60 元；18 周岁及以上的非从业居民等个人缴费标准为每人每年 500 元；本市城镇户籍，未按月享受养老金或退休金待遇的 60 周岁及以上老人等，个人缴费标准为每人每年 100 元。

理，由财政部门审核医保部门的年度预算、审计部门监督其使用，坚持收支两条线、专款专用的原则。但是，在具体监督和管理过程中，还存在费用控制机制不成熟的问题。主要表现在两个方面：一是由于缺乏配套的医药体制改革，部分定点医疗卫生服务机构未严格执行医疗服务范围和诊疗标准，部分医务人员开大处方、诱导患者消费，造成医疗资源的过度浪费，医保基金的使用效率不高；二是由于缺乏有效的风险防范和合理的监控机制，造成医保基金的使用未建立长远规划，使用效率不高，运作不安全。

此外，武汉市目前也未制定关于城镇居民基本医疗保险运作的配套法律法规，导致一些违法行为暴露在制度外，无法受到相应的处罚，经办人员在执行和办理业务过程中缺乏相应的行为依据，定点医疗机构在服务供给过程中未受到制度性监督，影响居民医保基金的支付能力。

2. 网络化建设滞后，存在重复参保

目前，武汉市城镇基本医疗保险体系并未实现全市联网，还存在远城区居民因工作需要在中心城区参加城镇职工医保，同时又在其户籍所在地参加了城镇居民医保或新农合的现象，这一做法不仅不利于个人医疗待遇享受，增加了个人的缴费负担，也造成了医保资金的浪费。但这也从侧面反映了目前武汉市医保体系网络化建设相对滞后，尤其是城镇居民医疗保险和新农合分属不同机构管理，由于未建立统一的信息共享平台，造成一些农村流动人口重复参加医疗保险的现象。武汉市虽已基本完成“金保”工程，但可以看出，信息化管理仍很不足，不仅不利于医保基金统筹，也降低了其分散风险的能力。

（四）基层卫生服务机构水平不高，经办机构缺乏监督

医院是医疗卫生服务的供给主体，其服务质量和水平直接影响医疗保险制度的运行成本和持续性。经办机构是医疗保险服务的基本单元，其能力建设对医疗保险制度也有重要影响。目前，武汉市城镇居民医疗保险存在经办机构能力不足的问题，在很大程度上造成居民参保积极性不高。而社区卫生服务机构由于资源匮乏，也并未发挥其在基层卫生服务中应有的作用。

1. 社区卫生服务资源不足，服务水平偏低

随着城镇化进程的加快，社区越来越成为集管理、服务于一体的综合性平台。城镇居民医疗保险的相关业务，也逐渐转移到社区。在医疗服务的

供给上，也在人口相对集中的社区，设立了社区卫生服务站这一基层卫生服务机构，以提高医疗服务的可及性。但目前，武汉市一些社区卫生服务机构由于政府投入不足，医疗资源严重缺乏，设备落后，医务人员技术有限，服务水平偏低，尤其是缺少全科医生，在很大程度上影响了其作用的发挥，导致参保居民患病集中到大医院就医，闲置了部分基层卫生资源。

2. 医疗服务机构缺乏有效监督，经办机构能力不足

武汉作为中部"医都"，医疗资源丰富，医疗服务机构众多，参保居民在患病后可选择的空间较大。但目前，由于缺乏合理、有效的监管，导致部分医疗机构公益性缺失，过度逐利，产生开大处方、乱收费、医患合谋骗保等现象。另外，在医疗保险具体经办过程中，存在专业人员配置不协调，部分人员服务意识差等经办能力不足的问题，造成无法及时回应群众需求，群众的参保意愿降低。

三、武汉市新型农村合作医疗制度存在的问题

武汉市于 2003 年开始启动新农合试点，经过十余年的发展，截止到 2014 年，武汉市新农合的参合率为 99.9%，基本上实现了人群全覆盖。新农合在很大程度上提高了武汉市的医疗水平，缓解了农民因病致贫、因病返贫的状况，减轻了农民的就医负担。尽管如此，新农合在运行过程中仍存在一些制约其可持续发展的问题，主要体现在以下几个方面：

（一）筹资渠道单一，筹资水平偏低

从表 3-13 可以看出，武汉市新农合的筹资水平不断提高，2013 年的筹资总额是 2003 年的 12 倍左右；总体而言，各级财政补助占筹资总额的比重呈上升趋势，自 2007 年以来，82%以上的筹资金额来自各级财政补助（2011 年财政补助比例为 88.68%）；除个人缴纳和各级政府财政补助外，武汉市新农合没有收到来自集体扶持、社会捐助及其他渠道的资金。由此可见，武汉市新农合的筹资渠道主要以财政补助和个人缴纳为主，筹资渠道单一，缺乏稳定的、长效的社会筹集机制。长此以往，一方面，将会不断加大现有筹资主体的压力，难以满足参合农民日益增长的医疗卫生服务需求；另一方面，某些弱势群体如残疾人、低保户、五保户等没有能力为新农合"买单"，其"看病贵、看病难"问题得不到有效解决。

另外，虽然武汉市新农合的筹资水平在不断提高，但是与城镇职工医疗

保险相比,其筹资水平仍然偏低,与 GDP 增长率、物价上涨幅度、农民收入水平等不相适应。

表 3-13 武汉市新型农村合作医疗筹资标准

年份	筹资标准（元/人·年）	个人筹资标准（元/人·年）	财政补助标准（元/人·年）	财政补助占比（%）
2003	35	15	20	57.14
2004	35	15	20	57.14
2005	35	10	25	71.43
2006	45	10	35	77.78
2007	85	15	70	82.35
2008	120	15	105	87.50
2009	140	20	120	85.71
2010	185	30	155	83.78
2011	265	30	235	88.68
2012	335	60	275	82.09
2013	340	60	280	82.35
2014	430	70	360	83.72

资料来源:根据历年《武汉卫生年鉴》整理而得。

（二）住院就医流向不合理,乡镇外就医比重上升

从表 3-14 可知,武汉市新农合参合患者的首选住院地是县级医疗机构,其次是乡镇级医疗机构,第三是市级医疗机构,第四是省级医疗机构。2015 年 1—3 月,武汉市新农合参合患者的住院就医流向为乡镇级医疗机构的占 25.9%,与 2012 年相比,下降了 9.8 个百分点;住院就医流向为县级医疗机构的占 48.9%,比 2012 年高 3.7 个百分点;住院就医流向为市级医疗机构的占 20%,比 2012 年高 5.4 个百分点。由此可见,武汉市新农合参合患者的住院就医流向主要集中在县级及以上医疗机构。

造成武汉市参合患者县级及以上医疗机构就医比重上升的原因主要有以下三点:其一,与乡镇相比,县、市、省级的医疗卫生资源配置水平较高,医疗卫生服务能力较强,能够更好地满足参合患者多层次与多元化的医疗需求;其二,新农合在提高参合农民的健康意识和拉动其医疗消费需求时,也改变了其医疗消费观念,他们倾向去医疗水平高、服务好的地方就医;其三,

在绩效考核机制不健全、乡镇卫生院转诊制度不完善、基本药物"零差率"销售政策等因素的影响下,乡镇医务人员的工作积极性受到影响,他们不愿意选择病情较重、医疗风险较大的患者,某种程度上导致了参合患者向上级医疗机构转移。

住院就医流向是影响补助资金流向的最直接因素。2015 年 1—3 月,武汉市新农合补助资金流向乡镇级医疗机构的占 12.9%,比 2012 年降低了 4.3 个百分点;补助资金流向县、市、省级医疗机构的占 83.5%,比 2012 年增加了 3.8 个百分点。这一方面造成了基层医疗机构门可罗雀、大医院人满为患的现象;另一方面增加了参合患者的医疗费用,不利于缓解参合患者"看病贵、看病难"的局面,一定程度上影响了新农合的实施效果。

表 3-14　武汉市新农合参合农民的住院就医流向情况

年份	住院病人流向(%)					补助资金流向(%)				
	其他	省	市	县	乡镇	其他	省	市	县	乡镇
2012	1.7	2.8	14.6	45.2	35.7	3.1	6.9	25.3	47.5	17.2
2015 年 1—3 月	2.5	2.7	20.0	48.9	25.9	3.6	6.3	28.6	48.6	12.9

资料来源:根据湖北省新型农村合作医疗网站《2015 年 1—3 月新型农村合作医疗运行情况的通报》和《关于 2012 年上半年新型农村合作医疗运行情况的通报》整理而得。

(三)定点医疗机构存在道德风险问题

作为新农合制度的参与主体之一,定点医疗机构既是医疗卫生服务的提供者,又是医疗卫生服务费用支出的源头,并在新农合基金支出中扮演"守门人"的角色,其行为直接关系到医疗费用的高低、参合农民的切身利益和新农合制度的可持续发展。然而,武汉市新农合定点医疗机构在实际运行中仍存在诸多问题:一是政府对医疗机构的投入不足、医院医疗服务价格补偿机制不健全,为维持自身正常运转,还有很多基层医疗机构实行"以药养医"的机制。二是医疗服务的特殊性使得医患双方之间存在信息不对称的问题,出于自身利益考虑,部分医生会利用自己的优势,诱导参合患者的需求,对其提供过度医疗服务。三是一些定点医疗机构人员利用职务之便,通过编造假病历、持参合人员的医保卡办理住院手续、冒名住院等手段套取新农合基金。产生这一现象的主要原因与政府对新农合的监督与管理体系不健全、农民的监督意识薄弱有关。

（四）基层医疗卫生机构少、专业人员缺乏

农村基层医疗卫生服务水平直接影响着农民所享受的医疗服务的质量。当前,中国医疗资源配置存在着城乡不平衡问题,城市集中了过多的医疗资源,与之相比,农村的医疗卫生资源严重不足,医疗卫生条件较差、服务水平较低、缺乏专业的医疗卫生服务人员。根据《武汉卫生年鉴2013》的数据,2012年武汉市农村村级卫生机构有1787个;执业(护理)医师有320人,注册护士有54人,乡村医生和卫生员有3006人(其中乡村医生有2962人,卫生员有44人)。[①] 平均而言,每个村级卫生机构仅有1.68个乡村医生和卫生员,而且专业素质较高的执业医师和注册护士数量很少。正是因为农村地区医疗卫生条件较差、服务水平较低,无法满足参合农民的就医需求,因此大部分参合农民选择去县级、市级甚至省级的医疗机构就医。然而,医院的级别越高,意味着花费的门诊住院费用就越高,相应地,享受到的实际补偿比就越低,自付部分的医疗费用就越高。一定程度上会降低农民继续参保的积极性,久之,将不利于新农合的可持续发展。

四、武汉市城乡居民大病保险存在的问题

（一）基金筹集渠道单一

武汉市城乡居民大病保险资金仅从城镇居民医保基金和新农合基金中划出一定额度拨付给商业保险机构。目前,武汉市城镇居民医保和新农合基金使用率较高,面临较大压力。若还需要划拨一定额度作为大病保险基金,只能通过提高城镇居民医保、新农合筹资水平解决资金来源。这种做法会面临较大的挑战。具体表现为:第一,与国务院医改办倡导的“不再额外增加群众个人缴费负担”的大病保险原则相违背;第二,即便以“提高城乡居民医疗保障水平”为理由,但是频繁大幅度提高新农合及城镇居民医保年度筹资水平会遭到城乡居民的强烈反对;第三,对于一些经济欠发达的城区提高筹资水平不具有可持续性。

（二）统筹层次低且城乡分离运作

武汉市中心城区和经济开发区的城镇居民大病保险为市级统筹,边远城区为区级统筹;新农合则划分为9个统筹区。低统筹层次存在一系列弊

---

① 《武汉卫生年鉴2013》,武汉出版社2014年版。

端:一是降低了大数法则的风险分散效应。统筹层次越高越有利于分散风险,基金抵御风险的能力也越强;反之,统筹层次越低,基金的抗风险能力也越弱。二是降低了保险资金的使用效率。低统筹层次不利于基金在不同地区之间调剂使用。三是影响了制度的公平性,不同区之间,受政策设定影响,待遇标准存在差异。此外,囿于城镇居民医疗保险和新农合制度分立,大病保险也是城乡分割,由人社部门和卫生部门分别负责城镇、农村居民大病保险工作,分别招标,与中国城乡医保统筹发展的大趋势相背离,同时增加了制度成本。

(三) 筹资水平过低

2011 年国务院医改办针对居民医保和新农合抽取 1 亿人口样本,测算出大病(医疗费用超过 20 万元)发生概率为 0.2%—0.4%,据此测算要使大病保险报销比例达到 50%以上,大病保险的年人均筹资水平约为 40 元左右。然而目前武汉市城乡居民大病保险年人均筹资标准分别为 27 元、24 元。过低的筹资标准严重影响大病保险的保障水平以及基金的安全运行,使大病保险工作难以持续开展、制度效用无法有效发挥。

(四) 大病保险保障范围窄

大病保险目标是缓解或者解决城乡居民因遭遇重特大疾病所导致的家庭灾难性支出。城乡居民患大病时,在治疗手段和用药种类上一般都会突破政策规定的范围,因此,大病保险的报销范围不再局限于政策范围内,而是实际发生的合理的高额医疗费用。然而目前武汉市城乡居民大病保险保障范围参照现行城镇居民医保和新农合政策执行,超出三个基本目录范围外的一般不予报销。大病保险虽然可以缓解一部分大病患者及家庭的经济压力,但是仍然无法解决需要接受目录外医疗服务或服用大量目录外药品的参保病人的困难,这些患者的医疗费用只能依靠家庭自己负担。这违背了大病保险设计的初衷,即既要解决目录内的费用,也需要解决目录外费用。

(五) 起付线和封顶线的设置不尽合理

2013 年武汉市城乡居民大病保险起付线标准为 8000 元,全年最高支付限额为 30 万元。灾难性医疗费用起付线标准换算成国内相应的统计指标,大体应相当于城乡居民人均可支配(纯)收入。2013 年武汉市城镇居民人均可支配收入和农民人均纯收入分别为 29821.22 元和 12713.46 元;2014 年为

33270 元和 16160 元,城乡居民大病保险起付线标准虽然低于人均可支配(纯)收入,符合政策要求,然而在城乡居民人均收入差距较大情况下,这一统一标准对农村居民来说偏高,会极大削弱大病保险的实际保障效果。从国际上看,对灾难性医疗支付的运用主要体现在设置个人支付最高限额,因为疾病造成的灾难性支出具有公共产品的性质,国际上通用的做法是对疾病支出设立止损点,即当参保人看病的自付费用达到一定数额,新增的费用全部由社会保险承担。按照灾难性支出的止损原则,报销封顶线并不合理。由于医疗费用的分布一般是非正态的、右偏的,即医疗费用越高,发生频率越低,即使不设置支付限额,极少数重特大医疗费用的补偿占大病保险基金的总量也比较低。因此,封顶线有无对基金支付压力影响非常小,然而对参保人会产生重要影响,封顶线的设置,不利于缓解极少数发生巨额医疗费用患者的就医负担。

(六) 保险合同背离了风险共担原则

目前承办武汉市城乡居民大病保险的保险公司的综合费率(包括盈利与经营成本)为年度筹资总额的 5%。大病保险年度结余低于年度筹资总额的 5%时,由保险公司获得结余;大病保险年度结余高于年度筹资总额的 5%时,保险公司获得年度筹资总额的 5%,其余结余返至大病保险基金专账。政策性亏损由大病保险基金和保险公司各按 50%的比例承担,非政策性亏损由保险公司独立承担。政府在大病保险合作协议签订中处于强势地位,合同缺乏对大病保险业务盈亏动态调整机制的约定,保险公司面临亏损风险,背离了风险共担的政策导向,为大病保险业务的可持续发展埋下了隐患。

(七) 保险公司专业优势没有发挥

目前保险公司在武汉市城乡居民大病保险中仅承担了理算和赔款支付工作,没有发挥对医疗机构和医疗费用制约等作用。原因如下:一方面商业保险机构没有权力对医院进行监督;另一方面,大病保险涉及的理赔案数量多,需要大量医疗专业人员,对理赔质量管理的要求较高。而目前保险公司在区级公司中一般不配备专业医疗人员,市级分公司配置很少医疗专业人员,还要兼顾各险种案件的审核。即以保险公司现有力量要对住院人员医疗费用进行实时跟踪和流程管控十分困难。

五、武汉市补充医疗保险制度存在的问题

（一）产品供给存在问题

一是住院补充型产品供给过多，保障过度，覆盖范围交叉重叠，一旦个人同时购买两个以上的产品，容易发生重复保险的问题，直接导致了患病个人所获得的医疗费用赔付超出其实际医疗费用支出，而这明显违反了保险原理中的损失补偿原则。

二是门诊型产品供给不足、保障力度过弱，对门诊费用较高的慢性病患者的经济减负力度有限。

三是部分保险产品的承保期过长，保险公司所收取的保险费与其承担的风险明显不相匹配。

四是除补偿封顶线以上费用的产品较受欢迎外，多数产品的实际参保率并不高，这极有可能对这些产品的持续运行能力造成不利影响。

（二）法律法规尚不完善

截至目前，只有三个文件对补充医疗保险作出了专门规定，即2000年国务院办公厅转发劳动和社会保障部、财政部《关于实行国家公务员医疗补助意见的通知》（国办发〔2000〕37号）、2002年财政部、劳动和社会保障部颁布的《关于企业补充医疗保险有关问题的通知》（财社〔2002〕18号）、2009年5月中国保险监督管理委员会发布的《关于保险业深入贯彻医改意见积极参与多层次医疗保障体系建设的意见》（保监发〔1997〕71号）。目前没有一部全国性的专门的法律对适合中国国情的补充医疗保险的内涵、外延、原则、补充医疗保险和基本医疗保险的关系、补充医疗保险资金的筹集、管理和待遇支付等问题进行规制。由此可见，目前中国还没有形成适应现代保险制度，特别是促进各类医疗保险制度发展的较为完备的国家法律制度和政策，补充医疗保险的审批经办与运行更是缺乏及时、有效、规范、有序的制度性基础。

（三）不同保险基金资源分配不平衡

通过对2001—2014年武汉市公务员医疗补助基金（表3-15）和大额医疗补助基金（表3-16）的收支结余情况进行对比之后可以发现，公务员医疗补助基金自2001年起每年基金累计结余都呈上升趋势，其基金的收入和支出呈同步增长，故其结余累计增加。而通过表3-16可以发现，武汉市城镇

职工大额医疗补助基金2001—2005年间累计结余呈增长趋势;2006—2007年间,基金支出超过收入,但基金累计结余尚未耗尽;2008—2010年,大额医疗补助基金支出超过收入,使得基金累计结余呈负增长趋势。2011年起至今,武汉市城镇职工大额医疗补助基金收支基本呈现相对稳定,基金累计结余也并未发生大幅的增减。

表3-15　2001—2014年武汉市公务员医疗补助基金收支及累计结余

年份	基金收入(万元)	基金支出(万元)	基金累计结余(万元)
2001	859	0	859
2002	5346	278	5927
2003	5858	712	11073
2004	7020	4844	13249
2005	8616	3553	18312
2006	9817	4617	23512
2007	12898	6126	30284
2008	15856	8503	37637
2009	17756	10963	44430
2010	19054	13145	50339
2011	22591	15893	57037
2012	26048	19461	63624
2013	27975	22794	68805
2014	30256	26240	72821

资料来源:武汉市人力资源和社会保障局。

表3-16　2001—2014年武汉市城镇职工大额医疗补助基金收支及累计结余

年份	基金收入(万元)	基金支出(万元)	基金累计结余(万元)
2001	68	20	48
2002	2053	1794	307
2003	5479	5197	589
2004	7008	1597	6000
2005	9315	7488	7827
2006	15239	18875	4191
2007	15214	16424	2981

续表

年份	基金收入(万元)	基金支出(万元)	基金累计结余(万元)
2008	17515	16638	3858
2009	19211	27737	-4668
2010	20742	24518	-8444
2011	29651	20377	830
2012	28070	26419	2481
2013	26459	28302	638
2014	28067	27808	897

资料来源:武汉市人力资源和社会保障局。

通过上述分析可以看出,近年来,武汉市公务员医疗补助基金累计结余呈逐年上升趋势,而大额医疗补助基金累计结余却一度呈负增长的趋势。同时再结合武汉市2006—2014年间公务员医疗补助和大额医疗费用补助参保人数的变化(见表3-17)可以发现,在此期间武汉市公务员医疗补助参保人数并未发生较大变化,而在2006—2010年间武汉市大额医疗费用补助参保人数平均每年增加30万人左右,显然参保人数的增加对于大额医疗补助基金的支出是有直接影响的。

表3-17　2006—2014年武汉市补充医疗保险参保情况

年份	公务员医疗补助参保人数(人)	大额医疗费用补助参保人数(万人)
2006	54972	196.21
2007	57767	238.93
2008	60195	279.85
2009	61713	309.18
2010	62917	342.38
2011	65858	379.71
2012	68186	389.32
2013	66379	381.45
2014	65444	384.43

资料来源:武汉市人力资源和社会保障局。

由此可以发现,在补充医疗保险中不同险种的基金收支和累计结余方面的确存在较大差异,存在资源浪费或利用率不高的问题。

(四)风险管控困难

补充医疗保险风险管控困难源自三个方面:第一,源自基本医疗保险政策。基本医疗保险政策业务定位不准确,使某些补充医疗保险业务由医疗保险经办机构垄断,加大了补充医疗保险风险管控的难度。第二,源自于补充医疗保险的投保方行为。以职工大额医疗费用补助为例,如果商业保险公司以保险合同方式参与职工大额医疗费用补助经办管理,那么社保机构的业务垄断性、投保方提供的信息和数据有限、医保中心单证校验松散、报销目录不够明确等均增加了商业保险公司参与职工大额医疗费用补助经办管理的风险。第三,源自于补充医疗保险经办主体自身。比如补充医疗保险经办主体介入补充医疗保险业务时间短,经验少,数据缺乏,对业务风险缺乏清醒的认识;专业化程度不高,专业人力资源缺乏,健康保险行业的制度组织与技术上的基础设施欠发达。

(五)与基本医疗保险的有效衔接度低

以补充医疗保险与基本医疗保险的关系为标准,补充医疗保险可以分为替代性补充医疗保险、附加型补充医疗保险和增补型补充医疗保险。现阶段武汉市的补充医疗保险通常是附加型和增补型补充医疗保险,而更常见的是增补型补充医疗保险。目前,职工互助医疗保险和商业补充医疗保险提供的部分是附加型补充医疗保险,也有部分是增补型补充医疗保险。公务员医疗补助、企业补充医疗保险、大额医疗费用补助都属于增补型补充医疗保险。无论是附加型还是增补型补充医疗保险,它们和基本医疗保险的有效衔接度都较低。

第四节　国内外医疗保险制度经验借鉴

一、武汉市与其他副省级城市医疗保险制度的比较及借鉴

下面将武汉市城镇职工基本医疗保险、城镇居民医疗保险、新型农村合作医疗制度与其他副省级城市作比较。

（一）武汉市与其他副省级城市城镇职工基本医疗保险制度的比较

根据《国务院关于建立城镇职工基本医疗保险制度的决定》（国发〔1998〕44号）的部署和要求，武汉市与其他14个副省级城市均构建了城镇职工基本医疗保险的框架体系，均实行社会统筹与个人账户相结合，国家、企业、个人共同出资的基本医疗保险制度。但受各地经济、社会发展的影响，各副省级城市的基本医疗保险制度也存在较多差异，主要体现在适用对象、统筹层次、缴费标准以及支付标准等方面。

1.适用对象的差异

根据武汉市与其他副省级城市政府发布的有关城镇职工基本医疗保险相关政策法规可知，15个副省级城市城镇职工基本医疗保险制度的适用对象差异较大（如表3-18所示）。除济南、青岛外，大部分副省级城市城镇职工基本医疗保险制度的适用对象都包含了本市所有机关、事业单位、企业及其职工、城镇个体工商户及其雇工、灵活就业人员。在武汉、长春、沈阳、成都、南京、厦门的职工基本医疗保险制度中其是否适用于企业外籍人员都有明确规定。广州、深圳两市分别将按月领取失业保险金期间的失业人员和具有本市户籍的领取失业救济金期间的失业人员纳入职工基本医疗保险的适用对象中。

表3-18　全国副省级城市城镇职工基本医疗保险制度适用对象

城　市	适　用　对　象
武　汉	行政区域内的机关、事业单位、社会团体、城镇企业、民办非企业单位及其职工和退休人员（不含聘用的外籍人员）
长　春	行政区域内的城镇所有企业（包括中省直、市直、区属国有企业及国有控股企业、集体企业、股份制企业、外商投资企业、私营企业）、机关、事业单位、社会团体、民办非企业单位及其在职职工（不含外方职工）以及退休（职）人员
哈尔滨	县（市）企业及其职工；国家机关、事业单位、社会团体、民办非企业单位及其工作人员；个体经济组织业主及其从业人员；在城镇注册和经营的乡镇企业及其职工；城镇灵活就业人员、自由职业者、农转非人员、进城务工人员等
沈　阳	行政区域内的城镇国有、集体、股份制企业，外商投资、私营企业和机关、事业单位、社会团体、民办非企业单位及其职工和退休人员，但外商投资企业的外方职工除外
大　连	大连市行政区域内的所有企业、机关事业单位、社会团体、民办非企业单位、有雇工的个体工商户及其在职职工和退休人员；具有大连市城镇户籍，在劳动年龄范围内无雇工的个体工商户及自由职业者（即灵活就业人员）；具有大连市城镇户籍，以灵活就业人员身份领取基本养老保险金，且按规定已缴纳职工基本医疗保险费的退休人员

续表

城 市	适 用 对 象
济 南	行政区域内的城镇各类企业、国家机关、事业单位、社会团体、民办非企业单位及其职工、退休人员和按照国务院国发〔1978〕104号文件规定办理退职的人员。不适用于乡镇企业和城镇个体经济组织
青 岛	本市行政区域内的城镇所有企业、事业单位、国家机关、社会团体、民办非企业单位及其在职职工和退休人员；中央、省、部队驻青单位及其在职职工和退休人员按照本规定参加城镇职工基本医疗保险。不适用于城镇个体业主及其从业人员、自由职业者、城镇农工商企业及其从业人员
西 安	行政区域内的机关、社会团体、企业、事业单位、民办非企业单位、其他组织和有雇工的个体工商户及其在职职工和退休（职）人员；无雇工的个体工商户、非全日制从业人员及其他灵活就业人员
成 都	企业（包括各种所有制和组织形式的企业）及其职工；国家机关及其工作人员、事业单位及其职工、社会团体及其专职人员；民办非企业单位及其职工；个体工商户及其雇工、自由职业者、灵活就业人员；法律、法规规定或经省、市政府批准的其他单位和人员。不适用于行政区域内的外国人、无国籍人、港澳台地区人员、离休干部和已在省本级和本市行政区域外参加城镇职工基本医疗保险的人员
南 京	行政区域内城镇所有用人单位、包括各类内资企业、港澳台及外商投资企业（外地和港、澳、台地区驻宁人员除外）、机关、事业单位、社会团体、民办非企业单位及其职工。除省级机关及其职工外，在宁所有部、省属和外地驻宁的用人单位及其职工均按属地管理原则参加本市基本医疗保险
杭 州	国家机关、事业单位、社会团体、各类企业、民办非企业、有雇工的个体工商户等的在职职工；按规定参加职工医保并已按月领取基本养老金或退休费的人员（以下简称退休人员）；统筹地户籍，劳动年龄段内，未在用人单位就业，且按规定参加本统筹地职工基本养老保险，尚未办理按月领取基本养老金手续的城乡居民；以及非统筹地户籍，劳动年龄段内，在统筹地灵活就业，且按规定参加本统筹地职工基本养老保险或职工医保累计缴费达到规定年限的人员（以下统称灵活就业人员）；国家、省、市规定的其他人员
宁 波	行政区域内的城镇各类企业、国家机关、事业单位、社会团体、民办非企业单位、个体工商户及其职工（雇工）和退休人员。已参加城镇职工基本养老保险（或低标准养老保险）的，男未满60周岁、女未满50周岁的本市农业户籍人员；已参加城镇职工基本养老保险（或低标准养老保险）本市户籍的，在养老保险延缴期间男已满60周岁、女已满50周岁的人员
厦 门	国家机关及其工作人员，事业单位及其职工；国有企业、城镇集体企业、外商投资企业、城镇私营企业和其他城镇企业及其职工；社会团体及其专职工作人员，民办非企业单位及其职工；境外企业驻厦代表机构及其中方职工。上述用人单位中的职工、工作人员指具有本市城镇户籍的从业人员
广 州	行政区域内的国家机关、企事业单位、个体经济组织、社会团体、民办非企业单位等用人单位应当为其职工参加职工社会医疗保险；在本市按月领取失业保险金期间的失业人员；本市户籍的灵活就业人员，包括就业年龄范围内无雇工的个体工商户、未在用人单位参加职工社会医疗保险的非全日制从业人员以及其他灵活就业人员

续表

城　市	适　用　对　象
深　圳	本市行政区域内所有机关、事业单位、社会团体、企业、民办非企业单位、中介机构的所属在职人员、本办法规定的退休人员和具有本市户籍的领取失业救济金期间的失业人员

资料来源:根据全国副省级城市人民政府发布的政策法规整理。

2. *统筹层次的差异*

《国务院关于建立城镇职工基本医疗保险制度的决定》(国发〔1998〕44号)规定,"基本医疗保险原则上以地级以上行政区(包括地、市、州、盟)为统筹单位,也可以县(市)为统筹单位"。15个副省级城市在城镇职工基本医疗的统筹层次方面也因各地情况不同而具有差异(如表3-19所示)。广州、深圳两市已实现城镇职工基本医疗保险的市级统筹,武汉、大连、西安、南京等其他副省级城市虽然目前并未实现市级统筹,但其在各种政策文件中表明将实行市级统筹,并在条件具备后,会实现市级统筹。

表3-19　全国副省级城市城镇职工基本医疗保险制度统筹层次

城　市	统　筹　层　次
武　汉	基本医疗保险实行全市统筹,属地管理。蔡甸、江夏、东西湖、汉南、黄陂和新洲区的城镇职工基本医疗保险暂由本区统筹管理,具备条件后,纳入全市统筹管理
长　春	市本级(含城区)为一个统筹单位;各县(市)包括双阳区各为一个统筹单位
哈尔滨	城镇职工基本医疗保险实行市区和县(市)两级管理,市区和县(市)为两级统筹单位
沈　阳	苏家屯区、新城子区、新民市、辽中县、法库县、康平县以区、县(市)为单位,实行单独统筹
大　连	市行政区域内职工基本医疗保险实行市级统筹管理
济　南	《济南市职工基本医疗保险办法》(市政令〔2014〕252号)适用于本市行政区域内职工基本医疗保险的参保、服务及其监督管理等活动
青　岛	《青岛市社会医疗保险办法》(市政令〔2014〕235号)适用于本市行政区域内社会医疗保险的参保、待遇、服务及其监督管理
西　安	基本医疗保险实行市级统筹。在统一政策、统一管理的前提下,实行分类指导、分步实施、整体推进
成　都	城镇职工基本医疗保险基金(以下简称基本医疗保险基金)实行市级统筹,统一参保范围、统一缴费标准、统一待遇水平、统一管理办法

续表

城市	统筹层次
南京	南京市城镇职工基本医疗保险实行市级预算、分级负责、统一政策、统一管理。
杭州	属地管理、分级负责。上城区、下城区、江干区、拱墅区、西湖区、杭州高新开发区(滨江)和杭州经济开发区、杭州西湖风景名胜区为一个统筹地,萧山区、余杭区和桐庐县、淳安县、建德市、富阳市、临安市分别作为独立的统筹地。基本医疗保障制度由统筹地政府负责实施
宁波	基本医疗保险实行市区和县(市)级分别统筹
厦门	已实现设区市统筹,各设区市重点落实好在辖区内参保范围、缴费标准、待遇水平、经办管理、基金管理、信息系统的“六个统一”,并加强督查指导,提升服务水平
广州	已实现市级统筹,以市为统筹单位统一筹集、管理和使用基金,增强统筹基金的共济和抗风险能力
深圳	已实现市级统筹,以市为统筹单位统一筹集、管理和使用基金,增强统筹基金的共济和抗风险能力

资料来源:根据全国副省级城市人民政府发布的政策法规整理。

3. 缴费基数和缴费比例的差异

(1)职工缴费基数和职工缴费比例

《关于规范社会保险缴费基数有关问题的通知》(劳社险中心函〔2006〕60号)规定,职工本人缴费基数为本人工资,为便于征缴可以以上一年度个人月平均工资为缴费基数。从表3-20可以看出,武汉、长春、哈尔滨、沈阳、西安、杭州、宁波、厦门、广州、深圳10市将本人上年度月平均工资作为职工缴费基数。大连、济南、成都3市将本人上月工资作为职工缴费基数。青岛、南京2市则以本人当月工资作为职工缴费基数。15个副省级城市都规定职工个人缴费工资超过上年度全市(省)在岗职工月平均工资300%的,以300%作为缴费基数;低于上年度全市(省)职工月平均工资60%的,以60%作为缴费基数。广州市还规定职工的具体缴费基数为本人上年度申报个人所得税工资、薪金收入的月平均数。15个副省级城市城镇职工医保个人缴费比例均为2%。

(2)单位缴费基数和单位缴费比例

《关于规范社会保险缴费基数有关问题的通知》(劳社险中心函〔2006〕60号)规定,参保单位缴纳基本医疗保险的基数为职工工资总额。由表

3-20可知,包括武汉在内的大多数副省级城市以职工缴费基数之和或职工工资总额作为单位缴费基数。深圳市职工参加基本医疗保险的个人及单位缴费基数都因其参加的基本医疗保险档次不同而有所不同,如职工参加基本医疗保险一档的,以本人月工资总额8%的标准按月缴费,其中用人单位缴交6%,个人缴交2%;职工参加基本医疗保险二档的,以本市上年度在岗职工月平均工资的0.7%按月缴费,其中用人单位缴交0.5%,个人缴交0.2%;职工参加基本医疗保险三档的,以本市上年度在岗职工月平均工资的0.5%按月缴费,其中用人单位缴交0.4%,个人缴交0.1%。[①] 长春、哈尔滨、深圳三市以上年职工月平均工资总额作为单位缴费基数。大连、济南两市则以上月职工工资总额作为单位缴费基数。南京、杭州两市以本月职工工资总额作为单位缴费基数。

表3-20 全国副省级城市城镇职工基本医疗保险制度缴费基数及缴费比例

城市	职工缴费基数	单位缴费基数	职工缴费比例(%)	单位缴费比例(%)
武汉	本人上年度月平均工资	本单位职工缴费基数之和	2	8
长春	本人上年度月平均工资	本单位上年度职工月平均工资总额	2	7
哈尔滨	本人上年度月平均工资	本单位上年度职工月平均工资总额	2	6
沈阳	本人上年度月平均工资	在职职工上年工资总额	2	8
大连	本人上月工资收入	本单位上月职工工资总额	2	8
济南	本人上月工资收入	本单位上月职工工资总额	2	9
青岛	本人当月工资收入	本单位职工工资总额	2	9
西安	本人上年度工资收入	本单位职工上年度工资总额	2	7
成都	本人上月工资收入	本单位职工工资总额	2	7.5
南京	本人当月工资收入	本单位当月职工工资总额	2	8

① 深圳市城镇基本医疗保险二档、三档的参保对象多为非从业居民,相当于是城镇居民基本医疗保险。

续表

城　市	职工缴费基数	单位缴费基数	职工缴费比例(%)	单位缴费比例(%)
杭　州	本人上年度月平均工资	本单位当月职工工资总额	2	6—15
宁　波	本人上年度月平均工资	本单位职工缴费基数之和	2	11
厦　门	本人上年度工资收入	本单位上年度职工工资总额	2	8
广　州	本人上年度申报个人所得税工资、薪金收入的月平均数	本单位在职职工缴费基数之和	2	8
深　圳	本人上年度月平均工资	本单位上年度职工月平均工资总额	2	6

资料来源:根据全国副省级城市人民政府发布的政策法规整理。

4.起付标准和最高支付限额的差异

《国务院关于建立城镇职工基本医疗保险制度的决定》(国发〔1998〕44号)规定,统筹基金的起付标准原则上控制在当地职工年平均工资的10%左右,最高支付限额原则上控制在当地职工年平均工资的4倍左右。《国务院办公厅关于印发医药卫生体制五项重点改革2011年度主要工作安排的通知》(国办发〔2011〕8号)提出,2011年所有统筹地区职工医保政策范围内统筹基金最高支付限额要达到当地职工年平均工资的6倍以上。

根据武汉市与其他副省级城市政府发布的有关城镇职工基本医疗保险相关政策法规可知,各城市对于住院起付标准的确定差异较大,但无一例外都是根据国家政策及医疗机构从高到低的级别来确定相应的起付标准。武汉、西安、青岛、南京、厦门四市明确规定了一个保险年度内,参保人员两次及以上住院的住院起付标准,大都低于第一次住院的起付标准,并对多次住院的参保人员降低或免除住院起付标准。大部分副省级城市的统筹基金年度最高支付限额,制度建立初期都是根据国家政策所规定的"上年度年社会平均工资的4倍左右"来确定;2011年以后,各副省级城市均按照国务院的要求,将最高支付限额均提高到了"上年度年社会平均工资的6倍"。深圳市根据参保人连续参加基本医疗保险的时间来确定不同的统筹基金年度最高支付限额。

表 3-21　全国副省级城市城镇职工基本医疗保险制度住院起付标准及最高支付限额

城　市	住院起付标准	统筹基金年度最高支付限额
武　汉	社区卫生服务中心 200 元;一级医院 400 元;二级医疗机构 600 元;三级医疗机构 800 元	按上年度全市职工平均工资的 6 倍左右确定
长　春	省级定点医疗机构为 1500 元,市级定点医疗机构(含省、市专科医院)为 1000 元,区级定点医疗机构为 700 元,社区级定点医疗机构为 300 元	年度内累计不超过上年全市职工平均工资的 6 倍
哈尔滨	一级医疗机构 240 元,二级医疗机构 480 元,三级医疗机构 720 元	按一年期核算,应达到国家规定的上年度在岗职工平均工资的 6 倍
沈　阳	一级医疗机构 240 元,二级医疗机构 480 元,三级医疗机构 720 元	按一年期核算,应达到国家规定的上年度在岗职工平均工资的 6 倍
大　连	三级医院为 1200 元或 850 元,二级医院及专科医院为 500 元,一级医院为 300 元。转诊异地住院治疗,起付标准为 1500 元	年度内累计不超过上年全市职工平均工资的 6 倍
济　南	一级医疗机构 700 元,二级医疗机构 700 元,三级医疗机构 1200 元,定点社区 400 元	年度内累计不超过上年全市职工平均工资的 6 倍
青　岛	一、二、三级定点医疗机构住院起付标准分别为 200 元、500 元、800 元,社区定点医疗机构起付标准按照一级定点医疗机构执行	年度内累计不超过上年全市职工平均工资的 6 倍
西　安	一、二、三级、三级特等医疗机构住院起付标准分别为 300 元、500 元、800 元、950 元,社区卫生服务机构为 200 元	年度内累计不超过上年全市职工平均工资的 6 倍
成　都	一级医院 200 元,二级医院 400 元,三级医院 800 元,符合条件并与医疗保险经办机构签订住院医疗服务协议的社区卫生服务中心(含乡镇卫生院,下同)160 元,市外转诊起付标准为 2000 元	一个自然年度内不超过上一年度成都市职工平均工资的 6 倍
南　京	一级医疗机构 300 元,二级医疗机构 500 元,三级医疗机构 900 元	一个自然年度内,不超过本市上年度职工社会平均工资的 6 倍
杭　州	三级及相应医疗机构(以下简称三级医疗机构)不高于 800 元,二级及相应医疗机构(以下简称二级医疗机构)不高于 600 元,其他医疗机构不高于 500 元,社区卫生服务机构不高于 300 元	不低于本统筹地职工年平均工资的 6 倍
宁　波	三级医院 1200 元;其他医院 600 元;社区医院 300 元	一个自然年度内不超过上一年度职工平均工资的 6 倍

续表

城　市	住院起付标准	统筹基金年度最高支付限额
厦　门	市内一级以下医院为 400 元,二级医院为 1100 元,三级医院为 1800 元	一个自然年度内不超过上一年度职工平均工资的 6 倍
广　州	对于在职职工、灵活就业人员而言,一级医疗机构 400 元,二级医疗机构 800 元,三级医疗机构 1600 元。对于退休人员而言,一级医疗机构 280 元,二级医疗机构 560 元,三级医疗机构 1120 元	一个自然年度内,不超过上一年度社会平均工资的 6 倍
深　圳	市内一级以下医院为 100 元,二级医院为 200 元,三级医院为 300 元;市外医疗机构已按规定办理转诊或备案的为 400 元,未按规定办理转诊或备案的为 1000 元	根据参保人连续参加基本医疗保险的时间确定

资料来源:根据全国副省级城市人民政府发布的政策法规整理。

(二) 武汉市与其他副省级城市城镇居民基本医疗保险制度比较

继各城市相继建立起城镇职工基本医疗保险制度之后,根据《国务院关于开展城镇居民基本医疗保险试点的指导意见》(国发〔2007〕20 号),15 个副省级城市也陆续开展城镇居民基本医疗保险的试点工作。2007 年 11 月 23 日,武汉市人民政府印发了《武汉市城镇居民基本医疗保险试行办法》(武政〔2007〕84 号),标志着城镇居民医疗保险制度的试点工作正式启动。其他副省级城市也根据本地实际建立起相应的城镇居民基本医疗保险制度。但受各地经济、社会发展水平的影响,各副省级城市城镇居民基本医疗保险制度存在较多差异,主要体现在适用对象、缴费标准以及支付标准等方面。

1. 适用对象的差异

根据武汉市与其他副省级城市发布的有关城镇居民基本医疗保险相关政策法规可知,15 个副省级城市城镇居民基本医疗保险制度的适用对象并无太大差异(如表 3-22 所示)。大部分城市的城镇居民基本医疗保险都覆盖了城镇职工基本医疗保险和新农合未覆盖到的人群。但由于近期国务院印发了《关于整合城乡居民基本医疗保险制度的意见》(国发〔2016〕3 号),成都、杭州、宁波和广州四市已根据该意见率先整合城乡居民基本医疗保险制度,2016 年 10 月,武汉市也出台了《市人民政府关于印发武汉市整合城乡居民基本医疗保险制度工作方案的通知》(武政〔2016〕45 号),要求 2018 年全市实施统一的城乡居民医保制度。厦门的城镇居民基本医疗保险制度将未成年人群从城镇居民中单独列出，并为其建立了未成年人医疗保险。

表 3-22　全国副省级城市城镇居民基本医疗保险制度适用对象

城　市	适　用　对　象
武　汉	各类中小学阶段的在校学生（包括职业高中、中专和技校学生，下同）、少年儿童及其他 18 周岁以下的居民；18 周岁及以上的非从业居民；未按月享受养老金或退休金待遇的 60 周岁及以上老人
长　春	具有长春市城区（双阳区实行独立统筹）非农业户口并在城区居住的没有参加城镇职工基本医疗保险的各类城区居民、因投奔子女户口从外地迁入市区的老人（迁入时间满二年）以及在城区内工作的外来务工人员（在法定工作年龄范围内并与用人单位签订 1 年以上劳动合同）、城区被征地农民（包括自理口粮户、已经征地没有办理手续的农民）
哈尔滨	18 周岁以上（含 18 周岁）的非从业居民（以下简称"成人居民"）；未满 18 周岁城镇居民，包括婴幼儿（不含出生 28 天以内的新生儿）、学龄前儿童、中小学阶段学生（包括中等专业学校、技工学校、中等职业技术学校、特殊学校就读的在籍学生）
沈　阳	本市范围内的全日制中等专业学校、技工学校、职业高中、普通高中、初中、小学在校学生；具有本市城镇户籍的学龄前儿童及未满 18 周岁的非在校城镇居民；具有本市城镇户籍的 18 周岁以上（含 18 周岁）劳动年龄段内未参加职工基本医疗保险的非从业城镇居民；具有本市城镇户籍的男 60 周岁以上（含 60 周岁）、女 50 周岁以上（含 50 周岁）不属于职工基本医疗保险覆盖范围的城镇老年居民
大　连	具有本市非农户籍，男 60 周岁以上、女 50 周岁以上的老年居民；具有本市非农户籍，未满 18 周岁且未在校就读的未成年人；在本市中小学包括职业高中、中专、技校就读并取得学籍的学生；在本市中小学校就学且属于九年义务教育阶段的农民工子女以下简称未成年居民；具有本市非农户籍，享受城市最低生活保障人员不含未成年居民的低保人员；民政部门认定的低收入人员；持有《中华人民共和国残疾人证》的劳动年龄内非从业城镇居民不含未成年居民的残疾人；本市行政区域内，中央部委所属、省属和市属普通高等院校包括民办高校、科研院所以下简称高校中接受普通高等学历教育的全日制本专科生、全日制研究生
济　南	驻济各类全日制普通高等院校、科研院所中接受普通高等学历教育的全日制本科和专科生、全日制研究生；中小学阶段在校学生、托幼机构在园儿童以及其他 18 周岁以下具有本市户籍的居民；年满 18 周岁，具有本市户籍的城镇非从业居民和农村居民。在异地退休后户籍迁入本市的人员除外
青　岛	具有本市中等以下学校学籍的全日制学生、学前教育机构在册儿童，以及其他具有本市户籍未满十八周岁的少年儿童。其中非本市户籍的学前教育机构在册儿童参加居民社会医疗保险，需其父母一方正在参加本市社会保险并满一年以上；驻青高校以及高等职业技术学校的全日制在校学生；其他具有本市户籍且不属于职工社会医疗保险参保范围的成年居民
西　安	中小学阶段的学生（包括职业高中、中专、技校学生）和其他未满 18 周岁的少年儿童（包括长期随父母在城市上学、生活的农民工子女）；具有本市城镇户籍、年满 18 周岁以上的城镇非从业居民）

续表

城 市	适 用 对 象
成 都	市属高校、中小学校、中等职业学校(技校)、特殊教育学校在册学生,托幼机构在园幼儿以及具有本市户籍或者父母一方具有本市户籍或居住证的年龄满1个月以上的婴儿、散居学龄前儿童和因病(残)未入学的少年儿童;具有本市户籍,男年满60周岁、女年满50属岁或从业年龄内未与用人单位建立劳动关系的城镇居民;具有本市户籍,年满18周岁的农村居民(不含现役军人)
南 京	男年满60周岁、女年满55周岁以上的城镇居民年满16周岁以上,男60周岁、女55周岁以下且无固定职业、无稳定收入、无社会保险的人员;各类在校中小学生(包括幼儿园、小学、初中、高中、职高、特殊学校)及婴幼儿;非本市城镇户籍的进城务工人员的子女,在本统筹地区借读中小学且其父母一方已参加本统筹地区社会保险;市属全日制高等、中等专科院校、技校等在校学生
杭 州	统筹地户籍,未满18周岁的少年儿童,或虽已满18周岁但仍在统筹地中小学校就读的学生;非统筹地户籍,在统筹地中小学校就读,且其父母一方已参加统筹地职工医保的中小学生,以及在统筹地居住、其父母一方已参加统筹地职工医保并累计缴费满3年的学龄前儿童;统筹地户籍,18周岁以上,未参加本统筹地或异地基本医疗保险的城乡居民;杭州市行政区域内各类全日制普通高等学校(包括民办高校)、科研院所中接受普通高等学历教育的全日制本专科学生、全日制研究生
宁 波	本市户籍,6周岁以下婴幼儿(以下简称婴幼儿);本市范围内各类中学(含职业高中、技工学校)、普通小学、特殊教育学校中具有本校全日制学籍的在册就读学生,本市户籍6周岁(含)以上18周岁(含)以下未入学且未参加本市职工医疗保险的其他未成年人,两类人员统称中小学生;本市范围内各类高等院校(含技师学院)、科研院所中接受普通高等学历教育的全日制学籍本专科学生、全日制学籍研究生;本市户籍18周岁以上未参加本市职工医疗保险的城乡居民
厦 门	具有本市户籍,没有参加城镇职工医保和喜新农合的三类人员:男60周岁、女55周岁以上的老年居民;持有《残疾人证》的残疾人员;低保人员,符合参保资格的参保人员都可自愿参保。而未成年人医疗保险的参保对象也有三类人员:本市行政区域内,具有本市户籍,年龄在18周岁以下的未成年人;本市批准设立的高中、中专、特殊学校、技校、职校等学校中具有本市户籍,年龄在18周岁以上的在册学生;在本市小学、初中和高中就读的非本市户籍在册学生,他们的父亲或母亲与本市用人单位签订劳动合同,并缴纳了社会保险费的
广 州	在本市行政区域内的各类中小学校、高等学校、中等职业技术学校、技工学校及科研院所等院校全日制就读的在校学生;本市户籍的未参加职工社会医疗保险的城乡居民,包括未成年人、灵活就业人员、非从业人员以及老年居民
深 圳	本市户籍未满18周岁的非从业居民、本市中小学校和托幼机构在册且其父母一方正在参加本市社会保险并满1年以上的非本市户籍少年儿童、在本市各类全日制普通高等学校(含民办学校)或科研院所中接受普通高等学历教育的全日制学生;达到法定退休年龄前具有本市户籍且年满18周岁的非从业居民;达到法定退休年龄后随迁入户本市且没有按月领取职工养老保险待遇或退休金的人员;享受最低生活保障待遇的本市户籍非从业居民;本市户籍一至四级残疾居民;领取失业保险金期间的失业人员;在本市按月领取职工养老保险待遇或退休金的人员;达到法定退休年龄并在本市继续缴纳养老保险费的人员

资料来源:根据各副省级城市人民政府、人力资源和社会保障局发布的政策法规整理。

2.缴费标准的差异

《国务院关于开展城镇居民基本医疗保险试点的指导意见》(国发〔2007〕20号)提出,在城镇居民医疗保险的筹资方面,主要依靠家庭缴费,辅之以政府财政适当补助。并且,《人力资源社会保障部、财政部关于做好2015年城镇居民基本医疗保险工作的通知》(人社部发〔2015〕11号)提出:“增加筹资,提高基金保障能力。2016年各级财政对居民医保的补助标准在2015年的基础上提高40元,达到每人每年420元;居民个人缴费在2015年人均不低于120元的基础上提高30元,达到人均不低于150元。”15个副省级城市的城镇居民基本医疗保险的基金筹集方式也是如此。但由于各地经济发展水平和财政收入状况的差异,城镇居民基本医疗保险的缴费标准也有差异(如表3-23所示)。与其他副省级城市相比,武汉市城镇居民基本医疗保险的个人缴费标准处于偏高的水平。并且,武汉将之前三档缴费标准(60元、100元和500元)[①]统一调整为185元。对于原本低档位缴费的居民来说,缴费标准有所提高;而对于原来高档位缴费的居民来说,缴费标准有所降低。武汉市城镇户籍低保人员、重度残疾人个人不缴费,由政府补贴。在财政补贴方面,武汉也实行统一的补贴标准。在其他省级城市中,杭州和广州两市因实施了城乡居民基本医疗保险制度,故城镇居民与农村居民缴费标准统一。其他大部分城市对于不同的人群都有相应的缴费标准和政府补贴标准,且因各地经济水平和财政状况的不同而有所差异。

表3-23 2016年各副省级城市城镇居民医保个人缴费和政府补贴标准

城 市	个人缴费标准(年标准)	政府补贴标准(年标准)
武 汉	185元	每人410元。其中中央财政每人每年补助292元,省级财政每人每年补助88元,市、县财政每人每年补助30元
长 春	220元	政府补助标准按每人不低于420元执行
哈尔滨	120元	政府补助标准为人均380元
沈 阳	不低于150元	不低于420元

① 此前武汉市城镇居民医保缴费标准分三种:武汉地区高等学校在校大学生、各类中小学阶段的在校学生、少年儿童及其他18周岁以下的居民,个人缴费标准为每人每年60元;18周岁及以上的非从业居民等个人缴费标准为每人每年500元;本市城镇户籍,未按月享受养老金或退休金待遇的60周岁及以上老人等,个人缴费标准为每人每年100元。

续表

城　市	个人缴费标准(年标准)	政府补贴标准(年标准)
大　连	160元	人均480元
济　南	居民医保个人缴费标准分为三档:100元、160元、300元	不低于420元
青　岛	居民医保个人缴费标准分为两档:一档为370元、二档为175元和110元	一档缴费成年居民每人补贴560元;二档缴费成年居民、少年儿童和大学生,每人补贴480元
西　安	城镇少年儿童个人部分每人缴纳90元;城镇非从业居民个人部分每人缴纳180元	财政补助少年儿童每人440元,低保、重残、低收入家庭少年儿童每人500元。补助非从业居民每人440元,低保、重残、低收入人员每人590元
成　都	成年人,分为每人每年160元和每人每年320元两档;学生、婴幼儿,每人每年150元	每人420元。对于低保对象、特困人员、残疾人等资助对象,由民政部门负责全额资助
南　京	老年居民个人缴费标准400元;其他居民个人缴费标准480元;学生儿童个人缴费标准150元;大学生个人缴费标准120元	老年居民财政补助标准为460元,其他居民财政补助标准430元,学生儿童财政补助标准430元,大学生财政补助标准430元
杭　州	城乡居民医保的筹资标准设1500元和1000元两档,按每人每年1500元标准,城乡居民个人缴纳500元;按每人每年1000元标准,城乡居民个人缴纳300元	按每人每年1500元标准,市、区财政各补贴500元;按每人每年1000元标准,市、区财政各补贴350元
宁　波	婴幼儿个人缴纳400元;中小学个人缴纳150元;大学生个人缴纳100元;成年居民A档个人缴纳700元;成年居民B档个人缴纳400元	婴幼儿政府补助600元;中小学政府补助200元;大学生政府补助150元;成年居民A档政府补助2000元;成年居民B档政府补助1000元
厦　门	每人每年130元	每人每年470元
广　州	全市(从化区除外)居民医保个人缴费标准为167元	400元
深　圳	基本医疗保险根据缴费及对应待遇分设一档、二档、三档三种形式	420元

资料来源:根据各副省级城市人民政府、人力资源和社会保障局发布的政策法规整理。

3. 起付标准和最高支付限额的差异

在住院起付标准方面,从表3-24中可以看出,武汉、长春、青岛、西安、成都、南京、杭州、宁波、厦门、广州、深圳11市的城镇居民基本医疗保险住院起付标准都是根据医疗机构的级别来确定,而哈尔滨、沈阳、大连、济南4市的城镇居民基本医疗保险住院起付标准不仅根据医疗机构的级别来确定,也加入了不同人群的分类这一因素,如哈尔滨市,成人居民在各个医疗机构的住院起付标准不同于学生、儿童在各个医疗机构的住院起付标准。

《关于做好2010年城镇居民基本医疗保险工作的通知》(人社部发〔2010〕39号)提出,2010年居民医保基金最高支付限额要提高到居民可支配收入的6倍以上。因此,自2010年起,各地城镇居民医保基金年度最高支付限额均提高到了当地城镇居民人均可支配收入的6倍以上。因各个副省级城市的经济发展状况不同,城镇居民人均可支配收入的数额不等,也导致各副省级城市城镇居民医保基金年度最高支付限额有较大的差异。武汉的最高支付限额与其他副省级城市相比显然处于较低水平。长春、沈阳、大连的统筹基金最高支付限额根据参保对象的不同而有所差异,如长春,普通居民的最高支付限额为16万元,学生及18周岁以下为20万元。而深圳每个医疗保险年度基本医疗保险统筹基金支付限额,根据参保人连续参加基本医疗保险的时间确定。

表3-24　2016年各副省级城市城镇居民医保基金起付标准和最高支付限额

城　市	住院起付标准	年度最高支付限额
武　汉	社区卫生服务中心和一级医院200元;二级医疗机构400元;三级医疗机构800元	13万元
长　春	省级定点医疗机构为1100元,市级定点医疗机构(含省、市专科医院)为800元,区级定点医疗机构为400元,社区级定点医疗机构为200元	普通居民16万元,学生及18周岁以下20万元
哈尔滨	成人居民,三级医院720元、二级医院480元、一级240元、社区医疗机构和乡镇卫生院200元;学生儿童,三级医院400元、二级医院300元、一级医院200元、社区医疗机构和乡镇卫生院150元	按一年期核算,应达到国家规定的上年度城镇居民可支配收入的6倍
沈　阳	成人居民,三级医院600元、市属二级医院400元、区属二级医院300元、一级医院200元;学生儿童,三级医院300元、市属二级医院200元、区属二级医院150元、一级医院100元	成年居民及老年居民为8万元;在校学生和未成年人居民为12.5万元
大　连	老年居民、低收入人员按照三级、二级、一级医院分别为850元、500元、300元;未成年居民、大学生按照三级、二级、一级医院分别为300元、200元、100元;低保人员在各级定点医院起付标准均为100元	老年居民、低保人员、低收入人员为10万元;未成年居民、大学生为20万元
济　南	大学生住院的起付标准为三级医疗机构700元、二级医疗机构400元、一级医疗机构(含社区卫生服务机构,下同)、乡镇卫生院200元;城乡居民住院的起付标准为省(部)三级医疗机构1200元、三级医疗机构1000元、二级医疗机构700元、一级医疗机构、乡镇卫生院400元	20万元

续表

城　市	住院起付标准	年度最高支付限额
青　岛	一级医院为200元;二级医院为500元;三级医院为800元	20万元
西　安	社区卫生服务机构250元;一级医院350元;二级医院500元;三级医院700元	25万元
成　都	乡镇卫生院50元,社区卫生服务中心和一级医院100元,二级医院200元,三级医院500元。市外转诊的起付标准为1000元	20万元
南　京	住院起付标准为三级医疗机构1000元,二级医疗机构800元,一级医疗机构600元	29万—36万元
杭　州	三级医疗机构800元,二级医疗机构600元,其他医疗机构和社区卫生服务机构300元	18万元
宁　波	三级医疗机构1200元、其他医疗机构600元、社区卫生服务机构300元	25万元
厦　门	住院起付标准为三级医疗机构1000元,二级医疗机构600元,一级医疗机构200元	45万元
广　州	一级医疗机构300元,二级医疗机构600元,三级医疗机构1000元。参保人每次住院支付一次起付标准,连续住院治疗时间每超过90天需重新支付一次起付标准	18.19万元
深　圳	市内一级以下医院为100元,二级医院为200元,三级医院为300元;市外医疗机构已按规定办理转诊或备案的为400元,未按规定办理转诊或备案的为1000元	各年度最高支付限额,根据参保人连续参加基本医疗保险的时间确定

资料来源:根据各副省级城市人民政府、人力资源和社会保障局发布的政策法规整理。

(三) 武汉市与其他副省级城市新型农村合作医疗制度比较

2003年,由于《国务院办公厅转发卫生部等部门关于建立新型农村合作医疗制度意见的通知》(国办发〔2003〕3号)的发布,新农合开始在中国各地试点。武汉市自筹资金,在全国副省级城市中率先开展了新农合试点工作。2003年初,武汉市政府制定了《武汉市新型农村合作医疗试点工作方案》,并于当年10月选择洪山、蔡甸和汉南三个区作为首批试点单位开展新农合工作。在试点经验的基础之上,武汉市新农合不断发展,2005年年底,武汉实现了全市以区为单位的新农合的全覆盖。同时,其他副省级城市也相应在各地建立起了新农合制度。但由于各地社会经济发展水平的差异,新农合制度在不同的地方具体实施方法也有所不同,主要体现在各地新农合的筹资待遇方面,即缴费标准的差异和支付标准的差异。

1.缴费标准的差异

根据《关于做好2016年新型农村合作医疗工作的通知》(国卫基层发〔2016〕16号)规定,2016年各级财政对新农合的人均补助标准在2015年的基础上提高40元,达到420元,其中:中央财政对新增40元部分按照西部地区80%、中部地区60%的比例进行补助,对东部地区各省份分别按一定比例补助。农民个人缴费标准在2015年的基础上提高30元,全国平均达到150元左右。虽然中央对缴费标准有明确的规定,但各地在新农合缴费标准上还存在较大的差异(如表3-25所示)。2016年武汉市的参合个人缴费标准为140元,政府补贴420元,这与其他副省级城市相比,个人缴费较高,政府补贴处于中等水平。大连的个人缴费标准在副省级城市中属于最低水平,而其政府补贴标准处在最高水平,这虽然有利于惠民,但却有可能加重财政负担。

由于青岛市2014年颁布的《青岛市社会医疗保险办法》已经将城镇居民基本医疗保险和新农合保险整合为社会居民基本医疗保险,农村居民可以根据自身经济状况和需求选择一档或者二档缴费标准,且缴费越高、补助越高、待遇越好。杭州和宁波2市也与青岛市情况一致。

表3-25 2016年各副省级城市新型农村合作医疗个人缴费和政府补贴标准

城 市	个人缴费标准(年标准)	政府补贴标准(年标准)
武 汉	140元	420元
长 春	150元	460元
哈尔滨	150元	410元
沈 阳	120元	420元
大 连	120元	510元
济 南	150元	420元
青 岛	居民医保个人缴费标准分为两档:一档为350元、二档为130	一档缴费成年居民每人补贴560元;二档缴费成年居民每人补贴440元。
西 安	130元	420元
成 都	城乡居民基本医疗保险缴费标准分设三档:第一档每人每年100元;第二档每人每年180元	420元
南 京	120元	420元

续表

城　市	个人缴费标准(年标准)	政府补贴标准(年标准)
杭　州	城乡居民医保的筹资标准设1500元和1000元两档,按每人每年1500元标准,城乡居民个人缴纳500元;按每人每年1000元标准,城乡居民个人缴纳300元。	按每人每年1500元标准,市、区财政各补贴500元;按每人每年1000元标准,市、区财政各补贴350元。
宁　波	婴幼儿个人缴纳400元;中小学个人缴纳150元;大学生个人缴纳100元;成年居民A档个人缴纳700元;成年居民B档个人缴纳400元。	婴幼儿政府补助600元;中小学政府补助200元;大学生政府补助150元;成年居民A档政府补助2000元;成年居民B档政府补助1000元。
厦　门	130元	470元
广　州	全市(从化区除外)居民医保个人缴费标准为167元。	400元
深　圳	基本医疗保险根据缴费及对应待遇分设一档、二档、三档三种形式	420元

资料来源:根据各副省级城市人民政府、人力资源和社会保障局发布的政策法规整理。

2. 起付标准和最高支付限额的差异

从表3-26可以看出,各个副省级城市的住院起付标准都是根据定点医疗机构的级别来确定,级别越高的医院,起付线也就越高,这有利于分流患者的就诊量,实现资源的合理配置。市级以下的定点医疗机构,其起付标准大致都在100—300元的范围内,市级以上的定点医疗机构,各个城市设立的起付标准差异较大。长春市的县、乡级定点医疗机构的起付线标准则由各统筹地区根据当地定点医疗机构的实际情况及基金使用情况,按省里原则自行确定。

《关于巩固和发展新型农村合作医疗制度的意见》(卫农卫发〔2009〕68号)提出,从2009年下半年开始,新农合补偿封顶线(最高支付限额)达到当地农民人均纯收入的6倍以上;《国务院办公厅关于印发深化医药卫生体制改革2012年主要工作安排的通知》(国办发〔2012〕20号)提出,2012年新农合政策范围内统筹基金最高支付限额提高到全国农民年人均纯收入的8倍以上。因此,自2012年开始,新农合的最高支付限额提高了到了全国农民年人均纯收入的8倍以上,因各副省级城市经济发展水平不同,导致其确定的新农合统筹基金年度最高支付限额各不相同。从表3-26可以看出,武汉新农合的最高支付限额明显低于其他副省级城市。

表 3-26 2016 年各副省级城市新农合住院起付标准和最高支付限额

城 市	住院起付标准	年度最高支付限额
武 汉	区内定点医疗机构,乡镇级起付线为 200,区级为 500 元;市级转诊定点医疗机构,I 类医院为 1000 元,II 类医院为 1200 元,III 类医院为 1500 元;省级转诊定点医疗机构为 2000 元	10 万元
长 春	省级定点医疗机构(省外新农合定点医疗机构)起付线为 1500;市中心医院的住院补偿起付线为 1100 元,其它市级定点医疗机构的住院起付线为 600 元	16 万元
哈尔滨	乡镇(社区)级定点医疗机构起付线为 100 元。区级定点医疗机构起付线为 400 元。市级定点医疗机构中二级及以下的起付线为 400 元;三级的起付线为 600 元。省级定点医疗机构起付线为 800 元	15 万元
大 连	乡、县及县以上定点医疗机构住院补偿实行分级按比例补偿,起付线分别为 100 元、300 元、800 元;到大连市以外省级定点医疗机构的住院起付线为 1500 元	15 万元
青 岛	一级医院为 200 元;二级医院为 500 元;三级医院为 800 元	20 万元
西 安	乡镇及一级定点医院,合规费用在 300 元以下的,无起付线;合规费用在 300 元以上(含 300 元)的,起付线为 80 元。区(县)境内的区县级及二级定点医疗机构(含市级定点二级医疗机构),起付线为 200 元,区(县)境外为 500 元。市级定点三级医疗机构的起付线为 1000 元	15 万元
成 都	一级医院(如乡镇卫生院、社区卫生服务中心)200 元起付线;二级医院 500 元起付线;三级医院 1000 元起付线	20 万元
南 京	参合居民每次住院,起付线设定为 1200 元(可报销费用)	20 万元
杭 州	三级医疗机构 800 元,二级医疗机构 600 元,其他医疗机构和社区卫生服务机构 300 元	18 万元
宁 波	三级医疗机构 1200 元、其他医疗机构 600 元、社区卫生服务机构 300 元	25 万元
厦 门	住院起付标准为三级医疗机构 1000 元,二级医疗机构 600 元,一级医疗机构 200 元	45 万元
广 州	一级医疗机构 300 元,二级医疗机构 600 元,三级医疗机构 1000 元。参保人每次住院支付一次起付标准,连续住院治疗时间每超过 90 天需重新支付一次起付标准	18.19 万元

续表

城 市	住院起付标准	年度最高支付限额
深 圳	市内一级以下医院为100元,二级医院为200元,三级医院为300元;市外医疗机构已按规定办理转诊或备案的为400元,未按规定办理转诊或备案的为1000元	各年度最高支付限额,根据参保人连续参加基本医疗保险的时间确定

资料来源:根据各副省级城市人民政府、人力资源和社会保障局发布的政策法规整理。

二、国外典型国家医疗保险制度的特点及其经验借鉴

国外医疗保险制度历经百余年的发展与演变,已经形成了与各自经济文化发展状况、政治制度和卫生事业相适应的特有模式。目前,世界上医疗保险模式主要有三类:国家医疗保险(以英国、瑞典、西班牙等福利国家及英联邦国家为代表)、社会医疗保险(国际主流模式,以德国、法国、日本、韩国、俄罗斯、中国等为代表)和商业医疗保险(以美国为代表)。这里选取三类模式中做得比较好的英国、德国和美国,介绍这些典型国家医疗保险制度情况和特点,并总结其经验为武汉市医疗保险制度的发展提供借鉴。

(一)国外典型国家医疗保险制度的基本情况和特点

1.英国医疗保险制度的基本情况和特点

英国是世界上第一个福利国家,采用的医疗体制被称为国家卫生服务体制(National Health System,简称NHS),是典型的全民福利型医疗体制模式,“福利国家”理念渗透其中。英国这种体制主要由政府提供医疗保健,公立医疗系统提供的服务覆盖99%的英国人。私营医疗作为NHS的补充,服务对象是收入高、要求高的人群。NHS始建于1948年,已运行了半个多世纪,从其建立开始,就一直以向全体英国国民提供免费医疗服务为目的,规定了全体英国国民除牙科手术、视力检查和配镜以外,其余一切医疗由国家免费提供。病人只需要付处方费,而产妇、哺乳期妇女、儿童、退休者、医疗事故造成的病人、战争或因公伤残津贴领取者及低收入家庭,连处方费也全免。这项规定在英国执行到现在,虽然期间有过变动,但却仍是英国现今的医疗制度。NHS由英国各级公立医院、各类诊所、社区医疗中心和养老院等联合体组成,这些医疗单位通过健康中心和门诊部为英国国民提供日常的医疗服务,满足大多数国民的需要,其中诊治和预约等都是免费的。NHS的

主体资金来源于进入国家财政的社会保障税,82%由政府财政拨款,12.2%由国民保险税提供,其余来自慈善机构的捐款及少量非免费医疗收入。[①] NHS体系实行从中央到地方的垂直管理,由中央卫生部、大区和地区三级构成,层层递进,各自接受不同需要的病人,逐级组织医疗服务以及分配医疗资源,从而尽可能地降低医疗消耗费用和统筹费用。作为最高决策和管理阶层的英国卫生部,统筹着英国整体的医疗服务发展蓝图,负责规划和管理医疗服务战略。英国的三级医疗服务网络呈金字塔型,底部是数量最多的初级保健——全科医疗,是集医疗保健和社会关怀在内的综合性服务机构,一般常见病患者必须先到一级机构接受治疗。二级机构即地区医院,是一个地区的医疗中心,接受的是由一级机构转诊的病人,有时地区医院会不止一个,它们同属于一个管理层管理。塔尖是三级医疗专家服务,是以紧急救治和重大疑难病治疗为主的教学医院,不仅接受由地区医院转诊的病人,而且如果一级机构的病人被认为情况复杂,也可以直接转诊到三级医院。患者从塔底部向塔尖,然后再从塔尖向底部方向流动。这个网络赋予全科医师守门人的角色,使得大部分健康问题在这个层面得以识别、分流,并通过健康教育等预防手段得以控制,充分合理利用医疗资源。而且,它覆盖面广和基本免费的特性,保障了“人人享有初级卫生保健”的公平性,还降低了卫生总费用,由于由政府预算决定总支出,政府对机器设备、新型技术开发和传播的投资严格控制和管理,使全社会的卫生总费用保持在较低水平。[②]

建立了全民医疗体系的英国在公平性方面自然优越,其医疗保险制度主要有以下特点:

第一,英国医疗保险体制覆盖面较广,且在原则上具有非歧视性。英国主要通过国家税收筹措医疗保险资金,由政府财政承担国民绝大部分医疗费用。国民就医时,基本上不需要支付费用,无论劳动者还是非劳动者,无论个人支付能力的大小,都可以同样得到免费的全方位医疗服务,因而英国的医疗保险体系亦称为全民医疗保险或国家医疗保险。以政府税收立法强制筹集作为主要的经费来源,计划性较强,筹资容易,易兼顾公平,保证了医

① 顾海、鲁翔、左楠:《英国医保模式对我国医保制度的启示与借鉴》,《世界经济与政治论坛》2007年第5期。

② 贾淑品:《英国的医疗保险体制对我国医疗体制重建的启示》,《特区经济》2008年第4期。

疗保险覆盖的广泛性。缺点是医疗服务资源的利用率低，国家财政负担过重。

第二，政府介入到医疗保险的所有方面，政府既负责筹资又负责提供服务，卫生服务的全过程主要是政府行为[①]。英国的卫生机构以公有制为主，政府直接参与卫生服务机构的管理与建设，医疗服务活动具有国家垄断性，政府按照自己的意志有力地调节卫生服务供需情况，调整卫生资源的配置方向，使资源覆盖全体国民，消除供方的不良经济刺激，提高卫生服务公平性，有效地控制医疗费用的上涨。这种计划性供给体制可以较好地保证医疗资源的公平分配，从而使公众能够享受具有普遍性的医疗服务。当然，这一制度并非尽善尽美，随着其开销的日益增加和全民医疗保障要求的提高，医疗保健资金的很大一部分用于维持庞大的医护体系，免费医疗制度使公立医院几乎没有什么经济效益，各级医疗机构的工作效率低下且医护人员积极性不高，计划难以及时反映居民需求的变化，供需之间存在矛盾。

第三，英国的医疗保障体系基本上可以满足国民对医疗服务的巨大的、多层次的需求。英国的国民健康服务体系主要通过公立医院和遍布全国的开业医生即全科医生向公众提供医疗服务。公立医院由国家财政提供经费，其主要服务对象为危重病人；开业医生为自我雇佣者，英国医疗保险体系主要依靠这些在全国城乡开业的全科医生向广大非重症、急症患者提供医疗服务。

2. 德国医疗保险制度的基本情况和特点

德国是世界上第一个以立法实施社会保障制度的国家，经过百余年的发展，德国一直把社会福利作为国家制度的一项基本原则，即国家保护社会弱者，并不断谋求社会公正。在这一基本原则和“社会市场经济”基本思想指导下，德国一直坚持并积极奉行互助共济、以服务作为实物所得、多元化保险和自我管理的原则。

德国医疗保险由法定医疗保险和私人医疗保险两大运行系统构成，公民就业后可视其经济收入多少，在法定医疗保险和私人医疗保险之间进行选择。同时，公民也可以在参加法定医疗保险的基础上，参加私人保险所提

① 郑红：《基于管理式医疗的全民社会医疗保险初探》，《东北大学学报(社会科学版)》2007年第3期。

供的补充医疗保险。在法定和私人保险间进行选择所依据的是个人收入水平,由政府根据实际情况予以规定,并适时加以调整。在缴纳保险费方面,德国以“高收入帮助低收入,富人帮助穷人,团结互助、社会共济、体现公平”为社会医疗保险宗旨,依据个人收入而不依照参保者的健康状况进行缴费,实行高收入者多缴纳、低收入者少缴纳的办法,在缴费金额上实行“封顶、保底”,且保险费由雇主和雇员分摊,各负担50%。对于收入低于一定限度的雇员,只由雇主缴纳。对于退休人员及失业人员,其保险费由养老基金和失业保险金承担。在医疗保险的支付制度方面,德国实行“总额预算,超支分担”的支付制度,并引入了“部门预算和支出封顶”的方法:譬如,对于特别项目、检验项目、放射线核子医学检查等项目实行单项封顶,而对预防保健、健康检查等项目却不作封顶。为了有效地控制医疗成本,德国将门诊与住院服务严格区别开。门诊医疗保险主要使用点数法,即在总额预算下按项目付费,超过门诊总额预算部分,医疗保险基金不予支付。住院医疗采取总额预算制度,按照平均床日费用支付、预算内容包括每例保险支付费用、特殊酬金、病例承包补贴三个部分,超过总额预算部分,医疗保险基金承担75%,医院承担25%。[①] 在对药品价格的控制方面,德国的医疗保险在确定药品标准方面有很成功的经验,医疗保险经办机构根据现行市场价格情况确定某一种药品的支付标准后,所有的药品制造厂商都把价格降至等于或低于这个标准。法定医疗保险的经办机构是医疗保险所,它们是公法的团体,以自治方式管理。德国医疗卫生保障制度并非如英国的全国统一的国家医疗保障,它从设立之初就为贴近百姓而分散管理。立法者没有将其具体实施交国家管理,而是由熟悉自己事情的雇主和被保险人来管理。因此,他们也就可以直接参与医疗保障的构架。这种双方平等参与的自我管理模式促进了社会福利双方的理解,并进而增进了社会的稳定。在社区卫生服务方面,目前在二级或三级医院就诊的常见病、多发病、慢性病中,80%可以在社区卫生服务站解决。[②] 德国医疗保险通过将社区卫生服务项目纳入报销范畴,并建立严格的转诊体系,使病人首先利用价格低廉的社区卫生服务而不是成本

① 张再生、陈军:《医疗保险制度改革的国际比较》,《天津大学学报(社会科学版)》2007年第1期。

② 陈野:《德国医疗保险制度及对我国的启示》,《经济问题》2004年第6期。

较高的医院服务，不仅减少了医疗费用的支出，同时也使卫生资源得到合理的利用，实践证明，这一措施有很大的效用。

德国的医疗保险主要有以下三大特点：

第一，德国医疗保险制度采用分散管理、社会自治的管理模式。德国法定健康保险的管理主要由政府和非政府组织共同协作完成，其管理体制的特点是统一制度、分散管理、鼓励竞争、社会自治。从政府组织层面看，在德国卫生系统中，各级政府都有各自具体的职责，主要分为三个层次：第一层是联邦卫生部，负责全国医疗卫生管理，主要职能是制定和颁布卫生和医疗保险方面的法规和政策，对全国卫生和医疗保险运行中的重大问题进行研究和宏观调控，制定卫生防疫规划等；第二层是各州的卫生管理部门，负责医院规划、管理州内医院，以及监督疾病基金、医院和医生协会等组织；第三层是地方卫生管理部门，包括市、县卫生局，负责公共健康问题。此外，政府职能还包括对医疗保险机构进行监督。从非政府组织层面看，德国政府委派相关自治团体对疾病基金和医疗提供者协会进行监管。其中，最重要的自治团体为 2004 年成立的联邦联合委员会（G-BA），法律规定联邦联合委员会有广泛的监管权力，包括制定和实施疾病基金所提供服务的标准等。①

第二，德国的医疗保险体系具有广覆盖、高竞争、高福利的特点。法律规定公民必须要参加法定健康保险或是私人健康保险。从德国目前保险市场的占有情况来看，德国的社会医疗保险覆盖率高达 90%以上，还有 9%的高收入人群选择的是私人保险，基本做到了全面覆盖。德国医疗保险体系最重要的特点是疾病基金的市场化运作，即采取政府扶持、社会举办的形式。② 截至 2010 年，德国的法定健康保险是由 180 多个自治的、非营利性、非政府组织相互竞争的疾病基金运作。疾病基金在政府监督下实行自我管理，基金的管理机构通常包括基金管理委员会（Administration Councils）和执行委员会（Executive Boards）。基金管理委员会依据参保者的缴费率制定疾病基金年度预算，确定基金运作相关条例等；基金执行委员会负责基金的日常运行。2009 年，德国政府在国家层面设立中央健康基金，为医疗保险融

① 朱明君、潘玮：《德国法定医疗保险的现状》，《中国医疗保险》2012 年第 2 期。

② Altenstetter, C., "Insights from Health Care in Germany", *American Journal of Public Health*, 2003 (1), pp.38-44.

资,并确定面向全体参保人员和雇主的统一保险费率。尽管保费运作是由多个自治的保险基金持续进行,但是保险费率不再由每个保险机构决定,而是由德国联邦政府统一设定和征缴。所有保费先被汇集到新的中央健康基金后,按照风险调整后的人头税公式将保费分配给不同的自治保险公司运营。这使疾病基金逐步失去以往单独收缴、管理医疗保险费的权利,只能从中央健康基金领取每个投保人统一数额的保费。此外,鉴于投保人可以自由选择疾病基金,服务质量、价格等成为疾病基金竞争的焦点。较高的保障水平是德国医疗保障体系又一显著特点。政府规定了最低福利包(涵盖预防保健、住院和门诊护理、医师服务、精神卫生保健、牙齿护理、处方药物、艾滋病治疗、康复和病假补偿等),允许疾病基金在最低福利包外增加额外的保障内容。事实上,鉴于德国最低保障福利包水平已经相当高,因此各类疾病基金在福利包的设置上相差不大。

第三,德国的医疗服务体系具有多元化、高质量、高效率的特点。德国医疗保障体系不仅结合了需求方的强制保险融资,还包括供给方的多样化服务。[①] 门诊服务由家庭医生主要负责提供,充当守门人角色,其中,家庭医生不仅限于全科医生,还包括部分专科医生以及全科医生与专科医生联合执业的小型综合诊所。[②] 住院服务主要由公立医院和非营利私立医院构成,近年来,非营利私立医院通过兼并和收购公立医院的形式不断发展壮大。自 2004 年以来,德国允许医院开放门诊服务,为患者提供专业化的门诊专科服务,患者有权利在门诊和住院医疗之间进行选择。医保对门诊医生主要采用按项目付费,对医院主要采用按诊断相关组(DRGs)付费。德国通过一系列改革举措保障了医疗服务的高质量和高效率,保障医疗质量的措施包括:开展“结构质量项目”以建立医疗服务提供方的质量管理体系,如对医生的继续教育、对药物和医疗过程的健康技术评估和对医院的评审评价等;开展“过程和结果质量项目”,对约 2250 家急性病治疗的医院建立强制性质量报告系统,该系统设置了超过 150 个指标用于衡量 30 个质量维度,涵盖了德国约 1/6 的住院治疗服务。除上述改善质量措施外,另一类措施更直接有效

① [匈牙利]雅诺什·科奈尔(Kornai Janos)、[美]翁笙和:《转轨中的福利、选择和一致性:东欧构架卫生部门改革》,中信出版社 2003 年版。

② Busse, R., Riesberg, A., “Health Care Systems in Transition: Germany”, Copenhagen: WHO Regional Office for Europe on Behalf of the European Observatory on Health Systems and Polices, 2004.

地解决了效率问题。2004 年以来，所有药品，无论专利药还是仿制药，除非有充足证据证明其具有成本效益，否则必须受制于参考价格。2008 年医疗服务质量和经济研究所对疾病基金提供的药物和医疗服务开展成本效益评价，从而增加药企在药品定价方面的压力。此外，所有医院必须按照 DRGs 方式获得医保支付，鉴于 DRGs 设计的思想是同类型的疾病支付标准相同，且 DRGs 的权重设计是基于所有医院同类疾病的平均成本，因此效率低的医院会主动提高医疗效率、降低成本，以获得更多收益。①

3. 美国医疗保险制度的基本情况和特点

美国是世界上推行医疗保险市场化最具代表性的国家。从医疗保险性质上看，美国实行的是混合型的医疗保险制度，形成了一个以私营商业医疗保险为主体，社会医疗保险和管理式医疗组织为补充的复杂的多层次医疗保障体系。

（1）私营商业医疗保险

私营商业医疗保险是指由雇主提供的、针对有正常工作和中等收入的中产阶级提供的私人医疗保险模式，在美国医疗保险体系中承担着重要角色并占主导地位。私营商业医疗保险计划的参保人数占总人数比例最多，承担了美国近一半的医疗费用。私营商业医疗保险主要分为两类，即非营利性健康保险和营利性商业保险。其中，非营利性健康保险是以蓝十字和蓝盾计划（Blue Cross and Blue Shield Plans）为典型代表。“双蓝”计划在美国医疗保险中占多数，历史悠久、规模最大，其覆盖范围遍布全国，并且形成一个松散的网络，参保人数近 1 亿人。它们主要是由民间组织和医生发起，给予投保者门诊和住院服务保险，为投保者提供医疗服务。蓝十字计划主要承保医院费用，蓝盾计划则主要承保医生和其他诊治费用。“双蓝保险”不以营利为目的，在税收方面享受政府提供的优惠待遇，各自设置管理委员会进行自主经营和管理。营利性商业保险是为营利而提供个人和团体的医疗保险，但只提供费用较低的住院服务。营利性商业保险不会用提高价格的做法来追求更高利润，主要因为医疗保险机构和个人付费的消费者对医疗价格十分敏感，较高价格的取得是由医疗价格的市场控制力决定的，美国的反垄断法不同意营利性商业保险机构在某一地区的医疗服务市场上占据

① 王川、陈涛：《德国医疗保险制度的改革及启示》，《经济纵横》2009 年第 7 期。

垄断地位。在商业医疗保险体系下,投保人和医疗机构均在保险公司协调下进行医疗活动,即所谓"三管":管医疗机构、管医生、管投保人。保险公司分别与医疗机构或私人诊所、医生、投保人签约。医生的职责是运用自己的医术诊治疾病;医疗机构则为医生诊治疾病提供优良的场所和设备等;投保人在得到治疗后,由保险公司审核医疗费用并进行结算。① 人们在购买保险时,会选择好险种、确定保险金额、议决投保程度、研究保险费率、选好保险机构、推敲保险条款;同时要具备一定的法律知识,应对保险争议。② 美国目前80%以上的国家公务员和74%的私营企业雇员通过购买商业医疗保险为自己及家人转移疾病风险。③ 因此,商业医疗保险占据了美国医保市场的主流地位,覆盖范围遍布全国,且形成一个松散的网络。

(2)社会医疗保险

美国的社会医疗保险是由联邦政府、州以及地方政府举办的,依据一定的法律法规,主要针对弱势人群(老人、残疾人、孤寡儿童、遗孀、穷人等)提供的强制性医疗保险计划。1965年,美国国会通过了医疗照顾(Medicare)和医疗救助(Medicaid)两大社会医疗保险计划。医疗照顾制度的保障对象主要为65岁以上的老年人、残疾人以及晚期肾病的病人,分为医院保险(HI)和补充医疗保险(SMI)两部分,前者资金来源于社会保障工资税,后者25%来自申请人的投保金,75%由政府解决。④ 保障的范围包括大部分的门诊及住院医疗费,受益人群约占美国人口的17%。医疗救助制度是对符合救助标准的贫困者提供免费医疗的保障计划。各州在联邦政府的指导下,根据本州特点决定享受条件,为得到联邦政府的更多资助,大多数州都将政府确定的扶助对象纳入享受保险的范围。医疗救助的管理为两级供款模式,即联邦政府支付55%、州政府支付45%,共同资助对低收入居民的部分免费医疗,全国每年约有3000万人受益。军人及其家属和少数民族享受免费医疗,费用全部由联邦政府支付。但在美国的医疗保险体系中,社会医疗

① 袁伟:《美国医疗保险制度考察报告》,《中国医疗保险》2015年第10期。

② Chormunge, V., Pawar, V., Patil, A., "Medical Practice and Related Insurance", *Journal of the Indian Medical Association*, 2012(3), pp.181-182, 188.

③ 张群:《美国的医疗保险制度现状及引发的思考》,《中国卫生经济》2007年第6期。

④ Centers for Medicare & Medicaid Services (CMS), "HHS Medicare and Medicaid Programs; Approval of the Joint Commission for Continued Deeming Authority for Hospices, Final Notice", *Federal Register*, 2009(58), pp.13439-13441.

保险并不占主要地位,覆盖人群有限,有15%左右的人口无能力购买医疗保险,整个医疗保险体系的公平性问题突出。

(3)管理式医疗组织

关于管理式医疗组织,则是一种由保险人与医疗服务提供者提供医疗服务的一体化医疗保险形式。其中最有代表性的是健康维持组织(HMO)、点服务计划(POS)、排他性提供者组织(EPO)和优先服务提供者组织(PPO)等。经过实践证明,管理式医疗组织由于其在降低医疗费用和提高医疗服务质量方面的成效,已成为美国占主导地位的医疗保险形式。尽管只有5000万人被这类医疗保险组织所覆盖,但其他的私营商业保险、政府医疗保险计划中都大量采用这种医疗管理方式。[①]

与世界其他西方国家相比,美国的医疗保险体系具有鲜明的特点:

第一,尽管美国的医疗技术先进,医疗资金雄厚,人均医疗费用和医疗总费用均超过其他发达国家,但仍未实现全民医保的目标。

第二,美国的医疗保险方式多,政府的干预程度小,主要通过市场机制进行调节。美国医疗保险体系的高度市场化决定了政府对医疗保险的干预力度较小。由于自由主义和个人主义思想长期支配着美国人在政府的责任和公民的权利义务方面的认识,因此大部分人认为政府的干预会阻碍个人的自由。在享受医疗保障方面,这种自由主义和个人主义思想同样表现得淋漓尽致。然而,医疗保险是对未来发生的疾病风险的一种制度保障。不同年龄结构、不同收入水平以及不同健康状况的人群对医疗保险的需求也是不同的。这就要求有不同类型、不同投保费用、不同保险范围的保险计划来实现各个群体的医疗需求。这种供求关系充分体现了美国医疗保险市场化的特征。在医疗保险的运作中,私人企业是主要角色。虽然美国的医疗费用如此之高,但国家在分担费用方面是很少的。美国医疗保险是以第三方付费形式实现的。私营保险公司和政府都属于第三方,但政府支付的费用非常有限。政府仅在私营医疗保险计划出现漏洞时充当补充的角色。当然,政府医疗救助和医疗照顾计划虽然覆盖范围小,但对于保障弱势群体的健康具有重要的意义,并已成为现代美国医疗保险体系中的基石。

---

① 邓大松、赵奕钧:《美国医疗保险模式对我国医疗保险制度的启示》,《上海经济》2013年第1期。

第三,美国的医疗保险具有较高的科学管理水平。美国的高科技和信息化为医疗保险的经营和管理提供了知识化和技术化的手段,在医疗保险领域,科学技术应用得更快、更先进。首先,美国具有一支专业性强、技术性强的医疗保险从业队伍。医疗保险不仅仅是简单的收费和赔付过程,因为疾病有大小轻重之分,赔付对象有个人、团体之分,赔付依据有计划、政策之分。美国的医生资格由医生协会严格控制;医疗保险公司大多数独立运营,很少与人寿保险合在一起;美国拥有独立的医疗保险管理机构——卫生服务经费管理局;使用独立的医疗保险信息系统和计算机专门软件;医疗保险管理信息系统(HIMIS)提供应用报告系统、数据库管理和决策支持系统。无论是保费筹集还是赔付支出、费用控制、管理分析和评估等都实现了信息化和网络化。其次,对医疗保险体系五方实体进行科学管理。美国的医疗保险体系包括五方实体:医疗保险提供方(雇主和政府)、医疗保险经营方(保险公司)、医疗保险受益方(雇员、老人、贫困人群、弱势群体、特殊人群)、医疗服务提供方(医生、医院)、医疗行政管理方(政府医疗卫生主管部门)。科学管理这五方实体在于合理定位和调节它们的相互关系,使其形成合作与监督、制约与竞争的关系,有效保障医疗服务的合理需求和供给质量。[①]

(二)国外典型国家医疗保险制度的经验借鉴

武汉市医疗保险制度的改革与完善仅仅依靠自身是不够的,还必须借鉴国外成熟医疗保险模式的经验。综合来看,武汉市医疗保险制度存在着和中国其他城市医疗保险制度相同的问题。在介绍了国外典型国家的医疗保险制度后可以发现,虽然其不一定会适应中国的国情而且在本国实施中也存在种种问题,但当前解决武汉市医疗保险制度中的不少难题可以从其中得到启示和借鉴。

1. 完善医疗保险法制建设,调整规范各行为主体在医疗保险中的行为

从英国、美国、德国等典型国家医疗保险法制建设情况来看,各国都制定了相关的法律,调整规范各行为主体在医疗保险中的行为。医疗保险中涉及的主体很多,不同的主体有不同的利益行为,如何协调和规范各行为主体是医疗保险健康发展的关键。如德国有比较完善的法律体系,除了最基本的《医疗卫生改革法》之外,1992 年颁布了《医疗卫生结构法》,每一种改

① 高芳英:《美国医疗保险体系的特点及对中国的启示》,《江海学刊》2006 年第 4 期。

革的实行都是逐步的且经过反复试点,最后以法律的形式强制实行的,不仅使各行为主体的责任和权利得以明确,同时根据新出现的情况,出台新的法规,以此调整和协调各行为主体,保证医疗保险制度的健康发展,这就为保障投保人的健康提供了有力保证,可以做到有法可依、规范化管理。在中国,由于立法滞后,医疗保险各行为主体在很多方面不规范,致使该缴的保费不能及时到位,同时医疗费支出得不到有效控制,卫生资源得不到合理利用。因此,必须重视医疗保险立法,理性规范医疗保险的内容、筹资机制、支付政策和医疗服务利用等,做到有法可依,执法必严,违法必究。同时,武汉市应加快地方立法进程,在充分听取民众意见、科学论证的基础上,制定一个全面的法律规定,为医疗机构、经办机构以及参保群体的行为提供指导。此外,还应借助法律的强制力,加强对医保基金的管理,严格控制费用使用,提升武汉市医保基金支付能力。

2. 强化政府责任意识,不断提高医疗保险保障水平

英国实行的是全民医保政策,医疗保险制度覆盖所有人,德国医疗保险虽没有国家税收支持和联邦政府对保险机构的补贴,但是其医疗保险的覆盖面也达到了90%以上。政府作为公共物品和公共服务的提供者,作为社会安全和保障的最后保护网,理应承担扩大医保覆盖面的相应责任。政府要加大医疗保险的支出投入,使得其占财政和GDP的比例有所提高,尽快实现"人人享有医疗保障"的社会目标。相对发达国家,中国整体医疗保障的水平还有很大差距。另外,中国尚未建立一个全国统一的医保体系,现行的医疗保险制度不统一,既有城镇职工基本医疗保险,也有城镇居民基本医疗保险,还有新型农村合作医疗,由于三种医疗保险制度覆盖人群不同,筹资标准不同,补偿标准不同,制度的兼容难度较大,因此造成了一定的不公平,不利于国民健康水平的提高和社会的稳定与和谐发展。德国政府在医疗保险制度中的作用值得借鉴。政府要为公共卫生、预防服务、卫生基建发展和特殊疾病,如精神病、结核病、SARS等的治疗提供资金;为老人、穷人、儿童、军人等特殊群体的医疗服务提供补助;并确保国民医疗保险需求的基本满足和国家医疗卫生的收支平衡。政府责任的承担可以根据国家财力和经济发展水平,逐步扩大和强化。目前,从保险类型来看,德国医疗保险经费是通过雇主与雇员缴纳的义务保险金积累起来的。这些经费具有特定用途,由于它的标准与劳动者的收入挂钩,来源比较稳定而且具有增长性,是德国

医疗保险经费的主要来源。中国人口众多,且城乡差别、区域差别很大,如果医保体系全部依靠国家财政出资,目前难以实现。因此,从中国的国情出发,如何构建既能体现资金筹措上各取所能的“合理性”,又能在医疗服务上实现各取所需的“公平性”,从而建立一个广覆盖的全民医保制度,德国的医保制度为中国医改提供了有益的启示。

当前中国医改面临的主要任务就是解决“看病难、看病贵”问题。为此,医改将医疗卫生体制的“公益性”回归作为重要的目标,将医疗卫生作为公共产品,建立一个人人都能享有基本医疗卫生服务的制度。德国作为资本主义市场经济发达的国家,在医疗保险制度上不仅起步早,而且在构建制度上注重以人为本,以维护社会公平为目标。从其医疗保障对象看,无论是高收入者,还是低收入者,都纳入医疗保险的范畴,使全体公民都尽到医保的义务。从其医疗保障的服务来看,人人都享有法定医保提供的平等无差异的医疗服务。这种以社会全体成员作为社会福利网络,为个体成员提供医疗保险均等化服务的模式,既体现了团结互助、社会共济的精神,也为医疗保险可持续发展构建了一个良性机制。中国医疗卫生事业自改革开放以来,虽然取得了长足进步,但是广大群众“看病难、看病贵”的问题一直存在,要求医改的呼声越来越高,如何建立一个既具有公平性、又具有效率的医疗卫生制度,是当前中国医改必须克服的难题。德国在医保制度上的探索经验,为中国医改提供了有益的借鉴。

3. 强化政府责任的同时,要充分发挥市场配置资源的作用

在建设医疗保险制度过程中一方面政府要加强对其管理,另一方面要充分发挥市场作用。中国的医疗保险制度更加注重政府对其的监管,存在一系列不足之处;而美国的医疗保险制度更加注重市场在其中发挥的作用,也存在一系列的不足之处,其原因在于医疗保险市场具有特殊性,还不够完善,因此我们需要全面考虑医疗保险制度的发展。医疗服务虽然具有商业性质,但是并不是绝对的商业性质,因此需要对其进行计划,医疗健康与每位公民都息息相关,医疗保险主要具有两大特点,即福利性和公益性,而利用市场来分配相关资源则不能确定每个人都能享受到最大的福利。除此之外,医疗保险行业需要改变经营模式,以庞大的市场为导向,走出一条新的发展道路。但由于这里的市场是由医疗提供者为主导的,投保人的选择不多,这就容易造成市场失灵的现象,美国的医疗保险市场就是最好的证明,

其医疗保险在整个市场中没有充分实现它的价值,也没有充分体现出它的竞争力。所以说,完全靠商业化经营对于医疗保险行业也会产生消极的影响,这就要求中国的医疗保险制度改革应该采取计划与市场相结合的道路。以德国政府为例,德国政府在医疗保险制度中的作用主要是设计总体框架,表现为开展法定医疗保险,在制度框架内的具体执行领域,则充分尊重市场机制作用和自由选择权利。德国2007年正式实施的《法定疾病保险——强化竞争法》提出,需通过引入市场竞争机制和提高信息透明度,扩大投保人的选择空间,通过"用脚投票"促使医疗保险市场健康有序发展。同时,德国医疗保险制度给予各医疗保险公司充分的权利进行自我管理、自主经营,激励保险机构更多地考虑投保人利益,满足投保人需求。德国这种混合型的医疗保障模式是经过反复实践逐步形成的。在基金安全和有效监管的前提下,充分发挥市场调节功能,在医疗服务供给、就医方式、参保方式等方面给予自由选择权,从而实现医疗资源配置政府主导和市场调节的协调发展。武汉市政府应该充分发挥政府干预、控制和市场调节的作用,逐步强化市场的功能。在这个过程中,政府必须逐步转变直接经营医疗服务、医疗保险的角色,强化管理医疗市场的作用。医疗保险的逐步市场化,就是通过建立商业性医疗保险,以自愿为主,为民众提供医疗保障。可以根据武汉市各地的经济条件,建立多种体制、多种形式、多种规模的医疗保险组织机构,推动医疗保险市场化的进程。

4. 建立合理的医疗保险费用筹措与控制机制,实现筹措渠道多元化

无论是武汉市的城镇职工基本医疗保险,城镇居民基本医疗保险,还是新型农村合作医疗,无一例外都面临着筹资渠道单一,基金支付压力大的问题。这样的问题要求我们必须创新筹资方式,拓宽筹资渠道。目前,许多国家都存在着医疗费用增长过快,医疗保险基金入不敷出的问题,这也启示我们要进一步完善保险费用由国家、用人单位和职工个人三方合理负担的原则。这不仅可以拓宽医疗费的筹资渠道,而且可以增强个人的自我保障意识和医疗支出的成本意识。美国作为商业医疗保险模式的代表,其国民可以自由选择投保的医疗保险项目,其征缴费用的数量决定了保障水平,多投多保,少投少保,不投不保。这种筹资模式给武汉市医疗保险的筹资模式提供了借鉴,它启示我们应考虑退休人员的缴费政策,大力推进商业健康保险的发展,针对中高收入阶层,政府可以通过各种途径大力宣传选择商业健康

保险,并通过税前列支征缴费用等优惠条件,完善商业健康保险品牌形象,大力发展商业健康保险的作用,以减轻政府的财政压力。更为重要的是,要建立和完善医疗保险基金管理机构、医疗服务和药品定价机制,以及医院与医生的相互制约机制,通过改变医疗收入来源与支付方式,增强医院与医生自觉控制医疗费用的积极性。提高医疗服务价格,体现医务人员的技术劳务价值。适当提高诊疗费、护理费、手术费、床位费,限制和降低过高的大型医疗设备的检查费。实行医药分家,独立核算,分别管理,照章纳税。改变以药养医的格局,切断医疗机构和药品营销之间的直接经济利益联系。

5. 强化社区卫生服务,促进卫生资源的合理利用

社区卫生服务融预防、医疗、保健、康复、健康教育、计划生育技术服务等为一体,可以提供有效、经济、方便、综合、连续的基层卫生服务,对居民的基本医疗保险有着积极的作用。德国等一些发达国家都在尝试建立完善的社区卫生服务体系,德国医疗保险通过将社区卫生服务的项目纳入报销范畴,并建立严格的转诊体系,使病人首先利用价格低廉的社区卫生服务而不是成本较高的医院服务,不仅减少了医疗费用的支出,同时也使卫生资源得到合理的利用。研究表明,目前我国在二级或三级医院就诊的常见病、多发病、慢性病中,80%的疾病可以在社区卫生服务中解决。然而,当前中国社区卫生服务利用率不高的一个主要原因是部分社区卫生服务没有纳入基本医疗保险报销范畴。因此,武汉市政府要加强医疗保险制度与社区卫生服务的结合,促进卫生资源的合理利用,要让医疗保险在资源有限的情况下,保证全民的基本卫生服务需求的满足,将社区卫生服务纳入基本医疗保险的报销范围,引导病人合理就医,保证基本医疗保险资金的合理、高效利用,要使武汉市的卫生体制真正成为成本低、效益好的体制,初级卫生保健服务和社区卫生服务应当成为今后优先发展的重点。

6. 加快推进医药卫生事业管理的改革,建立政事分开、管办分开、医药分开以及营利和非营利分开的管理格局

一方面,要改革与完善现有的医疗保险经办机构负责的单一管理模式,将公共服务合同外包理论运用到医疗保险经办机构的管理中。中国医疗保险经办机构应发展为公私合作治理模式,将公共部门与私人部门的优势充分发挥出来,在公共服务领域引入市场机制,让私人部门参与管理,促使管理效率进一步提升。在私有化和完全公共经营之间有一系列制度安排可供

选择,关键在于适合本国政策法规和具体项目的特点。通过连接合作伙伴的方式进行公私合作的重点是要形成有效竞争,避免行政垄断,防止人员积极性不高或行政腐败等,在公平的基础上兼顾效率。另一方面,在医疗卫生管理上,通过实行"四分开"制度,明确政府职能,负责政策监管与实施,更好地加强对医院监督,对医保机构也实行管办分开。德国政府在医疗保险制度中起到了协调各方利益和控制医疗费用的重要作用,但对医疗保险管理一直都是采用自主管理、鼓励竞争的模式。德国强调社会互助,政府不参与医疗保险的具体事务,政府的主要作用就是设计制度和制定相关法律,当发生医疗保险纠纷时,承担调节及仲裁的责任。从武汉市实际出发,政府如何界定管理职能,如何解决政府管理部门与医疗卫生机构之间的管办关系,应当学习德国政府的做法,政府主要通过政策干预与监管来体现管理,同时注重与市场调节相结合的政策调控,保障医保制度的规范运行。与此同时,加快将营利性医院与非营利性医院分开,鼓励社会多元投资兴办医院,引入市场竞争机制,营造一个既充满活力又能满足社会多样化需求的医疗卫生管理新体制。

7. 改变现有的支付方式,设立多种形式的支付方式

改革医疗保险制度的核心内容即为支付方式,通过有效的支付方式一方面可以让医疗费用增长具有合理性,另一方面可以强化医疗服务质量,从而让医疗保险的作用得到最大化发挥。所谓医疗保险支付方式,即在使用医疗保险的时候,参保人向服务提供者支付相关费用的途径和渠道,医疗保险支付方式会严重影响医疗保险发挥的作用。美国的医疗保险支付方式为管理式医疗,这是一种比较科学的支付方式。最重要的是要改变以前的按服务项目收费的方法,采取定额付费的方法,这种定额服务是专门交由医疗服务供方负责的,这样就能使所有医务人员都参与到医疗保险中,不仅体现了中国医疗卫生服务的根本要求和价值准则,而且可以激励所有的医务人员,让他们树立起责任心和为民服务的意识,从而使整个医疗保险能获得更好的发展。这种让医务人员都参与到医疗保险管理中的经验是在美国开创的,它也是世界各国医疗保险发展所追求的理想模式。另外,中国按病种付费的支付方式还不完善,美国以临床路径为基础制定医疗规范,并在此基础上实行了比较成熟的按病种 DRGs 的结算方式,具体表现为根据诊断、年龄、性别、疗效等要素将病人分为若干组,每组又依据疾病的轻重程度划分若干

级别,对每一组不同的级别制定适宜的标准偿付费用。武汉市可借鉴美国的先进做法,严格审核疾病分类的临床路径,逐步扩大病种范围,制定合理的支付标准,构建病人电子信息系统,大力改善病种付费的结算方式。

8. 完善医疗信息网络系统,学习先进的技术管理和科学管理办法

国外典型国家通过建立一个比较完善的医疗保障信息系统,可以通过运用医疗信息网络交流平台共享医疗政策、具体办法和实施细则,给医疗保险事务的处理增加了很多便利。武汉市政府应加快建立各地区医疗保障信息系统,实现医保机构和定点医院信息系统的对接,提前预知各地医疗技术水平和卫生资源差异,提前做好信息交流与个人健康状况采集工作,并考虑人员区域流动的特点,为实现公民异地结算、转诊以及各保险险种的通融带来便利。

中国的医疗保险体系在管理上技术化和信息化程度不高,虽然开发了一些计算机软件,但在交付保险费、医疗费用清算、信息网络链接、基层信息联通等方面,还不够完善。在科学管理方面,医疗保险体系的五方实体还缺乏沟通与合作,如"管钱的不管医,管医的不管钱",某些医疗机构缺乏必要的经济责任和节约意识,提供过量"服务",开"人情方""大处方";企业、单位对医药处方的合理性和规范性缺乏严格的审核,随意报销,增加医疗基金的负担等。美国医疗保险体系的技术管理和科学管理方法值得我们借鉴。我们应在本国国情基础上学习外国经验,在管理和服务方面实行社会化、属地化;基金多方筹集、统一使用、管理,实行医、药分开核算,分别管理,并与经济利益挂钩;制定科学、合理的费用结算办法等,明确各方实体的经济责任和社会责任,保证医疗保险体系的良性运行。

第五节　武汉市基本医疗保险制度发展的政策建议

一、完善武汉市城镇职工基本医疗保险制度的政策建议

武汉市城镇职工基本医疗保险存在的问题,既不是武汉市特有的,也不能完全从单一的城镇职工基本医疗保险制度中去找出路。为此,提出如下

政策建议。

（一）关于覆盖面不广的问题，核心是解决人从哪里来的问题

扩大覆盖面，在城镇职工基本医疗保险启动或推进过程中是有效的，但经过10余年的实践，参加医疗保险基本成为人们的共识，从武汉市历年来参保率的变化看，通过扩面挖潜已经没有空间，在短期内，参保人数不可能大量增加。而且，目前在基本医疗保险方面，尚有城镇居民基本医疗保险和新农合两大主力各把一方，也抑制了城镇职工基本医疗保险“挖墙角”的动机。从纯价值判断来看，职工代表着就业，“就业是最大的民生”，就业对促进经济增长、发挥个人价值、维护社会秩序、提高生活水平等方面，都有较大的比较优势。因此，要从根本上扩大城镇职工基本医疗保险的覆盖面，关键还在于大力发展经济，加快推进新型城镇化，大量提供就业岗位，吸引更多就业人员，这样才能将城镇居民、农村居民转化为城镇职工。而不能寄希望于短期内将城镇居民和农村居民“拉拢”到城镇职工基本医疗保险中来。从长远看，可加快推进城镇职工基本医疗保险与城乡居民基本医疗保险一体化进程。至于以哪一种模式为主体并不重要，重要的是新的医疗保险制度能有效运行、可持续发展。

（二）关于统筹层次低、统筹基金压力大的问题，核心是解决钱从哪里来的问题

从理论上讲统筹层次越高，就越具有公平性，越能合理调剂资金的使用，但是，这只是假设而已，由于存在逆向选择、道德风险等因素，实际操作往往复杂得多。沈霞、明慧（2013）的研究很有说服力，她们收集了湖北省35个地区2012年城镇职工基本医疗保险统筹基金运行统计报表和医保政策相关文件，并对知情人员深入访谈，采用描述性分析方法对所收集的定量资料进行分析，结果显示，2012年全省统筹基金赤字1.38亿元；35个统筹地区统筹基金当期收不抵支，当期赤字总额为10.48亿元；17个地区统筹基金连续3年赤字，而造成统筹基金赤字的原因主要归结于国家政策因素、省级政策因素、地方性政策因素、医疗服务增长以及客观因素5个方面。从她们的研究中发现，“市级统筹后，县（市）支出增加。市级统筹前，县（市）转往市级就医，报销比例降低10%。市级统筹政策统一后，原来设置的报销比例降低10%的规定被取消，县转市就医人数增加，次均费用也同时上涨。”因此，统筹层次的提高并不必然带来统筹基金的充裕。为此，我们认为，解决钱的问

题,除了要“增收”,还要“节支”,不能总盯着收了多少城镇职工基本医疗费用,把医疗保险简单看成“收费用”。那种从“需求端”来考虑钱从哪里来的思路,无非就是增加人数和提高缴费比例,但增加人数前面已经指出短期内可能性不大,提高缴费比例也只能治标而不治本,得出的结论不是“以收定支”就是“以支定收”。随着社会的进步,世界各国的医疗费用都呈上行趋势,这是必然的,但如何在动态中将患者增加的医疗负担降到一定限度,还需从“供给端”来求突破。因此,要跳出纯精算的思维定势,推进医药、医院、医疗“三医”改革,最大限度降低医疗成本,才能最终降低医疗费用。

(三) 关于个人账户问题,核心是解决如何用好钱的问题

据统计,2013 年中国 225 个地区职工医保统筹基金发生透支,占全部统筹地区的 32%,其中 22 个地区花光累计结余,但同期职工医保个人账户资金总额达 3323 亿元。出现了职工医保统筹基金收不抵支而个人账户基金大量结余的状况。为此,无论是在理论界,还是在操作层,个人账户的去留激起了热烈讨论,仁者见仁,智者见智至今,没有统一定论。对于取消个人账户的观点,王喆华、陶四海、吴阳(2015)归纳了四种态度:一是认为个人账户削弱了医保基金抗风险能力。职工基本医疗保险制度的核心是分散疾病风险,但是个人账户资金只能由本人使用,不能在职工之间进行风险分担;同时,个人账户的存在挤占了统筹基金的规模,削弱了医保基金的互助共济作用。二是认为个人账户控费效果不明显。设置个人账户的初衷之一是通过明确个人账户的私有属性,增强参保人的医疗费用控制意识,减少参保人的不合理消费,从而遏制医疗费用的不合理上涨。但在实践中,无论是参保职工的门诊费用还是住院费用都不断地上涨。三是认为个人账户基金面临贬值风险。个人账户实行收支两条线管理,将个人账户基金委托给商业银行管理,并按银行利率计息。银行利用个人账户基金所获得的投资收益率和个人账户记账利率之间存在差距,使银行成为个人账户基金投资的最大受益主体。同时,由于银行利率通常低于通货膨胀率,委托银行管理个人账户基金难以实现其保值增值。四是认为个人账户积累作用有限。虽然中国职工医保个人账户人均积累余额目前呈现增长的趋势,但人均积累资金仍然有限,难以起到减轻患者医疗负担的作用。而对于保留个人账户的观点,主要是认为统账结合模式下的城镇职工基本医疗保险虽然在运行过程中暴露出一些问题,但在城镇职工医保制度建立初期,个人账户的设立确实发挥了

一定的积极作用,医疗保险个人账户仍然有发挥作用的空间,需要对其进行适度的调整,进一步完善及加强管理,而不是取消个人账户。我们认为,个人账户设置的初衷并不是为了互济,既不能因为宏观上个人账户是结余的,而统筹基金是赤字的,就觉得个人账户应该"充公";也不能因为微观上个人账户上的资金量小,发挥不了多大作用而取消,而是要根据各地实际情况改革完善个人账户制度,比如,可探索扩大个人账户的支付范围(如扩大至直系亲属)、实行门诊统筹、进行商业再保险等方式,提高个人账户资金的使用效率。

二、完善武汉市城镇居民基本医疗保险制度的政策建议

政策制定到执行是一个复杂的过程,受政策主体、客体以及政策环境的影响。城镇居民基本医疗保险作为一项保障国民医疗福利的制度安排,在建立和发展的过程中,政策效果不可避免会受多种因素的影响。武汉市作为第一批试点城市,在城镇居民医疗保险制度建设中积累了较丰富的经验,但如前文所指出的,也存在一些不足。为保证武汉市城镇居民医疗保险制度持续推进和稳步运行,各相关主体必须共同努力,这里提出几点政策建议。

(一) 加强顶层制度设计,提升制度信任感和吸引力

科学制定政策、加强顶层设计是制度持续推进最重要的因素。武汉市城镇居民医疗保险制度的持续推进同样离不开合理的制度设计和政策主体的支持。

1. 调整制度定位,提高人口覆盖水平

随着社会经济发展水平的提高,人们的保健意识逐渐提升,对基层卫生服务的可及性提出了更高要求。目前,武汉市城镇居民基本医疗保险还停留在"保大病"制度模式上,不利于化解一些常见病、慢性疾病带来的风险。因此,应在制度设计上将"保大病"和"保小病"的目标相结合,不断提高门诊报销比例和支付范围,提高居民参保的积极性。另外,政府应加强政策宣传,增加基层群众对城镇居民基本医疗保险的了解,由"制度覆盖"向"人口覆盖"迈进。

2. 提高统筹层次,推进城乡居民基本医疗保险并轨进程

武汉市城镇居民医疗保险的统筹层次不高,未彻底实现全市统筹,在很

大程度上限制了劳动力自由流动,给部分居民的医保账户的转移接续带来困难。因此,应提高武汉市城镇居民医疗保险的统筹层次,实现远城区在内的全市统筹,增强医疗保险基金的支付能力,统一调配医保基金,分散支付风险。此外,提高统筹层次,也有利于推动城镇居民医疗保险和新型农村合作医疗制度的并轨,缓解因制度分割造成的劳动力流动障碍,加快城镇化进程。

3. 试行个人账户,提高医保偿付水平

由于缺乏个人账户的积累,门诊费用的支付比例较低,造成部分参保群体消极缴费、积极性不高。因此,武汉市城镇居民医疗保险管理机构应尝试增设个人账户,将部分常见病、慢性病纳入社区就诊报销范围,提升参保人员持续缴费的积极性。同时,也应科学制定药品报销目录,将一些常见药品划入个人账户支付范畴,防止道德风险下过度消耗医保资源的现象产生。此外,应不断提高武汉市城镇居民医保的支付比例,降低大病起付线,保证制度真正分散参保居民的疾病风险。

(二)加大财政支持力度,构建灵活多元筹资机制

合理、健全的财政投入机制是城镇居民医疗保险制度持续运行的基础和前提。要提升武汉市城镇居民医保制度的可持续性,政府必须加大资金支持,构建完善的筹资机制。

1. 增加财政投入,拓宽筹资渠道

目前,武汉市城镇居民医疗保险制度实行中央、省、市、区四级财政补助,其中主要以省级和市级补助为主,中央财政支持有限。而与政府投入相比,个人缴费在筹资中所占比例较大,造成个人的缴费负担重,基金支付压力大。因此,应加大中央及地方财政的支持力度,在坚持以收定支原则的基础上,发挥地方政府财政兜底作用,以应对医疗费用上涨过快的支付挑战。此外,政府应改变原有单一的筹资模式。通过社会化、市场化手段,提高筹资水平,如将福利彩票、消费税等部分收入划入居民医保基金,扩宽筹资渠道,提高基金支付能力。

2. 灵活设置缴费标准,实行浮动式补贴

武汉市城镇居民医疗保险制度的缴费模式针对不同群体有所不同,但缺乏一定的灵活性,也并未充分考虑制度内群体层次化的缴费需求。偿付机制也相对固定,在一定程度上影响居民的参保意愿。因此,可以从两个方

面予以改善:一是建立分类别、多层次的缴费标准。不同参保群体可以根据收入水平变化,自由选择和调整自身的缴费标准,满足自身多元化、层次化的就医需求。二是实行灵活、浮动式的医疗补贴和偿付待遇调整机制。政府应针对不同的缴费标准个体实行浮动财政补助,刺激更多居民参保。但也要注意控制这一机制的作用范围,防止因恶意争夺补贴资源而导致整体保障水平下降,更要保证低保户、重度残疾人等特殊群体享受正常的医保待遇。

(三)健全法律法规体系,提高信息化管理水平

完善法律法规体系是制度运行的重要保障。武汉市城镇居民医疗保险的持续运行离不开专门、针对性的法律法规,还必须不断提高其信息化水平,保证居民医疗保险基金的安全。

1. 制定针对性法律法规,健全费用控制机制

目前,全国并未出台专门的医疗保险法律,立法的空白在很大程度上影响了整个制度的规范化程度。武汉市作为中部特大城市,虽经济较发达,但也主要依靠行政手段保证政策执行,并未制定相关的医疗保险法规,不利于约束相关主体行为。因此,应加快地方立法进程,在充分听取民众意见和科学论证的基础上,制定一个全面的法律规定,为医疗机构、经办机构以及参保群体的行为提供指导。此外,还应借助法律的强制力,加强对医保基金的管理,严格控制医保费用使用,提升武汉市医保基金支付能力。

2. 加强网络化建设,构建信息共享平台

武汉市城镇居民医疗保险的统筹层次较低,网络化建设相对滞后,并未实现全市联网,导致重复参保现象时有发生。武汉市虽坚持推进“金保工程”,但信息化水平仍不高。因此,应加强城镇基本医疗保险制度的网络化建设。主要从两个方面着手:一是加快清理、整合远城区参保数据,推进与中心城区联网进程,实现全市城镇居民医保信息内部共享。二是打破城乡医疗信息分割的局面,建立城镇基本医疗保险与新农合统一的信息管理系统,并能实现联网运行,当出现重复条目的时候系统能自动提示,解决因技术问题造成的重复参保问题。

(四)合理配置医疗服务资源,建立内外部监督机制

医疗服务机构的技术水平和经办机构的能力建设是影响城镇居民就医需求满足程度的重要因素。武汉市应加快药品供应改革和公立医院改革等

配套改革的进程,将医疗资源更多向基层倾斜,并建立合理的风险防范和监督机制。

1. 重视基层卫生服务体系建设,提高经办服务能力

目前,城镇居民医疗保险制度的经办职能已经逐步向基层转移,社区居民委员会、街道办事处等机构开始承担起经办服务供给的角色。但由于社区经办人员大多业务素质不高,缺乏专业的社会保障知识,在相关问题的处理和反馈过程中,很难满足群众需求,整体来说,经办能力不足。因此,应不断加强武汉市基层医保经办人员的业务培训,提升其服务水平。尤其是在社区,上级经办机构可以定期派专业的人员予以指导,也可以积极吸纳有一定基础的工作人员定期到社保局学习,提高基层的经办能力。此外,武汉市的医疗资源过度集中在三甲医院或者大型公立医院,而对社区卫生服务机构的投入不足,导致人们对基层卫生服务的需求无法满足,出现就医困难的局面。因此,地方政府应重视基层卫生服务体系建设,提高社区医务人员的待遇水平,吸引更多高技术水平医生,尤其是全科医生到基层医疗机构服务,提升医疗服务可及性,减轻参保居民的就医支付压力。

2. 健全监督机制,提高资源使用效率

由于缺乏相应的制度建设和法律法规,武汉市城镇居民医疗保险的运行还缺乏健全完善的监督和管理机制,这给居民医保资金的安全埋下了一定的隐患。因此,应从两个方面着手,加大基金的监管力度,保证制度持续运行。一是将定期检查和不定期抽查相结合,对定点医疗机构的行为和基金使用状况进行审核,对于不严格遵守制度规定的医疗机构进行相应处罚,防止过度耗用医保资金的道德风险;二是建立医保基金管理的内外部监督机制,提高医保资源的使用效率。财政和审计部门应严格审核年度预算和实际支出,监督医保基金使用,保证其专款专用。同时,也应建立社会大众、专家在内的外部监督机制,防范基金支付风险,保证居民医保基金安全。

三、完善武汉市新型农村合作医疗制度的政策建议

新型农村合作医疗制度是一项具有长期性、艰巨性和复杂性的社会系统工程,关系到农民群众的切身利益,为促进其可持续发展,必须解决其在运行过程中出现的各种问题。

（一）创新筹资方式，拓宽筹资渠道

新农合制度采取个人缴纳、集体扶持和政府补助的筹资机制，然而，目前武汉市的新农合基金主要来自于个人缴纳和政府财政补助，其中，政府财政补助部分占80%以上，给政府和参合农民带来了较大的压力。为此，需要创新新农合筹资机制，鼓励社会力量参与新农合，拓宽筹资渠道，促进新农合的长效发展。

例如，2013年，武汉市江夏区与中国移动江夏分公司携手参与新农合的筹资工作，参合农民凭新型农村合作医疗证预存话费100元，赠送2013年江夏新农合缴费60元，实现了中国移动江夏分公司（树立企业形象与增加业务量）、江夏区新农合机构（多渠道筹集参合基金）和参合农民（节省参合费用与减轻参合压力）的三方共赢。①

武汉市政府可以通过税费减免、财政补贴等政策优惠方式，鼓励社会力量如企业、社会团体、个人等参与到新农合的筹资工作中来，减轻农民和政府的参合压力。其他区也可借鉴江夏区的做法，有效利用社会资源筹集基金，增强新农合的基金保障能力。

（二）采取多种措施，引导参合农民合理就医

参合农民盲目地前往上级医疗机构就医，不仅会增加个人的医疗费用，降低新农合基金的使用效率，而且还会造成上级医疗机构资源紧张与基层医疗机构资源闲置并存的局面。引导参合农民合理就医，需要从以下几个方面努力：第一，武汉市政府要加大对农村的政策扶持和财政投入力度，加强农村医疗卫生基础设施建设，改善农村基层医疗卫生条件，提高基层医疗卫生服务水平与能力；第二，健全完善双向转诊制度，将病情较重、超出本级机构治疗范围的患者转向上级医疗机构就医，将病情得到控制后情况相对稳定的患者转向下级医疗机构就医，另外基层医疗机构还可通过邀请专家坐诊或远程会诊的方式来降低转诊率；第三，通过发放宣传资料、举办知识讲座、开展现场咨询服务、借助媒体宣传等形式，让农民了解常见病、多发病的诊治要求与就医方式，改变不正确的就医观念，如"专家至上"等，引导参合农民合理就医。

---

① 武汉市江夏区审计局：《江夏审计促推区积极破解农村困难家庭参合缴费难题》，http://www.whjxaudit.gov.cn/bencandy.php? fid=59&id=127，2013-08-06。

（三）加强对定点医疗机构的监管

加强对定点医疗机构的监管，需要卫生部门、定点医疗机构和参合农民这三方参与主体的共同努力。第一，武汉市卫生部门等要严格完善定点医疗机构的准入与退出制度，明确规定服务合同中有关服务内容、服务质量、服务收费等方面的内容，制定科学具体的奖罚措施，通过定期检查与不定期检查相结合的方式对定点医疗机构进行审查，以规范医疗行为和控制医疗费用。第二，定点医疗机构一方面要着重加强对自身的监管力度，加强医务人员的职业道德教育、廉洁自律教育等，使其明白享受权利与承担义务的对等性；另一方面，定点医疗机构需要积极探索并建立合理的收入分配制度，将医务人员的收入与服务数量、服务质量、成本控制、参合农民满意度等挂钩，调动医务人员为参合农民提供优质、高效、廉价的医疗服务的积极性。第三，加强新农合经办机构和定点医疗机构的信息化建设，及时向社会公开其业务统计数据，使整个医疗过程公开化、透明化，便于参合农民进行监督。

（四）合理配置医疗卫生资源，加强农村医疗卫生服务体系建设

新农合制度的目的之一是使农民“小病不出村、大病不出县”。但是，目前中国滞后的农村医疗卫生服务体系建设制约了这一目的的实现。基于此，第一，武汉市政府应积极发挥其在农村医疗卫生事业中的主导作用，加大医疗卫生资源向农村地区的倾斜力度，加强对农村的政策扶持和财政支持力度，加强农村医疗基础设施建设，改善农村的医疗卫生条件；第二，区级政府可建立专项资金，专门用于现有医护人员的培训、进修等支出，对表现优秀的医护人员给予一定的奖励；第三，各级政府还可以制定一些优惠政策，鼓励高素质的医学专业毕业生前往基层工作，从而提高基层医疗卫生服务水平、缓解基层医疗卫生机构专业人才匮乏的局面。

四、完善武汉市城乡居民大病保险的政策建议

（一）拓宽大病保险筹资渠道，建立多元化的基金筹措机制

面对筹资方式单一的问题，拓宽筹资渠道是关键。城乡居民大病保险资金除了来源于城镇居民医保基金和新农合基金的划拨外，可以依法接受各种形式的社会捐助，此外，政府可以通过专项财政补贴方式提供稳定、长效的财政投入，方法是利用每年城乡居民新增财政补贴资金的部分进行筹资，减轻参保群众的缴费负担。

（二）加快统筹城乡医疗保险，逐步提高统筹层次

长期以来，武汉市城镇居民基本医疗保险和新农合分割运行，2016 年 10 月，武汉市出台了《市人民政府关于印发武汉市整合城乡居民基本医疗保险制度工作方案的通知》（武政〔2016〕45 号），要求 2018 年全市实施统一的城乡居民医保制度。建议加快整合城乡居民基本医疗保险的进度，为城乡居民大病保险的发展扫清制度障碍。此外，应提高统筹层次，将新城区的城镇居民大病保险和新农合大病保险提高到市级统筹，同时探索建立大病保险省级风险调剂金，将各市大病保险基金的一定比例划拨到省级风险调剂金，作为风险准备金调剂使用；待条件具备时逐步整合，建立省级统筹的大病保险基金。

（三）建立动态筹资机制

为了保障大病保险筹资水平的可持续，建议建立大病保险动态筹资机制，规定下一年度的筹资标准同大病保险资金当年净赔付率挂钩（净赔率=理赔金额/总保费）。具体可以借鉴成都做法，若大病保险资金当年净赔率在 80%—90%时，下一年度筹资标准不变；当年净赔率超过 90%时，下一年度筹资标准上调幅度不得超过上年筹资标准的 20%；合作期限内累计上调幅度不超过 40%，确需超过的，需重新公开招标确定承办大病保险的商业保险机构，重新签订保险合同。

（四）适当拓宽大病保险保障范围

为了切实缓解大病患者的支付负担，首先，新农合大病保险目录应该与城镇居民大病保险目录一致，使农村居民患大病后实际报销水平得到提高。其次，逐步拓宽大病保险保障范围。在认真研究重特大疾病治疗费用损失分布的基础上，选择若干惠及面宽、总费用可控的病种及治疗项目、药品和耗材列入大病保险的目录。同时，为了防止大病医疗费用的不合理增加，对特需项目及奢侈药品、医生诱导病人使用的昂贵诊疗项目和特殊材料及特殊服务费等一律不予报销。

（五）制定与收入挂钩的起付线标准，取消封顶线

起付线是决定大病保险实际受益人群规模的重要因素，也是影响大病保险实际保障效果的基础性因素。城乡居民大病保险起付线可以采纳世界卫生组织（WHO）标准，以家庭非食品消费的 40%为基础，并根据城乡不同家庭收入等级来确定不同的标准。逐步取消封顶线，扩大大病保险制度的

实际受益人群规模，随着大病保险筹资水平的提升，可以尝试根据收入水平分段设立自付最高限额，真正化解灾难性医疗支出风险。

（六）建立盈亏调整机制

建议在遵循“保本微利”原则下，武汉市政府联合保险监管部门和保险行业协会，对实施大病保险的赔付进行基准测算，在此基础上，由商业保险机构竞标大病保险，同时建立政策性盈亏和经营性盈亏的调整机制。假设投标报价的净赔付率为95%，如果当年实际净赔率低于86%（协商确定）时，全额退还低于部分；在86%—95%间，返还这部分50%的赔付结算资金；在96%—106%间，超过部分双方各承担50%；超过106%，超过部分由保险公司承担。通过对大病保险业务盈亏动态的动态调整，调动保险机构的积极性，进而保障大病保险的可持续。

（七）发挥保险公司专业优势

首先，卫生主管部门对商业保险机构进行授权，使其有权实时监督医疗机构的不合理诊疗行为，促进医疗机构提高诊疗过程服务效率和质量。其次，保险公司要加大对医疗人员的引进和培养，建立专门的大病保险管理团队，对医疗用药和治疗方法进行专业判断，发现问题及时向医院沟通反馈，控制过度医疗和违规费用，提升大病保险的效率。

五、完善武汉市补充医疗保险制度的政策建议

（一）树立正确的补充医疗保险发展理念

补充医疗保险不仅是医药卫生费用的筹资渠道之一，而且是基本医疗保险制度实施的重要参与者，是医药卫生服务能力建设的重要推动者，是多层次医疗保障制度的重要组成部分。中国目前正处于经济体制的转轨时期，其现阶段所存在的城市化、快速的人口老龄化、严重的慢性病发病率、居民对健康的日益重视等社会问题均对补充医疗保险建设提出了客观要求。经过30多年的改革开放，中国的医疗保障制度正在经历从计划经济条件下的公费医疗、劳保医疗、传统农村合作医疗以及五保制度相结合的医疗保障体系，向城镇职工基本医疗保险、城乡居民基本医疗保险以及医疗救助相结合的以社会医疗保险为主的医疗保障制度转变。医疗保障制度的转型为补充医疗保险制度的建设带来了制度改革的要求，也带来难得的发展机遇。故现阶段的补充医疗保险制度的发展，首要任务就是树立科学且正确的发

展理念。

（二）明确政府在补充医疗保险中的责任

补充医疗保险的发展离不开政府推动。目前中国补充医疗保险发展过程中政府的角色错位，在补充医疗保险的具体运营方式方面干预过多。现阶段，中国补充医疗保险的举办机构主要有医保部门以及社会机构两种。然而，目前在发展补充医疗保险的过程中，有些地方政府非但不鼓励社会机构经办补充医疗保险，反而对商业保险公司进入该领域设立多重限制。政府在补充医疗保险发展中的职能应该是制定和完善补充医疗保险相关法律制度、提供补充医疗保险发展的税收优惠政策、实施补充医疗保险发展的行业监管、尽可能提供补充医疗保险发展的行业基础数据信息、直接提供某些补充医疗保险项目。

（三）实现补充医疗保险和基本医疗保险的有效衔接及其内部之间的有效衔接

武汉市目前的公务员医疗补助、大额医疗费用补助、企业补充医疗保险、职工互助医疗保险和商业补充医疗保险这五种形式的补充医疗保险主要是附加型和增补型补充医疗保险，很少有替代型补充医疗保险。鉴于中国补充医疗保险的发展现状，武汉市今后可适当发展和控制发展增补型补充医疗保险。因为这样做一方面会适当减轻患者的医药费用负担，同时又不至于出现补充医疗保险过度发展而导致医药卫生费用增加。

（四）加强补充医疗保险专业化业务能力建设

补充医疗保险风险管控困难的原因之一就是补充医疗保险行业提供者和生产者自身的专业化能力不足。为此，补充医疗保险业务实现专业化发展就成为补充医疗保险发展和完善的必由之路。加强补充医疗保险专业化业务能力主要应该努力做到以下几个方面：一是重视研究健康保险特别是补充医疗保险的经营规律、盈利模式和风险管控机制；二是积极配合，逐步建立健康保险疾病发生率等基础数据库，实现健康保险行业与政府信息、健康保险行业内部信息以及与社会各界多维信息的整合，强化定价能力，进一步提升风险管控水平；三是根据市场需求，加大产品开发力度，积极提供多样化个性化的健康保障选择。

第四章　武汉市社会救助制度研究

第一节　武汉市社会救助制度发展历程

一、武汉市最低生活保障制度发展历程

最低生活保障制度旨在为家庭人均收入低于当地最低生活保障标准的居民提供最低生活保障待遇，是社会救助制度的重要内容之一。随着《市人民政府关于建立和实施城市居民最低生活保障制度的通知》（武政〔1995〕102号）的出台，武汉市于1996年3月1日在7个中心城区率先实施城市最低生活保障制度。在较长时期内，由于城乡分治的二元社会管理体制，最低生活保障制度成为城市居民专有权利，农村低保制度处于缺失状态，大量农村贫困居民被排除在最低生活保障制度之外，造成社会安全网的严重漏洞。随着城市化进程的加快，城乡关系发生深刻变革，统筹城乡发展成为中国现代化发展的重要战略取向。在此背景下，最低生活保障制度突破城乡分治体制障碍，扩展到农村。随着《武汉市城市居民最低生活保障实施办法》《武汉市农村居民最低生活保障实施办法（试行）》（武政〔2004〕63号）的出台，武汉市于2004年启动农村最低生活保障工作。2013年武汉市政府颁布《武汉市最低生活保障实施办法》，并制定了《武汉市最低生活保障审核审批实施办法》《武汉市居民家庭经济状况核对办法》《市人民政府办公厅关于贯彻落实〈社会救助暂行办法〉的通知》，构建起完善的城乡居民最低生活保障制度，并使最低生活保障工作流程更加规范、操作更加严谨、审批更加公正。总体来看，武汉市最低生活保障制度发展历程是“先城镇，后农村，逐步统筹发展”。

二、武汉市农村五保供养制度发展历程

新中国成立以后,党和政府十分关心城乡特殊困难群众的生活。《1956年到1967年全国农业发展纲要》明确提出:“农业合作社对于社内缺乏劳动力、生活没有依靠的鳏寡孤独的社员,应当统一筹划……在生活上给予适当照顾,做到保吃、保穿、保烧(燃料)、保教(儿童和少年)、保葬,使他们生养死葬都有指靠。”从此,人们便将吃、穿、烧、教、葬这五项保证简称“五保”,将享受“五保”的家庭称为“五保户”,形成了独具中国特色的农村五保供养制度的雏形。各地相继兴办了敬老院,将部分五保对象集中供养,逐步形成了集中供养和分散供养相结合的五保供养模式。

1994年1月,国务院公布施行《农村五保供养工作条例》,规定五保供养的主要内容是“保吃、保穿、保住、保医、保葬(孤儿保教)”,供养标准为当地村民一般生活水平,所需经费和实物,从村提留或者乡统筹费中列支。1997年3月,民政部颁布《农村敬老院管理暂行办法》,规范了农村敬老院建设、管理和供养服务。这两项法规规章的出台,标志着中国农村五保供养工作开始走上规范化、法制化的管理轨道。2000年以来,随着中国农村税费改革试点工作的推进,农村五保供养资金渠道随之调整。取消农业税及附加后,供养经费又调整为主要从上级财政转移支付和地方各级财政预算中安排。

2006年,国务院发布新的《农村五保供养工作条例》,同时废止1994年1月23日发布的《农村五保供养工作条例》。2015年9月23日湖北省第十二届人民代表大会常务委员会第十七次会议通过《湖北省农村五保供养条例》。当前,武汉市主要依据这两项条例开展五保工作。

三、武汉市医疗救助制度发展历程

2005年11月,为进一步建立和完善武汉市城乡社会救助体系,缓解贫困群众就医困难,根据《国务院办公厅转发民政部等部门关于建立城市医疗救助制度试点工作意见的通知》(国办发〔2005〕10号)和《湖北省城乡贫困群众医疗救助实施方案》(鄂民政发〔2004〕78号),武汉市人民政府颁布《武汉市贫困群众医疗救助实施办法》。该办法规定贫困群众医疗救助的对象是指持有本市户口的享受城乡最低生活保障人员(以下简称“低保人员”),无劳动能力、无收入来源、无法定赡养人、扶养人或抚养人的对象(以下简称

"城市、城镇'三无'人员"),农村五保对象和经区以上人民政府批准的特殊困难对象。贫困群众医疗救助的内容主要包括定点医院普通医疗救助和重大疾病住院医疗救助。普通医疗救助是由定点医院向贫困对象提供"五免六减";重大疾病医疗救助内容主要包括慢性肾衰竭、恶性肿瘤、再生障碍性贫血、急性脑中风、高血压Ⅲ期(有心、脑、肾并发症之一的)、糖尿病(合并感染或有心、肾、眼、神经并发症之一的)六大类。在重大疾病起付线标准方面,低保人员医疗救助起付线在1500—2000元之间,经区以上人民政府批准的特殊困难对象的医疗救助起付线为3000元,城市、城镇"三无"人员和农村五保对象均不设起付线。贫困群众申请医疗救助的审批时间不超过15天。

2007年6月,武汉市民政局、卫生局、财政局联合下发《关于完善贫困群众医疗救助办法的通知》(武民政〔2007〕84号),全面调整了医疗救助政策,以进一步缓解贫困群众"看病难"问题。一是扩大医疗救助病种范围,在原有6大病种基础上增加6个病种,即白血病、红斑狼疮、慢性重症肝炎、严重烧伤、瘫痪、重度精神疾病;二是降低医疗救助起付线,将低保人员医疗救助起付线由原规定的1500—2000元调整为1000元,经区人民政府批准的特殊困难对象医疗救助起付线由原规定的3000元调整为1000元;三是提高救助标准,对患有纳入医疗救助范围12种重大疾病之一的救助对象,当年医疗费用补助提高到2000—8000元,原定6个病种救助额度提高了一倍;四是农村五保对象基本定额医疗补助由每人每年50元提高到120元,并资助农村五保、低保对象参加当地农村新型合作医疗;五是简化医疗救助审核审批手续,审批时间从此前规定的15天之内压缩为5天之内;六是改进医疗救助方式,实行一次性救助和分期救助。同时,武汉市还增设了对流浪乞讨等对象的紧急救助,使医疗救助更切合实际。

2009年,《关于武汉市贫困群众医疗救助实施办法的补充通知(七种重症结核病)》(武民政规〔2009〕2号)提出要扩大医疗救助的涵盖范围,将七种贫困重症结核病患者纳入救助范畴,对符合条件的结核患者给予救助。重症结核病的医疗救助标准不超过4000元。医疗救助实行定点医疗机构就医,武汉市指定市结核病防治所、市医疗救治中心为救助定点医疗机构,救助对象在非定点医疗机构就医的不享受重症结核病医疗救助。发生重大疾病后,贫困群众按属地管理的原则,凭定点医疗单位诊断证明和医疗收费票据向所在地社区居(村)委会提出书面申请,公示审核后,区民政部门在7个工作日内予以审批。

2010年,武汉市民政局颁发《武汉市城乡贫困群众医疗救助即时结算办法》(武民政〔2010〕153号),决定在定点医疗机构建立城乡医疗救助即时结算平台。即时结算定点医疗机构为新型农村合作医疗和城镇基本医疗保险定点医疗机构。即时结算定点工作实行分步实施。未取消病种限制之前,按文件规定在目前定点医疗救助医院实施;取消病种限制后,逐步向新型农村合作医疗和城镇基本医疗保险定点医疗机构推广。各定点医疗机构要在新型农村合作医疗、城镇基本医疗保险结算窗口设立城乡贫困群众医疗救助即时结算平台,实行医疗救助与定点医院联网即时审批、资金即时结算、救助实时监控,为贫困群众提供便捷的“一站式”医疗救助服务,确保贫困群众医疗救助资金足额及时到位。

2011年《武汉市民政局关于调整城乡困难群众医疗救助政策的通知》(武民政〔2011〕91号)提出,调整重大疾病的一次性救助、分期救助和事前救助方式,同时增加重大疾病门诊救助,重大疾病不再实行一次性救助、分期救助和事前救助;扩大医疗救助实施医院,各区结合当地实际适当扩大医疗救助定点医院,一般增加2—3所定点医院,并按规定建立城乡贫困群众医疗救助即时结算平台;取消住院救助病种限制,住院救助不再受病种限制,救助对象因病住院不分病种均可享受住院救助;取消定点医院医疗救助起付线;资助城乡低保对象参加城镇居民医疗保障和新型农村合作医疗,城市低保对象参加城镇居民医疗保险、农村低保对象参加新型农村合作医疗的个人缴费部分,由政府全额补助。该政策于2011年7月1日开始执行,武汉市30万困难群众从中受惠。

2013年1月,武汉市民政、卫生、人社、财政局联合印发了《武汉市困难群众医疗救助实施办法》(武民政〔2012〕205号),该办法与2005年出台的办法相比,大病救助上限由8000元提高到5万元,同时扩大了救助范围、救助病种等。该办法中大病救助覆盖五类困难群体,除原有的城乡低保对象、农村五保对象外,新增城市“三无”人员、城乡孤儿及民政部门建档的其他特殊困难对象①。

① 民政部门建档的其他特殊困难对象是指区级以上人民政府批准的特殊困难对象和家庭人均收入在当地最低生活保障标准150%以下,年龄在65周岁以上的老年人本人。

同时,该办法将医疗救助对象分为两大类:一类是重特大疾病,一类是一般疾病,扩大了医疗救助病种类别。重特大疾病和一般疾病住院医疗救助上限均大幅上升,其中重特大疾病住院医疗救助最高5万元,一般疾病住院医疗救助最高2.6万元。并且,该办法首次出台门诊医疗救助及慈善援助新政。对患重特大疾病对象实施门诊医疗救助。其门诊医疗费用中的自付费用,按100%或50%比例给予救助,年最高救助封顶线1万元。救助对象经相关医疗保险报销和医疗救助后,其自付费用仍然过高,或不属于救助范围的其他低收入家庭成员因患重特大疾病导致难以自付医疗费用的,将通过慈善援助给予及时救助。2016年出台的《武汉市困难群众医疗救助实施办法》修订版将人均月收入在武汉市最低生活保障标准150%以下家庭中的老年人、未成年人、重度残疾人和重病患者纳入医疗救助范围。

2013年5月,武汉市民政局颁发《市民政局市卫计委市财政局关于进一步做好新老医疗救助政策的衔接的通知》(武民政〔2013〕54号),对困难群众重特大疾病医疗救助病种及门诊救助病种、标准等事宜进行了调整,以更好地实现新、老医疗救助制度衔接及医疗救助制度与相关基本医疗保险制度对接。

2016年12月,《武汉市医疗救助实施办法》(武政规〔2016〕32号)出炉,该办法将医疗救助对象进一步扩大,三类人群(低收入困难对象、建档立卡精准扶贫对象、因病致贫家庭中的重病患者)将被纳入救助范围。同时,该办法明确规定了不纳入医疗救助补助范围的医疗费用。此外,该办法在医疗救助方式和标准、医疗救助程序等方面做了具体规定。该办法的出台有利于规范武汉市的医疗救助制度,对于健全社会救助体系,保障武汉市困难群众基本医疗权益有重要意义。

四、武汉市教育救助制度发展历程

1986开始,中国对义务教育免收学费,但是需要收取一些杂费。为了帮助贫困学生就学,中国设立了助学金制度。1992年颁布的《中华人民共和国义务教育法实施细则》规定,对于贫困学生可以酌情减免杂费。在高等教育阶段,中国通过不断的探索和改革,于1987年取消了助学金制度,全面实行奖学金制度和学生贷款制度。国家教委、财政部分别于1993年7月和1994年5月发布文件设立了困难补助和勤工助学制度,自此形成了当时以奖学金为主，以助学金、助学贷款、学费减免、困难补助及勤工助学制度为辅的教育救助法律制度。1995年颁布的《中华人民共和国教育法》规定对贫困家庭儿童提供各种形式的资助。2001年5月国务院发布《关于基础教育改革与发展的决定》，建立了“两免一补”制度，即全部免除农村义务教育阶段学生杂费、对贫困家庭学生免费提供教科书并补助寄宿生生活费，并于2005年将该制度推广至城市低保家庭学生以及就读于城市的农民工子女。在高中教育阶段，1996年12月国家教委、国家计委、财政部共同发布了《普通高级中学收费管理暂行办法》，规定对家庭经济困难的高中学生酌情免收学费。2010年9月为了帮助高中家庭经济困难的学生，财政部、教育部联合出台文件，对高中学生建立学费减免制度、国家助学金制度、特殊困难补助制度以及校内奖助学金制度，并且鼓励社会面向普通高中设立奖学金、助学金。在大学以上的高等教育阶段，1995年国家教委发布文件在奖学金、助学贷款、勤工助学的教育救助措施之外，为贫困大学生设立特别困难补助。对于少数民族、烈士子女、残疾学生等其他教育弱势群体实行学费减免政策，减免的额度由高校决定，对于生活条件特别艰苦的学生可以免收全部学费。1996年6月17日，国务院办公厅颁布了《关于国家助学贷款的管理规定》，对助学贷款制度进行了全面改革，并在之后的11年里出台大量文件进行调整，助学贷款制度逐步完善。2007年5月19日，国务院颁发了《关于建立健全普通本科高校、高等职业学校和中等职业学校家庭经济困难学生资助政策体系的意见》，标志着中国的国家助学金政策正式确立。2014年2月21日颁布的《社会救助暂行办法》明确将教育救助列为社会救助中的专项救助项目，并列出了减免相关费用、发放助学金、给予生活补助、安排勤工助学等具体救助方式。

当前，武汉市的教育救助主要依据国家相关规定开展。

五、武汉市住房救助制度发展历程

公共租赁住房是一种低租金或免租金的保障性住房，是住房救助的主要形式。1999年4月，建设部发布《城镇廉租住房管理办法》，初步规范、明确了城镇廉租住房的来源、供给、管理、审批和监督等有关问题。武汉市于2002年底开始启动了廉租住房工作。

2003年12月，建设部、财政部、民政部等联合发布《城镇最低收入家庭廉租住房管理办法》，进一步明确和细化了城镇廉租住房制度的操作程序。这一时期，武汉市廉租房主要配给给城镇低保家庭。2005 年武汉市进行摸底调查，选择部分街道进行租金补贴试点。2007 年 8 月，国务院发布了《关于解决城市低收入家庭住房困难的若干意见》，将住房救助的形式由单纯的实物配租扩大到发放租赁补贴和实物配租相结合。此后，武汉市的住房救助租金补贴大范围展开。2008 年 10 月，民政部等部委联合发布《城市低收入家庭认定办法》，对城市低收入家庭的认定提出了明确的条件，从而为住房救助的实施奠定了基础。

2011 年 5 月 5 日，武汉市人民政府办公厅出台《关于加快发展公共租赁住房的指导意见》，武汉市正式启动公租房项目以解决"夹心层"问题。2012 年 2 月武汉市住宅与房地产发展"十二五"规划也公布了武汉市将建立以公租房为核心的新住房保障体系，且将保障范围扩大到新就业职工和在汉外来务工人员。根据国家要求，武汉市确定建立以公租房为主的新型保障体系。

武汉市从 2013 年开始暂停发放新的经适房资格证，用一年时间将 3000 户手上持有经适房资格证的家庭消化完。2014 年武汉市首次将低保边缘户纳入住房救助的范围。2014 年 6 月武汉市房管局发布通知，对公租房部分政策进行调整，将 2014 年租金补贴提高，装修标准设立最高限价。2014 年 7 月武汉市出台政策，要求在商品房开发、棚户区改造和"城中村"改造项目中，按照 5%—10%比例配建公租房。并且从 2014 年 7 月起，商品房项目中配建的公租房建成后要无偿移交给政府。

2014 年 7 月武汉市政府常务会议讨论并原则通过了《市政府关于进一步加强公共租赁住房管理的通知》，决定下半年实施廉租房与公租房并轨运行，从 6 月 1 日起停止单独受理廉租房资格申请，从 7 月 1 日起，廉租房和公租房开始实行并轨管理。2014 年武汉市经适房退出历史舞台后，加快了公租房建设。武汉市国土规划、房管部门表示未来几年新建公租房房源将集中在青山区。

六、武汉市临时救助制度发展历程

临时救助是指政府对遭遇突发事件、意外伤害、重大疾病等原因导致基本生活陷入困境，其他社会救助制度暂时无法覆盖或者救助之后基本生活暂时仍有严重困难的家庭或者个人给予的应急性、临时性救助。有应急性、补助性和临时性的特点。①

2004年6月,武汉市人民政府办公厅转发了《市残联市财政局关于对残疾人特殊困难进行临时救助的意见》(武政办〔2004〕117号),切实帮助残疾人解决临时性突发性特殊生活困难。为了进一步做好城市生活无着的流浪乞讨人员救助管理工作,及时救助流浪乞讨人员,2005年武汉市政府颁布《市人民政府关于加强城市生活无着的流浪乞讨人员救助管理的通告》(武政〔2005〕27号),提出要重视建设大道、发展大道等12个区域流浪乞讨人员的救助工作。同年,武汉市民政局颁布《市民政局关于加强城市生活无着的流浪乞讨人员救助管理工作的意见》,进一步明确了民政部门、公安部门、城管部门等10多个部门及新闻单位在流浪乞讨人员救助管理工作中的职责。2009年,市民政局、市财政局联合下发《关于建立城乡困难群众临时救助制度的通知》(武民政〔2009〕20号),首次系统规定了临时救助制度的对象、范围、救助标准和资金筹措与管理等重要事项。为武汉市临时救助制度设定了较为完善的总体制度框架。2010年11月18日武汉市流浪未成年人救助保护中心建成,这是中部地区最大的流浪未成年人救助保护中心。2012年,武汉市民政局、市残联、市财政局联合下发《关于进一步做好低保困难家庭应届大学生助学工程的通知》(武民政〔2012〕33号),首次由政府对城乡低保困难家庭大学新生实施临时救助。2014年武汉市又探索将外来务工人员纳入到临时救助对象范围。2015年,为进一步推动全市未成年人社会保护工作,探索建立面向困境未成年人的新型社会保护制度,切实维护未成年人合法权益,多部门印发《武汉市未成年人社会保护试点工作方案》,保护对象包括有流浪行为被救助的未成年人、有短暂流浪行为或严重流浪倾向的未成年人等困境未成年人;同年7月,在《武汉市未成年人社会保护试点工作方案》的基础上制定了《武汉市困境未成年人保护工作规程》,探索建立新型的未成年人保护工作制度,保护有流浪行为被救助的未成年人、有短暂流浪行为或严重流浪倾向的未成年人等困境未成年人身心健康和合法权益。2016年7月,武汉市为进一步完善社会救助体系,发挥社会救助托底线、救急难作用,根据《社会救助暂行办法》(国务院令第649号)、《国务院关于全面建立临时救助制度的通知》(国发〔2014〕47号)、《湖北省社会救助实施办

① 关信平:《“救急难”需要政府救助与慈善救助有效衔接》,《中国社会组织》2014年第10期。

法》(省人民政府令第374号)和《省人民政府关于全面实施临时救助制度的通知》(鄂政发〔2015〕28号)等有关文件规定,结合武汉市实际,制定了《武汉市实施临时救助暂行办法》。该《办法》自2016年9月1日起施行,包括总则、申请受理、审核审批、救助方式及标准、资金保障、监督管理和附则七部分。武汉市临时救助制度由点到面不断完善和发展。保障了弱势群体合法权益,对维护社会稳定发挥了积极作用。

七、武汉市灾害救助制度发展历程

灾害救助是指国家和社会依法向因遭受自然灾害袭击而造成生活贫困的社会成员,提供一定的物质帮助,以保证其维持最低生活水平,帮助灾民确立自行生存能力并能获得发展的社会保障制度。① 自然灾害是指给人类生存带来危害或者损害人类生活环境的自然现象。主要包括洪、涝、干旱等水旱灾害,暴雨、大风、浓雾和霾、雷电、冰雹、高温等气象灾害,泥石流、地面塌陷、山体崩塌等地质灾害,地震灾害,森林草原火灾和生物灾害等。

武汉市地处南北气候过渡带,是中国气象灾害多发地区之一,气象灾害损失占所有自然灾害损失的比例达到70%以上;武汉虽然没有发生过破坏性地震,但也曾遭受域外28次中强地震的袭击,其他自然灾害也时有发生。因此,武汉市政府高度重视自然灾害救助。

2005年,武汉市政府制定《武汉市突发性地质灾害应急预案》(武政办〔2005〕86号),以提高地质灾害应急反应能力和防御工作水平,高效有序地做好防灾和抢险救灾工作。2007年,为了进一步做好防雷减灾工作,确保人民群众生命财产安全,武汉市政府颁布了《市人民政府办公厅关于进一步做好防雷减灾工作的通知》(武政办〔2007〕45号)。同年,为建立健全自然灾害应急救助体系和运行机制,规范应急救助行为,提高应急救助能力,迅速、规范、有序、高效地实施应急救助,最大限度减少人民群众生命和财产损失,维护灾区社会稳定,又制订了《武汉市自然灾害救助应急预案》(武政办〔2007〕178号)。为进一步提高全民防灾减灾意识,着力提升综合防灾减灾能力,切实保障人民群众的生命财产安全和促进经济社会全面协调可持续

① 黄帝荣:《论我国灾害救助制度的缺陷及其完善》,《湖南科技大学学报(社会科学版)》2010年第2期。

发展,2009 年武汉市政府颁布《市人民政府办公厅关于加强全市防灾减灾工作的通知》(武政办〔2009〕134 号)。2010 年,为提高对低温雨雪冰冻灾害的综合防御和应急处置能力,建立健全低温雨雪冰冻灾害应急体系和运行机制,减少和控制灾害损失,维护经济社会运行秩序,保障人民群众生命财产安全,制定了《武汉市低温雨雪冰冻灾害应急预案(试行)》(武政〔2010〕1 号)。自然灾害属于突发事件一种,2013 年,武汉市政府制定《武汉市突发事件总体应急预案》(武政〔2013〕25 号),建立健全应急管理体制和工作机制,明确各级人民政府和政府有关部门职责,规范突发事件应对工作,提高突发事件应对能力,预防和减少突发事件的发生,控制、减轻和消除突发事件引起的社会危害,保障人民群众生命财产安全,维护社会稳定,促进全市经济社会全面发展。2013 年,为有效应对雾霾天气,建立与雾霾天气应急处置相适应的统一指挥、综合协调、科学有序、及时高效的环境应急处置体系,最大限度地减少污染损害,保护人民群众身体健康,制定了《武汉市雾霾天气应急处置预案》(武政办〔2013〕53 号)。2013 年,为了提高地质灾害应急反应能力和防御工作水平,高效有序地做好防灾和抢险救灾工作,避免或者减轻地质灾害造成的损失,确保人民生命、财产安全,维护社会稳定,颁布了《武汉市突发地质灾害应急预案》(武政办〔2013〕157 号)。2014 年,针对可能发生的空气重污染天气,采取有效的应急措施,减缓污染程度,保护公众健康,《武汉市大气重污染天气应急预案》(武政办〔2014〕162 号)实施。

新形势下,为了提高应急救助能力,迅速、规范、有序、高效地实施应急救助,最大限度减少人民群众生命和财产损失,维护灾区社会稳定,武汉市政府对相关文件进行了修订。2015 年,修订了《武汉市自然灾害救助应急预案》(武政办〔2015〕118 号),《武汉市自然灾害救助应急预案》(武政办〔2007〕178 号)同时废止。2015 年,《武汉市低温雨雪冰冻灾害应急预案》(武政办〔2015〕132 号)实施,《武汉市低温雨雪冰冻灾害应急预案(试行)》(武政〔2010〕1 号)同时废止。2016 年,《武汉市重污染天气应急预案》(武政办〔2016〕32 号)实施,《武汉市大气重污染天气应急预案》(武政办〔2014〕162 号)同时废止。2016 年武汉市入汛以来,出现有气象记录以来周降水量最大的强降雨天气过程,因降雨持续时间长、范围广、强度大,加之长江水位高、上游来水多等因素,导致全市不同程度遭受洪涝灾害,部分村庄、社区和农田受淹,大量房屋倒损,部分区域道路、供电等基础设施损毁严重,大量受灾群众紧急转移安置,全市人民的正常生产生活秩序受到较大影响。为切实做好灾后恢复重建工作,推动全市经济社会持续稳定和健康发展,武汉市政府颁布《市人民政府办公厅关于认真做好洪涝灾害后恢复重建工作的通知》(武政办〔2016〕86号)。

此外,为加强自然灾害生活救助资金管理,建立省、市、区财政资金投入分担机制,切实保障受灾群众基本生活,2012年武汉市财政局和民政局印发《武汉市自然灾害生活救助资金管理暂行办法》(武财社〔2012〕374号),并于2016年7月发布武财社〔2016〕545号文件进行了修订,涉及并本级财政补助项目和资金使用、资金预算安排和申请、补助资金拨付和发放、资金分担比例和考核、资金监督管理和检查等。为进一步规范自然灾害生活救助款物管理,切实保障受灾困难群众的基本生活,2014年武汉市民政局和财政局制定了《武汉市自然灾害生活救助款物管理办法(试行)》(武民政〔2014〕45号),从灾情核查与管理、救灾资金安排和使用范围、救灾物资储备和管理、分类救助及标准、救助款物的申请、拨付与发放和绩效评估与监督管理六个方面对自然灾害生活救助款物的使用与管理进行了明确详细的规定。

第二节　武汉市社会救助制度发展现状

一、武汉市最低生活保障制度发展现状

(一)低保保障人数前期迅速扩大,而后趋于平稳发展

武汉市城市居民最低生活保障人数从2002年的21.85万人增长到2003年的31.09万人,年增长率达42.3%,此后开始逐年下降,2014年下降到13.40万人,年均下降率为7.4%。2004—2014年,武汉市农村居民最低生活保障人数由4.85万人增长到11.31万人。其中,2004—2006年年均增长率高达50.3%,此后人数增长逐渐放缓,2007—2014年年均增长率仅为1.37%,在2009年和2014年还出现了负增长。武汉市城市和农村居民最低生活保障人数均在初始期快速增长,规模不断扩大,后逐渐平稳发展,甚至有所下降。这是因为武汉市最低生活保障制度在创建初期吸纳大量贫困人

口，低保人数大幅度增长，随着最低生活保障制度的完善，逐步走上平稳发展的轨道。同时，低保人数的下降也反映了武汉市扶贫工作取得一定成效，减少了贫困人口数量。

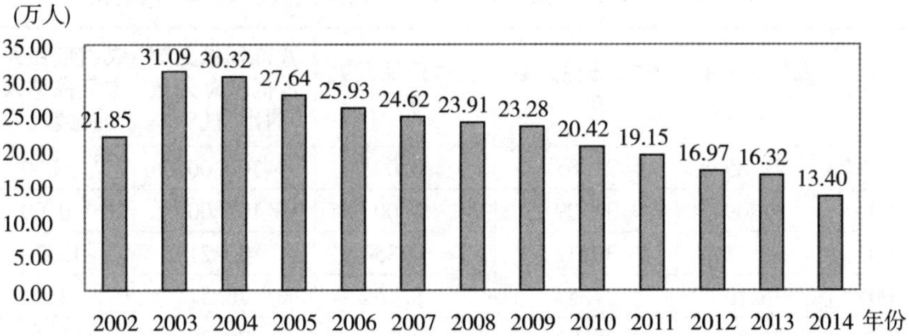

图 4-1　2002—2014 年武汉市城市低保人数

资料来源：武汉市民政局。

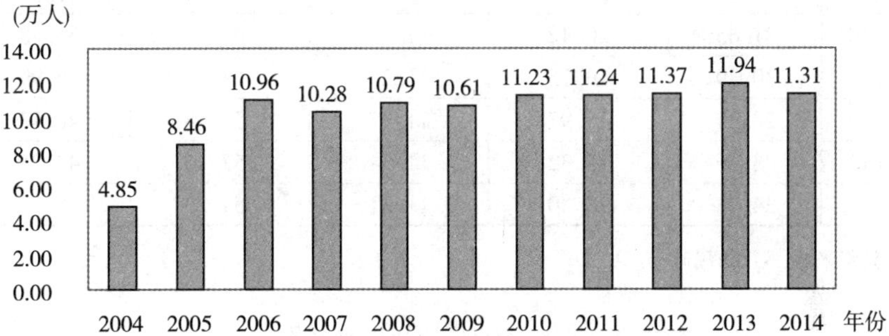

图 4-2　2004—2014 年武汉市农村低保人数

资料来源：武汉市民政局。

（二）全市低保覆盖率先升后降，农村低保覆盖率超过城市

武汉市全市低保覆盖率在 2002—2006 年间逐年提高，从 2002 年的 2.84%提高到 2006 年的 4.51%，城市低保覆盖率从 2003 年开始逐年下降。2010 年之前城市低保覆盖率始终高于全市低保覆盖率，2010 年以后全市低保覆盖率开始高于城市低保覆盖率，原因在于从 2004 年开始在农村实施最低生活保障制度，农村低保规模迅速扩大，覆盖率逐年提高，于 2010 年超过城市低保覆盖率，城乡低保覆盖率实现逆转。自 2004 年武汉市启动农村低保工作以来，大量农村贫困居民被纳入最低生活保障制度的安全网，农村低保覆盖率稳步提高，推动了武汉市低保制度城乡统筹发展。从表 4-1 也可

以看出,2004 年以来武汉市农村低保人数占全市低保总人数比重逐年提高,农村贫困居民正逐渐成为低保制度的保障主体。

表 4-1　2002—2014 年武汉市最低生活保障人数的城乡结构变化

年份	低保总人数(万人)	城市低保人数(万人)	农村低保人数(万人)	城市低保人数占低保总人数的比重(%)	农村低保人数占低保总人数的比重(%)
2002	21.85	21.85	0.00	100.00	0.00
2003	31.09	31.09	0.00	100.00	0.00
2004	35.17	30.32	4.85	86.21	13.79
2005	36.10	27.64	8.46	76.57	23.43
2006	36.89	25.93	10.96	70.29	29.71
2007	34.90	24.62	10.28	70.54	29.46
2008	34.70	23.91	10.79	68.90	31.10
2009	33.89	23.28	10.61	68.69	31.31
2010	31.65	20.42	11.23	64.52	35.48
2011	30.39	19.15	11.24	63.01	36.99
2012	28.34	16.97	11.37	59.88	40.12
2013	28.26	16.32	11.94	57.75	42.25
2014	24.71	13.40	11.31	54.23	45.77

资料来源:武汉市民政局。

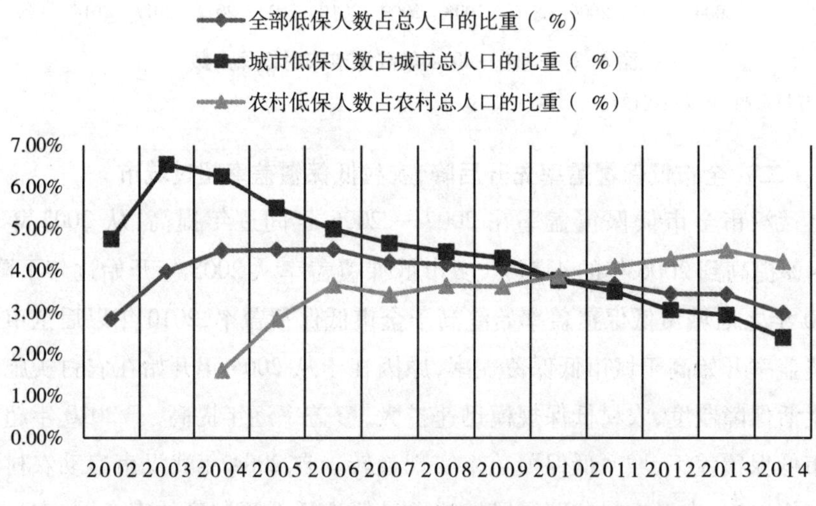

图 4-3　2002—2014 年武汉市最低生活保障制度覆盖率

资料来源:武汉市民政局、《武汉统计年鉴(2009—2015)》。

（三）财政对低保投入逐年增加，中央财政支持力度加大

政府在最低生活保障制度中，不仅要发挥管理和监督作用，也要承担资金投入责任以保证制度的稳定、可持续运行。欧洲学者通过研究欧洲多国社会救助制度不同管理模式，认为单纯的中央集权制和单纯的地方分权制社会救助管理模式均不利于社会救助分配效率的实现。中度的地方分权制优于高度的中央集权制和高度的地方分权制的社会救助管理模式。最低生活保障制度资金来源完全依赖财政支出。因此，必须建立和完善中央政府主导下中央与地方的责任分担机制。从表4-2可以看出，2002年以来，财政对武汉市最低生活保障制度的资金投入逐年增加。这体现了政府对民生问题的高度关注。其中，2006—2014年间（因2010年数据不完善此处不含2010年）武汉市低保资金来源中，来自于中央的资金投入呈不断增长趋势，共计占54.73%，来自地方的资金投入共计占45.27%，中央政府与地方政府在低保制度实施中的责任分担机制正在完善，中央财政在低保资金投入中日益发挥着主导作用，促进了低保制度的可持续发展。

表4-2　2002—2014年武汉市低保资金投入情况

年份	低保总支出（亿元）	中央财政低保支出（亿元）	地方财政低保支出（亿元）
2002	1.33	—	—
2003	2.17	—	—
2004	2.93	—	—
2005	3.10	—	—
2006	3.29	1.34	1.95
2007	3.72	1.74	1.98
2008	3.68	3.09	0.59
2009	5.62	4.13	1.49
2010	5.74	—	—
2011	7.89	4.83	3.06
2012	9.15	5.40	3.75
2013	10.93	5.45	5.48
2014	11.85	4.74	7.11

资料来源：武汉市民政局。

（四）最低生活保障标准不断提高

武汉市自1996年建立城市居民最低生活保障制度，低保标准20年间经

过13次提标,由每人每月120元提高到2016年每人每月600元。武汉市自2004年建立农村居民最低生活保障制度,低保标准12年间经过9次提标,由每人每年800元提高到2016年每人每月360元。

(五)规范的低保实施程序

武汉市最低生活保障工作统一并严格遵守规范的申请、审核审批、民主评议、公示程序和社会化发放程序,建立并全面投入运行居民家庭经济状况核对系统,力求精准施保。

规范的申请程序。凡认为符合条件的城乡居民都有权向户籍所在地的乡镇人民政府(街道办事处)提出最低生活保障申请,乡镇人民政府(街道办事处)无正当理由,不得拒绝受理。受最低生活保障申请人委托,村(居)民委员会可代为提交申请。申请最低生活保障要以家庭为单位,按规定提交相关材料,书面声明家庭收入和财产状况,并由申请人签字。

规范的审核程序。乡镇人民政府(街道办事处)是审核最低生活保障申请的责任主体,在村(居)民委员会协助下,对最低生活保障申请家庭逐一入户调查,详细核查申请材料以及各项事项的真实性和完整性,并由调查人员和申请人签字确认,入户调查比例达100%。

规范的民主评议。入户调查结束后,乡镇人民政府(街道办事处)组织村(居)民代表或社区评议小组对申请人申明的家庭收入、财产状况以及入户调查结果的真实性进行评议。

规范的审批程序。区民政局是最低生活保障审批的责任主体,在做出审批决定前,应当全面审查乡镇人民政府(街道办事处)上报的调查材料和审核意见(含民主评议结果),并按照不低于30%的比例入户抽查。

规范的公示程序。各区严格执行最低生活保障审核审批公示制度,规范公示内容、公示形式和公示时限等。社区设置统一的固定公示栏;乡镇人民政府(街道办事处)及时公示入户调查、民主评议和审核结果,并确保真实性和准确性;区民政局对低保对象家庭成员、收入情况、保障金额等在其居住地长期公示。

规范的发放程序。全市低保金均采取社会化发放,按照财政国库管理制度将低保金直接拨付到低保家庭账户,确保保障金足额、及时发放到位。

2013年,武汉市建立并全面投入运行居民家庭经济状况核对系统,实现与人社、公安、房管、工商等12个单位的信息对接、资源共享;核查信息包括人口户籍、婚姻、殡葬、残疾信息等4项家庭基本信息，房产、土地、车辆、工商登记、农机等5项财产信息，社保缴纳、社保金领取、公积金缴存、公积金贷款、财政工资、出租司机从业等6项直接或间接反映收入状况的信息。通过核对，准确掌握申请社会救助家庭的经济状况，提高了最低生活保障制度的审批精准率，力求精准施保。

二、武汉市农村五保供养制度发展现状

截至2016年年底，武汉市农村五保供养对象共计11335人，其中集中供养对象2759人，分散供养对象8576人，孤儿1259人，农村养老服务机构73家。[①] "十二五"期间，农村五保供养工作在各级党委、政府的正确领导下，逐步走向规范化、制度化轨道。五保供养标准连续提高，生活水平不断改善。农村福利院提档升级和改造后，各项硬件设施逐步得到完善。城乡差距正在逐步缩小。但与中心城区相比，有些方面发展仍然相对滞后。

三、武汉市医疗救助制度发展现状

（一）直接救助对象范围扩大，救助制度运行效率提高

根据表4-3可知，2010—2015年，武汉市民政系统直接医疗救助的对象逐年增多，且增长幅度很大。2010年直接医疗救助的对象为20187人，到2015年则达到70647人，实现了249.96%的增幅，且增速越来越快，可见医疗救助制度已经进入了一个加速发展的时期。

表4-3　2010—2015年武汉市医疗救助对象统计数据

年份	直接救助人次（人次）			资助参保、参合人数（人）		
	城市	农村	合计	城市	农村	合计
2010	13532	6655	20187	163712	92273	255985
2011	13485	6616	20101	184836	104365	289201
2012	6941	18956	25897	1478	15550	17028
2013	27312	8639	35951	2549	19059	21608
2014	—	—	44098	—	—	—
2015	—	—	70647	—	—	2776

资料来源：武汉市民政局社会服务业统计季报。

① 数据来源于2016年4季度武汉市社会服务业统计季报。

2016年12月,武汉市民政局发布《武汉市医疗救助实施办法》,这是武汉市医疗救助制度发展的又一关键事件。武汉市医疗救助对象,将从过去仅局限于重点救助对象,扩大到低收入困难家庭、精准扶贫对象、因病致贫重病患者,估计由此将有10万人受益。而且医疗救助与精准扶贫实现了对接,2016—2020年市扶贫办建档立卡的精准扶贫对象都能纳入医疗救助的范围。

不仅医疗救助对象的范围加速扩大,此次新规也将医疗救助的病种范围从此前的仅限14种疾病,扩大到人社、卫计部门认定的,均可救助。

在救助对象范围扩大的同时,整个医疗救助的运行效率也提高了,新的规定对医疗救助相关程序进行简化,主要体现在重点救助对象、低收入困难对象和建档立卡精准扶贫对象在本市医疗救助定点医疗机构就诊的,可申请医中即时结算救助,不用自己先行垫付。此外,这三类人群如果转诊到非定点医疗救助机构治疗,凭转诊治疗手续申请医后救助。因病致贫家庭中的重病患者,可申请医后救助。

武汉市医疗救助的未来规划中,还特别强调了加强制度衔接,这对扩大救助对象范围和提高制度运行效率都有关键作用。医疗救助制度将会加强低保制度与扶贫政策衔接,落实"低保救助兜底一批"工作要求。加强重特大疾病医疗救助与基本医疗保险、城乡居民大病保险、疾病应急救助、商业保险的有效衔接,加强重特大疾病医疗救助与疾病应急救助制度的高效联动,主动对符合条件的疾病应急救助对象进行救助。未来几年,医疗救助的覆盖面还将进一步扩大,制度的运行效率必将更加高效。

（二）医疗救助支出与封顶线连年提高

从表4-4可知,武汉市医疗救助的总支出也呈现连年增加的趋势,2010年的医疗救助总支出为4393.1万元,到2015年则增加到了11039.0万元,实现了151.28%的增幅。

表4-4 2010—2015年武汉市医疗救助支出统计数据

年 份	2010	2011	2012	2013	2014	2015
城市支出(万元)	3090.1	2973.7	2218.5	3907.8	—	—
农村支出(万元)	1303.0	1781.1	2429.1	3660.2	—	—
合计(万元)	4393.1	4754.8	4647.6	7568.0	10726.2	11039.0

资料来源:武汉市民政局社会服务业统计季报。

另一方面，武汉市医疗救助的封顶线也在不断提高，特别是最新的《武汉市医疗救助实施办法》中明确规定：

对于一般疾病的医疗救助，重点救助对象和建档立卡精准扶贫对象，按70%的比例给予补助，年最高补助封顶线为2.6万元；低收入困难对象按60%的比例给予补助，年最高补助封顶线为1万元。

对于重特大疾病的医疗救助，重点救助对象和建档立卡精准扶贫对象，按70%的比例给予住院医疗救助，年最高补助封顶线为5万元；低收入救助对象，按60%的比例给予住院医疗救助，年最高补助封顶线为2万元；因病致贫家庭中的重病患者，对其自负费用超出统计部门发布的上年度人均可支配收入1.5倍以上，对其超出可支配收入1.5倍以上部分按50%的比例给予住院医疗救助，年最高补助封顶线为1万元。

在此新规之前，重特大疾病的医疗救助封顶线也仅有8000元，从8000元到5万元的提升，不仅体现了武汉市医疗救助制度的发展速度之快，也体现了武汉市对实现医疗救助制度又好又快发展的决心之大。

封顶线的大幅提高，意味着更多需要大额支出的救助对象也能得到覆盖，这也意味着未来医疗救助的总支出、救助标准以及救助封顶线还会不断提升，促进武汉市医疗救助制度未来的发展完善。

四、武汉市教育救助制度发展现状

随着武汉市的教育救助在基础教育中收到了一定的成效。根据武汉市教育救助的相关统计数据分析，从2000年开始，武汉市的适龄儿童入学人数增加了87万，入学率由96.4%上升到2010年的99.1%；武汉市升入初中学生人数增加了88万人，小学毕业生升学率由原来的69.5%增加到2010年的95.5%；初中毕业生人数增加了67.5万人，初中升学率由1986年的40.6%增加到2003年的82.9%。①

自武汉市开始实行教育救助以来，九年制义务教育的发展得到了较大的支持。随着农村人口不断受到教育，武汉市的文盲率也不断降低。根据人口普查统计资料中所显示，截至2010年，武汉市每10万人中具有初中文

① 参见谢明军：《六安市农村义务教育发展问题研究》，安徽大学硕士学位论文，2012年，第6页。

化程度的人口数量相比2000年增加了85人;文盲率由2000年的5.05%下降为2.29%,下降了2.76个百分点。数据显示,截至2010年,武汉市义务教育所增加的人数大都来自于远城区,这说明在教育救助的支持之下,九年义务教育在武汉市得到了较大的发展,教育救助能够较好地帮助贫困地区的孩子接受教育。[①]

五、武汉市住房救助制度发展现状

(一)住房救助拨付资金逐年增长,租金补贴户数逐年增多,公共租赁房建设数量渐多

2007年以来,武汉市住房救助拨付资金不断增加,从2007年的8646万元上涨到2012年的33.89亿元,增长了38.2倍,年均增长率108.28%。为新增特困家庭配房租赁及租金补贴户数由2007年的11273户上涨到2013年的25705户,十年间补贴户数总体翻了一番。其中,2008年和2009年每年补贴户数均稳定在27000户至30000户之间。公共租赁房的建设数量也不断增多,2012年武汉市保障性安居工程建设项目新开工目标107945套,2016年该目标为50228套,且2013年以来,该目标均保持50000套以上,基本建成保障性住房套数在40000套以上。

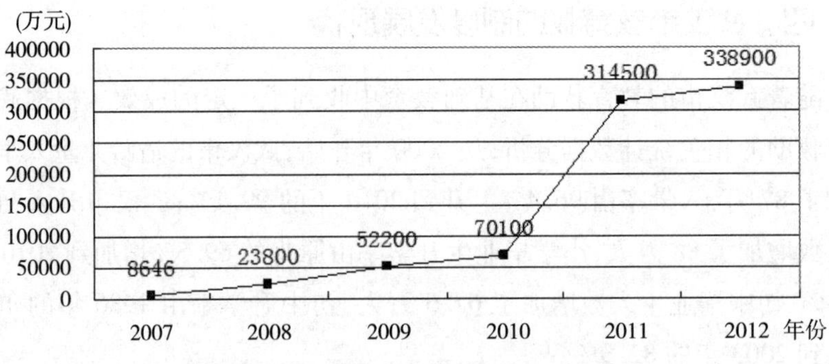

图4-4 2007—2012年武汉市住房救助支出

资料来源:武汉市住房保障和房屋管理局网站。

(二)建立了"一门受理、协同办理"的机制

2015年10月,武汉市民政局出台了《关于全面建立社会救助"一门受

① 数据来源于《武汉市2010年第六次全国人口普查主要数据公报》。

理、协同办理”机制的通知》，该《通知》涉及民政、卫生计生、住房保障、教育、人力资源与社会保障局等多个部门的职能，规定了分办、转办、结果反馈等流程，明确了最低生活保障、特困人员供养、医疗救助、临时救助、受灾人员救助、就业救助、教育救助、住房救助等救助政策的实施主体，建立了急难救助“首问负责制”和“转介”等工作制度，并对“一门受理、协同办理”的流程图和转办单进行了统一规定，确保了困难群众求助有门，受助及时。

（三）采取由民政部门认定资格，房管部门实现配租和租金补贴的工作方式

2015年4月，《武汉市人民政府办公厅关于贯彻落实〈社会救助暂行办法〉的通知》明确提出，住房救助应由民政部门负责对最低生活保障家庭和低收入困难家庭的经济状况进行核实，住房保障部门负责落实实物配租和租金补贴。其中，住房救助资格认定对象包括最低生活保障家庭和低收入家庭中的无房户和住房困难户、分散供养的特困人员中的住房困难户、因自然灾害造成房屋倒塌或者严重损坏经鉴定后不能居住或者急需搬迁且无自救能力的受灾群众，以及区级以上人民政府规定的其他困难群众。

（四）建成了居民家庭经济状况核对平台

武汉市2013年开发完成居民家庭经济状况核对系统，与武汉市社会救助信息系统、民政、公安、人力资源和社会保障、房产、公安交管、工商、农业、住房公积金管理中心9部门实现信息共享。该系统在2013年12月启动试运行，对新申请户进行了信息核对，有效解决困难居民经济状况核实难等问题，为实现社会救助的公正、透明、高效打下坚实基础。

（五）实行货币补贴和实物配租相结合的住房救助模式

住房救助实现形式为货币补贴和实物配租相结合，通过配租公共租赁住房、发放住房租赁补贴、农村危房改造等方式实施。对最低生活保障家庭和分散供养的住房困难人员实行优先配租、租金直接减免。对符合救助条件的急需救助对象，可不经轮候直接给予救助，优化低收入困难家庭租金补贴申请审核流程，进一步细化申请公共租赁住房和租金补贴的低收入困难家庭认定办法。

六、武汉市临时救助制度发展现状

（一）临时救助的覆盖范围

2016 年 9 月 1 日起施行的《武汉市实施临时救助暂行办法》规定，临时救助的对象为困难家庭或者个人。有条件申请临时救助的家庭为以下五种：一是，因交通事故等意外事件，造成重大人身伤害，责任赔付不能及时到位或者无责任赔付方，导致家庭基本生活暂时出现严重困难的；二是，因家庭成员突发重大疾病等原因，产生数额过大的救治费用，导致家庭基本生活暂时出现严重困难的；三是，因发生火灾造成重大人身伤害或者住宅、家庭生活必需用品损毁严重，导致家庭基本生活暂时出现严重困难的；四是，最低生活保障家庭和低收入困难家庭，因子女接受全日制高等（专、本科）教育等生活必需支出突然增加超出家庭承受能力，导致家庭基本生活暂时出现严重困难的；五是遭遇其他特殊困难的。

个人因遭遇火灾、交通事故、突发重大疾病或者其他特殊困难，在武汉市无亲属投靠，暂时无法得到家庭支持，导致基本生活陷入困境，可以申请临时救助。

（二）临时救助的标准

武汉市发放临时救助金按照分类施救的原则，根据致困原因、困难程度确定临时救助标准。具体如下：

第一，因交通事故等意外事件造成重大人身伤害，责任赔付不能及时到位或者无责任赔付方，导致基本生活暂时出现严重困难的，每人按照当地月最低生活保障标准的 3 倍给予一次性救助，特别困难的，最高不超过当地月最低生活保障标准的 6 倍。

第二，因家庭成员突发重大疾病，导致基本生活出现严重困难，经基本医疗保险报销、重特大疾病医疗救助、疾病应急救助和商业保险赔付后，最低生活保障家庭和低收入困难家庭的个人自负费用超过 3000 元，按照超出部分的 20%的标准给予临时救助，最高不超过当地月最低生活保障标准的 12 倍；因病致贫家庭的个人自负费用超出统计部门发布的上年度人均可支配收入 2 倍，按照超出部分的 20%的标准给予临时救助，最高不超过当地月最低生活保障标准的 12 倍。

第三，因火灾造成重大人身伤害或者住宅、家庭生活必需品损毁严重，在扣除各种赔偿金、保险赔付金等之后，负担仍然较重，导致基本生活暂时出现严重困难的家庭，根据困难程度及家庭人口，每人按照当地月最低生活保障标准的 3 倍给予一次性救助，最高不超过当地月最低生活保障标准的 6 倍。

第四，因子女接受全日制高等（专、本科）教育等生活必需支出突然增加超出家庭承受能力，导致基本生活暂时出现严重困难的最低生活保障家庭和低收入困难家庭，在其子女第一年入学时，按照城市月最低生活保障标准的 6 倍以下给予一次性救助。

第五，对遭遇其他特殊困难的家庭，根据其困难程度，给予当地月最低生活保障标准 3 倍以下的临时救助。

（三）临时救助资金来源

《武汉市实施临时救助暂行办法》确定临时救助资金的来源是：上级补助资金；本级财政预算资金；当年福利彩票公益金地方留成的提取部分；上年度结余资金和社会捐助资金。

七、武汉市灾害救助制度发展现状

（一）自然灾害应急预案体系建立

武汉市成立了减灾委员会，先后制定实施了气象、地质、地震等应急预案，基本形成救灾应急预案体系、紧急救援响应机制。预案的制定、完善，进一步落实和细化了救灾工作的管理体制，明确了各部门的救灾任务和责任。有效提高了政府面对突发自然灾害时的反应能力，全面提高了武汉市救灾工作的整体水平。

表 4-5　武汉市应急响应启动条件

	全　市				市辖区			破坏性地震(>5.0)
	因灾死亡（人）	转移安置（万人）	倒塌房屋（万间）	因干旱缺粮或者缺水需救助（万人）	因灾死亡（人）	倒塌房屋（万间）	转移安置（万人）	
Ⅳ级响应	<3	0.05-0.2	0.05-0.1	20—40		0.03-0.1	0.05-0.1	
Ⅲ级响应	3-10	0.2-1.0	0.1-0.3	40-60		0.1-0.3	0.1-0.3	死亡（人）:3-10 转移安置（万人）:3000-5000 房屋倒塌或严重损坏（万间）:>0.3

续表

	全市				市辖区			破坏性地震(>5.0)
	因灾死亡(人)	转移安置(万人)	倒塌房屋(万间)	因干旱缺粮或者缺水需救助(万人)	因灾死亡(人)	倒塌房屋(万间)	转移安置(万人)	
Ⅱ级响应	10-30	1.0-2.0	0.3-0.5	60-80	>10	0.3-0.5	0.3-0.5	死亡(人):>10 转移安置(万人):0.5-0.8 房屋倒塌或严重损坏(万间):0.4-0.8
Ⅰ级响应	>30	>2.0	>0.5	>80	>10	>0.5	>0.5	死亡(人):>10 转移安置(万人):>0.8 房屋倒塌或严重损坏(万间):>0.8

资料来源:武汉市民政局网站。

灾害发生后,指挥部办公室经分析评估,认定灾情达到相应等级应急响应启动标准,向指挥部提出启动相应等级应急响应的建议。根据响应级别采取相对的应急响应措施。武汉市的应急响应措施是:进入Ⅳ级应急响应状态时,组建工作组赴灾区帮助指导救灾工作;Ⅲ级及以上时,在灾情发生的12小时内,市人民政府有关领导同志率有关部门赴灾区,现场指挥抗灾救灾工作。该应急响应机制确保了一旦有灾害发生,就可以全面开展救助工作,最大限度减少灾害造成的人员伤亡和减轻灾害造成的经济损失。

(二)灾害救助款物情况

救灾款物是受灾群众基本生活的保障来源。其中救灾资金分级负担,发生重特大自然灾害,启动Ⅳ级以上自然灾害救助应急响应,所需救灾资金由中央财政和地方财政按7∶3的比例分担,其中地方财政负担部分,按财政管理体制,由省级财政与市、区级财政按6∶2∶2的比例分担;遭受一般和较大自然灾害的受灾地区所需救灾资金,由市、区财政按5∶5的比例负担。救灾资金的使用范围包括:灾害应急救助资金,遇难人员家属抚慰资金,过渡性生活救助资金,倒塌、损坏住房恢复重建补助资金,旱灾临时生活困难救助资金,冬春临时生活困难救助资金,救灾储备物资采购和管理、储运费。

救灾物资包括粮食、方便食品、帐篷、衣被、饮用水等。武汉市作为省备灾中心同时又是中央救灾物资储备库之一,承担了中央级救灾物资储备和全省救灾物资的应急保障任务.

(三)提高了基层防灾减灾能力

武汉市在防灾减灾工作中十分重视社区的作用。2009年开始,武汉市开始创建全国综合减灾示范社区，并取得显著成效。2015 年，江岸区长建社区、硚口区汉口春天社区等 9 个社区被评为全国综合减灾示范社区。截至 2016 年，武汉市共有 67 个社区被评为全国综合减灾示范社区，85 个社区被评为湖北省综合减灾示范社区。[①]

第三节　武汉市社会救助制度存在的问题

一、武汉市最低生活保障制度存在的问题

（一）低保标准与经济发展不协调

随着财政对低保制度投入的增加，武汉市最低生活保障标准不断提高。但是，武汉市城乡居民低保标准的提高与经济发展不协调。随着城乡居民人均可支配收入的提高，武汉市城市低保标准占城市居民人均可支配收入的比重从 2002 年的 32.23%下降到 2014 年的 20.20%，农村低保标准占农村居民人均可支配收入的比重从 2004 年的 37.94%下降到 2014 年的 20.05%（见表 4-6）。城乡居民低保标准占人均可支配收入的比重逐年下降，不利于最低生活保障制度对城乡贫困居民生活保障功能的实现。

表 4-6　武汉市低保标准与人均可支配收入的比较

年份	低保标准（元/年）		居民人均可支配收入（元/年）		低保标准占人均可支配收入的比重（%）	
	城市	农村	城市	农村	城市	农村
2002	2520	—	7820	—	32.23	—
2003	2640	—	8524	—	30.97	—
2004	2640	1500	9564	3954	27.60	37.94
2005	2640	1500	10849	4341	24.33	34.55
2006	2640	1500	12360	4748	21.36	31.59

① 武汉市民政局：《武汉开展 5.12 减灾救灾活动》，http://www.whmzj.gov.cn/News_View.aspx?id=19844，2016-05-13。

续表

年份	低保标准(元/年)		居民人均可支配收入(元/年)		低保标准占人均可支配收入的比重(%)	
	城市	农村	城市	农村	城市	农村
2007	2976	1500	14357	5371	20.73	27.93
2008	2976	1500	16712	6349	17.81	23.63
2009	3600	1500	18385	7161	19.58	20.95
2010	4320	1730	20806	8295	20.76	20.86
2011	5400	2400	23738	9814	22.75	24.45
2012	5400	3000	27061	11190	19.95	26.81
2013	6216	3000	29821	12713	20.84	23.60
2014	6720	3240	33270	16160	20.20	20.05

资料来源:2009—2015年《武汉统计年鉴》。

(二) 城乡低保标准差距不断拉大

从图4-5可以直观看出,2004—2014年武汉市农村低保标准仅相当于城市低保标准的50%左右,且该比重呈逐年下降趋势,这说明武汉市城乡低保标准差距在不断拉大。

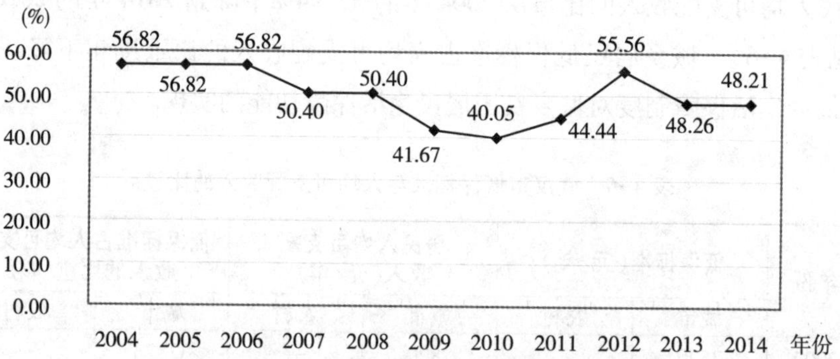

图4-5 农村低保标准相当于城市低保标准的比重

资料来源:根据武汉市民政局提供的数据计算得到。

(三) 低保标准与其他副省级城市相比偏低

从表4-7可以看出,2016年武汉市城市低保标准在各副省级城市中排名第九,农村低保标准在各副省级城市中排名第十,武汉市低保标准与其他副省级城市相比明显偏低。此外,副省级城市中南京、宁波、厦门、深圳已统一城乡低保标准。武汉市低保制度呈现出较为突出的生存型社会救助的制度特征。

表 4–7　2016 年各副省级城市城乡最低生活保障标准

城　市	城市低保标准（元/年）	城市低保标准排名	农村低保标准（元/年）	农村低保标准排名
广　州	10080	1	8940	3
杭　州	9828	2	5940	7
深　圳	9600	3	9600	1
南　京	9000	4	9000	2
宁　波	8928	5	8928	4
青　岛	7800	6	6960	6
大　连	7680	7	4920	9
厦　门	7320	8	7320	5
武　汉	7200	9	4320	10
西　安	7080	10	3600	12
沈　阳	6960	11	4260	11
成　都	6600	13	5400	8
哈尔滨	6600	12	3500	13
长　春	6120	14	3000	14
济　南	6120	15	3000	15

资料来源:各副省级城市民政局。

（四）低保制度重保障轻发展

武汉市最低生活保障制度呈现重保障轻发展的倾向,只是对低保群众提供经济救助,保障低保群众的基本生活,忽视对有劳动能力低保群众的发展权和发展能力的救助,对有劳动能力低保群众的未来发展不能发挥更大的作用。

二、武汉市农村五保供养制度存在的问题

（一）五保供养标准偏低、生活设施条件差

五保供养标准虽较以前有大幅度增长,但因物价上涨较快,仍不能满足五保对象基本生活需求。在城乡一体化大背景下,城乡居民的纯生活消费

支出没有太大差别,有的食品价格农村甚至比城市还贵。尤其是分散供养的五保对象,一部分人员仍然过着屋漏无钱修的困难生活。

(二)五保对象的医疗救助问题尤为突出

五保户是一个老年群体,正处于各种疾病的高发期,看病就医比较频繁。虽对这部分群体实行了新型农村合作医疗和大病救助等措施。由于现行医疗体制原因,五保对象患大病必须先交费才能住院治疗,加之新农合报销比例有限,一些不在药品目录的医疗费用无法报销,医疗救助的数额十分有限,五保户医疗难题突出。另外,五保供养对象的平时门诊医疗及重病住院护理,特别是分散供养人员住院护理及护理费用、门诊看病费用等问题,现实中没有具体的操作依据。

(三)农村福利院管理水平滞后

农村福利院的管理主体是乡镇,虽然业务部门常要求、常检查、常布置,但整体水平仍然不高。农村福利院的机构性质不明确,工作人员配备不齐,工作人员福利待遇低,无法充分调动他们的工作积极性;一些农村福利院规模偏小,生活设施不完善;脏、乱、差等管理不规范的现象依然存在;一些院长年龄偏大,工作难以胜任等,均制约着农村福利院的发展和管理水平的提高,亟待改善。

三、武汉市医疗救助制度存在的问题

(一)制度顶层设计不完善

完善立法、建章立制是确保城乡医疗救助制度长期稳定健康发展的最基本措施。目前中国在规范社会救助方面只有一部行政法规,即 2014 年 5 月国务院颁布施行的《社会救助暂行办法》,其中对医疗救助进行了一定的规范,但是并没有正式的法律文件出台。武汉市关于城乡医疗救助的政策文件也只有《武汉市困难群众医疗救助实施办法》《武汉市城乡贫困群众医疗救助即时结算办法》等部门规章和规范性文件。相对于法律而言,行政法规、部门规章和其他规范性文件的效力等级低,离依法管理尚有距离。医疗救助制度的顶层设计不完善,在操作和实施层面就会出现各种各样的问题,影响了其应有效果的发挥。

(二)医疗救助水平偏低

医疗救助费用总量不足,医疗救助水平偏低是全国普遍存在的问题。

从表面上看，武汉市政府用于医疗救助方面的财政性资金逐年增加，2010 年的医疗救助总支出为 4393.1 万元，到 2015 年则增加到了 11039.0 万元，实现了 151.28%的增幅（见表 4-4）。但是同时期武汉市民政系统直接医疗救助的对象由 2010 年的 20187 人迅速增长至 2015 年的 70647 人，实现了 249.96%的增幅，城乡贫困人口的医疗救助需求越来越大（见表 4-3）。再加上医疗费用增长较快，医疗服务机构存在提供过度医疗的现象，城乡困难居民在基本医疗保险报销之后所承担的门诊和住院自付费用支出比例仍然较高，实际上医疗救助资金无法满足城乡贫困人口的救助需求，解决不了需要支付巨额医药费用的实际问题。同普通居民家庭相比，城乡低收入家庭和特困供养人员的就医经济负担仍然较重，其因病致贫和因病返贫的风险更高。

虽然新版《武汉市困难群众医疗救助实施办法》中取消了 3000 元起付线，使贫困救助对象迈过了起付线门槛，但是贫困救助对象还面临封顶线的限制。对于重特大疾病贫困患者所需的十几万甚至几十万的医疗费用来说，即使重疾年最高救助封顶线（含住院和门诊）由 8000 元提高到了 5 万元，也只是杯水车薪，并无法真正解决他们的看病难问题，也不能通过这一政策来防止他们因病致贫。

（三）救助资金分配不合理

根据武汉市民政局 2015 年 8 月发布的城乡困难群众医疗救助资金分配情况显示，武汉市在医疗救助资金分配数量上，各地区差异巨大，存在救助资金分配不合理的现象。根据数据显示，武汉市 2015 年在城乡困难群众医疗救助上投入的资金为 2813.87 万元，在各区的分配资金中，黄陂区被分配的救助资金最多，达到总医疗救助资金的 45.56%；而相比之下，汉南区，东湖风景区以及武汉化工区三者的分配资金所占比例仅为 2.44%。

表 4-8　2015 年武汉市城乡困难群众医疗救助资金分配情况

	武昌区	汉南区	蔡甸区	新洲区	黄陂区	东湖开发区	东湖风景区	武汉化工区	合计
城乡医疗救助（万元）	249.24	60.28	327.58	661.82	1282.04	224.41	1.07	7.43	2813.87

资料来源：武汉市民政局。

（四）救助结算程序复杂

武汉市的医疗救助包括医中即时结算救助、医后救助两种方式。一方面，对于武汉市的重点救助对象、低收入困难对象和建档立卡精准扶贫对象来说，在定点医疗机构住院时的报销程序是比较便捷的，可直接凭身份证和社会救助证申请医中即时结算救助，并且出院结算时只用结清个人应承担部分。但同时也存在一个问题，即被救助者的住院治疗费用经相关医疗保险报销后，需要达到属于医疗保险政策范围内的自付标准才能申请医疗救助，这样的救助门槛使得那些连一万、两万都没有能力支付的特贫困人群得不到医疗救助补贴。

另一方面，由于所处地区的限制和思想观念的不同，农村居民更偏向于选择起付线低，医疗费用总体较便宜的一级定点医院和二级定点医院，但是对于重特大疾病，这些医院的治疗效果远不如三级医院好，这时就存在转诊到非定点医院接受医疗救助的情况，医疗救助对象可以申请医后救助。然而，医后救助不仅需要被救助者提前垫付巨额医药费，而且申请医后救助的手续十分复杂，审批程序繁琐，等待时间长。这就意味着如果事先筹集不到足够的医药费，就不能得到及时救治，从而延误治疗时机，导致病情加重，而贫困人口找亲戚借、贷款等筹集资金的方式不够畅通、借不到钱。所以对于被救助者来说，医后救助这一方式是不符合实际的，会导致那些真正需要救助的患者因筹措不到资金而不得不放弃就医，不能及时解决患者的就医困难。

（五）医疗救助与其他医疗保障制度衔接存在问题

虽然《国务院关于开展城镇居民基本医疗保险试点的指导意见》（国发〔2007〕20号）规定对低保对象、重度残疾的学生和儿童以及丧失劳动能力的重度残疾人给予参保救助，但从实际情况来看，政策覆盖并未完全到位，部分医疗救助对象没有参加医疗保险。按照相关规定，凡参加医疗保险的救助申请人必须是在享受保险后仍有困难的特困人员，但是现实中存在越过了医疗保险直接申请医疗救助的情况，这不仅没有发挥医疗保险制度本应具有的功能，而且加重了医疗救助的压力和财政的负担。没有参保或无力就医的困难群体，无力做到“先出钱看病，再申请救助”，导致重大疾病救助制度存在救助“盲区”，容易使贫困人群中相对收入较高者有可能从医疗救助中更多地受益，而最为贫困人口则不能或很少接受医疗服务，得到的救助也更少。虽然武汉市已经建立起医疗救助与基本医疗保险的衔接机制，但总体来说，报销比例略显较低，而且医疗保险与医疗救助分属两个不同的主管部门，医疗保险主要由人力资源和社会保障部门负责管理，医疗救助则由民政部门管理，两个部门沟通协调不够，导致医疗救助与医疗保险的操作程序混乱。

四、武汉市教育救助制度存在的问题

（一）教育救助理念不合理

教育公平是教育发展的总体趋势，政府实施教育救助政策，保障每一个公民的基本受教育权是自身不可推卸的责任。对于贫困家庭子女来说，当他们因为经济困难无法完成学业时，从政府和社会获取教育救助就应该是法律赋予他们的基本权利，而且也应该被写进宪法。教育救助问题与人民群众的利益息息相关，政府和社会的教育救助体现了政府和公民特别是贫困家庭之间的和谐关系，并可以有效地缓解社会矛盾。

当前，教育救助中存在的主要问题是：对政府的责任本位和贫困家庭子女的权利本位强调不够、宣传不力，过多地强调了政府的权利本位和贫困家庭子女的受助本位，并形成了一系列相应的行政观念和行政习惯。教育救助理念的偏差对教育救助体系建设的不利影响主要表现在：一是不利于政府自觉履行自己的职责。从中央政府到地方政府都面临一个这样的选择：有限的钱是拿去上项目搞工程，还是拿来进行教育救助？是选择短期利益还是长期效用？有些地方政府在安排财政预算时，没有把教育救助方面的开支放到应有的位置，反而热衷于上项目、铺摊子。二是不利于教育救助对象正确认识自身的权利和义务。许多接受教育救助的学生，都把这看成政府和社会的一种施舍，往往容易形成心理上的阴影。三是不利于教育救助工作人员形成正确的专业理念。有的教育救助工作人员，对贫困家庭子女表现出一定的施舍意向，采取高标准、严要求、多程序，使一些贫困子女被拒之于救助门外。同时，社会救助理念的偏差，也反映了政府在处理效率和公平时对前者的偏重，对后者的忽视。

（二）公共财政对教育救助的财政投入较低

近年来，虽然各级财政都不同程度的加大了教育救助资金的投入，但由于保障对象的覆盖面在扩大，保障项目在拓展，救助资金投入不足的问题仍然十分突出,直接影响了救助政策的落实。目前,教育救助资金缺乏保障已经成为制约教育救助事业发展的主要瓶颈。一方面财政投入不足,我国教育救助资金占各级政府财政支出的比例,属于世界上教育救助资金投入比例比较低的国家之一。另一方面,社会捐助的资金不足。我国每年教育救助资金的社会投入占社会捐赠总收入的比重也偏低。

落后地区留守儿童的增多,以及公共财政资金的投入有限,导致了许多教育救助工作无法开展,不仅学生得不到一个较好的救助环境,也无法巩固救助团队的持续发展。

（三）教育救助管理体制不够高效

教育救助工作项目繁多,任务艰巨,因此建立统一的强有力的教育救助协调管理机制十分必要。当前的教育救助工作虽然是以政府为指导,但多头管理、条块分割的问题仍然存在。一方面增加了相互协调的任务和难度,另一方面也容易造成人力、物力、财力等救助资源的重复和浪费。而且由于各部门所处的地位和利益关系不同,在教育救助的管理和决策上经常发生矛盾。近年来,武汉市的教育救助工作虽然在政府支持下有计划、有步骤的实施,但从具体政策的制定到救助工作的组织实施,基本上还是处于多头管理的局面,管理部门涉及教育局、民政局、财政局等,管理体制还不够高效。

五、武汉市住房救助制度存在的问题

（一）后期管理资金难以持续

将公共租赁住房开发管理等相关的职责完全交给开发商承担,开发商易采取成本虚报、楼层加高、增加商品房比例、炒房号、利用物业公司补充利润等手段来获取更多更大的利益,损害救助对象的利益,扭曲住房救助原本的意义。目前武汉市住房救助项目建设管理资金主要来源于政府,救助住房仍需政府投入资金进行后期的管理和维护。但政府财政资金有限,后期管理资金难以持续。

（二）后期管理参与主体的责任界定不清

目前,武汉市住房救助工作的管理主体主要是民政局、财政局和房管局。民政局负责救助对象资格的认定,财政局负责租金补贴等的发放,房管局负责公共租赁住房的配租,对于配租后房屋的管理并没有清晰的责任界定,缺乏专门的机构负责管理。管理的不到位将导致保障房目标定位的错位,造成保障房资源的浪费,同时易滋生违规行为。

(三) 缺乏合理完善的进入、退出评判机制

住房救助的进入、退出机制主要是根据救助对象的家庭收入来衡量的。但是,一个家庭的收入难以精确计量,而且收入是动态的,单位开出的收入证明可信度差。武汉市建立了居民家庭经济状况核对系统,该系统可以与湖北省社会救助信息系统、民政、公安、人力资源和社会保障、房产、公安交管、工商、农业、住房公积金管理中心9部门实现信息共享。但是在实际操作中该系统发挥的作用有限,家庭的收入水平并不能完全通过该系统得到真实的反映。

六、武汉市临时救助制度存在的问题

(一) 救助对象不合理

武汉市将非户籍人口纳入到临时救助制度范畴内,体现了临时救助“救急”的特点,保障了非户籍人口第一时间获得救助的权益,特别强调对有流浪行为的未成年人的救助。然而,《武汉市实施临时救助暂行办法》将拥有银行存款、有价证券、债券、保险等总价值人均超过月最低生活保障标准24倍的,以及和拥有非普通商品住房或者2套以上(含2套)住房,且人均拥有建筑面积超过本市规定的最低标准的两类家庭排除在临时救助制度范围外,有失公平。一般说来,各种不同收入水平的个人和家庭都有可能因遇到各种突发事件而陷入困境。各种不同收入水平的个人和家庭在应付急难事件中需要政府和社会救助的程度不仅与其收入水平有关,而且也与其遇到困境的大小有关。当然,收入较高的个人和家庭需要政府和社会救助的概率和水平都较低,但也不排除在遇到巨大灾难性事件时靠自己的力量应付不了,因而也需要政府和社会救助的情况。而武汉市对临时救助对象事先设立了收入标准,将其资格完全剥夺。

(二) 救助内容单一

临时救助制度实际上是一套综合性、托底性的社会救助服务体系,它为不确定的对象、不确定的困难提供多样化的救助服务。与其他常规社会救助项目相比,临时救助的内容具有多样化的特点,包括服务救助、实物救助和现金救助,并且应该更加重视服务救助和实物救助。在《武汉市实施临时救助暂行办法》中提及可以采取发放实物、提供转介服务等方式予以救助。

然而从实施现状来看,临时救助的方式比较单一,几乎全部采用现金的方式提供救助,缺乏其他有效的服务救助。单一的临时救助方式难以适应现实需要,未真正体现救急补充的功效。

（三）临时救助资金规定不明确

《武汉市实施临时救助暂行办法》虽然确定了临时救助资金的来源,但是没有明确规定本级财政预算资金、上级补助资金的具体数额或比例。容易造成临时救助资金来源的随意性和不稳定性,不利于临时救助制度的稳定和可持续发展。

（四）受理救助的方式被动,申请救助的效率低下

从受理救助的方式看,临时救助除了申请救助,还应该有主动救助。《武汉市实施临时救助暂行办法》也规定了主动救助的事项,但是由于基层政府风险防范意识薄弱,再加上部门分隔,信息无法共享等限制使得主动救助流于形式。

当前受理救助的方式几乎全部是申请救助,而且申请救助的审批时间过长。据《武汉市实施临时救助暂行办法》相关规定,20 个工作日才可以完成从申请到审核的一系列程序,这一程序保证了救助的严肃性与相对公正性,但整个流程所花时间过长,使得临时救助的应急性未能有效体现,救助效率偏低。与"救急"理念不符,不能在最短时间内对遭遇困难的群众给予及时救助,使临时救助失去了其价值。

（五）社会力量参与方式欠缺

由于临时救助具有快捷性、灵活性、低规则性和小规模性等特点,因此是最适合社会组织等社会力量参与的领域之一。[①] 社会组织在临时救助中可采取的方式多种多样,如资金补充、服务提供等,有利于有效提高临时救助的时效性。在《武汉市实施临时救助暂行办法》中,只是提及"对需要公益慈善组织、社会工作服务机构等通过慈善项目、发动社会募捐、提供专业服务、志愿服务等形式给予帮扶的,应当及时转介"。在资金来源中只指出包括社会捐助资金。以上规定缺乏可操作性。显然,社会组织参与方式的欠缺,不利于充分发挥社会力量的优势。

① 关信平:《"救急难"需要政府救助与慈善救助有效衔接》,《中国社会组织》2014 年第 10 期。

七、武汉市灾害救助制度存在的问题

（一）救灾资金分配不科学，来源渠道单一

政府灾害救助资金投入不断提高，但是对自然灾害救助的财政投入资金分配不科学，重救助而轻预防，对自然灾害预警的投入太少，只在灾害发生后投入大量的资金。其次，救灾资金来源渠道单一。目前，政府是自然灾害救助最主要的投入者，在某些行政区甚至是唯一的投入者。保险是规避自然灾害风险的有效手段，但是目前的保险制度还不完善，当前中国巨灾保险业务采取自愿保险模式，以商业化形式运作，这种模式在中国运行的结果是对于巨灾险种投保人买不起、保险公司赔不起。最后，由于管理体制、经济发展水平、公众慈善意识以及慈善组织公信力等原因，中国的慈善捐助水平偏低。

（二）救助物资储备库数量少、质量难达标且储备物品单一

武汉市虽然是湖北省备灾中心同时又是中央救灾物资储备库，但是整个武汉市的救灾储备库建设不足。武汉市下辖江岸、江汉、硚口、汉阳、武昌、青山、洪山、蔡甸、江夏、黄陂、新洲、东西湖、汉南13个行政区，并非每个行政区都设有专门的救灾物资储备库，部分地区租用临时场所储备少量救灾物资。当突发自然灾害尤其是重特大自然灾害时，不能保证及时救援。其次，已有的区级救灾物资储备库建设和使用标准难以达标，仓库面积小、建设标准低、基本装备不足。再次，救灾物资储备品种单一。现有的物资储备库中储备的主要是救灾帐篷、棉衣、棉被等。如果一旦发生洪涝灾害，很难立刻寻找到冲锋舟和救生衣等救灾物资。

（三）从救助实施方式上看，重实物救助轻心理救助

自然灾害对灾民心理的影响不容忽视，尤其是重特大自然灾害。自然灾害发生后，30%—50%的人会出现中度至重度的心理失调，需要及时的心理干预和事后支持，症状才能得到缓解。而在灾害一年之内，20%的灾民可能出现严重心理疾病，他们则需要长期的心理治疗。[①] 因此自然灾害心理援助已被国际社会公认为是灾害救助中重要的组成部分。不管是从文件中还是实际救灾过程来看，武汉市自然灾害救助中重生命救援和生活救助，轻心理救援工作，不利于灾民走出灾害造成的阴影。

① 周宝砚：《我国自然灾害救助体系存在的问题及对策》，《中国应急救援》2011年第4期。

第四节　国内外社会救助制度经验借鉴

一、武汉市与其他副省级城市社会救助制度的比较及借鉴

（一）武汉市与其他副省级城市最低生活保障制度比较

1993年，上海率先建立起城市居民最低生活保障制度。1994年，民政部在第十次全国民政会议上，肯定了上海经验，提出“对城市社会救济对象逐步实行按当地最低生活保障线标准进行救济”的改革目标，并部署在东部沿海地区试点城市居民最低生活保障制度。1995年上半年，厦门、青岛、大连、福州、广州等试点城市相继建立起这项制度。1995年5月、1996年初，先后举行的全国城市最低生活保障工作座谈会和民政厅局长会议，号召各地积极探索建立城市低保制度，加大低保制度在全国推广的力度。1997年5月，全国已有206个城市建立起这项制度，约占全国建制市的1/3。1997年9月，国务院颁布《关于在全国建立城市居民最低生活保障制度的通知》，为进一步制定和落实城市居民最低生活保障制度做出了部署。1999年9月，国务院颁布《城市居民最低生活保障条例》，标志着城市居民最低生活保障制度成为一项正式法律制度。

1992年，中国开始在部分地区试点农村居民最低生活保障制度。1996年，民政部在总结试点地区经验的基础上，印发了《关于加快农村社会保障体系建设的意见》，制定了农村社会保障制度建设指导方案，明确提出在全国范围内积极探索建立农村最低生活保障制度的任务。2007年7月11日，国务院发布《关于在全国建立农村最低生活保障制度的通知》，对建立农村最低生活保障制度的重要意义、目标和总体要求进行阐述，对建立农村最低生活保障制度的核心问题，包括农村低保标准和对象、农村低保的管理、资金的落实等做了明确规定，要求在全国范围内建立起农村最低生活保障制度。各副省级城市按照《城市居民最低生活保障条例》和《关于在全国建立农村最低生活保障制度的通知》等相关规定，结合当地实际情况，先后建立起最低生活保障制度。

1. 副省级城市最低生活保障制度适用对象

各副省级城市均规定持有非农业户口的城市居民，凡共同生活的家庭成员人均收入低于当地城市居民最低生活保障标准的，可以申请享受城市低保待遇。凡持有农业户口、共同生活的家庭成员人均纯收入或实际生活水平低于户籍所在地农村低保标准的农村贫困居民，均可申请享受农村低保待遇。

2. 副省级城市最低生活保障制度申请、调查、审批程序

《武汉市最低生活保障实施办法》规定，以家庭为单位，由户主向户口所在地的居（村）委会提出书面申请；居（村）委会通过信息核对、入户调查、邻里访问、信函索证等方式对申请人家庭生活和经济状况进行调查核实；街道办事处（乡镇人民政府）对符合条件的最低生活保障申请人，再次开展入户调查，并在居（村）委员会的协助下，对申请人家庭生活和经济状况进行民主评议并公示；区（县）民政部门进行审核和入户抽查，并提出审批意见。部分副省级城市如长春、大连、杭州、厦门、广州、深圳由街道办事处（乡镇人民政府）与居（村）委会组成调查小组或直接由街道办事处（乡镇人民政府）对申请人家庭生活和经济状况进行调查核实，减少了重复调查的步骤，缩短了调查时间。

3. 副省级城市最低生活保障制度分类救助与动态管理情况

《武汉市最低生活保障实施办法》规定，最低生活保障金按照核定的申请人家庭人均收入与当地最低生活保障标准的差额乘以共同生活的家庭成员人数计算。低保家庭中，70 周岁以上（含 70 周岁）老人；经当地二级甲等以上医院认定，患有恶性肿瘤、尿毒症、白血病、再生障碍性贫血等重症疾病的对象；经政府批准的革命老区的最低生活保障对象；符合条件的见义勇为伤残人员以及符合条件的“失独”家庭，本人每月可增发保障标准全额 20% 的保障金。年满 18 周岁，本人无工资、养老金、退休金等固定收入且持有残联部门颁发的一、二级残疾证，智力三级残疾或精神三级残疾证的，本人可单独全额享受最低生活保障金；艾滋病患者家庭人均收入低于当地最低生活保障标准的，其患者本人按照当地最低生活保障标准全额享受，家庭其他成员按照规定差额享受；艾滋病患者家庭人均收入高于当地最低生活保障标准且低于保障标准 1.5 倍的，患者本人按照当地最低生活保障标准全额享受，家庭其他成员不享受最低生活保障补助。

《武汉市最低生活保障实施办法》规定，区民政部门应当根据最低生活

保障对象的年龄、健康状况、劳动能力以及家庭收入来源等情况对最低生活保障家庭实行分类管理。街道办事处、乡镇人民政府应当根据最低生活保障家庭成员及其家庭经济状况的变化情况进行分类复核,并根据复核情况及时报请区民政部门办理最低生活保障金停发、减发或者增发手续。对家庭成员中有重病、重残人员且收入基本无变化的最低生活保障家庭,可每年复核一次。对短期内家庭经济状况和家庭成员基本情况相对稳定的最低生活保障家庭,可每半年复核一次。对收入来源不固定、有劳动能力和劳动条件的最低生活保障家庭,原则上城市按月、农村按季复核。

另外,最低生活保障家庭应当向街道办事处、乡镇人民政府定期报告家庭人口、收入和财产状况的变化情况。

其他副省级城市也按照低保家庭的生活来源、劳动能力、法定赡养人、抚养人或者扶养人等情况实施分类救助和差额救助。并根据各类低保家庭实际情况采取不同的复查方法,制定具体复查措施,有针对性的进行定期复查,对收入发生变化的家庭,按照规定程序及时办理提高、降低或者终止享受城乡低保待遇手续,实施动态管理。

4. 副省级城市最低生活保障标准比较

从图 4-6 和图 4-7 可以看出,武汉市城市低保标准在各副省级城市中排名第九,农村低保标准在各副省级城市中排名第十,武汉市低保标准与其他副省级城市相比明显偏低。此外,副省级城市中南京、宁波、厦门、深圳已统一城乡低保标准。武汉市低保制度呈现出较为突出的生存型社会救助的制度特征。

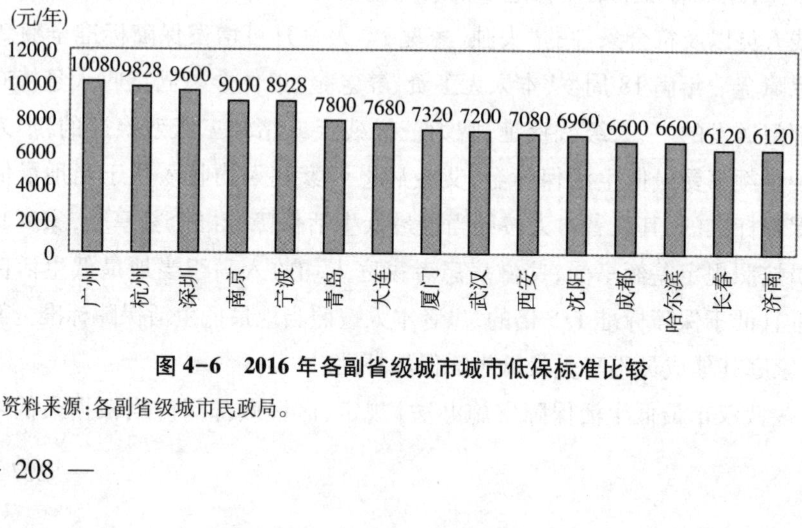

图 4-6　2016 年各副省级城市城市低保标准比较

资料来源:各副省级城市民政局。

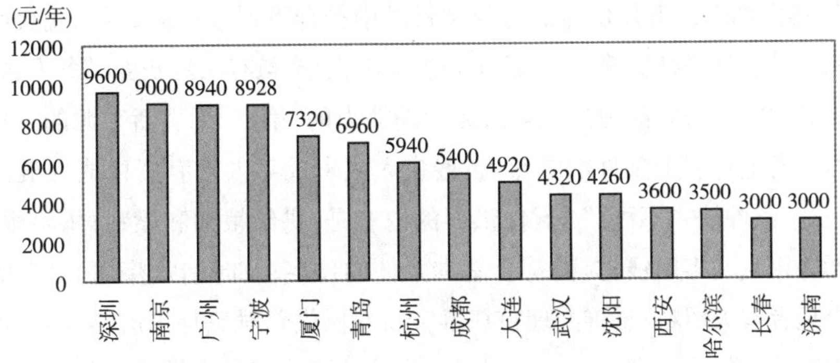

图 4-7　2016 年各副省级城市农村低保标准比较

资料来源:各副省级城市民政局。

5. 副省级城市最低生活保障制度的经验借鉴

第一,精简调查、审批程序。武汉市最低生活保障制度的申请中,居(村)委会、街道办事处(乡镇人民政府)需要分别对申请人家庭生活和经济状况进行调查核实,属于重复调查,延长了低保的调查、审批时间。建议武汉市学习长春、大连、杭州、厦门、广州、深圳等副省级城市,由街道办事处(乡镇人民政府)与居(村)委会组成调查小组或直接由街道办事处(乡镇人民政府)对申请人家庭生活和经济状况进行调查核实,减少重复调查的步骤,缩短调查时间。

第二,科学设置低保标准增长机制,缩小城乡低保差距。低保群众作为社会弱势群体,应当共享经济社会发展成果。因此,需要科学统筹经济增长与低保标准提高的关系。建议在财政承受能力内,使低保标准的提高与人均 GDP 和人均可支配收入的增长保持一致。

低保制度主要保障低保群众的基本生存需要,基本生存需要即衣食住行,随着城乡日益一体化,基本生存消费支出的城乡差距日益缩小。建议武汉市适当提高农村低保标准,缩小低保标准的城乡差距,实现城乡统筹发展。在武汉市财政实力允许的情况下,可借鉴南京、宁波、厦门、深圳四地经验,统一城乡低保标准。

(二)武汉市与其他副省级城市农村五保供养制度比较

农村五保供养是中国传统农村生活社会救助的主要内容,从 20 世纪 50 年代建立后延续至今。武汉市与其他副省级城市现行的农村五保供养制度是根据 2006 年 3 月 1 日国务院颁布的《农村五保供养工作条例》建立的。

该《条例》规定："五保供养的对象指村民中符合下列条件的老年、残疾或者未满16周岁的村民：第一，无法定扶养义务人，或虽有法定扶养义务人，但是扶养义务人无扶养能力的；第二，无劳动能力的；第三，无生活来源的。只有同时具备上述三个条件的老年人、残疾人或未成年人才有资格成为五保对象，三个条件缺一不可。""五保供养的内容是：供给粮油和燃料；供给服装、被褥等用品和零用钱；提供符合基本条件的住房；及时治疗疾病，对生活不能自理者有人照料；妥善办理丧葬事宜。五保供养对象是未成年人的，还应当保障他们依法接受义务教育。"五保供养的形式有集中供养和分散供养两种，农村五保对象可自行选择供养形式。五保供养待遇的申请程序是：本人提出申请——村民委员会进行民主评议——乡镇人民政府审核和县级人民政府民政部门审批。各副省级城市的农村五保供养制度，主要在待遇方面有所不同。

由表4-9可知武汉市农村五保供养中的集中供养待遇在15个副省级城市中排第12位，分散供养待遇排第4位。这表明，武汉市集中供养待遇过低，且集中供养待遇与分散供养待遇差别过大。副省级城市中杭州、宁波、广州、深圳已实现统一农村五保供养待遇。建议武汉市根据经济社会发展情况和农村居民人均可支配收入情况适时调整农村五保供养待遇标准，尤其是集中供养待遇。

表4-9　2016年各副省级城市农村五保供养待遇标准比较

副省级城市	集中供养		分散供养	
	待遇标准(元/年、人)	排名	待遇标准(元/年、人)	排名
宁波	15881	1	15881	1
杭州	15431	2	15431	2
广州	14796	3	14796	3
厦门	14640	4	10320	6
南京	13500	5	11700	4
青岛	11640	6	5820	10
武汉	10380	7	10380	5
深圳	9600	8	9600	7

续表

副省级城市	集中供养		分散供养	
	待遇标准(元/年、人)	排名	待遇标准(元/年、人)	排名
西安	9600	9	6000	9
大连	9000	10	7800	8
沈阳	8940	11	5400	12
成都	7200	12	5760	11
哈尔滨	7120	13	4904	13
济南	6400	14	4165	15
长春	5900	15	4900	14

注:表中副省级城市的五保供养标准为市区的标准,当各区五保供养标准不同时,取最低标准。

数据来源:根据各副省级城市民政局发布的政策整理。

(三)武汉市与其他副省级城市医疗救助制度发展现状的比较

武汉市的医疗救助制度,从自身的发展历史来看,处于制度发展的一个关键时期,武汉市医疗救助制度从无到有,不断完善,现在已经取得了显著成就,让数以万计的对象受到越来越高标准的救助。与此同时,武汉市医疗救助制度的发展并没有停滞不前,还在不断进行制度创新,力图从扩大救助对象范围和提高救助支出两个方向不断完善医疗救助制度。当前武汉市医疗救助制度正处于既取得了重大发展成就,又即将翻开制度发展新篇章的关键时期。

在这样一个时期,对武汉市医疗救助制度的思考就不能仅从历史维度出发,还要在不同城市之间进行横向比较,这样不仅能更明确地了解武汉市医疗救助制度的发展现状,还可以从不同城市的差异中得出可借鉴的经验。

由于中国的城市在发展规划、政策制定等问题上存在一定程度上的行政等级差异,所以在进行医疗救助这项制度的横向比较时,应该选取与武汉相同行政区划等级的城市,也就是15个副省级城市。

1. 武汉市与其他副省级城市医疗救助范围的比较

2015年4月21日,国务院办公厅转发民政部、财政部、人力资源和社会保障部、卫生计生委、保监会等部门《关于进一步完善医疗救助制度全面开展重特大疾病医疗救助工作的意见》(国办发〔2015〕30号,以下简称

《意见》),对完善医疗救助制度、全面开展重特大疾病医疗救助工作作出部署。

该《意见》中特别强调了医疗救助对象范围的扩大。最低生活保障家庭成员和特困供养人员是医疗救助的重点救助对象,要逐步将低收入家庭的老年人、未成年人、重度残疾人和重病患者等困难群众,以及县级以上人民政府规定的其他特殊困难人员纳入救助范围。适当拓展重特大疾病医疗救助对象范围,积极探索对发生高额医疗费用、超过家庭承受能力、基本生活出现严重困难家庭中的重病患者实施救助。在各类医疗救助对象中,要重点加大对重病、重残儿童的救助力度。

在15个副省级城市中,深圳、杭州、宁波、大连、沈阳、济南和哈尔滨没有发布根据《意见》所做出的医疗救助制度调整。这些城市有可能是依旧沿用现有规定的救助范围,这一批旧的规定普遍是在2005年左右修订的,一定程度上已经不适用于社会发展现状,也有可能这些城市是将医疗救助制度整合在社会救助管理办法中运行,没有发布具体运行细则。其他城市则都发布了对应《意见》要求的新的医疗救助专项管理办法,表4-10列出了发布新规的城市的救助范围,各个城市的文件对救助对象的分类存在差异,但仔细比对可以发现,具体到救助对象,各地都已经落实了《意见》的要求,覆盖范围大致相同。

表4-10　部分副省级城市关于医疗救助对象范围的最新规定

城市	救助范围规定
广州	(一)困难群众 1.本市户籍最低生活保障对象、低收入困难家庭成员、孤儿、城镇"三无"人员(无劳动能力、无生活来源且无法定赡养、抚养、扶养义务人员或其法定赡养、抚养、扶养义务人无赡养、抚养、扶养能力的年满60周岁的老年人、残疾人以及未满16周岁的未成年人)、农村五保供养对象、社会福利机构收养的政府供养人员、持证重度残疾人、三级或四级精神或智力残疾人、享受抚恤补助的优抚对象、因公牺牲或病故人民警察的遗属、持证计划生育特殊困难家庭成员; 2.在本市大中专院校就读的非本市户籍困难学生。 (二)其他人员 1.本市户籍因治疗疾病造成家庭经济困难、影响基本生活的居民; 2.本市户籍持证三、四级视力、听力、言语、肢体或多重残疾人; 3.在本市行政区域内见义勇为的人员; 4.在本市工作的符合本办法救助条件的职业病病人; 5.符合本办法救助条件的非本市户籍困难人员; 6.经市民政部门批准的其他特殊困难人员。

续表

城市	救助范围规定
武汉	(一)重点救助对象。指城乡最低生活保障对象和特困供养人员(含城市“三无”人员、农村五保对象、城乡孤儿); (二)低收入困难对象。指低收入困难家庭中的老年人、未成年人、重度残疾人和重病患者; (三)建档立卡精准扶贫对象。指2016年至2020年市扶贫办建档立卡精准扶贫对象; (四)因病致贫家庭中的重病患者。主要指发生高额医疗费用,经基本医疗保险、大病保险及各类补充医疗保险、商业保险报销赔付后,自付合规医疗费用超过家庭承受能力,基本生活出现严重困难的重病患者; (五)区人民政府认定的其他困难对象。
成都	(一)具有我市户籍,在一年内扣除各种医疗保险报销和城乡医疗救助后,个人负担的住院医疗费用累计在0.5万元以上(含0.5万元)的城乡低保对象; (二)入院时年满60周岁未领取基本养老金或离退休费的对象; (三)家庭月人均收入高于城乡低保标准50%以内的城乡低保边缘困难群众; (四)参加了成都市“阳光救助”的重症精神病人; (五)生活困难的重点优抚对象。
南京	(一)本市低保家庭成员; (二)本市特困供养人员; (三)经民政部门认定的本市低保边缘家庭成员; (四)由民政部门发放定期定量生活补助费的20世纪60年代精减退职职工; (五)本市重点优抚对象(重点优抚对象医疗救助按照市政府有关规定执行); (六)本市享受政府基本生活保障的孤儿; (七)市、区总工会核定的特困职工; (八)发生高额医疗费用、超过家庭承受能力、基本生活出现严重困难家庭中的重病患者; (九)市政府规定的其他需要救助的困难人员。
青岛	(一)凡具有本市常住户口,并在本市行政区域内居住,参加青岛市社会医疗保险,符合下列条件之一的城乡困难居民,可以申请医疗救助: 1. 低保家庭成员; 2. 低保边缘家庭成员; 3. 中低收入家庭成员。家庭当年人均可支配收入(申请救助之日起前1年)在当地上年度城镇居民人均可支配收入或农村居民人均可支配收入以下,且家庭财产总额(主要是指房产、机动车辆、存款、证券等,不含家庭居住的唯一房产)不超过20万元; 4. 因病支出型贫困家庭成员。家庭当年可支配收入(申请救助之日起前1年)扣除当年家庭成员个人自负医疗费用(符合社会医疗保险支付范围,经社会医疗保险支付后的费用)后,月人均可支配收入低于当地低保边缘家庭收入标准,且家庭财产(主要是指房产、机动车辆、存款、证券等,不含家庭居住的唯一房产)不超过20万元; (二)在本市办理居住证满1年、就业或创业并缴纳社会保险满1年、具有合法固定住所的非青岛户籍的外来务工人员,符合中低收入家庭或因病支出型贫困家庭成员认定条件的,可以申请医疗救助; (三)在本市缴纳社会医疗保险的全日制普通高等院校的非青岛户籍在校学生,符合中低收入家庭或因病支出型贫困家庭成员认定条件的,可以申请医疗救助。

续表

城市	救助范围规定
西安	(一)特困供养人员、最低生活保障对象; (二)低收入救助对象; (三)重点优抚对象(不含1—6级残疾军人、7—10级旧伤复发残疾军人)、见义勇为负伤人员中无加害人或责任人以及加害人或责任人逃逸或者无力承担医疗费用的; (四)患重特大疾病医疗费用支出过大,影响家庭基本生活的城乡困难群众; (五)区县人民政府认定的其他困难群众。
长春	(一)重点救助对象 1. 第一类救助对象。特困供养人员,即经区级民政部门认定的城镇"三无"人员、农村五保对象和城乡孤儿。 2. 第二类救助对象。城乡低保对象。 (二)一般救助对象 1. 第三类救助对象。城乡低保边缘对象;低收入家庭中的老年人、未成年人、重度残疾人和重病患者。 2. 第四类救助对象。因病致贫家庭重病患者。因病致贫家庭,是指家庭年收入扣除当年度政策范围内自付医疗费用后,人均额度不高于本市低保标准(城市低保标准折合成年度计算);且财产情况符合本市城乡居民申请低保家庭经济状况认定条件的家庭。
厦门	(一)特困人员; (二)低保对象、重点优抚对象、革命"五老"人员、享受40%救济的60年代精简老职工、矽肺病救济对象、重度残疾人(含精神、智力三级)、计生特殊家庭成员; (三)低收入家庭成员; (四)新增的因病支出型贫困家庭成员。

资料来源:各副省级城市民政局网站。

表4-11将15个副省级城市按2015年城市GDP总量由高到低进行排序,可以发现,虽然同为副省级城市,这15个城市在经济实力和人口规模上还是有很大差距的,GDP最低的厦门仅有最高的广州的不到20%,人口也仅有广州的22%。显然,由于城市规模差异,对救助对象人数进行横向比较是没有意义的,不能得出任何结论。

用城市GDP总量或人口跟医疗救助对象人数计算一个比值,也无法得出有价值的结论,因为每个城市的人口结构有极大的差异,例如深圳市,由于人口结构非常年轻,同时辖区全部是城市,导致救助人数明显少于其他城市。这并不意味着深圳市的医疗救助制度存在问题,而是城市自身的发展状况所决定的。

同时各个城市的统计口径也有很大差异。有的城市以人次为统计单位,有的城市以人数为单位,这就造成了数据无法横向比较。不过,可以得出结论的是，在统计数据的信息披露方面，武汉、深圳、厦门做得最好，在民政局官网上可以查到及时、详细的社会救助统计数据，其他城市的统计数据则模糊或者陈旧。南京、宁波、大连和哈尔滨则完全没有相关的信息披露。良好的数据统计和信息披露，让医疗救助接受大众监督，这也是医疗救助制度发展中重要的一环，在这方面武汉市处于领先地位。

由于城市之间的发展状况和数据统计的口径都存在很大差异，对于医疗救助对象范围的横向比较，只能具体到各个城市的政策，只要政策确实覆盖到了本市辖区内需要救助的对象，就是值得肯定的，这一点上，凡是公布了最新医疗救助管理办法的城市，都做得很好，尚未公布的则不得而知。

表 4-11　2015 年 15 个副省级城市医疗救助对象统计数据

城　市	GDP 总量（亿元）	人口（万人）	直接救助人数/人次	资助参保参合人数/人次	合　计
广　州	18100	1667	337681 人次	175569 人次	513250 人次
深　圳	17500	1077	2393 人	1022 人次	—
武　汉	11000	1033	71153 人次	2776 人	—
成　都	10800	1442	—	—	432900 人次
杭　州	10100	889	—	—	829000 人次
南　京	9600	821	—	—	—
青　岛	9400	871	30000 人	—	—
宁　波	8000	781	—	—	—
大　连	7800	669	—	—	—
沈　阳	7280	828	60500 人次	108000 人	—
济　南	6280	706	12440 人	—	—
西　安	6000	862	—	—	272000 人次
哈尔滨	5750	1001	—	—	—
长　春	5650	767	122866 人次	—	—
厦　门	3565	367	96275 人次	2819 人	—

注：表中的城市按照 GDP 总量由高到低的顺序排序。

资料来源：各市民政厅统计数据及民政厅官方新闻数据。

(2)武汉市与其他副省级城市医疗救助支出及封顶线比较

国务院《关于进一步完善医疗救助制度全面开展重特大疾病医疗救助工作的意见》中,也有关于医疗救助支出标准及封顶线制定的指导意见。该《意见》指出,在实施医疗救助的过程中,要综合考虑患病家庭负担能力、个人自负费用、当地筹资情况等因素,分类分段设置重特大疾病医疗救助比例和最高救助限额。

原则上重点救助对象的救助比例高于低收入救助对象,低收入救助对象高于其他救助对象;同一类救助对象,个人自负费用数额越大,救助比例越高。对重点救助对象应当全面取消救助门槛;对因病致贫家庭重病患者可设置起付线,对起付线以上的自负费用给予救助。

由于城市发展水平差距较大,医疗救助的支出总额也有较大差异,支出的多少并不能代表该市医疗救助制度发展的好坏。但是,具体到每个被救助对象,封顶线的高低是可以进行横向对比的。

以一类救助对象的救助封顶线为例,从表 4-12 可以看出,深圳、杭州、南京、大连和沈阳没有明确规定封顶线,实际工作中应该有具体的操作准则,否则对于救助支出难以清晰明确的管理;厦门最为特殊,明确规定一类对象救助不封顶;其余城市的一类对象救助封顶线最高的是广州、青岛、西安和成都,达到了 15 万元左右,而哈尔滨、长春则较低,仅有 2 万元、2.5 万元。武汉的封顶线也较低,仅有 5 万元。以武汉的经济发展水平衡量,这一标准略落后于同等级别的城市,未来武汉市可以尝试完善救助对象需求的精确计算,在支出可控的前提下,适当提高救助封顶线。

表 4-12　2015 年 15 个副省级城市医疗救助支出及封顶线统计数据

城　市	医疗救助总支出(万元)	直接救助支出(万元)	资助参保、参合支出(万元)	一类救助对象封顶线(非特殊对象)(万元)
广　州	21471	18417	3054	15
深　圳	—	754	—	—
武　汉	11731.5	11039	692.5	5
成　都	16500	—	—	14
杭　州	11900	—	—	—

续表

城　市	医疗救助总支出（万元）	直接救助支出（万元）	资助参保、参合支出（万元）	一类救助对象封顶线（非特殊对象）（万元）
南　京	—	—	—	—
青　岛	—	16000	—	14
宁　波	—	—	—	8
大　连	—	—	—	—
沈　阳	11308.75	6308.75	5000	—
济　南	—	4535.8	—	5
西　安	11000	—	—	15
哈尔滨	—	—	—	2.5
长　春	—	6069.24	—	2
厦　门	3476.9	3476.9	0	不封顶

注：表中的城市按照 GDP 总量由高到低的顺序排序。

资料来源：各市民政厅统计数据及民政厅官方新闻数据。

（四）武汉市与其他副省级城市教育救助制度比较

笔者主要通过互联网搜索对各城市开展教育救助的情况进行了资料的整理，资料查找的过程中了解到：南京市主要针对城乡困难家庭教育救助制度进行了政策的落实；杭州市专门开设了“杭州市学生资助网”，相关教育救助的内容及进程都在其官网上进行了报道；武汉市发布了《武汉市精准扶贫助学扶智工作实施方案》（武教办〔2015〕12 号），寒门学子从幼儿园到博士都可享受助学扶智补助；长沙市政府设置了“长沙市学生资助管理中心”，并且将长沙市特困家庭子女高等教育助学名单在其官网上进行了公示；重庆市设置了专门的“重庆市救助管理站”“重庆市儿童救助基金会”“重庆市学生资助信息网”等，这些网站都对教育救助的问题比较关注，体现了重庆市地方政府对教育救助的重视；贵阳市同样设置了“贵阳市学生资助管理中心”。以上这些只是针对各城市的教育救助在网络政务中的体现程度进行了简单介绍，通过网络中教育救助活动的体现程度一定程度上可以判断各城市对于教育救助的重视程度。以下将主要根据各城市教育救助制度中的适用对象及比例、投入方式、教育救助成果等将各城市的教育救助状况进行归类。

目前中国对中西部农村和山区教育有大量资金的投入与扶持，其主要的目的就是为了能够尽可能地帮助中西部农村和山区更多的适龄儿童接受九年义务教育。东部城市教育救助的财政补助大多来自地方政府,西部农村则国家投入教育资金较多。

表 4-13 中国东中西部部分省会城市教育救助比较

城市	相同点	不 同 点
南京市	1. 重视农村和较贫困地区学生的教育; 2. "两免一补"政策都进行了落实; 3. 教育救助在义务教育阶段都实现了重点落实	(1)成立教育救助领导小组;(2)在六城区每区的一所学校初中开设"爱心班";(3)农民工子女在义务教育阶段免收借读费,资金由市、区财政负担
杭州市		(1)构建了具有杭州地方特色的"425"学生资助体系; (2)教育救助的范围从学前教育阶段—义务教育阶段—普通高中阶段(包括中职教育)等都有完善的资助体系; (3)增加财政投入,提高了乡村教师生活补贴标准
武汉市		(1)增加了义务教育公用经费市级补助资金分配; (2)教育救助的范围扩宽至困难家庭大学新生、中职生、研究生和幼儿园学生
长沙市		(1)提高生均公用经费标准;(2)加大农村薄弱学校改造力度; (3)完善残疾学生和贫困残疾家庭的子女就学补助
重庆市		(1)开展"泛海助学"教育救助项目;(2)完善家庭经济困难新生入学工作;(3)开展中职资助新系统
贵阳市		(1)开展"班班通——同心助学工程";(2)加强对中职学校和普通高中的资助;(3)实施润雨计划完善特困教师待遇

资料来源:各城市民政局网站。

一些学者①对于教育救助实施情况的调查反映出,表 4-13 中 6 个城市群众对教育救助政策的总体满意度比较低。这说明尽管这 6 个城市政府及其教育部门制定了各种配套的教育救助政策,使弱势群体公平地享有受教育权,但政策在实施过程中,还是让公众不尽满意。这也许是由于国家的公共价值追求尽管基本切合了教育政策的本质,但是并不能满足地方政府针对地方教育实际情况开展教育救助。

(五) 武汉市与其他副省级城市住房救助制度比较

根据 2014 年公布的《社会救助暂行办法》(中华人民共和国国务院令第 649 号)规定,国家对符合规定标准的住房困难的最低生活保障家庭、分散供

① 参见以下文献:徐玲、赵艳立:《部分城市教育救助政策实施情况调查分析》,《现代教育管理》2010 年第 10 期;张晓凯:《贫困大学生教育救助问题探析》,天津财经大学硕士学位论文,2012 年。

养的特困人员，给予住房救助。住房困难标准和救助标准由地方政府自行确定。

1. 住房救助对象

在住房困难家庭的认定上，大部分副省级城市设定的住房困难标准为人均住房面积小于16或17个平方米，且在户口、社保缴纳或工作时间上有要求。武汉市在住房困难的认定上与其他副省级城市并无太大差别。对于住房困难家庭的认定，各副省级城市标准如表4-14所示。

表4-14　各副省级城市住房困难标准

城市	住房困难家庭申请公租房条件
武汉	1. 申请人具有本市城镇常住户口，共同申请人具有本市城镇常住户口或持有武汉市居住证； 2. 申请人具有稳定工作，家庭上年度人均月收入低于3000元，单身居民低于3500元； 3. 无房或人均住房建筑面积低于16平方米
长春	（一）申请政府完全产权廉租住房的家庭 1. 具有本市城镇常住户口且在本市居住满2年以上的城镇家庭，或失去原有耕地且在城镇居住满10年以上的农民家庭； 2. 主申请人享受城市低保待遇，并连续6个月以上（含6个月）领取低保金； 3. 家庭无住房 （二）申请按份共有产权廉租住房的家庭 1. 具有本市城镇常住户口且在本市居住满2年以上的城镇家庭，或失去原有耕地且在城镇居住满10年以上的农民家庭； 2. 家庭人均收入900元以下（含900元）； 3. 家庭人均住房建筑面积16平方米以下（含16平方米） （三）申请租赁补贴的家庭 1. 具有本市城镇常住户口且在本市居住满2年以上的城镇家庭，或失去原有耕地且在城镇居住满10年以上的农民家庭； 2. 家庭人均收入900元以下（含900元）； 3. 家庭人均住房建筑面积16平方米以下（含16平方米）
沈阳	1. 家庭成员具有本市城市户口，并在本市居住； 2. 持有民政主管部门发放的《辽宁省城市居民最低生活保障证》或者《辽宁省城市低保边缘户救助证》； 3. 家庭人均住房建筑面积16平方米以下（承租公有住房家庭申请租金核减的，不受家庭公有住房面积的限制）

续表

城市	住房困难家庭申请公租房条件
大连	1. 申请保障家庭成员中作为申请人的需具有市内四区居民户口； 2. 申请保障家庭成员中至少有一名享受城市最低生活保障待遇或分散供养的特困人员（以民政部门出具的证明为准，以下类同）； 3. 家庭人均住房建筑面积低于17平方米（含本数）。家庭住房建筑面积是指所有家庭成员在市内四区（含高新园区）拥有住房面积的总和，包括申请之日前5年内交易、继承、赠予、征收（拆迁）的住房面积。家庭人均住房建筑面积按具有市内四区（含高新园区）户籍和居住证的家庭成员计算； 4. 家庭资产符合由民政局认定享受城市最低生活保障待遇的资产标准；申请家庭成员在市内四区（含高新园区）以外的住房计入家庭资产
济南	（一）济南户籍常住家庭： 1. 具有历下区、市中区、槐荫区、天桥区、历城区、长清区常住居民户籍（仍保留承包地、宅基地的除外）； 2. 人均住房建筑面积10平方米（含）以下 （二）济南户籍单身人员： 1. 年满25周岁、具有完全民事行为能力； 2. 在市内六区（历下区、市中区、槐荫区、天桥区、历城区、长清区）及济南高新区无住房 （三）外来务工家庭或单身职工： 1. 在市内六区（历下区、市中区、槐荫区、天桥区、历城区、长清区）有工作单位（已办理组织机构代码证）； 2. 已缴纳社会保险、签订劳动用工合同（截至申请之日仍有未执行合同期一年以上）； 3. 持有《济南市居住证》且在市内六区（历下区、市中区、槐荫区、天桥区、历城区、长清区）及济南高新区无住房
青岛	1. 具有市区常住户口，其中至少一人达到5年以上； 2. 人均月收入不超过1380元（含）； 3. 人均住房建筑面积不超过13平方米； 4. 家庭财产不超过家庭年收入标准上限的4倍
西安	（一）三人及三人以上家庭： 1. 廉租住房保障家庭人均月收入标准调整为615元； 2. 经济适用住房保障家庭人均月收入标准调整为1515元（相当于上年度西安市人均可支配收入的70%）； 3. 公共租赁住房保障家庭人均月收入标准调整为1732元； 4. 限价商品房保障家庭人均月收入标准调整为2165元 （二）两人家庭 人均月收入标准按照上述标准的1.1倍执行，即两人家庭廉租住房、经济适用住房、公共租赁住房、限价商品房人均月收入标准分别调整为：677元、1667元、1905元、2382元 （三）单身人员（含未婚、离异独身、丧偶独身） 准购年龄由30周岁调整为25周岁，住房保障月收入标准按照上述标准的1.2倍执行，即单身人员廉租住房、经济适用住房、公共租赁住房、限价商品房月收入标准分别调整为：738元、1818元、2078元、2598元

续表

城市	住房困难家庭申请公租房条件
成都	1. 具有五城区或高新区城镇户口； 2. 自有住房建筑面积 16 平方米以内且未享受其他方式住房保障的单身居民； 3. 民政部门认定的最低生活保障单身居民； 4. 年满 35 周岁(民政部门认定的成年孤儿不受此年龄限制)且年收入 3 万元以下(含 3 万元)的单身居民； 5. 年龄在 35 周岁以下,在五城区或高新区工作并与用人单位签订劳动(聘用)合同,年收入 3 万元以下(含 3 万元)的单身居民
南京	1. 具有江南六区户籍满 5 年的城镇居民； 2. 家庭人均月收入在规定标准以下(现执行标准为:中等偏下收入低于 3074 元;低收入低于 1921 元)； 3. 家庭人均住房建筑面积在规定标准以下(现执行标准为 15 平方米以下)； 4. 家庭人均财产在规定标准以下(中等偏下收入家庭认定标准为:3 人户低于 20 万元,2 人及以下户低于 23 万元,4 人及以上户低于 17 万元;低收入家庭认定标准为:3 人户低于 15 万元,2 人及以下户低于 17 万元,4 人及以上户低于 13 万元)； 5. 家庭车辆在规定标准以下(中等偏下收入家庭认定标准:拥有 2 辆以上或 1 辆价格超过 12 万元机动车辆的家庭不认定为城市中等偏下收入住房困难家庭;低收入家庭认定标准:拥有 2 辆以上,或 1 辆价格超过 8 万元机动车辆的家庭不认定为城市低收入住房困难家庭)
杭州	1. 低收入家庭人均年收入标准 家庭人均年收入限额为 24757 元(按市统计部门公布的 2013 年杭州市区城镇居民人均可支配收入的 60%确定) 2. 低收入家庭财产标准 (1)金融财产标准。家庭成员人均拥有的金融财产限额为 41262 元(按市统计部门公布的 2013 年杭州市区城镇居民人均可支配收入确定) (2)家庭自有住房建筑面积标准。3 人以下(含)户住房建筑面积以 60 平方米为上限,3 人以上户家庭人均住房建筑面积以 20 平方米为上限。其中高层、小高层自有单套住房建筑面积上限分别增加 10 平方米
宁波	城镇中等偏下收入住房困难的已婚家庭、年龄在 28 周岁以上(含)的单身居民。需同时具备下列条件： 1. 申请时已取得当地非农业常住户口； 2. 申请前 12 个月,家庭人均收入低于当地城镇居人均可支配收入； 3. 在当地辖区范围内无房或住房建筑面积低于户 36 平方米或人均 18 平方米
广州	1. 在本地无住房或者住房面积低于规定标准； 2. 收入、财产低于规定标准； 3. 申请人为异地务工人员的,在本地就业达到规定年限
深圳	(一)户籍:申请人及共同申请人都具有本市户籍。 (二)婚姻及年龄条件(只需符合一项)： 1. 已婚或单亲家庭； 2. 申请人为单身居民的,须年满 35 周岁

续表

城市	住房困难家庭申请公租房条件
深圳	(三)社保条件(只需符合一项): 1. 申请人参加本市社会保险累计缴费五年以上; 2. 申请人为人才的,参加本市社会保险累计缴费三年以上; 3. 申请人家庭存在优抚或残疾情形的,无社保累缴时间要求 (四)住房条件(同时符合): 1. 申请人、共同申请人在本市未拥有任何形式自有住房; 2. 五年内未在本市转让过或者因离婚分割过自有住房; 3. 在本市未购买过政策性住房; 4. 在本市未领取购房补贴 (五)计生条件(只需符合一项) 1. 申请人及其配偶无违反国家计划生育政策超生子女的行为; 2. 如有违反国家计划生育政策超生子女的行为,但已依法接受处理并自处理之日起满 15 年的

资料来源:各副省级城市民政局网站。

2. 住房救助标准

从住房救助标准来看,各副省级城市各不相同,救助的方式主要是公租房的配给和租房补贴的发放。各副省级城市对不同住房困难类型和不同申请对象有不同的救助标准。

表 4-15　各副省级城市住房救助标准

城市	住房救助标准
武汉	1. 城镇住房困难家庭人均月收入在本市最低生活保障标准以下(含)的,人均月补贴标准不低于三环周边区域住宅平均市场租金价格的 80% 2. 城镇住房困难家庭人均月收入在本市最低生活保障标准以上至 1000 元(含)的,人均月补贴标准不低于三环周边区域住宅平均市场租金价格的 60% 3. 城镇住房困难家庭人均月收入在 1000 至 2000 元(含)的,人均月补贴标准约为三环周边区域住宅平均市场租金价格的 30% 4. 新就业职工人均月收入在 2000 元以下(含)的,人均月补贴标准约为三环周边区域住宅平均市场租金价格的 30%
沈阳	1. 面积标准:人均住房建筑面积 16 平方米 2. 补贴标准:和平区、铁西区、沈河区、大东区、皇姑区、于洪区、浑南区、经济技术开发区为建筑面积每平方米 15 元;沈北新区、苏家屯区为建筑面积每平方米 12 元;新民市、辽中县为建筑面积每平方米 10 元;法库县、康平县为建筑面积每平方米 8 元 3. 租金核减保障家庭交纳公房月租金标准:低保家庭为建筑面积每平方米 0.5 元;低保边缘家庭为建筑面积每平方米 0.7 元

续表

城市	住房救助标准
大连	1. 计算公式:家庭月租赁补贴额=租赁补贴标准×(保障面积标准-保障家庭人均住房建筑面积)×最低生活保障待遇或分散供养特困人员的人口数×调节系数 2. 保障面积标准:享受城市最低生活保障待遇或分散供养的特困人员建筑面积每人17平方米;保障家庭人均住房建筑面积是保障家庭成员以拥有市内四区及高新园区户籍和居住证的人口分摊面积 3. 调节系数:申请家庭成员中,只有享受城市最低生活保障待遇或分散供养的特困人员方可享受租赁补贴。享受城市最低生活保障待遇或分散供养的特困人员为1人的,调节系数为1.33;2人的,调节系数为1.0;3人的,调节系数为0.9;4人及以上的,调节系数为0.8 4. 月补贴标准:最高不超过1120元。在中山区、西岗区、沙河口区租房,享受最低生活保障待遇或分散供养的特困人员为1人的无房户家庭,月补贴570元;2人的,月补贴850元;3人及以上的,月补贴1120元;有房户家庭月租赁补贴额计算低于300元的,按300元计发。在甘井子区租房,享受最低生活保障待遇或分散供养的特困人员为1人的无房家庭,月补贴460元;2人的,月补贴680元;3人的,月补贴920元;4人及以上的,月补贴1120元;有房户家庭月租赁补贴额计算低于240元的,按240元计发
青岛	1. 保障面积标准。将公共租赁住房租赁补贴的保障面积标准调整为:2人及以下家庭的保障面积标准为建筑面积30平方米;3人家庭的保障面积标准为建筑面积45平方米;4人及以上家庭的保障面积标准为建筑面积60平方米 2. 租赁补贴标准。将公共租赁住房租赁补贴的补贴标准调整为市南区、市北区、李沧区范围内低保家庭每月每平方米20元、家庭人均月收入高于低保标准低于810元(含)家庭每月每平方米18元,其他家庭每月每平方米16元。崂山区、城阳区、黄岛区、高新区范围内公共租赁住房租赁补贴的补贴标准由区相关部门统筹辖区内商品住宅市场租金水平和被保障家庭收入水平合理确定 3. 市区租赁补贴保障家庭可按以下公式计算补贴领取金额:(保障面积标准-自有住房面积)*租赁补贴标准=领取租赁补贴金额
成都	1. 租赁补贴保障面积标准为人均20平方米,补贴标准为18元/平方米。准入条件和补贴标准根据经济社会发展水平经市房产行政主管部门报市政府批准后,适时进行动态调整 2. 在成都市行政区域内租房居住的最低生活保障家庭(单身居民),发放比例为100%
南京	低保、低收入家庭分别按照标准租金的10%、20%交纳。城市中等偏下收入家庭足额交纳租金后,由住房保障部门会同财政部门给予其租金标准的50%补贴

续表

城市	住房救助标准
杭州	对持有有效期内《杭州市城市低收入家庭认定证明(住房保障专用)》的家庭,租赁1—2级土地等级公共租赁住房的减免租金30%,租赁3—4级的减免40%,租赁5—8级的减免50%
宁波	对城镇中等偏下收入住房困难家庭,根据承租家庭的经济困难分类按县(市)区的有关规定给予各类一定比列的租金补贴或减免
广州	1. 住房租赁补贴=(人均保障建筑面积标准-人均自有产权住房建筑面积)×家庭人口×补贴标准×收入补贴系数×区域补贴系数 2. 租赁补贴系数每平方米建筑面积25元 3. 区域补贴系数。考虑到原白云区区域补贴系数偏低,将白云区区域补贴系数从0.9调整至1.0 4. 收入补贴系数。将保障对象的收入划分4档,收入补贴系数分别调整为1.3、0.9、0.7、0.5

资料来源:各副省级城市民政局网站。

(六)武汉市与其他副省级城市临时救助制度比较

民政部于2007年下发了《关于进一步建立健全临时救助制度的通知》,部署各地探索建立临时生活救助制度。在实践中,各地逐步明确了临时救助的对象、标准和操作程序。2014年,为了进一步发挥社会救助托底线、救急难作用,解决城乡困难群众突发性、紧迫性、临时性生活困难,国务院发布《国务院关于全面建立临时救助制度的通知》。在实际执行中,各副省级城市临时救助制度存在差异。下面从救助对象范围、资金来源等方面比较武汉市与其他副省级城市的临时救助制度。

1. 临时救助的对象范围

《国务院关于全面建立临时救助制度的通知》规定临时救助的对象范围为遭遇突发事件、意外伤害、重大疾病或其他特殊原因导致基本生活陷入困境,其他社会救助制度暂时无法覆盖或救助之后基本生活暂时仍有严重困难的家庭或个人。在实践中,各副省级城市临时救助的对象范围不尽相同。具体如表4-16所示。

表 4-16　临时救助的对象范围

城市	临时救助对象		资　格
	家　　庭	个　人	
武汉	1. 因交通事故等意外事件,造成重大人身伤害,责任赔付不能及时到位或者无责任赔付方,导致家庭基本生活暂时出现严重困难 2. 因家庭成员突发重大疾病等原因,产生数额过大的救治费用,导致家庭基本生活暂时出现严重困难 3. 因发生火灾造成重大人身伤害或者住宅、家庭生活必需用品损毁严重,导致家庭基本生活暂时出现严重困难 4. 最低生活保障家庭和低收入困难家庭,因子女接受全日制高等(专、本科)教育等生活必需支出突然增加超出家庭承受能力,导致家庭基本生活暂时出现严重困难	因遭遇火灾、交通事故、突发重大疾病,在本市无亲属投靠,暂时无法得到家庭支持,导致基本生活陷入困境的导致基本生活陷入困境	本市户籍或者持有本市居住证
长春	1. 因火灾、交通事故等意外事件,或家庭成员突发重大疾病等原因,导致基本生活暂时出现严重困难,依靠自身能力无法解决的家庭 2. 因医疗必需支出超出家庭承受能力,导致基本生活暂时出现严重困难,依靠自身能力无法解决的低保家庭、低保边缘家庭及低收入家庭 3. 因基本生活、子女就学(全日制普通本科及以下)等生活必需支出突然增加超出家庭承受能力,导致基本生活暂时出现严重困难的低保家庭	因遭遇火灾、交通事故、突发重大疾病或其他特殊困难,暂时无法得到家庭支持,导致基本生活陷入困境	具有当地户籍或者非当地户籍但持有当地居住证
哈尔滨	因临时性、突发性原因导致基本生活暂时出现较大困难的城乡困难家庭。包括城市低收入困难家庭和低收入家庭、城乡居民最低生活保障家庭	无规定	具有本市户籍且在本市居住生活满一年以上
沈阳	1. 虽然已纳入最低生活保障和其他专项救助制度覆盖范围,但由于突发事件、意外伤害、重大疾病或者其他特殊原因造成基本生活暂时出现严重困难的 2. 在最低生活保障和其他专项社会救助制度覆盖范围之外,由于突发事件、意外伤害、重大疾病或者其他特殊原因造成基本生活暂时出现严重困难的	与临时救助家庭的规定相同	居民户口簿或居住证
大连	遭遇临时困难,导致基本生活无法维持的城乡低保家庭和城乡低收入家庭	未涉及	—

续表

城市	临时救助对象		资　格
	家　　庭	个　人	
青岛	1. 因遭遇火灾、水灾等严重自然灾害、突发事故及其它突发紧急事件，造成基本生活设施破坏，无生活自救能力，导致家庭基本生活难以维持的 2. 因患大病、重病家庭，在各类救助后家庭支出的医疗费用明显高于家庭收入和家庭财产（不含唯一住房），导致家庭基本生活难以维持的 3. 低保家庭和低保边缘家庭中，子女在国家认可的全日制普通高等院校就读期间，家庭生活存在严重困难且一年内未获得其它救助的 4. 年满 18-29 周岁靠父母或兄弟姐妹供养、未单独立户、家庭人均收入在当地低保标准 200%范围内的重度残疾人和家庭人均收入在当地低保标准 200%范围内的单亲家庭，因患大病、重病、上学等支出费用高，导致家庭基本生活难以维持的	1. 因遭遇火灾、水灾等严重自然灾害、突发事故及其它突发紧急事件，造成基本生活设施破坏，无生活自救能力，导致基本生活难以维持的 2. 因患大病、重病家庭，在各类救助后家庭支出的医疗费用明显高于家庭收入和家庭财产（不含唯一住房），导致家庭基本生活难以维持的	办理了居住证后连续居住 3 年以上、并缴纳社会保险或纳税 2 年以上的非青岛市户籍的新市民
西安	1. 因患危重疾病，在扣除各种医疗保险、医疗救助和社会帮困救助资金后，直接导致家庭基本生活难以维持的 2. 因遭遇车祸、溺水、矿难等人身意外伤害，在扣除各种赔偿、保险、救助等资金后，导致家庭基本生活难以维持的 3. 因火灾等突发性意外事件，造成家庭财产重大损失，导致家庭基本生活难以维持的 4. 高中阶段贫困家庭经各种救助措施帮扶后，仍无力支付教育费用，或被国家认可的全日制院校正式录取的应届大学生，家庭无力支付入学报到费用的	无规定	本市户籍或者持有本市居住证
成都	因危重疾病、人身意外伤残、火灾、教育支出过大等临时性、突发性原因造成基本生活出现暂时困难急需救助的家庭	无规定	本市户籍
南京	1. 因火灾、爆炸、交通事故、溺水、人身伤害等意外事件造成家庭财产重大损失或者主要经济来源中断，导致基本生活暂时出现严重困难的家庭 2. 因生活必需支出突然增加超出家庭承受能力，导致基本生活暂时出现严重困难的低保、低保边缘家庭 3. 未享受低保、低保边缘家庭待遇，因重大疾病等原因，造成医疗等费用支出过大，致使暂时性实际生活水平低于低保水平的家庭	因遭遇火灾、交通事故、突发重大疾病、家庭暴力或者其他特殊困难，暂时无法得到家庭支持，基本生活陷入困境的个人	具有本市户籍或者持有居住证

续表

城市	临时救助对象		资　格
	家　庭	个　人	
杭州	1. 因自住房发生火灾，造成家庭成员伤亡或财产损失，导致家庭生活特别困难的 2. 因遭遇意外事故，造成家庭成员伤亡，并经相关部门确认已无法查找赔偿责任人或赔偿责任人无力支付赔偿金，导致家庭生活特别困难的 3. 家庭成员因重大疾病住院治疗，其医疗费用经市医保经办机构实施医疗救助或报销后，个人仍需承担较大数额医疗费用，导致家庭生活特别困难的	无规定	常住户籍
宁波	1. 因火灾、交通事故、意外伤害等意外事件，或者家庭成员突发重大疾病等原因，导致基本生活暂时出现严重困难的家庭 2. 因生活必需支出突然增加超出家庭承受能力，导致基本生活暂时出现严重困难的最低生活保障家庭和最低生活保障边缘家庭	因遭遇火灾、交通事故、突发重大疾病或其他特殊困难，暂时无法得到家庭支持，导致基本生活陷入困境人员	具有户籍或者持有居住证
厦门	1. 已经纳入最低生活保障和其他专项社会救助制度范围，但是由于生活必需支出突然增加超出家庭承受能力，导致基本生活暂时出现严重困难的家庭 2. 因火灾、交通事故等意外事件，家庭成员突发重大疾病、子女上学等原因，导致基本生活暂时出现严重困难的家庭	因火灾、交通事故、突发重大疾病等，暂时无法得到家庭支持，导致基本生活陷入困境的个人，特别是困境儿童	具有户籍或居住证（暂住证且居住半年以上）、有固定住宿且缴纳社会保险费

资料来源：各副省级城市民政局网站。

由表4-16可知，除无法得知相关情况的济南、广州、深圳3个城市外，其他12个副省级城市中，武汉、长春、沈阳、青岛、南京、宁波、厦门7个城市的临时救助对象范围为家庭和个人，哈尔滨、大连、西安、成都、杭州5个城市则只是家庭。临时救助的对象都具有资格限制。要具有当地户籍或者持有当地居住证，一些城市的规定更为严格，如青岛要求是办理了居住证后连续居住3年以上并缴纳社会保险或纳税2年以上的非青岛市户籍的新市民，厦门规定应具有户籍或居住证（暂住证且居住半年以上）、有固定住宿且缴纳社会保险费。临时救助的家庭对象大致有急难型困难家庭和支出型困难家庭两种类型。急难型困难家庭指因火灾、交通事故等意外事件，或家庭成员突发重大疾病等原因，导致基本生活暂时出现严重困难，依靠自身能力无法解决的家庭。支出型困难家庭指因医疗、基本生活、子女就学等生活支出超出家庭承受能力，导致基本生活暂时出现严重困难，依靠自身能力无法解决的低保家庭、低保边缘家庭及低收入家庭。

2. 资金来源

副省级城市均已将临时救助纳入本级财政预算。此外,还有上级补助资金、福利彩票公益金及社会捐助资金用于临时救助。长春和宁波则规定低保结余资金也可用于临时救助。

(七) 武汉市与其他副省级城市灾害救助制度比较

截至2010年5月,中国15个副省级城市灾害救助应急预案已全部制定完成,在应对自然灾害中发挥了重要作用。① 下面从灾害救助机构和灾害救助预算两个方面介绍中国副省级城市灾害救助基本情况。

1. 负责灾害救助的机构

中国地方层面负责灾害救助的机构均属于民政局的内设机构。其设置情况和职责如表4-17所示。

表4-17　全国副省级城市灾害救助机构及其职责

城　市	灾害救助机构	灾害救助机构的职责
武　汉	救灾救助处	(1)拟订救灾工作政策,负责组织、协调救灾工作,组织自然灾害救助应急体系建设;(2)负责组织核查并统一发布灾情,管理、分配救灾灾款物并监督使用,组织、指导救灾捐赠;(3)牵头拟订社会救助规划、政策和标准,健全城乡社会救助体系
长　春	救灾处	(1)拟订全市救灾减灾工作政策、规划;(2)组织、协调救灾减灾工作;(3)组织自然灾害救助应急体系建设;(4)负责组织灾情核查和统计上报;(5)承办中央和省、市下达的救灾款物管理、分配并监督检查使用情况;(6)组织和指导全市性救灾捐赠和经常性社会捐助工作;(7)拟订五保户社会救济政策;(8)指导农村五保供养和农村社会福利服务中心建设管理工作
哈尔滨	救灾与社会救助处	(1)负责组织协调救灾工作;(2)组织开展减灾活动;(3)负责查灾、核灾和发布灾情;(4)负责接收管理分配救灾款物并对使用情况进行管理检查;(5)组织指导救灾捐赠和经常性社会捐助活动;(6)负责灾民生活救助工作。
沈　阳	社会救助和救灾处(市减灾委员会办公室)	(1)拟订社会救助工作规划和政策,统筹城乡社会救助体系建设;(2)负责城乡居民最低生活保障和医疗救助、临时救助、低保边缘户救助、取暖救助工作;(3)加强社会救助监察工作,负责最低生活保障医疗救助、临时救助等资金分配和监管工作;(4)参与拟订与社会救助相关的政策;(5)负责全市救助信息管理工作;(6)指导城乡居民家庭经济状况核对体系建设;(7)拟订减灾、救灾工作政策并监督实施;(8)组织协调减灾、救灾工作;负责组织灾情核查、上报和发布;(9)协调紧急转移安置灾民、农村灾民损毁房屋恢复重建补助和灾民生活救助工作;(10)负责救灾款物接收、管理、分配并监督使用;(11)承办救灾物资储备工作;(12)拟订减灾规划;(13)承担市减灾委员会办公室的具体工作

① 民政部救灾司:《〈自然灾害救助条例〉热点解读》,《中国减灾》2010年第10期。

续表

城市	灾害救助机构	灾害救助机构的职责
大连	救灾处	(1)拟订救灾工作政策并监督实施;(2)负责组织、协调全市救灾工作;(3)组织自然灾害救助应急体系建设;(4)负责组织灾情核查和发布工作;(5)管理、分配中央和省、市下达的救灾款物并监督其使用;(6)指导全市救灾物资储备网络建设,负责市级救灾物资储备工作;(7)组织指导灾民安置和救灾捐赠;(8)组织难民的临时安置和遣返事宜;(9)承担市减灾委员会办公室的日常工作
济南	救灾救济和社会救助处	(1)拟订全市救灾工作和社会救助工作政策、规划,并监督实施;(2)组织协调救灾工作;(3)组织自然灾害救助应急体系建设;(4)承办灾情核查、统计上报和发布工作;(5)承办中央和省、市下达的救灾款物管理、分配及监督使用工作;(6)会同有关方面组织协调紧急转移安置灾民、农村灾民毁损房屋恢复重建和灾民生活救助;(7)承办市级生活类救灾物资储备工作;(8)组织和指导全市救灾捐赠;(9)健全城乡社会救助体系,组织城乡居民最低生活保障、农村五保供养、医疗救助、临时救助工作;(10)承办中央和省市财政相关补助资金的分配和监管工作;(11)负责监督检查县(市)区社会救助政策和救助资金的落实;(12)指导全市敬老院的建设与管理;(13)承担全市社会救助信息管理工作;(14)参与拟订住房、教育、司法救助等相关政策;(15)指导监督来济定居"三峡"工程移民的管理服务工作
青岛	救灾救济处	(1)拟订救灾、减灾和社会救助工作规划、政策并组织实施;(2)组织、协调救灾工作;(3)组织自然灾害救助应急体系建设;(4)承办灾情核查、统计上报,参与灾情发布有关工作;(5)管理中央、省和市下达的救灾款物并监督使用;(6)组织、指导救灾捐赠,承办市级生活类救灾物资储备工作;(7)推进城乡社会救助体系建设,组织城乡居民最低生活保障、农村五保供养、医疗救助、临时救助等工作,承担中央、省和市财政相关补助资金的分配和监管工作;(8)组织、指导居民家庭经济状况核对工作;(9)指导农村五保供养机构的建设与管理;(10)承担三峡移民安置有关工作;(11)参与拟订住房、教育、司法救助等相关政策并配合实施;(12)承担市减灾委员会办公室和市社会救助工作领导小组办公室的日常工作
西安	救灾救济处	(1)负责救灾款物的管理分配和使用监督;(2)组织核查灾情、慰问灾民、日常门市救济;(3)组织指导救灾捐赠,承担救灾捐赠款物的接收和分配;(4)负责全市救灾通信网络建设及救灾信息报告、灾情发布等工作;(5)指导区、县救灾救济工作
成都	救灾处	(1)组织拟订救灾工作政策,牵头组织全市抗灾救灾工作;(2)组织、指导自然灾害救助应急体系建设;(3)负责自然灾害情况的查勘、核实、申报和灾害期间灾民转移安置、灾后救济工作;(4)监督管理救灾资金和物资的使用;(5)指导国内外专项捐款捐物工作;(6)承担市减灾委员会办公室的日常工作
南京	救灾处	(1)贯彻防灾、减灾和救灾工作的方针、政策和法规,拟定实施细则和救灾工作方案;(2)组织自然灾害救助应急预案体系的建设;(3)组织协调救灾工作,按规定核查上报和发布本级灾情;(4)指导灾后重建和灾区生产自救;(5)管理和分配救灾款物并监督检查使用情况;(6)负责城乡社会困难户和其他特殊对象的救济工作;(7)会同有关方面组织协调紧急转移安置灾民、农村灾民毁损房屋恢复重建补助和灾民生活救助;(7)组织和指导扶贫济困等社会互助活动和对外地社会捐赠等对口支援工作;(8)承担市社区减灾工作领导小组办公室的日常工作

续表

城　市	灾害救助机构	灾害救助机构的职责
杭　州	救灾救济处	(1)组织协调全市救灾减灾工作;(2)承担灾情的核报工作;(3)组织制定自然灾害应急救助预案,指导避灾安置场所的建设和管理;(4)组织和指导救灾捐赠、扶贫济困等社会互助活动;(5)牵头组织开展社会救助体系建设;(6)指导建立分层分类救助制度,开展临时救助工作;(7)承担城乡居民最低生活保障工作和残疾人基本生活保障工作;(8)承担低收入家庭认定工作;(9)指导农村五保对象的供养和农村敬老院的建设和管理工作
宁　波	救灾处(社会救助处)	(1)拟订救灾和社会救助工作政策,组织、指导全市救灾减灾工作和社会救助体系建设;(2)核查上报灾情,接收、管理、分配、监督救灾物款,组织、指导社会救灾捐赠;(3)管理市级自然灾害救助应急预案,指导救灾物资储备设施和避灾安置场所建设、管理工作;(4)指导开展灾害评估工作和灾区生产自救;(5)负责全市政策性农村住房保险倒塌房屋争议裁定工作;(6)指导建立全市分层分类救助制度,负责全市最低生活保障、医疗救助、临时救助工作;(7)负责全市低收入家庭认定工作;(8)负责全市特殊对象的救济和补助工作;(9)负责城市生活无着的流浪乞讨人员的救助工作;(10)负责有关对口支援和结对帮扶工作;(11)指导救助管理机构的建设、管理工作;(12)承担市减灾委员会办公室、市社会困难群众救助工作领导小组办公室的日常工作
厦　门	救灾和社会救助处(市老革命根据地建设委员会办公室)	(1)拟订本市救灾生活保障政策;(2)承办救灾组织协调工作;(3)组织自然灾害救助应急体系建设;(3)承办灾情核查、上报和发布工作;(4)承办救灾款物的管理、分配并监督使用;(5)承办生活类救灾物资采购、储备、调运和分配、使用、管理工作;(6)指导救灾捐赠和防灾减灾宣传活动;(7)负责救灾捐赠款物的监管;(8)协调组织灾民毁损房屋恢复重建和生活救助工作;(9)承办政策性灾害保险工作;(10)指导全市革命老区建设工作,协调办理涉及老区的事务;(11)承办老区扶建项目资金审核;(12)负责革命"五老"人员及其遗孀的优待管理工作;(13)联系市老区建设促进会;(14)拟订社会救助有关政策;(15)组织指导城乡居民最低生活保障、医疗救助、临时救助和特殊救济对象的定期生活补助工作;(16)指导农村五保供养工作和敬老院建设管理;(17)负责最低生活保障资金的监管;(18)参与拟订住房、教育、司法等专项救助政策措施;(19)承担市社会救助联席会议办公室的具体工作
广　州	救灾和慈善事业处	(1)会同有关部门拟定防灾减灾规划并组织实施;(2)负责组织、协调救灾工作和自然灾害救助应急体系建设;(3)负责市本级救灾物资的储备、款物的管理分配并监督检查使用情况;(4)承办灾情信息核查、上报等工作;(5)会同有关方面组织协调紧急转移安置灾民,农村灾民毁损房屋恢复重建补助和灾民生产救助;(6)组织拟订促进慈善事业发展的政策法规;(7)统筹协调全市性慈善工作,组织实施募捐管理工作,负责慈善组织和慈善活动的监督管理;(8)承担全市对口扶贫支援的有关工作,承担局系统三防工作和人防工程管理工作
深　圳	救灾救助和慈善处	(1)组织实施居民最低生活保障、医疗救助、临时救助,完善社会救助体系;(2)组织、协调救灾救济工作,承办灾情统计,核查以及指导灾民安置、灾后恢复重建工作,管理、分配救灾款物并监督使用;(3)承担流浪乞讨人员救助工作;(4)指导协调社会捐赠和慈善发展工作

资料来源:各副省级城市民政局网站。

灾害救助涉及面广，与社会救助其他项目、慈善等密切相关，与气象局、铁路局、交通运输局、住房局、警备区等涉灾部门也息息相关。由表4-17可知，负责灾害救助的机构有四种类型：一是专门负责救灾工作，如哈尔滨、大连、成都、南京；二是负责救灾和社会救助其他项目，如武汉、沈阳、济南、青岛、杭州、宁波、厦门；三是负责救灾、社会救助其他项目及福利事业，如长春、深圳；四是负责救灾和慈善事业，如广州。

2. 灾害救助预算

中国《自然灾害救助条例》明确规定，县级以上人民政府应当将自然灾害救助工作纳入国民经济和社会发展规划，建立健全与自然灾害救助需求相适应的资金、物资保障机制，将人民政府安排的自然灾害救助资金和自然灾害救助工作经费纳入财政预算。表4-18为2015年中国15个副省级城市灾害救助预算的基本情况。

表4-18　2015年中国部分副省级城市灾害救助预算情况

城市	灾害救助预算
武汉	未纳入预算
长春	未纳入预算
大连	未纳入预算
济南	地方自然灾害生活补助
青岛	未纳入预算
西安	地方自然灾害生活补助、其他自然灾害生活补助
成都	地方自然灾害生活补助
南京	救灾资金(冬令春荒款)经费
杭州	未纳入预算
宁波	自然灾害生活救助
厦门	地方自然灾害生活补助
广州	地方自然灾害生活补助
深圳	救灾管理

资料来源：各副省级城市民政局网站。

由表4-18可知，武汉、长春、大连、青岛、杭州5个城市均未将灾害救助相关经费纳入预算，不符合中国《自然灾害救助条例》相关规定。纳入预算的城市中，多数城市只是将自然灾害生活补助列入预算，深圳则将整个救灾管理列入预算中。

二、国外典型国家社会救助制度的特点及其经验借鉴

（一）典型国家最低生活保障制度比较及启示

1.英国的生活救助制度

英国的生活救助制度始于1601年，伊丽莎白女王颁布《济贫法》，将原来应急性的济贫事务转化为国家的一项基本职能。1834年维多利亚女王对旧《济贫法》进行修正，严格限制对贫民的救济津贴，并将原来分散管理的济贫工作改为集中管理。1942年贝弗里奇发表《社会保险和相关服务》，为战后英国社会保障制度的全面建设提供了理论基础。1948年，英国通过并实施了《国民救助法》，从而完善了国民救济制度。该法规定，凡没有收入或收入太低、没有缴纳国民保险费者，可领取国民救助金。救助金由议会批准的拨款承担，由国民救济局专门为民众提供救济。1976年，该法经修订被更名为《补充津贴法》，因而英国生活救助制度也被称作"补充津贴"制度。其现状简介如下：

(1)救助对象

总体来说，英国生活救助对象是收入不足以满足最低生活需要者。具体来说，即16岁以上的英国公民，收入来源不足以满足最低生活需要者；已充分就业，需牙科治疗、配眼镜等，但又付不起费用者；失业者重新获得工作时，也可获得少数几天救助，以暂时渡过难关；虽然可以领取社会保险金，但数额不足以维持最低生活水平的人；领取社会保险金期限已满仍无其他收入来源的人；处于社会保险计划之外的人等。

(2)救助待遇

英国的生活救助待遇可以分为三大类：对"正常需要"通过经常性贫困补助的办法提供收入支持；对"住房需要"通过房租折扣、津贴、代缴房租、水费等提供支持；对"特殊需要"按照政府制定的需要目录提供实物或现金补助。

(3)救助标准

英国生活救助资金来源于政府财政拨款，救助标准根据救助对象的实际情况而有所不同。首先，救助标准取决于救助对象的年龄。例如5岁、16岁和18岁属于待遇不同的年龄段，60岁、65岁和85岁保障标准也有不同。

其次，救助标准取决于救助对象的角色。一方面，有“单身户”和“家庭户”之分，对需抚养未成年子女的家庭，根据子女数量和年龄确定保障标准。另一方面，有“家长”和“非家长”之分，“家长”对整个家庭开支负有更大的责任，“非家长”主要指未成年人和其他家庭成员，对整个家庭开支负有责任较少，因而救助标准较低，仅包含个人生活费用。接受生活救助的个人或家庭若取得另外收入，救助标准会相应下降，如遇物价波动，国家会随时调整救助金额，避免救助对象因物价变动而降低生活水平。

(4)领取救助待遇的条件

为使生活救助对象“应保尽保”，提高救助资金的使用效率，英国实行严格的申请与调查相结合的制度。申请救助的家庭向补充津贴委员会递交申请书，详述家庭人口数、无劳动能力人口、工作人口以及收入支出情况，补充津贴委员会在收到申请后，派出专业人员向申请者家庭及所在社区和工作单位进行收入和生活状况调查，审核其实际情况是否符合官方制定的贫困线标准，根据审查结果确定是否批准申请。为了避免骗取生活救助等情况的发生，补充津贴委员会每年会出版申请须知手册，然而其内容十分庞杂，加上工作人员态度不善令许多申请者望而却步。英国的生活救助调查制度虽有助于确保精准实施生活救助，但有损贫困者尊严，增加了申请难度，引发了贫困者的不满。

2. 美国的生活救助制度

20世纪30年代经济危机导致美国经济萧条、失业率飙升、贫困人口大量增加。1935年罗斯福当选美国总统并推行“新政”，将救济贫民和失业者摆在重要位置。1935年《社会保障法》出台，开始更加积极地帮助贫困家庭和个人，保障其基本生活。在美国社会保障制度发展过程中，约翰逊总统的“伟大社会”计划起到了根本的推动作用。此后，政府制定了各项保障政策，尤其是完善了对贫困人口的救助措施，不仅有较多的补助项目而且保障标准也很高。其现状简介如下：

(1)领取救助待遇的条件

同英国一样，为保证生活救助提供给最需要的贫困人群，提高生活救助资金的使用效率，美国也实行严格的资格审核制度。凡申请领取生活救助待遇者，事先均需要进行经济调查。经济调查分为资产调查和劳动收入调查。申请者被调查的收入包括现金、支票、养老金和一些非现金收入，如食品、营养券、住房补贴等。每隔一段时间,受助者需要重新申请,以防有人生活状况改善后仍然领取补助。

(2)救助待遇

美国的生活救助待遇尽可能采用非现金支付形式,避免浪费国家资源。美国的生活救助项目较多,本研究选取有代表性的两个项目进行介绍。

第一,食品券计划(FSP)。食品券计划是美国为低收入家庭提供的规模最大、范围最广、最重要的一项食品援助计划。食品券费用由联邦政府负担,管理费用由各州负担,该计划由联邦农业部和州及地方政府的社会福利机构共同管理。食品券根据家庭规模和收入发放,通常用于在指定的商店或货架购买基本食品。家庭毛收入低于联邦贫困线的130%,或净收入低于贫困线,或不动产价值不足2000美元才有资格接受食品券。

第二,对有需要家庭的临时救助(TANF)。不考虑政府鼓励的自救,家庭收入不超过州贫困标准185%的家庭都有资格受助于该计划。除房屋、汽车或一块价值1500美元以上的墓地,或按各州标准,基本衣物和家具外,该计划受助者的财产价值不能超过1000美元。受助于该计划的人,通常也有资格获得医疗救助和食品券。有需要家庭的临时救助计划,一般包括支付食品、衣着、住所和其他必需品补助。给付标准由各州根据受益人的家庭收入和事先规定的补助限额决定。作为该计划的一部分,各州必须制定一项"就业与基本技能培训计划",旨在帮助受助于"对有需要家庭的临时救助"计划的人有条件和机会获得教育、培训和就业,避免长期依靠社会福利和社会救济。"就业与基本技能培训计划"所需资金由各州政府承担,联邦政府只提供非常有限的补贴。

3. 日本的生活保障制度

在日本,社会救助制度通称为生活保障制度,即对贫困者进行最低生活水平保障的制度。由于是国家出资救助,属于政府行为,故又称为国家救济制度。日本的救助制度是在明治维新之后逐步建立起来的。1932年颁布实施《救护法》,确立了现代日本救助制度。1950年,日本制定《生活保障法》,使社会救助制度进入一个新的发展阶段。生活保障制度属于政府行为,各市市长负责城市贫民享有最低生活保障,町村则由都道府县知事负责。在实际生活中,各地福利事务所具体承担生活保障制度的实施。此外,日本还广设民生委员会,即一些热心慈善救助事业的人士自发组成的松散团体。

民生委员会产生于20世纪初,早于国家救济制度,1948年被《民生委员会法》正式法制化,变成国家救济制度的协助单位,不仅参加生活救助,还广泛参与城乡居民的福利事宜。日本生活保障制度现状简介如下:

(1)申请条件

法律规定,日本国民均有申请生活保障的权利,必须由个人提出申请,在特殊情况下,个人无法或无能力申请时,可从上向下实施生活保障。在决定给予生活保护前要进行“自立调查”,对申请人当前所拥有的财产进行评估,以确定其是否充分利用了自己的能力和潜力克服目前的贫困状态。

(2)救助标准

厚生大臣制定最低生活保障基准,生活保障的对象以家庭为单位,申请人所属家庭的财产收入与基准的差额即为生活补助范围。此外,还会根据被保障人的年龄、健康状况等调整救助标准。

(3)救助待遇

救助待遇包括日常生活保障、受义务教育保障、居住保障、医疗服务保障、生育、丧葬保障等。以现金形式为主,辅以实物和服务形式。

4. 智利的生活救助制度

1942年,智利率先在拉美国家中建立现代社会保障制度。在此制度下,智利政府专门为贫困者设计了社会救助计划,但通常与社会保险计划混合在一起,没有独立的资金来源和管理体制。1980年,智利进行社会保障制度改革,将分散的社会救助措施从社会保险中剥离出来,形成独立的社会救助制度。智利的生活救助制度现状简介如下:

智利的社会救助制度包括养老救济金、统一家庭津贴、生活用水补贴、失业补贴等。这里选取统一家庭津贴作为生活救助制度内容进行讨论。

智利的统一家庭津贴专门为18岁以下未成年人和任何年龄的残疾人、领取家庭补助的未成年人(其母亲也可以领取)、怀孕妇女以及不领取养老救济金的弱智者4类人设计。可以看出其保护对象主要为老弱妇孺。受益人为未成年人的,由抚养他的母亲领取;母亲死亡,由其父亲领取;无父母的,由监护人领取。弱智者由监护人及其抚养人领取。统一家庭津贴的申请人向当地市政府提出申请,由市政府根据有关规定对其资格进行认定,由市长作出决定并送交社会标准委员会。所属大区行政首脑可对市长的决定提出反对意见。

智利使用一种CAS-2的方法对申请生活救助者进行调查和资格认定。该方法依据13种指标，包括住房、教育、职业和收入（财产）4方面，对申请人的社会经济状况打分，对社会家庭进行分类，分数在350—750之间，分数越小，表明越需要被救助。调查获得的信息有效期为2年，2年后有关信息必须更新。CAS-2档案实行分散管理与使用，由各市政府根据本区情况，组织专门小组进行信息收集、登记和档案的计算机处理工作，由省政府、大区和中央政府领导和监督。

5. 典型国家最低生活保障制度启示

（1）完善最低生活保障制度立法工作

从上述比较可以看出，多国为生活救助制度设立了专门的法律法规，英国有《补充津贴法》、日本有《生活保障法》。中国最低生活保障制度的实施主要依据国务院颁发的《城市居民最低生活保障条例》和《关于在全国建立农村最低生活保障制度的通知》（国发〔2007〕19号）等行政法规和政策文件。中国城市最低生活保障制度立法层次较低[①]，农村最低生活保障制度尚未上升到法律法规层面。立法滞后，导致低保制度带有临时性和不稳定性的特征，强制性和普遍性不足，影响政策的执行程度。建议在总结实践经验和规律的基础上，提高城市最低生活保障制度的立法层次并加快农村最低生活保障制度立法。

（2）建立科学合理的分类救助标准

中国《城市居民最低生活保障条例》规定“城市居民最低生活保障标准，按照当地维持城市居民基本生活所必需的衣食住费用，并适当考虑水电燃煤（燃气）费用以及未成年人的义务教育费用确定”。农村最低生活保障标准要维持当地农村居民基本生活所必需的吃饭、穿衣、用水、用电等费用。由此可见，中国最低生活保障制度救助标准比较笼统，没有详细划分低保群体内部的不同需求。建议政府进一步总结归纳低保群体内部的不同特点和需求，建立更加科学、合理的分类救助标准，使最低生活保障更具针对性，更好地满足低保群体的需求。更为重要的是，要对有劳动能力的低保人员提供就业帮扶，鼓励其积极就业。这样既可以增强低保对象的自立能力，帮助其逐步摆脱贫困，又可以减轻低保制度的压力，避免“养懒汉”。

① 韩克庆、刘喜堂：《城市低保制度的研究现状、问题与对策》，《社会科学》2008年第11期。

(3)建立严密的家庭经济状况调查制度

城市居民最低生活保障制度中，管理审批机关可通过入户调查、邻里访问以及信函索证等方式对申请人的家庭经济状况和实际生活水平进行调查核实。农村居民最低生活保障制度中，由村委会对申请人开展家庭情况调查，并组织村民会议或村民代表会议进行民主评议。武汉市已实现人社、公安、房管、工商等相关单位的信息对接、资源共享；核查人口户籍、婚姻、殡葬、残疾信息等家庭基本信息，房产、土地、车辆、工商登记、农机等财产信息，社保缴纳、社保金领取、公积金缴存、公积金贷款、财政工资、出租司机从业等直接或间接反映收入状况的信息。通过核对，准确掌握申请社会救助家庭的经济状况，提高最低生活保障制度的审批精准率，力求精准施保。在受助者享受低保待遇期间，还要对其家庭经济状况进行定期或不定期调查，根据其经济收入状况确定是否需要调整或取消低保待遇。此外，资格审查制度在确保严密的同时也要人性化，应充分考虑申请者的尊严和申请便捷性。

(4)尽可能以非现金形式提供低保待遇

美国的“食品券”计划，日本的医疗服务等，都是以非现金支付形式提供生活救助待遇的范例。武汉市低保制度可在借鉴这些国家经验的基础上，根据低保群体的需求，以提供服务和发放“生活券”的形式提供一部分最低生活保障待遇，可减少“冒领”低保待遇的现象及部分低保对象拿低保金进行赌博、吸毒等挥霍行为，避免国家资源的浪费。

(5)鼓励社会组织参与

除了国家负责的生活保障制度外，英美的教会、日本的民生委员会等，都是参与生活救助的重要主体。我国《城市居民最低生活保障条例》中指出城市居民最低生活保障制度应坚持国家保障与社会帮扶相结合的方针。《国务院关于在全国建立农村最低生活保障制度的通知》(国发〔2007〕19号)也提出坚持政府救济与社会互助相结合。现实中，我国社会组织参与生活救助较少，主要还是依靠政府组织实施最低生活保障制度。政府应改善社会组织的发展环境，并积极引导社会组织以捐款、捐物、提供服务和就业岗位等方式参与到生活救助中，与政府共同承担起生活救助责任。

(二) 典型国家医疗救助制度比较及启示

医疗救助作为保障贫困人群健康权的最后一道防线，在世界各国均备受关注。各国因国情的不同,医疗救助模式也大有不同。目前,中国政府通过财政拨款、社会捐助等多渠道筹资逐步建立了城乡医疗救助制度,对城乡最低生活保障人员及其他特殊困难群众给予医疗费用补助,社会整体医疗水平得到了显著提高。但是中国医疗救助仍然存在资金不足、区域差距明显、覆盖范围不广等问题,一部分社会困难群体仍游离于医疗救助范围之外。因此,笔者对国外医疗救助制度的救助对象选择、救助项目、筹资及运作方式等进行了具体分析,以期借鉴国外相关经验,推动武汉市进一步完善医疗救助制度。

1. 美国的医疗救助制度

美国的医疗救助在制度设计、救助原则、救助理念和模式上都与中国存在较大的差异。首先看救助对象,美国的医疗救助对象分为强制性和选择性两种形式。强制性医疗救助对象由联邦政府规定,主要包括贫困家庭的儿童、孕妇,以及领养儿童资助受益者、特殊的受保护群体等。选择性医疗救助对象由各州自行决定,一般为残疾人、收入水平在贫困线以下但达不到强制性医疗救助标准的老年人、因病致贫者等。

在救助项目方面,美国为贫困人群设计了专门项目,即贫困人群医疗救助项目 Medicaid。各州提供的救助项目有差异,但是基本的医疗服务内容相差不大,主要为住院和门诊服务、X 光检查和体检服务、家庭保健计划服务和设备供给。救助项目的范围体现了“高医疗费用风险救助”的理念,即为避免后期的高医疗费用风险而在前期加强基础性服务,以改善贫困人群的健康状况。

就医疗救助的资格认定和管理而言,美国坚持动态审核机制。医疗救助申请者须要经过权威部门的经济调查,对其财产、工资、保险等多个经济项目进行严格审查,对不符合救助标准的不予救助。另外,美国对受助者建立统一的信息库,实时监控其经济、医疗、教育等信息的变化,对医疗救助数据进行分析和评估,判断受助者的实际情况并展开进一步的援助。

就筹资模式来说,美国医疗救助资金来源于联邦政府和州政府两部分,联邦政府和州政府各自所需承担的资金通过法律予以确认。联邦政府对各州的资助以各州的人均收入水平为基础,主要依据公式 $P = 1 - 0.45(State\ PCI/U.S.\ PCI)$ 进行计算。公式中,P 代表联邦政府的资助比例,State PCI 为州人均国民收入,U.S. PCI 为联邦人均国民收入。对人均收入水平高于全国的州,50%是最小的资助比例。这样的筹资模式使得各州可根据自身的经济状况、居民健康状况来调整救助的标准。

在运作方式上,美国提供医疗救助的方式主要为管理式医疗救助。管理式医疗救助的主要特点是将费用管理和服务提供融为一体,每个管理式医疗救助组织除了负责收集、管理保费,还掌管着自己的医疗资源和医疗系统。医疗救助对象自愿加入,当州政府支付人头费后,救助对象便可享受本组织内的医院和医生提供的综合服务。救助对象不需要与医院和医生发生直接的经济联系,补助费用由管理式医疗救助组织与系统内的医院和医生进行结算。这样的运作方式真正提高了贫困人口医疗服务的公平性和可及性。

2. 英国的医疗救助制度

在医疗救助立法上,英国是历史最早、内容较完善的国家。1601 年《伊丽莎白济贫法》的诞生标志着国家开始组织济贫事务,也是西方最早以法律形式确定的社会救助制度。此后在 1834 年,英国又颁布了新的《济贫法》。随着新情况的出现,在 1976 年颁布了《补充救助法》。

目前英国的医疗体制被称为国家卫生服务体制(National Health System,简称 NHS),这种体制主要由政府提供医疗保健,以财政预算安排国民健康保险支出。英国的救助政策详细规定了享受各种资助的资格条件,对低收入者、高龄者、残疾者、无收入失业者等特定群体,提供普通的免费医疗服务和确立了“基本医疗服务包”项目外,还给予一些需个人自付的医疗费免除,包括药品费、牙医费、挂号费、手术材料和部分麻醉费等。英国医疗救助制度的救助项目主要包括社区医院上门护理、上门保健服务以及优先服务等。其医疗救助资金构成的 82%来自政府财政拨款,12%来自国民保险税,其余部分来自社会及慈善机构的捐款和其他收入。

英国医疗救助有严格的审批机制和约束机制,一旦查出弄虚作假者,将处以费用 5 倍的罚款;对挪用、滥用救助专项资金的人员及组织予以严厉的惩罚。英国医疗救助政策的总原则是:有能力承担费用者必须自己支付,没能力承担费用的可以获得救助。人们的支付能力标准除了收入等经济指标外,还考虑居民的健康状况,需长时间在家卧床护理的患者可享受救助的资金上限最高,老年人其次,其他人最低。

另外,英国的慈善事业兴起于中世纪时期,悠久的慈善传统为慈善组织参与医疗救助提供了动力。完善的法律制度也为慈善组织参与医疗救助提供了法制保障,1998年英国政府与慈善委员会签署《政府与志愿及社区组织合作框架协议》,确立了对民间慈善组织的帮扶政策以及民间慈善组织和政府的对等关系。政府大力扶持慈善组织发展,并着力推进其医疗救助进程,各自发挥比较优势,共同促进了英国医疗卫生事业的发展。

3. 德国的医疗救助制度

德国采用的是社会医疗保险救助模式,对于低收入群体和其他特定群体的医疗救助采用政府资助其参加强制医疗保险计划和在其就医时减免自付费用相结合的方式。如失业者的医疗保险费由劳动局支付;养老金领取者的医疗保险费由养老保险机构承担;儿童的保险费由政府财政预算资助;雇员的子女和无工作的配偶不需要交保险费,也可以享受医疗保险待遇。德国的医疗救助主要对一般低收入家庭和特殊困难家庭,对高龄、残疾、生育等特殊需求者,救助标准比一般标准高50%。投保人的收入一旦超过一定水平,就将其从原来的救助名单中排除。德国自付费用的多少与个人的收入相关,政府要求疾病基金在低收入者接受医疗服务时,为其免除自付费用或设立自付费用的最高限额。

这样的医疗救助制度强调互助共济、社会的团结与平等,医疗保险投保人缴纳保险费主要取决于经济收入,而享受的医疗保险服务却不因缴纳费用的多少而不同,高收入与低收入者间互助共济,充分体现社会医疗保险的公平性。

德国的医院按照级别和层次分为社区服务医院、跨社区服务医院、中心医院和大学附属医院4级,其医疗服务提供方式是门诊和住院分开的,采用不同的支付方式,门诊服务实行总额预算下的按项目付费,超过总额预算部分,医疗保险基金不予支付。住院医疗服务费用结算办法采取年度预算制,即根据下年度预期的病床占有率和每天的住院医疗费用计算出下年度的总预算,这样使得医疗救助资源的利用更高效。

4. 法国的医疗救助制度

法国的现代社会保障制度借鉴了英国的“贝弗里奇模式”和以德国为代表的“俾斯麦模式”。法国于2000年1月开始实施《普惠制医疗保险法案》,规定每个公民都享有参加公共医疗保险的权利,年收入低于7775美元的人不缴纳参保费用。法国实行为低收入者全额报销医疗费用的公共医疗保险计划，对于低收入边缘群体则由国家为其购买补充的自愿医疗保险援助计划，帮助其支付自付部分的医疗费用，并且商业医疗保险也为贫困人群提供一定的经济补偿。

就医疗补偿标准而言，法国按医院性质确定病人担负的医疗费用比例，医院分为公立医院、定点私立医院和普通私立医院。在非定点私立医院就诊，社保局对其费用报销的比例较低，如果患者在公立医院、定点私立医院就诊，社保局报销的医疗费用和药品费的比例分别达70%和65%。

5. 日本的医疗救助制度

日本把社会救助制度通称为生活保障制度，现行的医疗救助体系从属于生活保障制度。困难家庭或个人提出医疗救助申请后，政府要对其进行"自立调查"，对申请人拥有的所有财产进行评估，看其是否充分发挥了自己的潜能来克服目前的贫困状况。享受最低生活保障的家庭或个人只能在政府指定的医疗机构就诊，当其支付医疗费用使收入低于当地最低生活标准时，由政府指定医疗机构免费医疗或者支付现金给予帮助，即实物救助和现金救助并举。

医疗救助的项目主要包括六个方面：提供救助诊查，药品以及医用材料、医疗器械等，医学处置、手术及其他治疗术，居家疗养的管理与看护及陪同人员的帮助，医院或诊疗所入院看护及陪同人员的帮助，受救助者的运送。医疗救助标准根据各地的医疗救治水平和物价水平确定，并根据大、中、小城市及农村等地域范围依次划分为六类标准。

日本医疗救助的资金来源由国家税收负担，其中中央政府负担四分之三，地方政府负担四分之一，还有一部分来自社会募捐的资金。日本的医疗救助的管理、实施机构有中央厚生劳动省设立的救助司与社会司，地方有各都、道、府、县设立的民生委员会，基层中在每10万居民的地区政府设立社会福祉事务所。此外，还有负责社会募捐及医疗救助实施的共同募金会和红十字会。而承担医疗救助的医疗机构是由社会福祉事务所负责指定，所产生的费用由指定医疗机构向社会福祉事务所全额申报。

6. 典型国家医疗救助制度的启示

（1）注重资格认定，从审核上把控医疗救助的规范性

由于医疗救助不以个人缴费或其他贡献作为前提的公益性质，因此必须对救助对象进行严格的资格认定，避免资源的错配，使得真正需要救助的

弱势群体及时得到帮助。而中国在实践中往往将医疗救助对象的范围等同于城乡低保家庭成员和五保户，很多低收入家庭和流动贫困人口得不到医疗救助，并且容易出现隐瞒实际收入的“搭便车”现象。针对上述问题，武汉市应利用大数据平台配套设立完备的家计调查，制定全面系统的认定程序，并建立严格的审批和约束机制，根据申请者的经济状况确定援助金额；救助资格的事后管理建立违规操作的惩处机制，对于弄虚作假者给予经济处罚和信息公开，在起点上把控医疗救助的规范性。

(2)扩大救助覆盖范围，提高弱势群体医疗救助服务的可及性和公平性

虽然民政部在2015年公布的《关于进一步完善医疗救助制度全面开展重特大疾病医疗救助工作的意见》中将最低生活保障家庭成员和特困供养人员纳入医疗救助范围，还表明逐步将低收入家庭的未成年人、老年人、生活无法自理人员等纳入救助范围，但是其实对于流动人口中的贫困人口、外来务工人员以及难以负担高额医疗自付费用的边缘群体，也应提供相应的医疗救助计划，保证其医疗服务的可及性和公平性，扩大现有的救助覆盖范围。

另外，武汉市在医疗救助中设置的起付线、封顶线、共付比例等成本控制措施实际上限制了弱势群体对医疗服务的利用，而发达国家大部分是采用对低收入群体提供免费服务或费用减免的方式，以保证医疗服务的最终享有。考虑到武汉市的市情和财政长期负担，应放缓泛福利性的“普遍提待”，而是实现医疗救助资源部分倾斜，可差异化提高对老人、儿童和残疾人等群众的保障水平；同时，对医疗费用经济负担较重的人群加大大病救助“二次补偿”，对于治疗大病不可替代的贵重药品、检查诊疗费用也应逐步纳入到大病救助范围中。

(3)救助项目的多样化，注重前期保健和门诊救助

武汉市医疗救助是以住院救助方式为主，兼顾门诊和临时救助。同时武汉市医疗救助项目主要倾向于重大疾病，很少提供预防性初级健康服务等。一方面，武汉市应更加注重基本卫生保健服务和门诊救助，提高弱势群体的保健意识，防止“小病变大病”和“因病致贫”的现象。另一方面，武汉市的救助形式应朝着多样化方向发展。发达国家的医疗救助不仅包括资金层面，比如医疗救助费用减免、补贴、补偿，还包括实物层面的医疗器械与药品救助，也包括服务层面的医疗保健知识与技术援助。另外，国外医疗救助的

内容包含两个层次:基本医疗救助包和高层次的保健、护理等,涵盖穷人、老人、妇女、儿童、残障人士等弱势群体。

(4)改革费用支付方式,加强供需双方的费用控制

由于目前存在医药费用大幅上涨,道德风险引致过渡的医疗服务消费,造成大量医疗救助资金被不合理消耗,往往需要对供需双方进行费用控制。武汉市对于需方控费机制主要为起付线、封顶线和报销比例,这样低收入者就诊时产生的自付金额将降低其医疗服务的可及性。而英国、德国则是通过严格控制医疗救助享有资格的方式控制医疗费用。

对于供方的费用控制,武汉市可以改革单一的按服务项目收费的支付方式,借鉴国外的按人头付费来对门诊费用进行控制,对住院医疗服务采用总额预付和按病种支付的方式,从而增强供方的费用控制意识。这些发达国家采取的付费方式使得无论实际花费如何,医疗机构只能从医疗服务出资者那里获得定额补偿,即医疗救助者不与医院发生直接的经济关系。那么医疗机构就会根据病人的实际情况决定治疗方案及药品使用,而不会出现过度检查、开"大处方"、乱收费等问题。

(5)完善社区卫生服务,实行社区首诊制和双向转诊制

通过对国外分级诊疗制度的借鉴,武汉市应根据本市医疗救助现状,尽快发展完善社区卫生服务,实行社区首诊制和双向转诊制,满足贫困人群基本卫生服务需求,强化慢性病管理,从而节约未来预期的医疗救助费用支出。在医疗救助中实现有序就医而非趋上就医有利于控制医疗费用,减轻弱势群体的费用承担和地方政府的财政压力,有效引导医疗资源的公平、合理配置。

(6)明确对医疗救助资金的投入,拓展筹资渠道,引导社会力量及慈善组织参与医疗救助

为提高医疗救助制度的有效性,必须保证其稳定和充足的资金来源。中国的医疗救助资金主要来源于地方政府,这样一来,经济发展相对落后的中西部地区的地方政府财政压力巨大,从而中国医疗救助投入呈现区域性差异。我们可以借鉴美国的做法,考虑通过法律明确各级政府对医疗救助资金的投入,以及强化中央政府的责任,加大中央财政资金投入比重,加强医疗救助资金转移支付的制度化建设。同时,采取多方筹资方式,进一步扩大医疗救助资金的筹集规模,大力发展民间捐赠,带动社会各界的积极性,

例如企业、慈善基金、国际组织等。

关于慈善机构参与医疗救助方面,主要有美国的民间主导模式和英国的政府—民间合作模式。通过发达国家的实践经验,武汉市首先应明确政府与慈善组织的责任边界,给予其自由发展的空间和提供资金扶持和政策支持,加快相关法律法规建设,健全慈善组织医疗救助运行机制,构建官民医疗救助合作机制。慈善组织参与医疗救助,将救助的对象大多集中于未被纳入政府医疗救助范围的"贫困边缘人群"和部分"因病致贫"的困难群众,扩大了救助范围,提高了救助力度,切实改善了底层民众的医疗问题。

(三)典型国家教育救助制度比较及启示

根据李文静《结合国外教育救助制度论中国教育救助制度的发展》和郭玲《从国外教育救助谈中国教育救助的再发展》文中所述,新加坡及美国是当前世界上实施教育救助效果较好的国家,中国香港地区的教育救助也开展较好。

1. 新加坡的教育救助制度

新加坡从 2004 年开始推出"幼稚园经济援助计划",以保证贫困儿童不会因为家贫失学,这在一定程度上减轻了父母的经济负担并保证了贫困家庭的父母再就业状态。而且新加坡非常重视对困难群体和底薪家庭子女受教育的经济资助,2006 年,新加坡为自助团体投资 200 万新元做进取基金,给低薪家庭提供较高额度的入托和学生托管津贴,其目的是为幼儿教育提供充足的津贴,真正减轻低收入家庭的经济负担,使教育救助从幼儿时期就开始实施。

除此之外,新加坡于 2004 年实施了买房与教育扶贫计划,为的是鼓励低薪年轻的夫妇维持合适的家庭成员数量,以集中精力确保自己的孩子有更大的成才机会,防止刚成家的年轻人掉入"房奴""孩奴"的窘境。

通过新加坡实施的教育救助制度可以看出,新加坡的教育救助范围较广,从幼儿时期就开始关注。同时,为了确保教育救助的成功实施,从根本上对于困难家庭实施买房扶贫计划,以此来减少需要教育救助的学生群体数量,这样不仅能够减少国家对于教育救助一味的资金投入,还能够从根本上使教育救助真正帮助到需要救助的贫困家庭子女。

2. 美国的教育救助制度

美国 1965 年制定了《初等和中等教育法》。法案规定:"政府政策向服务于贫困和低薪家庭幼儿分布区域的教育部门提供教育救助,对教育环境处于劣势的儿童,他们的特定教育需求,要发动专业人士为其提供适当学龄前教育计划及入学教育计划。"美国经济计划署倡导制定了"先行计划",为全美贫困群体儿童开设了旨在开启3—5岁儿童的智力,发展他们的语言能力,努力开发贫困幼儿的认知能力的学前教育活动,以确保他们在入学之后能正常学习。

美国国会1979年审议通过的《教育部机构法》提出要保证"政府承诺的人人都能得到平等教育机会的诺言可以实现"。美国在1990年又提出"学前教育计划",要求对贫困儿童施行补偿教育。实质是将更多的钱、更多的教育投入引向贫穷幼儿,以达到"教育结果平等"。美国前总统布什在《美国2000:教育战略》中提出:"建立'总统学业优异成就奖'和'总统成绩奖学金',颁发给美国考核中成绩突出的中学生,家境贫困但学业成绩优良的大学生。"

为了让贫困学生可以平等享有接受高等教育的机会,拥有选择学校及专业的权利,美国政府提高了资助学生的贷款额度。2000年美国64%的学生靠贷款上大学。克林顿总统于2001年1月公布了巨额入学机会税额减免计划,筹款300亿美元帮助进入大学的贫困学生支付学费。

美国的教育救助也是从幼儿阶段就介入,并且逐步完善至大学阶段,在长时间的教育救助发展过程中,美国教育救助体系已非常的完善,注重教育救助的教学内容,注重教育救助的质量,注重教育结果平等,在帮助困难家庭子女得到受教育的机会的同时,真正能让教育面向全体民众。

3. 中国香港的教育救助制度

自香港回归后,香港特区政府由2008—2009学年起,每年斥资10亿至12亿美元,将免费教育由9年伸延至高中12年,特区政府将按学生人数为学校提供"基本半日制单位资助"。香港一直坚持"低税制、低福利、高发展"的政策,在教育救助方面,不仅如同上文提到的美国一样建立了从幼儿园到大学的教育救助模式,而且最大的特色是许多香港地区非政府组织较多地参与到教育救助领域中来。针对教育救助,香港特区政府不仅给予贫困家庭各种必要的教育补贴,还通过教育局在学生辅导等方面提供支持。

(四)典型国家住房救助制度比较及启示

1. 美国的住房补助制度

住房补助是美国联邦政府为了解决低收入阶层住房短缺和住房条件恶

劣问题而建立的援助计划。在20世纪70年代以前,美国住房援助计划主要采用政府资助建造公共住房并提供租金补贴的方法。从1974年开始,美国政府把住房补助的主要方式转变为向私人房产主提供租金补贴,也就是说低收入家庭只需向房主缴纳收入固定比例的房租,其余部分租金由政府承担。目前美国住房补助主要包括以下三个方面:

(1)提供低租金公共住房

低租金公共住房的房屋租金一般要低于一般住房租金的一半。美国联邦政府规定,只有年收入低于中等收入水平的80%的家庭才可以购买或租用这些公共住房。而实际上,一般只有年收入低于中等收入水平50%的家庭才有资格购买或租用公共房。公共住房由地方政府建造和管理,资金由联邦政府资助。1969年美国联邦法律规定,联邦政府负责公共住房一半的运营费用。

(2)租金补助

租金补助是向贫困家庭提供住房租金补助。贫困家庭可以自由选取居住地,也可以自由选择是租用公共住房还是私人住房。这也是为了避免贫困人口集中居住容易引起社会问题,同时也可以通过现有住房有效解决低收入者住房问题,减轻政府的负担。

(3)税收减免

即联邦政府减免低收入者出租房的税收,这也是联邦政府间接帮助低收入租户的方式之一。

2. 新加坡的住房救助制度

新加坡是东南亚地区成功解决住房问题的典范,是世界上公认的住房问题解决得最好的国家之一。借鉴新加坡住房救助制度的成功经验,对完善武汉市住房保障制度有重大启示。

新加坡自1964年推行居民有其屋计划,为了帮助低收入群体购买住房,新加坡于1968年推行公共住房计划。为保证该计划的顺利实施,新加坡建立了独具特色的中央公积金制度。这是一项全面的强制储蓄制度,规定雇主和雇员都必须以雇员的薪金为基数,按照法定的公积金缴纳率将个人月薪的一部分存入中央公积金局的个人账户。完备的公积金制度成功运用了人们的储蓄,为国家提供了住宅建设资金。同时,低收入者可以动用公积金普通账户的全部存款加上每月缴纳的公积金来购买房屋,如果存款不够的话,可以向建屋发展局申请贷款,用来偿还未来缴纳的公积金。对于极端困难的家庭,新加坡提供高补贴的廉租房。

(五)典型国家灾害救助制度比较及启示

灾害社会救助已经引起世界各国的重视,各国都在积极致力于建立完善的灾害救助体系。美国、日本作为自然灾害严重的国家,在长期的防灾救灾实践中建立起了一整套成熟的灾害救助体系。

1. 美国

美国是一个自然灾害高发的国家,所遭受的灾害主要包括江河洪水、风暴潮、海啸、地震、台风与强风、滑坡等。

美国主要的联邦灾害管理机构为1979年4月成立的联邦紧急事务管理局(FEMA)。在“9·11”事件之前,FEMA是一个相对独立的小型机构。2003年3月,该局随同其他22个联邦机构一起并入2002年成立的国土安全部,成为国土安全部4个主要分支机构之一,但仍是一个可直接向总统报告、专门负责重特大灾害应急的联邦政府机构,由美国总统任命局长。当前美国灾害管理机制的特点是:统一管理、属地为主、分级响应、标准运行。在美国,当发生灾害后,首先由所在州进行救援。联邦政府只是“当灾难的后果超出州和地方的处理能力之外时,提供补充性的帮助”。当州提出援助请求后,FEMA在当地的事务局会评估当地损失,向总统提出建议报告,总统据此决定是否发出救援命令。命令一旦发出,政府机制将会通过FEMA进入紧急状态,一系列应急机制将会运转起来。比如联邦政府将承担灾害所在地建筑、公共设施损失75%的费用。对于个人受害者,政府会通过地震保险、风灾保险、洪水保险等进行救济。对于那些无力购买保险的人员则提供个人援助,如对于无家可归者提供18个月的临时住宿,同时给予12500美元的补助,确保其能够自救。

2. 日本

日本位于地震和火山活跃的环太平洋活动带,是自然灾害发生较为频繁的国家,主要的灾害包括台风等气象灾害和地震、火山喷发、山体滑坡、海啸等地质灾害。

2001年,日本中央政府机构重组,内阁府成为国家灾害管理的行政机构。为了改善和加强在巨大灾害、严重事件和事故等应急状态下危机管理的能力,新设立了“防灾担当大臣”的职位。中央防灾会议是日本最高的防灾决策机构,成立的目的是推进综合防灾措施,其主席由内阁总理大臣(首相)担任,全体大臣均为成员。在灾害发生时,日本中央政府和地方政府必须立即收集破坏的情况和规模等灾情信息,对其进行分析,并告知有关人员和机构。然后建立灾害应急对策实施体制。灾害应急对策的具体内容包括:提供有关避难的建议和指示,组织灭火,灾民救助,确保紧急运输以及公共设施的应急恢复等。在发生灾害的市町村和都道府县,必须设立灾害对策本部,并调动所有人力物力实施灾害应急对策。当大规模灾害发生时,中央政府可按具体情况设立非常灾害对策总部,由防灾担当大臣为总部长,或设立紧急灾害对策本部,由内阁总理大臣为本部长,以推进灾害对策的实施。灾害发生后,在国家层面,各省、厅的局长级官员立即到首相官邸集合。利用从有关机构获得的信息和防卫厅或警察厅用直升机拍摄的灾区破坏影像,用早期评估系统(Early Evaluation System,EES)即可了解具体灾情。在对灾情信息做出进一步分析后,立即向首相报告。当灾害规模超出地方政府反应能力时,警察厅、消防厅和/或海上保安厅可给予广泛的灾害应急援助,根据都道府县知事的请求,可派自卫队参与应急救援活动。中央政府还可以派遣政府调查团到灾害现场并在那里建立现场对策本部,以获得更详细的信息,便于及时采取对策。

3. 国外自然灾害救助的经验

(1)完善的灾害救助法律法规体系

重视法律法规在灾害救助中的作用,是西方国家灾害救助的显著特点。不仅颁布自然灾害的基本法、综合法,而且不断完善各项自然灾害专项法。美国1950年通过灾害救助的母法——《灾害救助法》与《联邦民防法》。1988年国会通过《罗伯特·斯坦福救灾与应急救助法》(简称《斯坦福法》),《斯坦福法》涵盖灾害的应急和灾后救助等内容。其后,各州依据《斯坦福法》分别制定了符合地方特色的法规,作为地方政府救灾行动的依据。2004年,美国国土安全部制定了正式的《国家紧急响应计划》,这对完善美国联邦救灾体系具有重要意义。该计划将各种紧急应对计划揉合成一个有机的整体,整合了预防、准备、响应、复原等环节以及危机管理和后果管理。同时,美国还有针对洪涝灾害、地震灾害等的单灾种法规条例。日本形成了《基本法体系》《灾害预防法体系》《灾害恢复、重建及其财政金融措施法体系》等灾害救助法律体系。在日本与灾害有关的200多种法律中,起核心作用的法律是1961年颁布的《灾害对策基本法》,这也是现行的一部救灾专门的法律。《灾害对策基本法》针对以往防灾体系的不完善,对其从立法上进行修正,首次将各种灾害对策加以系统化,并在不同时期针对本身不足的部分进行修正,使得该法与既有的法律体系有机结合。其内容可以概括为:明确防灾责任,整合防灾行政措施,有计划的推行防灾活动,巨灾财政援助及应急响应等。此外,日本比较重要的防灾抗灾法律还有:《灾害救助法》《非常灾害对策法要纲》《灾害对策基本法》《地震保险法》《大规模地震对策特别措置法》《特定非常灾害灾民权益保护特别措置法》《灾民生活重新安排支援法》《防洪法》《河川法》《防冲刷法》《海岸法》《森林法》《滑坡防止法》《治山治水紧急措置法》《活动火山特别措置法》《非常金融公库法要纲》《气象业务法》等二十八项。目前,日本已经形成了从灾前预警、灾中救助到灾后重建等一系列完整法规。

(2)成熟的灾害保险体系

发达国家对巨灾保险的发展给予了很大的支持。日本农业保险模式是世界范围内成功的典范,政府法律支持和推动,强制保险和自愿保险相结合,政府补贴保费,作为农业保险后盾,接受再保险。美国推行的是以政府为主导的非营利性巨灾保险计划,1968年美国国会通过《全国洪水保险法》,政府与民营保险公司合作,由民营保险公司销售洪水保险,洪水保险基金由保险费和财政部的贷款构成,政府是风险最终承担者。

(3)广泛的灾害救援主体

国外的灾害救援中政府和群众各显其能,发挥自身优势,科学有效地相互配合。灾害发生时,不仅政府积极参与灾害救援,公众也通过NGO等组织参与。例如美国约有30多个法律承认的可参与灾害救助的志愿者组织,美国公民协会将公民组织联合在一起,通过教育、培训来维护社区安全,他们将在灾害救助中提供帮助。除此之外,美国国土安全部的主要机构及救援机构在救灾时与私人部门分享信息,统一使用资源,应对突发灾害。私人部门可通过协定提供救灾资源,包括专业救灾队伍、设备和先进技术。日本灾害救援志愿者总部分为总务部门、公关部门和志愿者部门。总务部门主要负责在救援活动之前调配和管理物资器材,与其他相关部门协调联系。公共部门的任务包括收集和提供受灾信息,发放宣传单,向居民发布救援物资募捐信息等。志愿者部门要负责设立和管理休息场所,统计各受灾地区的志愿者需求情况。志愿者在灾害救援现场必须按照领队命令,统一行动。食宿也要严格按照规定,一切行动听从指挥。

第五节　完善武汉市社会救助制度的政策建议

一、完善武汉市最低生活保障制度的建议

(一) 科学设置低保标准增长机制,缩小城乡低保差距

低保群众作为社会弱势群体,应当共享经济社会发展成果。因此,需要科学统筹经济增长与低保标准提高的关系。建议在财政承受能力内,使低保标准的提高与人均 GDP 和人均可支配收入的增长保持一致。低保制度主要保障低保群众的基本生存需求,基本生存需求即衣食住行,随着城乡市场的日益一体化,基本生存消费支出的城乡差距日益缩小。建议武汉市适当提高农村低保标准,缩小低保标准的城乡差距,实现城乡统筹发展。在武汉市财政实力允许的情况下,可借鉴南京、宁波、厦门、深圳等地经验,统一城乡低保标准。

(二) 构建发展型低保制度,积极推进有劳动能力的低保群众就业

单纯依靠低保资金的救济无法从根本上消除贫困。因此,要改变传统的做法,构建发展型低保制度,既要维持生存更要促进发展。在保障低保群众最低生活的基础上,鼓励并帮助有劳动能力的低保群众就业。建议从以下几个方面入手:首先,在保障标准上进一步扩大有劳动能力的低保群众与无劳动能力的低保群众之间的差别,在低保待遇支付方式上尽量避免对有劳动能力的低保群众直接提供现金,可通过积极发展社区服务和公共服务,为有劳动能力的低保群众提供临时就业岗位,将低保救助金转化为劳动津贴;[①]其次,民政部门协同人社部门对有劳动能力的低保群众进行就业帮扶,开展免费就业培训,提高他们的劳动技能和社会竞争力,采取就业补贴、自

① 李迎生、肖一帆:《城市低保制度运行的现实困境与改革的路径选择》,《江海学刊》2007 年第 2 期。

主创业补贴和岗位推荐等措施，鼓励其积极就业。这可以从根源上帮助低保群众解决贫困问题，也有利于促进最低生活保障制度的可持续发展。

二、完善武汉市农村五保供养制度的建议

（一）高度重视农村五保供养工作

五保对象是农村最贫困、最弱势的群体，他们的生活理应由国家给予保障，共享改革、发展成果，共同进入小康社会，真切感受到社会主义大家庭的温暖。做好这项工作对于健全社会保障体系，保障公民的基本生活，构建和谐社会，维护社会稳定，具有十分重要的意义。各级政府，要高度重视五保供养工作，认真研究新形势下农村五保供养工作面临的新情况、新问题，要坚持城乡一体，协调推进的原则，将该项工作纳入社会主义新农村建设的总体规划和议事日程。乡镇（街道）要切实负起管理主体责任，维护五保（孤儿）对象合法权利。

（二）建立农村五保供养标准自然增长机制

坚持五保供养标准与经济社会发展水平相适应，建立五保供养标准自然增长机制。农村五保供养标准不得低于当地居民的平均生活水平，并根据当地居民平均生活水平提高和物价变动情况适时调整。同时，要逐步落实农村五保对象残疾人的残疾补贴政策。

（三）落实医疗扶持政策，解决供养对象治病难题

按照《湖北省社会救助设施办法》（湖北省人民政府令第 374 号）精神，结合武汉市农村五保医疗实际，进一步配套五保医疗政策，制定出台实施细则，解决农村五保供养对象就医的门诊费、住院治疗费、护理费等问题。争取省市政府的大力支持，建立专项资金。对五保老人一般性疾病逐步实行零收费，对重大病症进一步提高救助标准，取消个人支付治病费用。

（四）加大经费投入力度，解决农村福利院聘用人员薪酬待遇和运转维护经费难等问题

为了更好地保障农村五保供养服务机构（农村福利院）正常运转，不断提高管理服务水平，争取市政府出台农村五保供养服务机构（农村福利院）聘用人员薪酬待遇和运转维护经费保障意见。统一制定聘用人员薪酬待遇、机构运转维护经费具体标准。对资金保障、人员配备作出明确要求。从根本上解决五保供养机构（农村福利院）工作人员和运转维护经费保障难的

问题,从而提升农村福利院管理服务能力。

(五)妥善处理集中供养与分散供养的关系,积极探索区域性中心福利院和五保村建设

积极探索农村福利院改革,逐步推进农村福利院向区域性中心社会养老服务中心转变。市级将集中财力、物力分批分期资助有条件的农村福利院建设成集养老、医疗、健身、文化娱乐、社会活动为一体的多功能、高标准的福利院,逐步提高集中供养水平。出台代养社会老人规范性管理文件,鼓励有条件的农村福利院开展代养社会老人,吸纳社会资金,开展有偿服务。各区也可以结合实际,整合农村福利院资源,探索跨行政区划供养模式,提升集中供养率,从本质上提高农村福利院的整体水平。建立协作服务机制。支持城市公办养老机构与农村福利院建立长期稳定的对口支援和合作机制,采取人员培训、技术指导、设备支援等方式,帮助其提高服务能力。积极探索五保村建设,解决分散供养对象住房难问题。在五保户较多的村或较大的自然村,由村委会无偿划拨土地,市、区、乡镇投入资金兴建五保户集中供养点,将附近居住且住房破旧、生活困难的五保户集中到五保村供养,并由村委会具体负责五保老人的生活保障。实行分散供养的五保对象自我管理,自我服务。

三、完善武汉市医疗救助制度的建议

(一)建立健全社会救助法律体系,规范医疗救助制度运行

医疗救助是社会救助大框架下的一个专项救助,武汉市医疗救助反映出来的问题是“表”,而不是“本”,为了解决制度运行存在的根本问题,首先要完善制度的顶层设计,用严格的法律规范作为权威的依据保障制度的运行。因此,武汉市应向上级建议尽快推动专门的《社会救助法》及专项救助法律的出台,这是十分必要且紧迫的任务。一方面,在依法治国全面推进的大背景下,《社会救助法》及医疗救助专项法律的制定要明确中央和地方各级政府的职责并合理划分财政负担,对社会救助的实施主体、权责义务、覆盖范围、对象选择、救助标准、救助水平、保障期限等方面进行规范,使救助工作有法可依。只有形成健全的社会救助法律体系,才能更好地发挥出制度的效能,从而保证医疗救助公开、公平、公正,进一步提高制度的权威性和公信力。同时,还要完善相关法规,强调建立医疗救助制度的监督机制,包括对医疗救助机构及其从业人员的监督、对救助资金筹集与核算的监督、对医疗救助的公正度进行监督、对医疗救助的效益进行监督等。通过严明法纪与惩罚措施才能确保医疗救助制度的依法有序运行，杜绝在救助实施过程中出现如医药勾结、乱收费等各种违规违法现象，提供真正稳定的安全预期。

（二）加大医疗救助资金的投入，提高医疗救助水平

从国外的经验看，政府在医疗救助制度建立和发展过程中扮演着至关重要的角色，政府将医疗救助视为政府职能的一部分，由政府主要负责救助资金的供给，从而保障城乡贫困人口患病时得到及时有效的救助，获得基本的医疗服务。医疗救助制度作为中国医疗保障制度的"最后一道保障网"，中央和地方政府都应加大投入力度，根据困难群众的现实需求逐步增加医疗救助资金，以减轻和解决城乡贫困人口的医疗负担，减少由小病拖成大病的概率。近年来武汉市有医疗救助需求的群众越来越多，进入救助范围的对象也进一步扩大，因此必须加大医疗救助资金的供给并重点加大对经济落后区域和重特大疾病多发地区的资金支持。具体来讲，在武汉市及各区的财政预算中，应明确规定用于医疗救助的专项资金，根据不同区域的实际需要和财力状况安排医疗救助资金，并列入年初财政预算。

另外，要提高重特大疾病的救助比例和封顶线，提高医疗救助水平。武汉市的经济发展在全国范围来讲可以算是中上等水平，在医疗救助资金供给有保障的情况下，建议封顶线可高于 5 万元，使贫困患者重特大疾病医疗需求基本上能够通过现有医疗救助制度解决，减轻其经济负担。由于疾病发生的特殊性，救助对象具有多样性，其实际的疾病经济负担有较大差异，也就决定了医疗救助需求的多样性。提供医疗救助时可以按照原因和困难程度的不同提供差异化的保障，制定不同的起付线或救助比例，做到突出重点、兼顾一般、分类施保。这样既可以较好地保障"三无人员""五保对象"等特困对象医疗卫生服务的利用，又可以满足各类人群对救助的不同需求，促进救助的结果公平。

（三）拓展救助资金来源渠道，建立救助资金增长机制

充足稳定的资金来源是保障武汉市医疗救助制度有效运转和正常实施的必要前提，但是政府的财政投入只能保证解决贫困群体的基本医疗服务，很难满足所有患重大或其他特殊疾病的困难人群的医疗救助，因此，建立一个可持续、多渠道的社会多元化资金筹集机制尤为重要。武汉市政府在强化自身责任,加大医疗救助资金投入的同时,还应积极动员武汉市民、企业、民间组织的力量共同参与,实行“政府行为,社会支持”的筹资政策。例如,医保基金、福利彩票、慈善基金、商业保险、社会捐助、爱心奉献等,建立多元化的筹资模式。慈善救助等社会资源对于医疗救助制度的援助可以起到一个“补位”作用,必须要加强对他们的引导,搭建一个政府和社会信息共享的平台,提供贫困患者的医疗救助信息以及社会组织提供援助的资源和项目等,使医疗救助对象能够及时获得慈善组织的补充援助,减少小病拖成大病的风险。

同时,随着人权观念的普及和新型社会救助体系的建立,未来中国社会救助的制度目标不能只局限于单纯的物质救助,必须把“人的发展”“助人自助”作为新型社会救助体系的基本理念,树立更加积极的制度目标,向多元化救助方向发展。在这种理念的指导下,政府要尝试在方法和手段上引入专业的社会工作者提供服务,对医疗救助对象进行心理疏导、生活帮扶、资源链接、能力提升等专业化、关爱型服务。

(四) 建立医疗救助工作联动机制,做好制度衔接整合工作

中共十八届五中全会公报明确提出,“要统筹救助体系,强化政策衔接,推进制度整合,确保困难群众基本生活”。医疗救助涉及多个部门,在执行中有关职能部门往往会出现责任缺失、各自为政的局面,难以进行有效协调,缺乏必要信息共享和交流。在实践中,医疗救助的工作应该以提高社会救助效率为原则,应进一步理顺部门职能,实现救助行政工作的有效衔接,形成社会救助工作的联动机制。如民政部门应当利用长期以来负责城市贫困人口生活的优势,依托工作网络,实施救助政策;财政部门做好医疗救助资金的筹集工作,保证救助资金的及时足额拨付;审计部门主要负责对医疗救助资金的使用进行监督和审计;卫生部门在医疗救助服务提供中具有重要作用。此外,街道办事处、居民委员会等也承担一定职责。各个部门之间应该加强社会救助数据和信息的交流,实现信息资源的有效共享,使覆盖城乡的社会救助制度发挥最大效率。

医疗救助应与基本医疗保险、大病医疗保险、社会福利等其他社会保障制度联动,协同发展。医疗救助制度和其他社会保障制度是相辅相成、相互促进的,医疗救助需要与医疗保险、社会福利乃至慈善事业、商业保险有机配合，在尊重各自规律和职能的条件下尽可能统筹规划、共同发展。只有厘清了社会救助和其他社会保障制度各自的职能，做好了制度的衔接工作，才有利于社会保障制度发挥最大效能。

四、完善武汉市教育救助制度的建议

（一）完善教育救助体系

武汉市教育救助在实施过程中，必须形成一个完整的体系，覆盖从幼儿园到大学各个教育阶段，并确立救助的目标和原则，从而更好地解决武汉市较为贫困家庭子女的就学问题，促进社会公平和社会和谐。

武汉市现行教育救助工作的总体目标是在尊重救助对象人格、发挥救助对象家庭自身能力的基础上，消除贫困生因贫困而辍学的现象，缩小教育差距，维护教育公平和社会的稳定，以此促进社会的进步。在实施教育救助过程中，需要以立法和制度为依据，以政府救助为主、以社会救助为辅，以贫困生为救助对象，以基层学校、志愿组织、专业救助工作组织为依托，以国家财政拨款为主要手段，积极利用社会资源，建立起义务教育阶段以“两免一补”资助为主，非义务教育阶段以“奖、贷、助、补、减”为主，社会救助为补充，优抚对象、残疾人、孤儿、灾民子女等特定对象救助为特殊形式，临时救助和社会救助相配套，完善的服务网络为载体，政策统一、项目协调、资金保障、对象明确、分类保障、运行高效、一体化，普遍、规范、完善、多层次全方位的教育救助体系。

（二）经费投入的后效性考量及管理

目前，教育救助的经费来主要源于政府的投入，这无法满足教育救助对于资金的需求。所以可以在教育救助经费上进行广泛的挖掘，例如可以通过建立社会教育救助机构，通过社会的救助，充分开展社会教育救助活动。首先，这需要政府在政策上的支持，开展政府性质的教育扶贫活动，改变人们对于传统教育救助的认识局限。其次，还要在武汉市多增加捐赠网点，使教育救助的理念能够传播到居民生活之中，倡导全社会的广泛关注与服务，以此来汇聚社会的力量，充实教育救助的资金。

武汉市要在教育救助的资金管理中严格实行和完善经费的拨款制度，通过不断完善经费的拨款程序和流程，从而使其越来越透明化。对于外界的各种捐款或投资，也要实行透明化的制度。同时，利用外界对学校的帮助,使学校的资源实现最合理的配置,从根本上解决教育救助在实施过程中存在的经费短缺问题。

(三)教育救助中充分实行素质教育、心理教育与学业教育并重

1. 要依法健全和完善学生辍学报告制度

中国的教育行政主管部门以及其他的相关部门,在每一年里都要做好每一个学校的失学情况的记录,并且,所有的统计数据和工作都要求客观性、真实性以及有效性。如发现有学生失学或辍学的情况发生,当地的相关部门应当及时给失学的学生发送复学通知书。对于16周岁内失学的学生出现拒绝回校继续上学的情况,教育救助机构应该对失学学生的心理及其行为深入了解,对症下药。

2. 改善教育救助学校的课程设置

对于受教育救助学生使用的教材要在统一基本要求的前提下进一步实现多样化,提倡各地编写适应当地受教育救助学生需要的教材。为配合义务教育课程改革,教育救助应因地制宜地选择好教学内容及教学目标。义务教育课程设置以文化科学教育为主,对于一定年级的学生,可以因地制宜地对这些学生开展技术或职业教育,以分科课为主,适当设置综合课;以必修课为主,并在初中阶段,有条件的适当没置选修课;要有一定的课时保证学生的实践活动,即劳动实践和社会实践课。在教育救助的过程中要适当减少必修课门数,增设选修课。了解学生的心理及其感兴趣的学科,根据不同的教育救助对象进行有针对性的辅导教学。除此之外,开展教育救助必须改善受救助地区办学条件,实现素质教育的标准化,完善受救助地区素质教育所需的基本设施和设备。

(四)改进教育救助管理机制

建立政府领导、民政部门牵头、有关部门协作的教育救助管理体制。武汉市各级人民政府应把教育救助工作纳入本级政府经济和社会发展中长期规划和年度工作计划,摆上重要工作日程,研究制定教育救助法规、政策,建立教育救助指标体系,实施教育救助定期公布制度,并定期督促检查。鉴于教育救助是社会救助体系建设的重要内容,民政部门作为政府主管社会救助的职能部门,要承担起牵头协调的责任,向政府提出教育救助工作的政策建议,统一协调教育救助工作的政策措施,研究制定教育救助中长期规划和年度工作计划并组织实施,会同有关部门起草教育救助方面的法律、法规和

政策文件,认真落实有关教育救助工作的具体事务。财政、住建、建设、公安、人力资源和社会保障、卫生和计划生育、税务以及工会、青年团、妇联、残联等有关部门和组织,相互配合,通力协作,各司其职,各负其责,分别履行各自所承担的教育救助职能,共同做好教育救助工作。

五、完善武汉市住房救助制度的建议

(一) 拓展公租房后期的管理资金来源

积极吸引社会资本进入保障房建设领域,形成多元的投资机制。武汉市可以采用多种筹融资相结合的方式,如可采用信托基金、公债等金融工具或运用 BOT、PPP 项目的融资方式筹集资金,积极开展公私合作,建立救助性住房投融资平台,由政府财政资金或民间投入作为资本金及主要注册资本来源,建立国有或混合所有的救助性住房投资机构,推动住房救助的运营。

(二) 明确各参与主体的责任,建立沟通协商与合作机制

积极落实"一门受理、协同办理"机制,住房救助工作应与其他救助工作积极联动,共享信息,协商合作。每一项救助工作均不是孤立的,例如住房救助对象的认定标准与低保户的认定息息相关,住房救助有关部门往往要对需要灾害救助的受灾群众提供住房保障。因此,民政部门、房管部门、财政部门、气象部门等各个政府机构需要建立沟通合作机制,明确各主体的相关责任,分工合作。

(三) 完善动态监管和弹性退出机制,增强制度执行的柔性

有效的监管流程包括档案管理、适时监管及准入退出机制。为保证居民信息管理系统的可靠、完善,应根据不同级别建立档案,标准要非常严格、管理也应该分级,使不符合条件的救助对象及时退出,符合条件的对象及时享受救助政策。还应成立专门的监管机构进行动态管理,对保障对象的收入情况进行定期检查并公示。不仅如此,应积极构建动态机制,将住房救助和居民的购房、就业等进行合理捆绑,引导住房救助对象自觉、自愿地退出住房救助制度。

(四) 采用住房券补贴,提高补贴效率

租金补贴难以保证补贴用于家庭住房支出上,相比较而言,住房券补贴能更有效地改善住房困难家庭的住房问题,提高住房救助的效果,准确有效

地改善困难群体的住房问题，提高了住房救助补贴资金的使用效率。

（五）多渠道筹集住房救助的房源

武汉市保障房的供应数量和质量有待提高。由于保障房还需要政府投入资金、人力、物力进行建设，其资金主要靠住房公积金增值收益以及公房销售获得房款的余额部分，这样的资金来源是不可持续的。因此，要发挥政府的主导作用，多渠道筹集房源，一方面可以收购市场上的现房，另一方面要建设新房。

六、完善武汉市临时救助制度的建议

（一）以实际需要为基础的救助对象确定原则

临时救助在实施过程中应把握普惠与特惠相结合的原则。普惠性才是发展方向。让每个人、每个家庭免去恐惧，不管遇到任何问题，最起码可以得到帮助。临时救助在设定其对象资格时不宜事先设立个人或家庭收入的标准，而应该根据个人与家庭的收入和经济能力实际状况、所遇到的困境大小及其实际需要，综合性地确定是否应该提供救助，以及提供何种方式和多高水平的救助。由于贫困和低收入家庭往往面临更多的风险，并且在风险事件冲击下的脆弱性更高，因此在不设立收入标准的情况下，他们事实上仍会是临时救助制度最主要的帮助对象。

（二）建立多样化的救助方式

针对求助者的困难提供实物救助、现金救助、服务救助等多样化的救助方式，有效满足其最基本的需要，缓解其困境。实物救助是一种传统的救助方式，是向有需要的人直接提供他们所需要的食品、衣物、饮用水、燃料等物品，以及安排临时住所，实物救助最大的好处是救助内容的针对性更强。服务救助是指向有需要者提供必要的服务，包括庇护服务、紧急救治、临时护理、心理安抚、危机干预等服务，服务救助专业性更强，相关服务对求助者的心理和情感层面的意义更加深远。比如，向发生交通事故致残的困难人员提供康复训练，进行心理疏导，让他们重拾生活信心，帮助其在生理上、心理上得到恢复；对于因教育开支过大的困难家庭，可以通过提供免息贷款、减免相关费用、向接受教育者提供勤工助学岗位等方式给予帮助，这既可以减轻家庭压力，还可以让受助家庭的子女通过自己的努力减轻家庭负担；对于困难家庭有劳动能力却处于失业状态的，可提供就业培训、就业机会、教育培训机会,培养挖掘他们的生存技能,提高其自身发展的能力。

(三) 明确临时救助资金的比例

目前临时救助资金主要由区级财政安排。应该明确本级财政预算资金的比例,同时上级补助资金和当年福利彩票公益金地方留成的提取部分也应该规定明确的比例。这样才有助于临时救助资金的稳定性,也有利于临时救助制度的稳定和可持续发展。

(四) 构建临时救助对象主动发现机制,提高申请救助的效率

首先,基层干部需要提升风险防范意识和应对意识,建立常态化的临时救助机制,由"被动救助"向"主动救助"转变。通过构建社会救助"大数据"平台,建立民政信息共享机制,为主动发现临时救助对象和准确判断急难情形、化解急难风险等提供数据支持。同时利用纸媒和网络平台加强临时救助政策宣传,开通临时救助热线电话,畅通急难报告渠道,依托城乡基层群众、社区、公共服务机构等在第一时间内将发现的急难对象与信息汇报给政府部门,便于政府部门及时采取相应措施,在急难风险恶化之前予以化解。主动发现受理方式的建立,可以大大提升临时救助的托底性功能,进一步强化社会安全网。其次,要进一步简化审批程序,畅通基层救助渠道,实行"一站式服务",建立临时救助"一门受理、协同办理"机制,切实发挥临时救助"救急救难"作用,避免遭遇急难的弱势群体陷入绝望无助境地,守住人民群众基本生活安全的底线。

(五) 完善社会力量参与机制

首先,依托《中华人民共和国慈善法》,大力宣传慈善捐助,通过制定详细的优惠政策鼓励社会力量积极参与和贡献,并支持公益机构和企业设立临时救助基金。其次,临时救助为不确定的对象、不确定的困难提供多样化的救助服务,复杂性和难度都高于其他社会救助项目,因此需要社会工作者提供专业化的管理和服务,以实现社会效益和运行效率的最大化。社会工作者的切入点主要有两个:第一,社会工作者通过社区,运用自己的专业知识引导、帮助困难群众维权意识的提高,及时获取救助;第二,社会工作者帮助提高基层临时救助队伍的水平。基层临时救助部门缺少专职人才,社会工作者可以通过对基层工作人员进行专业的社工培训,引导其社会工作的专业价值观等,帮助他们做好救助工作,提高工作绩效。

七、完善武汉市灾害救助制度的建议

（一）科学分配救灾资金，拓展资金来源渠道

政府在加大投入的同时，科学分配救灾资金，把救灾资金的预算纳入地方政府的财政预算中，将预警、防治、救助三者纳入统一的财政专项资金进行管理。

自然灾害破坏力大，灾害救助和灾后重建资金需求巨大，仅仅依靠政府是远远不够的，必须实现灾害救助主体的多元化，发挥市场和企业的作用，调动社会力量参与到灾害救助中。政府可以增加对灾害保险的财政补贴投入或者出面担任灾害保险的再保险人以鼓励商业保险机构开展巨灾保险业务，并通过财政、金融法律手段对开展巨灾承保业务的保险公司进行扶持；制定促进慈善事业发展的政策和措施，鼓励自然人、法人和其他组织等捐赠财产或进行募捐，将捐赠款物的分配、使用情况向捐赠者反馈，从而提高灾害救助制度的发展水平。

（二）增加救灾物资储备库数量，丰富救灾物资储备品种

首先要加强救灾物资储备库的建设。从受灾地区经济状况及拟建储备库的交通状况等多方面综合考虑，确定救灾储备库的选址，增加救灾储备库的数量。其次，要严格执行救灾储备库建设标准。最后，根据武汉市水旱灾害、气象自然灾害频发的特点，增加特定的防灾救灾储备物资。如可以在储备物资中多备一些冲锋舟、雨衣、救生衣、应急灯和取暖设备等等。

（三）重视心理救助，加强专业心理救援队伍的培养

重大自然灾害带给人们心理上的痛苦和折磨是难以想象的，帮助灾民走出灾害阴影是一项专业性、系统性和长期性的工作。首先，要重视心理救助在整个救灾工作中的重要性并加以落实，把对灾民的心理救助形成制度化的规定。其次，组建一支训练有素、人员充足的心理救助队伍。心理救助是一项专业性很强的工作，并非人人都能参与，武汉市可以将现有的精神科医护人员、心理治疗师、心理学专业学者等作为灾害心理救助队伍的储备力量，同时，组织心理咨询师、高校心理专业学生、社会工作者等组成心理援助志愿者队伍，在政府的统一安排下，开展心理救援工作。最后，自然灾害心理救助并非一蹴而就，尤其是遭受严重心理创伤的患者，往往需要渐进的、长期的、系统的心理疏导，因此要加大对社区心理救援力量的培训，在社区建立长期的心理救援机制。

第五章　专题研究报告

报告一　武汉市城乡居民基本养老保险缴费标准优化研究

——基于合意替代率和个人缴费能力的双重考量①

一、问题的提出与文献综述

（一）问题的提出

2009 年我国开始新型农村社会养老保险（简称“新农保”）试点，2011 年开始城镇居民社会养老保险（简称“城居保”）试点，2012 年新农保、城居保两项制度在全国全面推开，2014 年新农保和城居保两项制度合并，统称为城乡居民基本养老保险（简称“城乡居保”）制度，2016 年年底城乡居保参保人数已达 50847 万人，基金累计结存 5385 亿元②。可见，城乡居保制度在全国发展迅速，在短短的 7 年间已经取得了辉煌的成就。但也要看到，当前的城乡居保制度还存在着一定的问题，其中，保障水平过低，是城乡居保制度存在的重要问题之一。根据《2016 年度人力资源和社会保障事业发展统计公报》的数据测算，2016 年全国城乡居保月人均基本养老金为 117 元③。城乡居保制度保障水平过低有多方面的原因，其中，缴费标准不合理是其重要的

① 张怡、薛惠元：《城乡居民基本养老保险缴费标准的优化——以武汉市为例》，《税务与经济》2017 年第 2 期。

② 数据来源于《2016 年度人力资源和社会保障事业发展统计公报》。

③ 某年城乡居保月人均基本养老金 = 当年城乡居保基金支出/城乡居保实际领取待遇人数/12。

原因。本研究以武汉市为例,基于合意替代率和个人缴费能力的双重考量来优化城乡居保的缴费标准,并提出相应的政策建议。

(二) 文献综述

当前学术界专门研究城乡居保缴费标准的文献并不多。例如 Charlotte Ikels(2002)介绍了中国社会养老保险制度中根据不同的需求设立不同的缴费标准的问题。[①] 班晓娜(2007)利用创建模型的方法,研究养老保险个人缴费承受能力的合理性。[②] 米红等(2010)通过对相关统计模型进行改进,结合我国东中西部人均可支配收入与居民消费结构数据,构筑了缴费能力测定的相关模型。[③] 邓大松等(2013)选取三个指标来衡量农民的缴费能力是否能够承受设定的缴费档次,并利用回归模型分析农民缴费能力的影响因素。[④] 薛惠元等(2014)通过测算比较了湖北省六个县区的城乡居保的合意替代率与目标替代率,得出城乡居保仅能满足缴费年限长且选择较高档次的居民的养老需求。[⑤] 何晖(2014)统计出约 1/10 的农民存在最低缴费的风险,少数民族地区农民没有缴费能力,认为应积极创收并合理进行制度建立和设计档次。[⑥] 总体来看,当前学术界关于城乡居保缴费标准的研究非常少,并且大都是在研究城乡居保替代率、个人缴费能力、缴费意愿的过程中,顺便提到缴费标准存在哪些问题,缺乏全面、系统、深入的研究,定量研究尤其是精算研究不足。鉴于此,本研究以武汉市为例,首先运用计量经济学方法确定出城乡居保合意替代率,然后运用保险精算方法测算出合意缴费标准,并与城乡居民个人最大缴费能力作比较,进而得到城乡居民的有效缴费标准区间。

---

① Charlotte Ikels.Socialist Welfare with Chinese Characteristics:The Reform of the Social Security System in China》,*Journal of Asian Studies*,2002(3):1024-1025

② 班晓娜:《社会保险体制改革下的个人缴费承受能力分析》,《辽宁师范大学学报(社会科学版)》2007 年第 5 期。

③ 米红、余蒙:《中国城镇社会养老保险个人缴费能力测定的模型创新》,《统计与决策》2010 年第 11 期。

④ 邓大松、董明媛:《"新农保"中农民缴费能力评估与影响因素分析——基于湖北省试点地区的调研数据》,《西北大学学报(哲学社会科学版)》2013 年第 4 期。

⑤ 薛惠元、仙蜜花:《城乡居民社会养老保险保障水平评估——基于湖北省 6 个县区的比较分析》,《当代经济管理》2014 年第 6 期。

⑥ 何晖:《城乡居民基本养老保险农民个人缴费能力风险评估——以湖南省 43 个县(市、区)为考察样本》,《湘潭大学学报(哲学社会科学版)》2014 年第 5 期。

二、武汉市城乡居保制度的概况

（一）武汉市城乡居保制度的发展历程

2009年9月，武汉市出台《市人民政府关于印发武汉市新型农村社会养老保险试行办法的通知》（武政规〔2009〕12号），决定从2010年10月1日起试点推行新农保，当年武汉市黄陂区被列为国家首批新农保试点县，2010年武汉市汉南区又被列为国家第二批新农保试点县，其他区也根据武政规〔2009〕12号文件自行开展了新农保试点。2011年8月，《武汉市人民政府关于实施城乡居民社会养老保险制度的意见》（武政〔2011〕61号）颁发，市人民政府决定将城居保和新农保制度合并实施，并就实施城乡居保制度提出了意见。2015年9月，《武汉市人民政府关于完善城乡居民基本养老保险制度的实施意见》（武政规〔2015〕10号）对武政〔2011〕61号文件进行了修订。

（二）武汉市现行城乡居保制度的基本内容

根据《武汉市人民政府关于完善城乡居民基本养老保险制度的实施意见》（武政规〔2015〕10号）的相关规定，武汉市城乡居保制度简介如下：

1. 政策保障对象

武汉市城乡居保政策保障对象与全国标准一致，即年满16周岁（不含在校学生），非国家机关和事业单位工作人员及不属于职工基本养老保险制度覆盖范围的城乡居民，可以在本人户籍地参加城乡居民养老保险。

2. 缴费标准

武汉市城乡居保缴费标准设定为每年200元、300元、400元、500元、600元、700元、800元、900元、1000元、1500元、2000元、3000元、4000元、5000元14个档次。参保人员自主选择缴费档次，多缴多得。

3. 财政补贴

武汉市确定的参保缴费补贴标准高于全国、全省最低标准，对于选择200元至400元档次标准缴费的，补贴标准不低于每人每年45元；对选择500元及以上档次标准缴费的，补贴标准不低于每人每年60元。武汉市中心城区城乡居民参保缴费，统一执行45元和60元的补贴标准；各新城区的执行标准不得低于此标准，同时，还可以在此标准的基础之上，结合本区实际情况，制定实施本区城乡居民参保缴费的补贴标准。对重度残疾人等困难群体，各区人民政府为其代缴全部最低标准的养老保险费。除此之外，武汉市鼓励村集体、其他社会经济组织、公益慈善组织、个人为参保人员缴费提供资助。

4. 基础养老金

根据国家及湖北省的统一政策规定，武汉市统一制定城乡居保基础养老金标准，并建立起正常调整机制。从 2016 年 1 月 1 日起，武汉市城乡居保基础养老金标准统一调整为 225 元/月。

5. 缴费年限基础养老金

缴费年限基础养老金是在全市统一的城乡居保基础养老金标准之上加发的基础养老金，并与城乡居民个人的缴费年限挂钩，体现了城乡居保"长缴多得"的激励机制。从 2015 年 1 月 1 日起，武汉市城乡居保的缴费年限基础养老金计发标准，按照每满 1 年每月发给 2 元的标准计算确定。

（三）武汉市城乡居保制度的实施现状

武汉市自 2009 年 10 月开始实施新农保，2011 年开始实施城乡居保制度，2012 年基本实现城乡居保"制度全覆盖"，目前已经基本实现城乡居保"人群全覆盖"。截至 2014 年年底，武汉市城乡居保参保人数达到 142. 30 万人，其中待遇领取人数 38. 52 万人；2014 年武汉市城乡居保基金征缴收入（不含财政补贴）21859. 71 万元，基金支出 84549. 22 万元，基金累计结余 141053. 97 万元，月人均基本养老金 182. 91 元；2012—2016 年间，武汉市城乡居保基础养老金实现了"四连涨"，2016 年达到了 225 元/月（具体见表 5-1）。

表 5-1　2012—2016 年武汉市城乡居保基本情况

年份	参保人数（万人）	待遇领取人数（万人）	基金征缴收入（不含财政补贴）（万元）	基金支出（万元）	基金累计结余（万元）	基础养老金月标准（元）	月人均基本养老金（元）
2012	140. 22	36. 23	21419. 29	44873. 82	81646. 39	100	103. 22
2013	142. 47	37. 91	22145. 77	60027. 89	104165. 86	120	131. 95
2014	142. 30	38. 52	21859. 71	84549. 22	141053. 97	144	182. 91
2015	—	—	—	—	—	180	—
2016	—	—	—	—	—	225	—

注：表中 2012—2014 年的数据为 2015 年武汉大学社会保障研究中心课题组赴武汉市人社局调研时获得。

三、基于合意替代率的武汉市城乡居保合意缴费标准测算

合意替代率,指的是领取的养老金能使居民的生活水平达到合意标准时的替代率;合意缴费标准,指的是当替代率等于合意替代率时所计算出的城乡居保缴费标准。下面首先利用 ELES 模型测算出城乡居民的养老金合意替代率,然后利用保险精算模型测算出城乡居民的合意缴费标准。

(一)基于 ELES 模型的合意替代率测算

1. ELES 模型及说明

ELES 模型(扩展线性支出模型)是一种需求函数模型,1973 年,经济学家 Liuch 克服了线性支出系统模型 LES 在估计上的局限性,提出了 ELES 模型。该模型的表达式是:

$$P_iX_i = p_ir_i + b_i(Y - \sum_{i=1}^{n} p_ir_i) \tag{5.1}$$

其中,P_i 、p_i 为第 i 种商品的价格,X_i 为第 i 种商品的需求量,r_i 为第 i 种商品的基本需求量,b_i 为边际消费倾向,Y 为城镇居民人均可支配收入或农村居民人均纯收入,n 为消费品种类。所以,在(5.1)式中,P_iX_i 为第 i 种商品的实际需求支出,p_ir_i 为第 i 种商品的基本需求支出,满足基本需求支出之外的收入部分由消费者根据自身消费偏好自由分配,决定储蓄或者消费。根据经济学意义,$r_i \geqslant 0$, $0 \leqslant b_i < 1$, $\sum_{i=1}^{n} b_i \leqslant 1$。

若采取截面数据,则 p_ir_i 及 $b_i \sum_{i=1}^{n} p_ir_i$ 为常数,所以,可以令

$$a_i = p_ir_i - b_i \sum_{i=1}^{n} p_ir_i \tag{5.2}$$

则公式变形为:

$$P_iX_i = a_i + b_iY + u_i \tag{5.3}$$

其中,u_i 为随机误差项,a_i 、b_i 为待估参数。运用最小二乘法估计出 $\hat{a}_i$ 及 $\hat{b}_i$ 。

另外,将(5.2)式两边同时求和、变形,可得基本消费支出的计算公式为:

$$\sum_{i=1}^{n} p_ir_i = \frac{\sum_{i=1}^{n} a_i}{1 - \sum_{i=1}^{n} b_i} \tag{5.4}$$

2. 合意替代率的测算过程及结果

要得到基本消费支出，关键在于求出（5.4）式中的 a_i 、b_i 。在测算城镇居民合意替代率时，数据来源为《武汉统计年鉴》中不同生活费收入水平的城镇居民人均可支配收入与生活消费支出；由于《武汉统计年鉴》中对农村居民生活消费支出未做不同收入水平划分，且武汉市农村居民收入和支出水平与全国接近，这里用全国农村居民收支数据代替武汉市数据。由于武汉市城乡居保全覆盖的年份是 2012 年，因此，这里仅用 2012 年的数据进行测算。将相关数据代入 SPSS17. 0，得到表 5-2 和表 5-3 的数据结果。

表 5-2　武汉市城镇居民 ELES 模型的参数估计

收入等级	可支配收入（元）	食品（元）	衣着（元）	居住（元）	家庭设备、用品及服务（元）	医疗保健（元）	交通和通信（元）	娱乐、教育、文化服务（元）	其他商品和服务（元）
最低收入	11448	4577	768	692	450	965	713	1195	94
低收入	16660	5920	1541	959	495	873	1289	1358	209
中等偏下	21289	7206	1523	1390	812	911	2212	1993	240
中等收入	25714	7053	1975	1461	1026	1442	1818	1994	380
中等偏上	31257	8420	2756	1715	1270	1682	2254	2869	573
高收入	37858	8901	2605	1707	1557	2308	3941	3699	725
最高收入	58466	12080	4954	2932	3713	1970	4309	4961	1666
$\hat{a}_i$	3056. 9	-64. 64	318. 12	-616. 3	456. 5	-14. 22	33. 75	-387. 93	
$\hat{b}_i$	0. 165	0. 082	0. 044	0. 067	0. 034	0. 081	0. 088	0. 032	

资料来源：根据《中国统计年鉴（2013）》整理、计算。

由表 5-2，2012 年武汉市城镇居民合意养老金（即城镇居民基本消费支出）为 6826 元，2011 年武汉市城镇居民人均可支配收入为 23738 元，所以得到 2012 年武汉市城镇居民养老金合意替代率为 29%。

表 5-3　武汉市农村居民 ELES 模型的参数估计

收入等级	纯收入（元）	食品（元）	衣着（元）	居住（元）	家庭设备、用品及服务（元）	医疗保健（元）	交通和通信（元）	娱乐、教育、文化服务（元）	其他商品和服务（元）
低收入	2316	1620	246	638	197	371	360	230	79
中等偏下	4807	1903	288	775	250	439	413	294	103
中等收入	7041	2197	358	991	319	499	547	387	132
中等偏上	10142	2673	466	1341	407	596	732	533	176
高收入	19009	3623	718	1953	618	737	1419	919	289
$\hat{a}_i$	1204.83	148.84	398.03	125.20	299.38	126.07	102.67	42.38	
$\hat{b}_i$	0.141	0.031	0.087	0.027	0.027	0.067	0.043	0.013	

资料来源：根据《中国统计年鉴（2013）》整理、计算。

由表 5-3，2012 年武汉市农村居民合意养老金（即农村居民基本消费支出）为 4348 元，2011 年全国农村居民人均纯收入为 6977 元，所以得到 2012 年武汉市农村居民养老金合意替代率为 62%。

由于居民的合意替代率是满足基本消费支出的替代率，其在很长的一段时期比较稳定，因此，我们假定武汉市城镇居民和农村居民未来各年的城乡居保合意替代率等于 2012 年的城乡居保合意替代率，即武汉市城乡居保合意替代率为：城镇居民 29%，农村居民 62%。

（二）合意缴费标准的测算及分析

在已知合意替代率的情况下，利用保险精算的方法可以测算出合意缴费标准。下面推导出城乡居保缴费标准精算模型，并在合理假设参数的情况下，测算出城乡居保的合意缴费标准。

1. 城乡居保合意缴费标准精算模型

本研究选取目标替代率作为测算标准，具体来说，即城乡居民在年满 60 岁时的养老金收入除以其年满 60 岁前一年的城镇居民人均可支配收入或农民人均纯收入的比值。

（1）前提假设

本研究考虑到城乡居保的特殊性，结合《武汉市人民政府关于实施城乡居民基本养老保险制度的意见》(武政规〔2011〕61号)的要求,做出以下假设:第一,由于武汉市颁布武政规〔2011〕61号文件的时间是2011年8月28日,我们假定武汉市城乡居保制度开始实施的时间为2012年。第二,假定所有达到参保标准的居民全部参加城乡居保,并且不考虑城乡居保与其他养老保险制度的衔接问题。第三,假定不考虑农村集体的补助以及其他社会经济组织、公益慈善组织、个人的资助。第四,假定参保居民在每年年初进行缴费,缴费档次一旦选定就不能改变,并且缴费不中断。第五,假定政府的补贴标准不变,并且政府补贴与个人缴费部分同时记入个人账户。第六,假定每年城乡居保基础养老金的调整比例与每年的经济增长率情况一致。第七,假定参保人员在领取养老金之前均补缴了养老保险费。

(2)测算模型

城乡居保养老金目标替代率由基础养老金目标替代率与个人账户养老金目标替代率两部分组成。

用m代表参保居民开始缴纳养老保险费的年龄,用n代表参保居民开始领取养老金的年龄,用P_0代表2012年武汉市城乡居保的基础养老金月标准,用Y_0代表2011年的城镇居民人均可支配收入或农民人均纯收入,用g代表城镇居民人均可支配收入或农民人均纯收入年增长率,根据上述前提假设第六条,城乡居保基础养老金的调整比例与每年的经济增长率情况一致,所以得到,参保人员在年满60周岁时每年能够领取到的基础养老金P_1为:

$$P_1 = 12P_0(1+g)^{n-m} \tag{5.5}$$

参保居民在年满60周岁前一年的城镇居民人均可支配收入或农民人均纯收入Y_1为:

$$Y_1 = Y_0(1+g)^{n-m} \tag{5.6}$$

因此,城乡居保基础养老金的替代率RR_1为:

$$RR_1 = \frac{P_1}{Y_1} = 12\frac{P_0(1+g)^{n-m}}{Y_0(1+g)^{n-m}} = \frac{12P_0}{Y_0} \tag{5.7}$$

用C代表武汉市城乡居保个人每年缴费的档次,用S代表政府对于城乡居保参保人每年的缴费补贴标准,用r代表个人账户中养老基金的年收益率,用h代表养老金的计发年限,用P_2代表每年来源于个人账户的养老金的数额,其精算模型如图5-1所示:

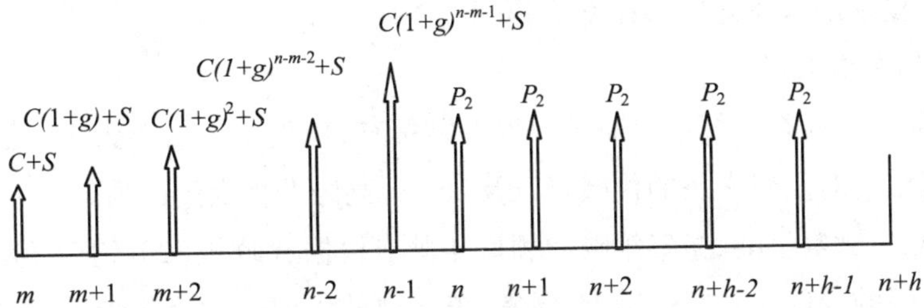

图 5-1 个人账户养老金精算模型

所以,参保人员在年满 60 周岁即开始领取养老金时个人账户中基金积累的总数 A 表示为:

$$A = C\sum_{i=1}^{n-m}(1+g)^{n-m-i}(1+r)^{i} + S\sum_{k=1}^{n-m}(1+r)^{k} \tag{5.8}$$

假设参保居民在开始领取养老金至结束领取养老金的总额现值为 B,则 B 为:

$$B = P_2\sum_{j=0}^{h-1}\frac{1}{(1+r)^{j}} \tag{5.9}$$

根据保险精算平衡原理,个人账户中基金积累的总额应与领取养老金的总额现值相等,即 $A=B$,于是可以求得城乡居保个人账户养老金 P_2为:

$$P_2 = \frac{C\sum_{i=1}^{n-m}(1+g)^{n-m-i}(1+r)^{i} + S\sum_{k=1}^{n-m}(1+r)^{k}}{\sum_{j=0}^{h-1}\frac{1}{(1+r)^{j}}} \tag{5.10}$$

则城乡居保个人账户养老金替代率 RR_2为:

$$RR_2 = \frac{P_2}{Y_1} = \frac{C\sum_{i=1}^{n-m}(1+g)^{n-m-i}(1+r)^{i} + S\sum_{k=1}^{n-m}(1+r)^{k}}{Y_0(1+g)^{n-m}\sum_{j=0}^{h-1}\frac{1}{(1+r)^{j}}} \tag{5.11}$$

于是,可以得到城乡居保目标替代率 RR 为:

$$RR = RR_1 + RR_2 \tag{5.12}$$

联立(5.7)式、(5.11)式、(5.12)式,得到缴费标准 C 为:

$$C = \frac{(RR - 12\frac{P_0}{Y_0})Y_0(1+g)^{n-m}\sum_{j=0}^{h-1}\frac{1}{(1+r)^{j}} - S\sum_{k=1}^{n-m}(1+r)^{k}}{\sum_{i=1}^{n-m}(1+g)^{n-m-i}(1+r)^{i}} \tag{5.13}$$

2. 城乡居保合意缴费标准测算

(1)参数假设

第一,政府补贴标准。对于政府补贴标准,假设每人每年为 30 元,此处不考虑政府对重残人员的代缴费以及对选择高缴费档次的鼓励。

第二,缴费年龄、缴费年限和领取年龄。根据武政规〔2011〕61 号文件,城乡居保的参保人必须年满 16 周岁,养老金的领取条件为年满 60 周岁,并且累计缴费超过 15 年,因此,假定缴费年龄区间为 16—59 周岁,参保居民均缴费满 15 年且在年满 60 周岁时开始领取养老金。

第三,城乡居民人均可支配收入(或纯收入)及其增长率。根据《武汉统计年鉴 2012》的数据,2011 年武汉市农民人均纯收入为 9814 元,城镇居民人均可支配收入为 23738 元。基于中国经济进入新常态的考虑,假定未来年均 GDP 增长率(城乡居民人均收入增长率)为 5%。

第四,基础养老金标准与调整比例。2012 年武汉市的基础养老金标准是每人每月 100 元,由于假设了基础养老金的调整比例与经济增长情况一致,因此,调整比例为 5%。

第五,个人账户养老金平均计发年限及收益率。根据武汉市城乡居保政策规定,个人账户养老金按月计发标准为个人账户基金积累总额除以 139,依此可以得出参保人员个人账户养老金平均计发年限为 139/12 = 11.58,此处取整数 12。根据国家及湖北省统一政策规定,城乡居民个人参保缴费全额记入城乡居民养老保险个人账户,并按国家及湖北省统一公布的个人账户利率记息,由于武汉市个人账户养老基金多存入银行,在此,我们取金融机构人民币一年期存款利率的均值作为个人账户记息的标准,由央行发布的 2006 年至 2015 年金融机构人民币一年期存款基准利率(见表 5-4),可以看到,近十年来均值为 2.9%左右,此处取整数 3%。

表 5-4 2006—2015 年人民币一年期存款基准利率

调整时间	利率(%)	调整时间	利率(%)	调整时间	利率(%)
2006.08.19	2.52	2012.06.08	3.25	2008.11.27	2.52
2007.05.19	3.06	2014.11.22	2.75	2010.10.20	2.50
2007.08.22	3.60	2015.05.11	2.25	2011.02.09	3.00
2007.12.21	4.14	2015.08.26	1.75	2011.07.07	3.50

续表

调整时间	利率(%)	调整时间	利率(%)	调整时间	利率(%)
2008.10.30	3.60	2007.03.18	2.79	2012.07.06	3.00
2008.12.23	2.25	2007.07.21	3.33	2015.03.01	2.50
2010.12.26	2.75	2007.09.15	3.87	2015.06.28	2.00
2011.04.06	3.25	2008.10.09	3.87	2015.10.24	1.50

资料来源:整理自中国人民银行网站。

(2)测算结果及分析

由以上分析可以得到,$P_0=100$,$g=5\%$,农民人均纯收入 $Y_0=9814$,城镇居民人均可支配收入 $Y_0=23738$,$r=3\%$,$S=30$,$h=12$,$m=16—59$,$n=60$,RR 分别为 29%、62%,经过计算得到表 5-5 所示结果。

表 5-5 各缴费年限相应合意缴费标准

缴费年限(年)	城镇居民合意缴费标准(元/年)	农村居民合意缴费标准(元/年)	缴费年限(年)	城镇居民合意缴费标准(元/年)	农村居民合意缴费标准(元/年)
15	4494	3859	30	3428	2943
16	4369	3752	31	3393	2913
17	4257	3655	32	3360	2885
18	4155	3568	33	3329	2858
19	4062	3488	34	3300	2833
20	3978	3416	35	3273	2810
21	3901	3349	36	3248	2789
22	3830	3288	37	3224	2768
23	3765	3232	38	3202	2749
24	3705	3181	39	3181	2731
25	3650	3134	40	3162	2714
26	3599	3090	41	3143	2699
27	3551	3049	42	3126	2684
28	3507	3011	43	3109	2670
29	3466	2976	44	3094	2657

资料来源:本研究测算得到。

由表 5-5 可知,城镇居民合意缴费标准区间为 3094—4494 元/年,农村居民合意缴费标准区间为2657—3859元/年，与武汉市200—1000、1500、2000、3000、4000、5000元/年的现行缴费档次相比，城乡居民合意缴费标准区间已经超过了绝大部分的现行缴费档次。可见，要达到合意的养老金水平，城乡居民需要选择较高的缴费档次。另外，最低的合意缴费水平是选择44年作为缴费年限的农村居民，为2657元/年，比现阶段国家规定的养老保险最低缴费档次高出很多，说明城乡居保较低的缴费标准难以满足居民未来的养老需求。

由合意缴费标准可以看到，要达到相同的养老金替代率，缴费年限越长，每年需要的缴费支出越少，养老金水平要达到武汉市的合意标准，如果选择15年作为缴费年限，则城镇和农村居民每年需要支出养老保险费4494元和3859元，如果连续缴费44年，则每年的养老保险费支出分别为3094元和2657元。这说明需要激励城乡居民长期缴费，以减轻缴费负担。

另外，在每一个缴费年限上城镇居民的合意缴费标准均高于农村居民，其原因在于城镇居民人均可支配收入高于农村居民人均纯收入。

四、武汉市城乡居保个人有效缴费标准区间的确定

城乡居保个人有效缴费标准，指的是能够使城乡居民未来领取的养老金满足其基本养老需求（达到合意替代率标准），并且在现有收入水平下能够负担得起的缴费标准①。个人有效缴费标准区间的确定，取决于个人最大缴费能力和合意缴费标准的比较。

（一）城乡居保个人最大缴费能力测算

1. 个人最大缴费能力的计算公式

个人最大缴费能力，指的是在现有收入水平下城乡居民能负担得起的城乡居保最高缴费标准。用城乡居民的人均可支配收入（或纯收入）减去人均生活消费支出得到的剩余可支配收入，可以视为城乡居民的最大缴费能力。其计算公式为：城镇居民个人最大缴费能力=城镇居民人均可支配收入-城镇居民人均生活消费支出；农村居民个人最大缴费能力=农村居民人均纯收入-农村居民人均生活消费支出。

① 王晓洁：《新型农村养老保险制度中财政补贴对农民缴费能力影响分析——基于2010年河北省37个试点县数据的考察》，《财贸经济》2012年第11期。

2. 个人最大缴费能力测算及与现行缴费标准的比较

2012 年，武汉市城镇居民人均可支配收入为 27061 元，城镇居民人均消费支出为 18813 元；农村居民人均纯收入为 11190 元，农村居民人均消费支出为 8168 元。因此，2012 年城镇居民和农村居民的最大缴费能力分别为 8248 元/年和 3022 元/年。

与武汉市每年 200—1000 元、1500 元、2000 元、3000 元、4000 元、5000 元的现行缴费档次相比，城镇居民可以负担得起所有的缴费档次，农村居民除了每年 4000 元、5000 元的缴费档次负担不起之外，其他的缴费档次都能负担得起。

（二）城乡居保个人最大缴费能力与合意缴费标准的比较

将城乡居民的最大缴费能力与合意缴费标准做比较，如果最大缴费能力大于合意缴费标准，则可以得到一个有效缴费标准区间；反之，则说明缴费能力不足，无法按照合意缴费标准缴费，在年满 60 岁后领取的养老金也无法达到合意替代率。

将城乡居保个人最大缴费能力与合意缴费标准的相关数据作图进行比较，其中，横轴为缴费年限，纵轴为缴费数值，结果如图 5-2 所示。

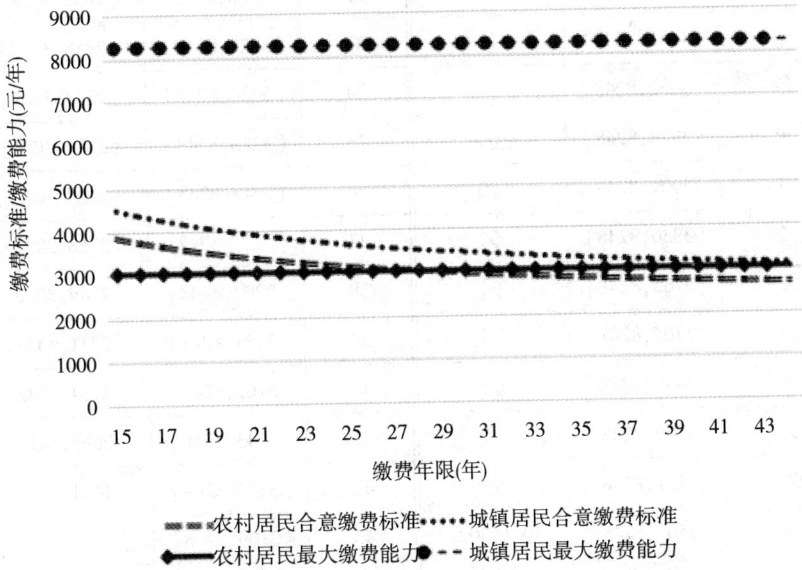

图 5-2　城乡居保个人最大缴费能力与合意缴费标准比较

资料来源：根据表 5-5 以及本研究测算出的城乡居民个人最大缴费能力绘制而成。

由图5-2可以看到，除了缴费年限在15年到27年之间的农村居民的最大缴费能力低于合意缴费标准以外，其余各项最大缴费能力均高于合意缴费标准。也就是说，对于城镇居民和缴费年限在28年及以上的农村居民而言，其不仅可以按照合意缴费标准缴费，而且还可以选择更高的缴费档次进行缴费；对于缴费年限为15年到27年的农村居民来说，由于其缴费年限较短，在现行收入条件下无法按照合意缴费标准缴费，“退休”后领取的养老金无法达到合意替代率，无法满足其基本的生活需要。

根据图5-2，可以很容易得到不同缴费年限下城乡居保个人有效缴费标准区间，其上限为城乡居保个人最大缴费能力，下限为城乡居保合意缴费标准，具体如表5-6所示。

表5-6 武汉市城乡居保个人有效缴费标准区间

缴费年限（年）	城镇居民有效缴费标准区间（元/年）	农村居民有效缴费标准区间（元/年）	缴费年限（年限）	城镇居民有效缴费标准区间（元/年）	农村居民有效缴费标准区间（元/年）
15	[4494,8248]	∅	30	[3428,8248]	[2943,3022]
16	[4369,8248]	∅	31	[3393,8248]	[2913,3022]
17	[4257,8248]	∅	32	[3360,8248]	[2885,3022]
18	[4155,8248]	∅	33	[3329,8248]	[2858,3022]
19	[4062,8248]	∅	34	[3330,8248]	[2833,3022]
20	[3978,8248]	∅	35	[3273,8248]	[2810,3022]
21	[3901,8248]	∅	36	[3248,8248]	[2789,3022]
22	[3830,8248]	∅	37	[3224,8248]	[2768,3022]
23	[3765,8248]	∅	38	[3202,8248]	[2749,3022]
24	[3705,8248]	∅	39	[3181,8248]	[2731,3022]
25	[3650,8248]	∅	40	[3162,8248]	[2714,3022]
26	[3599,8248]	∅	41	[3143,8248]	[2699,3022]
27	[3551,8248]	∅	42	[3126,8248]	[2684,3022]
28	[3507,8248]	[3011,3022]	43	[3109,8248]	[2670,3022]
29	[3466,8248]	[2976,3022]	44	[3094,8248]	[2657,3022]

注：“∅”表示最大缴费能力小于合意缴费标准，无有效缴费标准区间。

五、研究结论及建议

（一）研究结论

本研究以武汉市为例，运用 ELES 模型测算出城乡居保的合意替代率，然后通过构建保险精算模型测算出合意替代率下城乡居保的合意缴费标准，将其与测算的城乡居保个人最大缴费能力作比较，得到城乡居保有效缴费标准区间。通过测算比较，笔者主要有以下发现：（1）城乡居保合意缴费标准高于绝大部分的现行缴费档次，这说明城乡居民按照当前大部分的缴费档次缴费，未来领取的养老金无法满足其基本的养老需求；（2）城镇居民个人最大缴费能力高于城乡居保现行所有的缴费档次，农村居民除 4000 元/年、5000 元/年的缴费档次负担不起外，其他的缴费档次都能负担得起；（3）城镇居民和缴费年限在 28 年及以上的农村居民，其最大缴费能力高于合意缴费标准，存在有效缴费标准区间；（4）缴费年限为 15—27 年的农村居民，在现行收入条件下无法负担得起合意缴费标准，不存在有效缴费标准区间。

（二）政策建议

1. 参照有效缴费标准区间和居民缴费能力来设定缴费档次

缴费标准太低，未来领取的养老金太低，无法满足基本的养老需求；缴费标准太高，城乡居民又无法承受。只有按照有效缴费标准区间缴费，才能保证城乡居民未来领取的养老金既满足基本的生活需求，又能够负担得起。因此，笔者建议按照有效缴费标准区间来设定若干缴费档次。同时，考虑到部分低收入群体不存在有效缴费标准区间的现实，建议再参照低收入居民的最大缴费能力，设定几档低缴费标准，以保证其有能力参保。

2. 根据收入增长情况逐年提高缴费标准，适时改为比例费率制

城乡居民的收入在逐年增长，若缴费档次不变，则相当于变相地降低了缴费标准，进而会降低居民未来的养老金水平；同时，由于当前城乡居保的缴费激励性不强，直接导致居民的逆向选择，即大多数居民都选择最低缴费档次来缴费，若最低缴费档次长期不变，会直接导致城乡居保的保障能力不足。建议根据城乡居民的收入增长情况每年调整一次缴费标准，尤其是最低缴费档次，每年都要有提高。从长期来看，建议适时将缴费标准改为比例费率制，具体可以参照浙江省嘉兴市的做法，以当地上年度的城镇居民人均

可支配收入、农民人均纯收入以及两者平均数为缴费基数,按照一定比例来缴费。

3. 提高最低缴费年限

从前文的测算可知,农村居民只要其缴费年限达到28年,其最大缴费能力就高于合意缴费标准,存在有效缴费标准区间;并且,在相同的合意替代率下,缴费年限越长,其合意缴费标准就越低。可见,增加缴费年限可以在保证合意替代率的基础上降低缴费负担。建议国家颁布政策法规,采用强制性措施提高城乡居保的最低缴费年限,由目前的15年提高至28年。

4. 完善缴费激励政策,鼓励居民长缴、多缴

提高居民的缴费年限,除了强制性措施之外,还需要完善缴费激励政策,引导居民长期缴费。建议:第一,对长期缴费人员所加发的基础养老金部分,采用超额累计制、阶梯式补贴的办法。例如,对缴费16—20年的参保人,月加发基础养老金从第16年起按2元/年计发;对缴费21—25年的参保人,月加发基础养老金从第21年起按3元/年计发;对缴费26—30年的参保人员,月加发基础养老金从第26年起按4元/年计发;等等。第二,采取缴费年限越长,城乡居保个人账户记账利率越高的做法。个人账户每年结息一次,让参保人亲眼看到长期缴费的好处。此外,为了让居民尽量选择有效缴费标准而不是选择较低或最低缴费档次来缴费,建议政府采用比例制的办法来进行补贴。例如,可以将财政补贴比例定为3%,即不管你是选择最低缴费档次还是最高缴费档次来缴费,政府统一按照3%的比例进行补贴,以降低目前城乡居保政府缴费补贴中存在的累退性以及缴费激励机制不足的现象。

5. 适时改为强制缴费

强制性是社会保险制度的本质特征,而城乡居保属于中国社会保险制度的重要组成部分,因此,城乡居保理应强制参保缴费。考虑到城乡居保的覆盖对象是城镇非就业人员、农村居民等低收入群体,2015年年底中国尚有5575万人未脱贫的现实,建议"十三五"期间城乡居保暂为自愿参保,在2020年中国全面脱贫、全面建成小康社会的目标基本实现以后,再将城乡居保改为强制缴费。

6. 努力增加居民收入,重视城乡居保的可持续发展

不顾居民的缴费能力而一味地提高缴费标准是没有意义的,因为居民

可能无力负担合意缴费标准。此时,就需要努力提高城乡居民的收入。根据边际消费倾向递减规律,居民收入增加,消费也会增加,但消费的增加没有收入的增加那么多,故用收入减掉消费后的最大缴费能力也会增加。增加居民收入的方法有很多,包括加大精准扶贫的力度、增加对贫困居民的转移支付、加强农村劳动力的转移、增加对农村教育、科技、卫生的投入、加大对农民和城镇失业人员的金融扶持等。

报告二　城镇职工延迟退休年龄意愿及其影响因素研究

——基于武汉市 192 份问卷的调研数据

一、问题的提出与文献综述

(一) 问题的提出

目前,中国人口老龄化的形势日益严峻。2015 年全国 1%人口抽样调查数据显示,2015 年中国 60 岁及以上人口为 22182 万人,占 16. 15%,其中 65 岁及以上人口为 14374 万人,占 10. 47%①。根据国际上通行的标准,当一个国家或地区 60 岁以上老年人口占人口总数的 10%,或 65 岁以上老年人口占人口总数的 7%,即意味着这个国家或地区已处于老龄化社会。可见,当前中国的老龄化程度已经非常严重。另外,《2015 年国民经济和社会发展统计公报》的数据显示,2015 年中国人均预期寿命达到 76. 34 岁。人口的老龄化、高龄化一方面造成劳动人口数量减少,就业劳动力不足,另一方面给养老金支出带来了前所未有的挑战。《中国统计年鉴 2016》的数据显示,2015 年城镇职工基本养老金支出 25813 亿元,而 1997 年仅为 1337. 9 亿元,18 年间增长了 18. 3 倍,年均增长率达到 17. 87%,养老金支付压力重重。因此,延迟退休顺势提出。

从长期来看延迟退休年龄是大势所趋。中共十八届三中全会公报提

① 数据来源于《2015 年全国 1%人口抽样调查主要数据公报》。

出,“研究制定渐进式延迟退休年龄政策”;中共十八届五中全会公报提出“十三五”期间将“出台渐进式延迟退休年龄政策”。尽管国家层面将延迟退休年龄列入了议程,但社会上关于延迟退休年龄的争议就一直没有停止过。在是否延迟退休的争论上,很大一部分焦点在就业问题上,目前中国就业压力十分巨大,不仅包括农民工、残疾人等特殊群体,还有每年700多万的高校毕业生。中国在“未富先老”的特殊国情下,面对着养老金收支缺口和就业市场的双重压力,如何做好延迟退休工作是亟待解决的问题。因此,在此背景下研究武汉市城镇职工延迟退休的意愿及其影响因素,具有重要的现实意义,由此提出的政策建议对武汉市做好延迟退休年龄工作和完善城镇职工基本养老保险制度具有重要的参考价值。

(二)文献综述

延迟退休是近年来一个非常热门的话题,学术界的研究成果也非常丰硕。学术界关于延迟退休的研究大都是围绕以下几个方面展开:一是研究延迟退休年龄方案设计(杨忠庆、秦森,2013①;席恒、翟绍果,2015②;齐传钧,2016③)。二是研究延迟退休对养老保险基金收支平衡的影响(张熠,2011④;袁磊,2014⑤;张琴、郭艳,2015⑥;周成刚,2015⑦)。三是研究延迟退休对就业的影响(阳义南、谢予昭,2014⑧;范琦、冯经纶,2015⑨;王聪,2016⑩;王天宇等,2016⑪;)。四是研究延迟退休对养老金财富的影响(刘万,2013⑫;申曙

① 杨忠庆、秦森:《关于延迟退休年龄的方案比较》,《中国社会保障》2013年第1期。

② 席恒、翟绍果:《我国渐进式延迟退休年龄的政策机制与方案研究》,《中国行政管理》2015年第5期。

③ 齐传钧:《如何延迟退休:方案选择与配套措施》,《中国党政干部论坛》2016年第4期。

④ 张熠:《延迟退休年龄与养老保险收支余额:作用机制及政策效应》,《财经研究》2011年第7期。

⑤ 袁磊:《延迟退休能解决养老保险资金缺口问题吗?——72种假设下三种延迟方案的模拟》,《人口与经济》2014年第4期。

⑥ 张琴、郭艳:《延迟退休对养老基金的后续影响:找寻可选方案》,《改革》2015年第7期。

⑦ 周成刚:《延迟退休年龄对养老保险基金影响的精算分析》,《统计与决策》2015年第14期。

⑧ 阳义南、谢予昭:《推迟退休年龄对青年失业率的影响——来自OECD国家的经验证据》,《中国人口科学》2014年第4期。

⑨ 范琦、冯经纶:《延迟退休对青年群体就业的挤出效应研究》,《上海经济研究》2015年第8期。

⑩ 王聪:《延迟退休政策对青年就业影响效应研究》,《中国青年研究》2016年第9期。

⑪ 王天宇、邱牧远、杨澄宇:《延迟退休、就业与福利》,《世界经济》2016年第8期。

⑫ 刘万:《延迟退休一定有损退休利益吗?——基于对城镇职工不同退休年龄养老金财富的考察》,《经济评论》2013年第4期。

光、梦醒,2014[①];阳义南等,2014[②],余桔云,2014[③];刘德浩、庞夏兰,2015[④])。五是研究延迟退休对养老金替代率的影响(袁中美,2013[⑤];苟兴朝,2015[⑥];王帆,2016[⑦])。六是关于城镇职工延迟退休年龄意愿的研究,如李琴、彭浩然(2015)基于2011年中国健康与养老追踪调查数据,对中国45岁以上人群的意愿退休年龄、延迟退休意愿的影响因素、影响程度等做出了研究[⑧];陈鹏军、张寒(2015)基于全国28个省级行政区2118份调查问卷数据,对职工延迟退休年龄的态度及其影响因素做出分析[⑨];王军、王广州(2016)基于2014年中国劳动力动态调查数据,对中国城镇劳动力延迟退休意愿及其影响因素做出研究[⑩];董娜、江蓓(2015)运用2014年苏州市妇联组织下发的1491份问卷调查数据,构建二元Logistic回归模型,结合在职女性延退意愿座谈会,对苏州女性延迟退休意愿的影响因素做出研究[⑪]。

总体来看,当前关于城镇职工延迟退休年龄意愿及其影响因素的研究文献并不多,并且大都是基于全国或者其他城市的实地调研数据,尚未见到专门针对武汉市城镇职工延迟退休年龄意愿及其影响因素的研究文献。基于此,本研究在对武汉市城镇职工进行问卷调查的基础上,运用二元Logistic回归模型,对武汉市城镇职工延迟退休年龄的意愿及其影响因素做出分析,并在借鉴国外经验的基础上,提出延迟退休年龄的政策建议。

---

① 申曙光、孟醒:《财富激励与延迟退休行为——基于A市微观实际数据的研究》,《中山大学学报(社会科学版)》2014年第4期。

② 阳义南、曾燕、瞿婷婷:《推迟退休会减少职工个人的养老金财富吗?》,《金融研究》2014年第1期。

③ 余桔云:《延迟退休与养老金财富关系的定量考察》,《人口与经济》2014年第4期。

④ 刘德浩、庞夏兰:《养老保险制度内生激励机制与个人退休决策——理论与实证分析》2015年第6期。

⑤ 袁中美:《延迟退休与养老金替代率的探讨》,《人口与经济》2013年第1期。

⑥ 苟兴朝:《延迟退休对社会养老保险金水平的影响研究——基于替代率视角》,《西北人口》2015年第5期。

⑦ 王帆:《延迟退休与投资收益对基本养老金替代率的影响》,《人口与社会》2016年第4期。

⑧ 李琴、彭浩然:《谁更愿意延迟退休?——中国城镇中老年人延迟退休意愿的影响因素分析》,《公共管理学报》2015年第2期。

⑨ 陈鹏军、张寒:《我国延迟退休的职工意愿及影响因素分析——基于全国28个省级行政区的调查研究》,《经济体制改革》2015年第6期。

⑩ 王军、王广州:《中国城镇劳动力延迟退休意愿及其影响因素研究》,《中国人口科学》2016年第3期。

⑪ 董娜、江蓓:《苏州女性延迟退休意愿的影响因素研究》,《社会保障研究》2015年第3期。

二、城镇职工延迟退休年龄概述

（一）现行退休年龄政策及其存在的问题

中国法定退休年龄是男年满60周岁，女工人年满50周岁，女干部年满55周岁。从事井下、高温、高空、特别繁重体力劳动或其他有害身体健康工作的，退休年龄为男年满55周岁，女年满45周岁；因病或非因工致残，由医院证明并经劳动鉴定委员会确认完全丧失劳动能力的，退休年龄为男年满50周岁，女年满45周岁。当前中国的退休年龄政策主要存在以下问题：

第一，法定退休年龄偏低。中国现行退休制度中所规定的退休年龄，是依据新中国成立初期当时社会发展水平和人均寿命确定的。人力资源和社会保障部部长尹蔚民在十二届全国人大三次会议新闻中心上说到，“建国初的时候，中国人均预期寿命只有40岁左右，我们现在的人均预期寿命，第六次全国人口普查的数据是74.8岁”，也就是说，60年来中国的人均预期寿命提高了30多岁，经济建设、人口结构等都有了明显不同。显然在新中国成立初期所规定的退休年龄已经不适合当前社会了，有必要做出调整。

第二，退休年龄差异较大。其一是女性的平均预期寿命本就高于男性，却要比男性更早退休；其二是女干部与女工人有5年的退休年龄差异，而女工人与男性之间有10年的差异；其三是特别岗位变化大，随着经济社会发展，很多特别岗位工作没有以前那么辛苦或者已经被取消，男性55岁、女性45岁退休不太适宜。因此，亟须对现行的强制性的差别退休年龄规定进行改革，把女性的退休年龄逐步提高到和男性相同的年龄，并赋予男女从业者自主选择权。“应对女性整体的平等权利和不同阶层的特殊需求均加以考量，同样还要考虑男性的意愿和需求。因此，现有退休年龄的改革应有针对性地循序渐进地进行”①。

第三，人力资源没有充分利用。在现行的教育体制和退休政策下，受教育时间越长，那么在既定的退休年龄下，会造成学历越高参与工作的时间会越短，这是对人力资源的严重浪费和社会效率的巨大损失。因此，“根据公

① 刘伯红、郭砾、郝蕊：《她/他们为什么赞成或反对同龄退休？——对选择退休年龄影响因素的实证研究》，《妇女研究论丛》2011年第3期。

平与效率法则重新界定工作与退休年限已势在必行,不容迟疑”[1]。

（二）延迟退休年龄的争议

尽管延迟退休年龄长期来看是大势所趋,但官方每一次发声“延迟退休年龄”,必定引起学术界和全社会民众的热议,支持者有之,反对者甚众。因为,延迟退休既有积极作用,也会产生一定的负面影响。

1. 延迟退休年龄的积极作用

第一,延迟退休年龄可以减轻养老金支付危机。根据中国社科院世界社保研究中心主任郑秉文的测算,在中国退休年龄每延长一年,养老统筹基金可增收 40 亿元,减支 160 亿元,减缓基金缺口 200 亿元[2]。邓大松等人则从另一个方面肯定了延迟退休年龄对填补养老基金缺口的作用:“退休年龄每提高 1%,基金缺口将缩小 1.949%,如果退休年龄提高 5 年,那么基金缺口将缩小 22.69%”。[3] 延迟退休是减缓养老金缺口的有效手段,延迟退休将导致个人工作时间的延长和领取退休金时间的缩短,这从多收少支的角度减轻了养老金收支压力。

第二,延迟退休年龄可以充分利用人力资源。2012 年中国劳动力资源总量首次出现了绝对下降的情况,比 2011 年劳动力的供给减少了 345 万人,预示着中国的“人口红利”将要结束[4]。近年来中国先后实行的“单独二孩”“全面二孩”政策也部分说明了这一点。另外,目前中国的劳动条件较之改革开放前已有较大改善,平均劳动强度也大大降低,同时平均受教育年限和进入劳动力市场的平均年龄也逐年上升,特别是受过高等教育的专业技术人员,教育年限延长,就业年龄晚,50 岁、60 岁人员正处在经验丰富、技艺纯熟的阶段,如果这部分人过早退休,是对人才资源的巨大浪费。因此,延迟退休年龄,对低龄老年人的人力资本开发,以及实现其个人效用的最大化具有重要的意义。

第三,延迟退休年龄有利于企业的发展。延迟退休年龄是降低养老保险缴费率,减轻企业和个人负担的有力措施。为员工缴纳养老保险是企业

---

① 黄秉杰:《职工退休年龄不可一刀切》,《中国改革》2004 年第 4 期。

② 《延迟退休将让养老保险基金松口气》,《南方日报》2015 年 3 月 12 日。

③ 邓大松、刘昌平:《中国养老社会保险基金敏感性实证研究》,《经济科学》2001 年第 6 期。

④ 鲍丹:《延迟退休要分步走——访人力资源和社会保障部副部长胡晓义》,《人民日报》2013 年 12 月 11 日。

的义务,这对于企业来说也是一笔不小的成本开支,员工退休得越早,企业的成本就越高。再者老年职工具有丰富的工作经验,尤其是高级知识分子、高级技工等,年龄和工龄对于企业来说是一笔不可多得的资源。

2. 延迟退休年龄的负面影响

首先,当前国内就业形势严峻,延迟退休年龄会对劳动力市场产生冲击,增加青年就业的压力。目前,城镇职工每年达到退休年龄退出工作岗位的人员在600万—700万之间,若延迟退休年龄1年,则意味着当年会减少600万—700万个就业职位。近几年虽然每年城镇新增就业岗位1200万个左右,但这1200万中包含了城镇退休人员腾出的工作岗位,延迟退休显然会对青年就业或者新成长劳动力就业产生一定的挤出效应。奥肯认为,劳动人口参与率直接决定着失业率的高低,比如将劳动力的退休年龄从62岁延长到65或者67岁,会导致更高的失业率,这是因为在劳动领域里劳动者将会停留更长的时间,从而提高了劳动人口参与率,这样将会导致更高的失业率,所以,延迟退休会增加年轻人就业的压力,减少就业岗位,增加失业率。① 有学者提出,延迟退休年龄不会挤出青年就业,还有学者提出延迟退休年龄可以促进青年就业。对此,笔者持不同态度,延迟退休肯定会对青年就业产生一定的挤出效应。当然,延迟退休与青年就业二者之间也不是完全的简单的加减关系,不是说只有退一个人,才可以补一个人。

其次,延迟退休年龄会损害部分劳动者尤其是下岗失业人员、重体力劳动者的利益。如下岗失业人员,他们在国企改革的时候就买断了工龄,做出了巨大的牺牲,如今收入不稳定、生活困难,靠打零工和东拼西凑才把职工基本养老保险费交上,亟须等着退休来获得一份稳定的养老金收入,若延迟退休年龄,会加重他们的生活负担。再如重体力劳动者,他们年轻的时候已经透支了自己的身体,很多人临近退休时一身的病,亟须退休来调养身体,若延迟退休年龄,对他们也是一种折磨。

(三)改革方向:渐进式延迟退休年龄

2013年中共十八届三中全会公报和2015年中共十八届五中全会公报已经将延迟退休年龄明确确定了下来,即渐进式延迟退休年龄。2016年3月两会期间,人力资源和社会保障部部长尹蔚民在新闻发布会上提到,“延

---

① 奥肯:《平等与效率——重大抉择(土奔洲等译)》,华夏出版社2010年版。

迟退休方案遵循三个原则，一是渐进式原则，每年延迟几个月；二是国家将会对不同群体，针对其特点制定出区别对待的延迟退休方案；三是凡涉及公共利益的都会广泛征求意见，2016 年将会公布方案，并向社会征求意见”。

三、城镇职工延迟退休年龄意愿分析——基于武汉市 192 份问卷的调研数据

（一）数据来源与说明

为了了解公众对于延迟退休的态度及其影响因素，特组织了本次调研。本次调研采用实地调研的形式，调查对象为武汉市参加城镇职工基本养老保险的人员，即城镇职工，调查方法为随机抽样，调查时间为 2015 年 5 月。本次调研共计发放调查问卷 200 份，回收有效问卷 192 份，有效回收率为 96%。

在调查的样本中，女性城镇职工占 34.9%，男性城镇职工占 65.1%；其中 25 岁以下的占 15.1%，26—35 岁的占 57.8%，36—45 岁的占 21.4%，45 岁以上的占 5.7%；学历层次为小学的占 4.7%，初中的占 14.6%，高中/中专/职高/技校的占 22.4%，大专/高职的占 26.0%，本科的占 26.0%，研究生及以上的占 6.3%。

（二）延迟退休年龄的意愿分析

调查数据显示，有 128 人表示“不愿意”延迟退休年龄，占到总人数的 66.67%，这表明大多数人都不愿意延迟退休年龄，延迟退休年龄并未得到公众的认可。而有 11.46%的表示“愿意”和 21.88%的表示“无所谓”，这项政策的接受度仅有 33.33%（见表 5-7）。

表 5-7　城镇职工延迟退休的意愿

延迟退休的意愿	愿意	无所谓	不愿意	合计
频数（人）	22	42	128	192
百分比（%）	11.46	21.88	66.67	100

占总人数 11.46%的愿意延迟退休年龄的人群中，63.64%的人认为“在职工资福利比退休金优厚”，36.37%的人认为“退休后生活无趣孤单”，27.27%的人认为“对工作岗位的热爱，希望能在岗位做出更多贡献”和“我

的身体还很健康,可以多工作几年”,还有22.73%的人回答“单纯服从国家政策规定”。总体看来,大部分支持延迟退休年龄的都是基于经济因素的考虑,在职的待遇比退休的待遇会更好。

占总人数66.67%的不愿意延迟退休年龄的人群中,有64.84%的人是“担心自己的身体健康状况”,54.69%的人“不愿意多交保险少领退休金”,46.88%的认为延迟退休“增加就业者的压力,不利于人力资源的更新”,35.16%的人“希望陪伴家人安享退休时光”,34.38%的人“希望尽早退休发展个人爱好,追求人生价值”。总体看来,不愿意延迟退休年龄主要是对身体状况和缴纳保险方面的担忧,不少人认为年岁大继续参加劳动是对健康的损害,多缴费少领取则是对自身利益的损害。

另一项关于“影响退休年龄的因素”的调查中,我们同样可以得出52.60%的人认为“生理需求,个人身体状况”是主要因素,50.00%的人认为“退休前个人收入”是主要因素,这也说明大部分人在退休的考虑中身体状况和经济因素的影响占比最大。

(三)城镇职工对延迟退休年龄的看法

关于“如何看待政府延迟退休年龄这项举措”,38.02%的认为“随着人口老龄化趋势,这是大势所趋”,62.69%的也认为“不利于人力资源的更新,加大就业压力”,63.54%的人赞同“帮助政府减轻支付养老金的压力”。延迟退休创新与压力共存,这是公众的共识。

关于“延迟退休年龄最需要解决的问题上”,48.96%的人认为“就业形势必须乐观”,71.35%的人觉得“社会保险、最低生活保障必须要真正起到保障作用”,46.88%认为“必须控制剩余劳动力的增长”,良好的就业形势和完善的社会保障是公众认为延迟退休年龄的前提。

有关“如何推进延迟退休年龄政策比较合适”,67.71%赞同“循序渐进地延长退休年龄(如2年提高1岁,以减少影响)”,58.83%赞同“先延长短缺型人才的退休年龄(如高级技师)”,23.96%认为“先延长女性退休年龄(因为女性平均寿命高于男性,目前女性退休年龄比男性早)”,而仅有16.67%的人同意“同时延长男女退休年龄到65岁”。人力资源和社会保障部提出的“渐进式延迟退休年龄”很明显是符合民意的,受到大部分人赞同的,而紧缺型人才也是被普遍认为应该延迟退休,发挥人才的余热。

具体说到“渐进式延迟退休年龄政策”的问题,48.96%认为该政策“可以减少延迟退休对整个社会和有关人员所带来的负面影响”，而 28.65%的人认为“这只是一种麻痹手段，不会消除政策改变所带来的不良影响”，同样也有 19.79%的人表示“不了解什么叫渐进式延迟退休”。相比之下，渐进式延迟退休还是能被公众接受的。

而在“男女同龄退休”问题上，显然支持“女性应该先退休”的要比支持“男女同岁退休”和“男性应该先退休”的比例大。

在“合适的退休年龄”这项调查中，如表 5-8 所示。调查显示男性期望的平均退休年龄为 58.83 岁，比国家法定的退休年龄还要低，中位数为 60 岁；女性期望的平均退休年龄为 53.69 岁，中位数为 50 岁。这说明大家普遍认为的最佳退休年龄都接近目前国家法定的退休年龄。

表 5-8　男女期望退休年龄描述

单位：岁

性别	均值	频数	标准差	中位数
男	58.83	125	5.740	60.00
女	53.69	67	5.689	50.00

（四）小结

基于对武汉市城镇职工 192 份调查问卷的分析，可以得到以下研究结论：(1)大部分(66.67%)城镇职工不愿意延迟退休年龄，职工期望退休年龄的中位数刚好是目前国家法定的退休年龄；(2)大部分支持延迟退休年龄的职工都是基于经济方面的考虑，即其在职待遇要比退休待遇高得多；(3)不愿意延迟退休的职工主要是出于自身健康状况和养老金多缴少领两方面的担忧；(4)民众普遍认为良好的就业形势和完善的社会保障是开展延迟退休年龄的前提；(5)“渐进式延迟退休年龄政策”有一定的民意基础，大多数民众支持“紧缺型人才”应该延迟退休，但不支持男女同龄退休，希望女性先于男性退休。

四、城镇职工延迟退休年龄意愿影响因素——基于武汉市 192 份问卷的调研数据

（一）二元 Logistic 回归分析

下面根据武汉市城镇职工问卷调查数据，分析学历层次、工作单位类

型、收入、年龄、家庭经济水平、身体健康状况等因素对城镇职工延迟退休意愿的影响。研究方法采用二元 Logistic 回归模型，相关的变量描述及变量的均值、标准差如表 5-9 所示。

表 5-9 变量描述与统计

变　量	定义与编码	平均值	标准偏差
延迟退休年龄意愿	1=能够接受；2=不能够接受	1.67	0.537
性别	1=男性，2=女性	1.35	0.478
家庭经济水平	1=低水平；2=中等水平；3=高水平	1.74	0.610
身体状况	1=好；2=一般；3=差	1.63	0.555
学历层次	1=小学；2=初中；3=高中；4=大专；5=本科；6=研究生及以上	3.73	1.294
单位类型	1=私营企业；2=国有企业；3=政府部门或事业单位；4=自由职业	2.09	1.147
工作满意度	1=满意；2=一般；3=不满意	1.96	0.573
年龄区间	1=25 岁及以下；2=26—35 岁；3=36—45 岁；4=46 岁及以上	2.18	0.752
收入	1=3000 元以下；2=3001—5000 元；3=5001—6000 元，4=6001 元以上	2.17	1.011

（二）回归结果分析

如表 5-10 所示，从回归结果来看，只有工作单位这个变量的 P 值小于 0.05，其回归系数为 0.598，表明机关事业单位和自由职业的劳动者比起私营企业的劳动者更愿意接受延迟退休这项政策。而其他的几个特征并未通过显著性检验。

考虑到本次调研的样本量不是很大，回归结果可能会存在一定的偶然性，部分影响因素有可能在样本足够大的情况下通过显著性检验。关于身体状况、家庭经济水平、工作满意度等这种十分主观的问题，此次调查问卷问题设置不是很合理，调查所得数据基本上不能作为定距变量；关于性别，这里认为其对职工延迟退休意愿没有明显的影响；而针对收入、年龄、学历等，笔者将进一步的分析。

表 5-10　二元 Logistic 回归分析结果

变　量	B	S.E.	Wald	df	Sig.	Exp(B)
学历层次	0.110	0.146	0.574	1	0.449	1.117
工作单位类型	-0.515	0.145	12.563	1	0.000	0.598
收入	0.021	0.120	0.030	1	0.862	1.021
年龄	0.103	0.225	0.209	1	0.648	1.108
家庭经济水平	-0.077	0.320	0.057	1	0.811	0.926
身体健康状况	-0.223	0.326	0.466	1	0.495	0.800
性别	0.180	0.351	0.262	1	0.609	1.197
工作满意度	0.393	0.310	1.602	1	0.206	1.481
Constant	0.604	1.353	0.200	1	0.655	1.830

1. 不同单位职工对延迟退休年龄的意愿

根据回归分析得到的结论，机关事业单位和自由职业的劳动者比起私营企业的劳动者更愿意接受延迟退休年龄这项政策。并且如表 5-11 所示，私营企业中的职工比国有或机关事业单位的职工更不愿意延迟退休年龄，一般来说，国有或机关事业单位福利待遇更好，因此退休的意愿相对的会弱一些。自由职业中，有很大一部分没有像传统企业职工一样参加养老保险或者对养老保险方面知之甚少，他们对于退休年龄很大一部分人认为是无所谓的。

表 5-11　不同单位职工对延迟退休年龄的意愿

单位类型／延迟退休的意愿		私营企业		国有企业		政府部门或事业单位		自由职业	
		频数（人）	百分比（%）	频数（人）	百分比（%）	频数（人）	百分比（%）	频数（人）	百分比（%）
不接受	不愿意	67	78.82	24	63.16	24	66.67	13	12.12
接受	愿意	6	7.06	7	18.42	5	13.89	4	39.39
	无所谓	12	14.12	7	18.42	7	19.44	16	48.48

2. 不同学历人群对延迟退休年龄的意愿

如表 5-12 所示，在学历层次方面，低学历和高学历都表现出较高的对延迟退休年龄的接受度。而在高中程度、大专以及本科程度，基本上延迟退休的意愿比较类似。这说明学历层次递增并不会更愿意延迟退休，延迟退休只表现为大部分低学历群体不在乎延迟与否和高学历群体更愿意延迟的迹象。

表 5-12 不同学历人群对延迟退休年龄的意愿

延迟退休意愿 \ 学历层次		小学		初中		高中		大专		本科		研究生及以上	
		频数（人）	百分比（%）	频数（人）	百分比（%）	频数（人）	百分比（%）	频数（人）	百分比（%）	频数（人）	百分比（%）	频数（人）	百分比（%）
不接受	不愿意	2	22.22	17	60.71	31	72.09	39	78.00	36	72.00	3	25.00
接受	愿意	1	11.11	3	10.71	4	9.30	4	8.00	5	10.00	5	41.67
	无所谓	6	66.67	8	28.57	8	18.60	7	14.00	9	18.00	4	33.33

3. 不同收入群体对延迟退休年龄的意愿

如表 5-13 所示，低收入群体表现出了较高的对延迟退休的接受度，高收入群体相对于中等收入群体来说接受度略高，但也只是略高。本次调查并没有表现出随着收入的提高会更愿意延迟退休。

表 5-13 不同收入群体对延迟退休年龄的意愿

延迟退休的意愿 \ 收入		3000 元及以下		3001—5000 元		5001—6000 元		6000 元以上	
		频数（人）	百分比（%）	频数（人）	百分比（%）	频数（人）	百分比（%）	频数（人）	百分比（%）
不接受	不愿意	32	58.18	55	70.51	23	76.67	18	62.07
接受	愿意	3	5.45	11	14.10	3	10.00	5	17.24
	无所谓	20	36.36	12	15.38	4	13.33	6	20.69

4. 不同年龄段群体对延迟退休年龄的意愿

如表 5-14 所示，不同年龄段群体并未表现出对延迟退休有不同的意愿，基本上每个年龄段都与整体年龄不愿意延迟退休的比例类似，约 60%—70%，这表明年龄不是影响延迟退休年龄意愿的因素。

表 5-14 不同年龄段群体对延迟退休年龄的意愿

延迟退休的意愿 \ 年龄段		25 岁及以下		26—35 岁		36—45 岁		46 岁及以上	
		频数（人）	百分比（%）	频数（人）	百分比（%）	频数（人）	百分比（%）	频数（人）	百分比（%）
不接受	不愿意	18	62.07	73	65.77	30	73.17	7	63.64
接受	愿意	5	17.24	13	11.71	4	9.76	0	0.00
	无所谓	6	20.69	25	22.52	7	17.07	4	36.36

（三）小结

利用武汉市 192 份问卷调查数据，对城镇职工延迟退休年龄意愿的影响因素做二元 Logistic 回归分析和一系列图表分析,结果发现:(1)职工是否愿意延迟退休受其所在单位性质的影响,机关事业单位的职工更愿意延迟退休;(2)学历层次越高的职工并不意味着更愿意延迟退休,低学历和高学历层次的职工都表现出较高的对延迟退休年龄的接受度;(3)高收入群体也不一定会更愿意延迟退休,低收入和高收入的职工相对于中等收入职工来说,表现出了较高的对延迟退休的接受度;(4)年龄因素对职工延迟退休年龄的意愿没有影响。

五、延迟退休年龄的国际经验借鉴

(一)国外延迟退休年龄的基本情况

大多数发达国家将延迟退休作为提高劳动参与率的一种手段,同时也用来应对由于人预期寿命增长带来的养老金支付压力增加的问题。近年来,很多西方国家立法提高了法定退休年龄。多数国家的法定退休年龄为65岁,有些国家甚至提高到了67岁。根据表5-15,OECD的23个高收入国家(澳大利亚、奥地利、比利时、加拿大、丹麦、芬兰、法国、德国、希腊、冰岛、爱尔兰、意大利、日本、卢森堡、荷兰、新西兰、挪威、葡萄牙、西班牙、瑞典、瑞士、英国、美国)中,1993年有近一半的国家(11个)领取退休金的年龄在65岁及以上,到2035年,将有近三分之二的国家(14个)规定的领取退休金年龄在65岁及以上。在这23个国家中,1993—2035年男性领取退休金年龄的中位数比1949—1993年上升了3岁(65岁),女性的退休金领取年龄则从60岁上升到65岁。同时,到2035年,将只有瑞士一个国家男女领取退休金年龄不同(男性65岁,女性64岁),其他国家男女领取退休金年龄一致。

表5-15 1993—2035年OECD部分国家养老金领取年龄

国家	1993年		1999年		2002年		2035年	
	男	女	男	女	男	女	男	女
澳大利亚	65	60	65	61.5	65	62.5	65	65
奥地利	65	60	65	60	65	60	65	65
比利时	60	60	60	60	60	60	65	65
加拿大	60	60	60	60	60	60	60	60

续表

国家	1993年		1999年		2002年		2035年	
	男	女	男	女	男	女	男	女
丹麦	67	67	67	67	67	67	65	65
芬兰	60	60	60	60	60	60	62	62
法国	60	60	60	60	60	60	60	60
德国	65	60	65	60	65	61	65	65
希腊	60	55	60	60	60	60	65	65
冰岛	65	65	65	65	67	67	67	67
爱尔兰	65	65	65	65	65	65	65	65
意大利	60	55	57	57	57	57	60	60
日本	60	58	60	60	60	60	65	65
卢森堡	57	57	57	57	60	60	60	60
荷兰	65	65	65	65	65	65	65	65
新西兰	62	62	64	64	65	65	65	65
挪威	67	67	67	67	67	67	67	67
葡萄牙	55	55	55	55	55	55	55	55
西班牙	60	60	60	60	60	60	61	61
瑞典	60	60	61	61	61	61	61	61
瑞士	65	62	65	62	65	63	65	64
英国	65	60	65	60	65	60	65	65
美国	62	62	62	62	62	62	62	62
中位数	62	60	62	60	62	61	65	65
平均数	62. 2	60. 7	62. 2	61. 2	62. 4	61. 7	63. 4	63. 3

资料来源:John Turner,"Social Security Pensionable Ages in OECD Countries:1949-2035",*International Social Security Review*,2006,60(1),pp.81-99.

美国在1935年的《社会保障法》中明确规定65岁为退休年龄。早在1983年,时任美国总统里根签署了《社会保障法案》,规定1983—2017年,美国退休年龄将由65岁延长至67岁。美国采取了弹性激励的方式来延迟退休。第一部分是提前退休情况,提前退休的公众最早可以在62周岁时退休并领取有一定折扣的退休金,62岁退休所领取的退休金只是全额的70%,此后按月递增;第二部分是正式退休情况,67岁可以正常退休并领取全额退休金;第三部分是有鼓励性质的延迟退休情况,公众可以最晚工作到70周岁,到时可以领取到比正常退休者多大约1/3的退休金。

德国在1889年颁布的《老年和残疾人保险法案》中明确规定70岁领取养老年金。之后因为生产力不断的提高，德国从1916年起将退休年龄降到65岁。又因为面临人口老龄化，德国决定从2012年开始一年延长一个月，用12年把退休年龄延长1年；然后再用6年的时间把退休年龄延长1年，一年延长两个月，到2030年延长到67岁。德国随着社会发展阶段的变化经历了从降低退休年龄再到延迟退休年龄的过程。

2006年，英国发布养老系统改革白皮书，其中包括，英国政府将在2024年把所有公民的退休年龄提高到66岁，并到2044年最终提高到68岁。

2012年6月，波兰推出退休法案的改革，将女性60岁退休和男性65岁退休统一调整为67岁退休。该法案采用渐进式延迟退休年龄的方法，每年延长三个月退休，即男性在2020年全部实现67岁退休，女性在2040年全部实现67岁退休。

由此可见，延迟退休年龄是一种国际趋势。

（二）国外延迟退休年龄的基本特征

1. 缩小男女退休年龄的差距

2010年时，OECD国家中有13个国家的男女退休年龄有差异，澳大利亚、英国等都先提出政策调整提高女性退休年龄，预计之后各个国家有关退休年龄的性别差异将会显著缩小。女性预期寿命比男性要更长，而女性平均退休年龄却低于男性，因此，减小男女退休年龄差距是必然发展趋势。

2. 控制提前退休并激励延迟退休

一方面是政策上的控制，很多发达国家都延迟了“允许劳动者提前退休的最低年龄”，如英国和澳大利亚都往后推了5年，政策很有效地提高了劳动参与率。另一方面则是对提前退休的情况实行惩罚，也就是相应的扣除一部分比例的养老金，到目前为止，多数发达国家都制定了提前退休的惩罚制度，即依据劳动者申请提前退休时的年龄与正常退休年龄（全额养老金支付年龄）的差距按年削减养老金水平，而且惩罚力度不断加强。建立并逐步提高对延迟退休年龄的奖励，如2002年澳大利亚将延迟退休的养老金增长率提高到7%，2005年英国将延迟退休的养老金增长率从7.5%提高到10.4%，美国则把延迟退休的奖励从1989年的年均提高3%渐次调整到目前的年均8%①。

3. 加强老龄职工就业

延迟退休年龄所需要面对的就是老年人的就业问题,老年人一般生产率低下,学习能力差,接受知识技能比较慢,身体状况也不太好,对于雇主来说老龄职工不是个很好的选择,因此,需要实施加强高龄积极就业的政策和项目。首先从法律层面消除对于老龄职工就业的歧视,如2000年签署的欧盟公平雇佣协议。其次对雇佣老龄职工的雇主进行适当的补贴,如挪威将雇佣62岁以上职工的雇主社保缴费率从12.8%下降至8.8%;或者施行公共就业岗位计划,如"美国建立社区服务雇佣项目,专门为55岁以上劳动者提供非全日制(part-time)社会服务岗位"②。最后鼓励老年人选择自己创业。如日本专门建立"老年人创业奖励制度",专门为三人以上高龄劳动者联合创业提供经济奖励和资源协助。同样也建立老年人就业培训服务机构,提供老年人就业的信息咨询服务,为老年人进行工作技能、求职技巧的培训。

六、延迟退休年龄的政策建议

不同于发达国家,我们国家有着自己特有的国情,中国面临人口老龄化和就业难的双重困境,又面临着大部分公众并不认可延迟退休这一政策的压力,所以针对延迟退休不能一味的生搬硬套,应该结合自己国家的情况借鉴他国的经验,走有中国特色的"渐进式延迟退休年龄"的道路。

(一) 规范特殊工种,严控提前退休

1. 严格病残退休的操作规定

因病退休是指由劳动鉴定委员会鉴定达到完全丧失劳动能力的缴费年限满15年的职工,其中男年满50周岁,女年满45周岁。中国目前对于因病提前退休的政策规定过于简单,操作程序僵化,没有具体的分类。这导致许多人钻了空子,也影响了很多需要退休的不能正常按照程序退下来。应当规范提前退休的审批,健全鉴定机构,发动社会监督,严格病残退休的操作规定。

① 詹姆斯·舒尔茨:《老龄化经济学(第7版)》,社会科学文献出版社2009年版。
② 沈琴琴、杨伟国:《全球视野下的劳动力市场政策》,中国劳动社会保障出版社2008年版。

2. 对特殊工种再次梳理

特殊工种是指从事井下、高空、高温、特别繁重体力劳动或者其他有害身体健康的工作,男年满55周岁,女年满45周岁,连续工龄满10年的可以提前退休。特殊工种退休年龄的设立是对从事有毒有害工作的职工的保护,经过多年的变迁,部分被定义为特殊工种的工作的毒害性已远远没有当初那么厉害了,但是还有一些职业的毒害性风险却大大增加,所以需要重新梳理这些特殊工种的名目,并能紧跟变化动态地做出调整。

3. 惩罚提前退休和奖励延迟退休

在法定退休年龄的前提下,对提前退休进行养老金小部分扣除,对延迟退休年龄进行养老金增长调整。通过政策规定保证奖惩贯彻实施,有效减少提前退休,并鼓励充分利用人力资源。惩罚提前退休即按照申请提前退休时的年龄与正常退休年龄的差距,按一定比例扣除养老金。同样,也必须规定提前退休的最低缴费年限和规范提前退休的审核程序。奖励延迟退休即对愿意延迟退休多缴纳养老金的在退休后给予更高的养老金,鼓励延迟退休行为。

(二)制定渐进式的、弹性的、男女同龄退休的延迟退休政策

1. 延迟退休政策是渐进式的

延迟退休年龄不是瞬间的举措,而一个渐进的、稳健的过程,即用几十年时间把退休年龄提高到一个合适的水平,如一年只提高两三个月,这样达到预期标准需要几十年的时间。渐进式的延迟退休方式,对几十年后退休的人来说,是延迟几年退休,但对临近退休的人来说,实际影响并不大;并且这种"小步渐进"式的延迟退休方案,对整个国家的就业形势来说,影响也非常小。

2. 退休年龄应该是弹性的

弹性退休可以有针对性地解决退休年龄过低、退休差异性大等问题。弹性退休要求政府规定一个退休年龄区间,如"60到65岁",员工可以根据自身情况选择在这个年龄段的任何时间点办理退休手续。一般来说,越晚选择退休,那么缴纳的资金越多,退休后领取的养老金就越多。

3. 退休年龄应该是男女同龄的

先缓步提高女性退休年龄直至男女同龄,后再以缓慢速度同时延迟男女退休年龄。目前中国男女退休年龄差距过大,有10岁之多,性别平等并未体现。女性退休年龄大幅度低于男性，不仅过早地剥夺了女性的工作权利，也过早地剥夺了女性的发展机会与发展空间，并直接影响到其经济利益与福利待遇。因此，女性延迟退休的空间要大于男性，需要先行或快行延迟退休才能最终实现男女同龄退休，进而实现平等的工作权益与福利权益。

（三）完善职工基本养老保险“长缴多得”的激励机制

为提高城镇职工延迟退休的积极性，建议完善城镇职工基本养老保险“长缴多得”的激励机制。

1. 完善基础养老金计发办法，对超过一定缴费年限的职工加发一定比例的基础养老金

现行基础养老金计发办法中“缴费每满1年发给1%”的做法缺乏累进性，激励性有限。建议对超过一定缴费年限的职工，采取累进制的办法，分段加发一定比例的基础养老金。吉林省的经验是对于累计缴费年限21—25年部分，每年增加基础养老金0.15%；累计缴费年限26—30年部分，每年增加基础养老金0.2%；累计缴费年限31年及以上部分，每年增加基础养老金0.25%。

2. 完善个人账户记账利率办法，对缴费年限长的职工给予较高的记账利率

目前的记账利率主要是参照一年期银行存款利率，或者财政社保部门与银行的协议存款利率来确定，总体来看，利率水平较低。随着基本养老保险基金的投资运营和基金实际收益率的提高，为个人账户记账利率的提高创造了条件。建议对缴费年限较长的职工给予较高的个人账户记账利率，这将有利于提高个人账户养老金水平，激励职工长期缴费。

（四）创新就业政策，为老年人和青年创造更多的就业岗位

1. 创造良好的老龄劳动力市场

老龄劳动者在劳动力市场中处于劣势地位，推行延迟退休，一定要解决好老年人就业，充分利用人力资源。一方面为老龄劳动者提供就业帮助，如提供就业咨询，加强就业服务，改善工作环境，鼓励创业等。对雇佣老龄员工的雇主提供一定的补贴或者为老龄劳动者提供公共就业岗位。另一方面要消除就业歧视，最好能研究“制定并实施高龄劳动者就业保障政策”①，以

① 刘勇：《高龄劳动者就业促进中的法律问题》，《法学》2012年第10期。

法规形式保护老龄劳动者的合法权益。

2. 为青年创造更多的就业机会

延迟退休的反对者多是以青年就业问题为论点,因此延迟退休的实施前提就是良好的就业形势。为青年解决就业问题一直是国家关注的重中之重,职业介绍、职业培训、就业指导是为了提高青年自身的竞争力,而稳健的经济发展态势则为青年就业提供了良好的环境。目前大学生就业问题更是受到广泛关注,不仅需要增加就业岗位来增加大学生就业率,更要求高校人才培养模式要适应社会需求,大学生就业观念要贴合实际。

(五)加强延迟退休年龄政策的宣传,进行正确的舆论引导

延迟退休年龄政策的实行离不开民众的支持,因此,延迟退休年龄政策出台前后,国家要加大宣传力度,并邀请专家学者进行专业解读,同时各种媒体也要进行积极的宣传,以正确的舆论引导,提高民众延迟退休年龄的主观意愿,转“被动”为“主动”,从“要我延退”,到“我要延退”。尽量消除民众的误解,避免延迟退休可能对社会和谐稳定带来的不良影响。

参 考 文 献

[1]Altenstetter C.Insights from health care in Germany》,*American Journal of Public Health*,2003(1):38-44.

[2]Beata Putelbergier.Changes in the financing of the pension system in the face of ageing:The new pension system in Poland and its adaptation to other countries´ systems[C].The Year 2000 International Research Conference on Social Security, Helsinki,September 25-27,2000.

[3]Busse R,Riesberg A.Health care systems in transition:Germany[R].Copenhagen:WHO Regional Office for Europe on Behalf of the European Observatory on Health Systems and Polices,2004.

[4]Centers for Medicare & Medicaid Services(CMS),HHS. Medicare and Medicaid programs;approval of the Joint Commission for continued deeming authority for hospices.Final notice.》,*Federal Register*,2009(58):13439-13441.

[5] Charlotte Ikels. Socialist Welfare with Chinese Characteristics: The Reform of the Social Security System in China》,*Journal of Asian Studies*,2002(3):1024-1025.

[6] Chormunge V, Pawar V, Patil A. Medical practice and related insurance》,*Journal of the Indian Medical Association*,2012(3):181-182,188.

[7]Gomulka S.Pension Problems and Reforms in the Czech Republic,Hungary,Poland and Romania[C].Cep Discussion Papers,December 2000.

[8][美]阿瑟·奥肯(Arthur M.Okun):《平等与效率——重大抉择(土奔洲等译)》,华夏出版社 2010 年版。

[9][匈牙利]雅诺什·科奈尔(Kornai Janos)、[美]翁笙和:《转轨中的福利、选择和一致性:东欧构架卫生部门改革》,中信出版社 2003 年版。

[10]班晓娜:《社会保险体制改革下的个人缴费承受能力分析》,《辽宁

师范大学学报(社会科学版)》2007 年第 5 期。

[11]鲍丹:《延迟退休要分步走——访人力资源和社会保障部副部长胡晓义》,《人民日报》2013 年 12 月 11 日。

[12]陈道奎:《论提高城镇职工养老保险覆盖率的基本策略——以湖北省武汉市为例》,《中南财经政法大学研究生学报》2009 年第 4 期。

[13]陈佳贵、王延中:《中国社会保障发展报告(2007)NO.3:转型中的卫生服务与医疗保障》,社会科学文献出版社 2007 年版。

[14]陈鹏军、张寒:《我国延迟退休的职工意愿及影响因素分析——基于全国 28 个省级行政区的调查研究》,《经济体制改革》2015 年第 6 期。

[15]陈淑云、范钦:《公租房的后期管理问题及其解决方略——以武汉市为例》,《城市问题》2014 年第 9 期。

[16]陈野:《德国医疗保险制度及对我国的启示》,《经济问题》2004 年第 6 期。

[17]成海军:《当前我国医疗救助中的重点和难点问题研究》,《学习与实践》2015 年第 8 期。

[18]程斌:《我国农村居民大病医疗保险的发展趋势》,《中国农村卫生事业管理》2014 年第 9 期。

[19]慈勤英:《失业者再就业选择的制度分析——基于武汉、荆州、洪湖的研究》,华中科技大学博士学位论文,2004 年。

[20]代志明:《"城镇居民医保"基金盈余敏感性实证研究——以武汉市为例》,《西北人口》2010 年第 4 期。

[21]邓大松:《社会保险(第三版)》,中国劳动社会保障出版社 2015 年版。

[22]邓大松、董明媛:《"新农保"中农民缴费能力评估与影响因素分析——基于湖北省试点地区的调研数据》,《西北大学学报(哲学社会科学版)》2013 年第 4 期。

[23]邓大松、刘昌平:《改革开放 30 年:中国社会保障制度改革回顾、评估与展望》,中国社会科学出版社 2009 年版。

[24]邓大松、刘昌平:《中国企业年金制度研究(修订版)》,人民出版社 2005 年版。

[25]邓大松、刘昌平:《中国养老社会保险基金敏感性实证研究》,《经济

科学》2001 年第 6 期。

[26]邓大松、刘昌平等:《中国社会保障改革与发展报告 2013》,北京大学出版社 2014 年版。

[27]邓大松、薛惠元:《被征地农民宜参加新农保——以湖北省为例的分析与探讨》,《中国社会保障》2011 年第 3 期。

[28]邓大松、薛惠元:《新农保财政补助数额的测算与分析——基于 2008 年的数据》,《江西财经大学学报》2010 年第 2 期。

[29]邓大松、赵奕钧:《美国医疗保险模式对我国医疗保险制度的启示》,《上海经济》2013 年第 1 期。

[30]丁纯、瞿黔超:《德国护理保险体制综述:历史成因、运作特点以及改革方案》,《德国研究》2008 年第 3 期。

[31]丁建定:《城市居民最低生活保障管理中的问题与完善对策——以武汉市武昌区最低生活保障制度实施为研究对象》,《学习与实践》2008 年第 9 期。

[32]董丽霞:《我国城市医疗救助制度存在的问题及对策研究》,河北师范大学 2015 年版。

[33]董娜、江蓓:《苏州女性延迟退休意愿的影响因素研究》,《社会保障研究》2015 年第 3 期。

[34]樊琳:《机关事业单位与企业养老保险制度并轨的可行性研究》,吉林大学硕士学位论文,2014 年。

[35]范琦、冯经纶:《延迟退休对青年群体就业的挤出效应研究》,《上海经济研究》2015 年第 8 期。

[36]方壮志:《城市公租房需求状况分析——基于武汉市的调查数据》,《城市问题》2014 年第 8 期。

[37]高芳英:《美国医疗保险体系的特点及对中国的启示》,《江海学刊》2006 年第 4 期。

[38]葛延风、贡森:《中国医改问题·根源·出路》,中国发展出版社 2007 年版。

[39]龚勋:《武汉市城镇居民基本医疗保险未成年人适宜缴费水平模型研究》,华中科技大学博士学位论文,2011 年。

[40]荀兴朝:《延迟退休对社会养老保险金水平的影响研究——基于替

代率视角》,《西北人口》2015 年第 5 期。

[41]顾海、鲁翔、左楠:《英国医保模式对我国医保制度的启示与借鉴》,《世界经济与政治论坛》2007 年第 5 期。

[42]顾昕、高梦涛、姚洋:《诊断与处方:直面中国医疗体制改革》,社会科学文献出版社 2006 年版。

[43]顾昕、高梦涛、张欢:《医疗救助体系与公立医疗机构的社会公益性》,《江苏社会科学》2006 年第 3 期。

[44]关信平:《"救急难"需要政府救助与慈善救助有效衔接》,《中国社会组织》2014 年第 10 期。

[45]郭剑平:《从汶川地震看我国自然灾害救助体系的健全》,《河海大学学报(哲学社会科学版)》2009 年第 1 期。

[46]郭磊:《我国机关事业单位养老保险制度:破除路径依赖的"魔咒"》,《贵州社会科学》2013 年第 11 期。

[47]郭卫华:《城镇企业职工养老保险基金支撑力预测——基于武汉市的时间序列数据》,《武汉职业技术学院学报》2011 年第 1 期。

[48]韩俊强:《农民工工伤保险参保行为与城市融合——基于武汉市的调查》,《社会保障研究》2013 年第 4 期。

[49]韩克庆、刘喜堂:《城市低保制度的研究现状、问题与对策》,《社会科学》2008 年第 11 期。

[50]郝君富、李心愉:《德国长期护理保险:制度设计、经济影响与启示》,《人口学刊》2014 年第 2 期。

[51]何晖:《城乡居民基本养老保险农民个人缴费能力风险评估——以湖南省 43 个县(市、区)为考察样本》,《湘潭大学学报(哲学社会科学版)》2014 年第 5 期。

[52]何平平、马爱艳:《城镇职工基本医疗保险制度:成效与困境突破》,《塔里木大学学报》2012 年第 2 期。

[53]胡浩、吴思汉、李慧玲:《对于建立健全临时救助制度的建议》,《中国校外教育》2014 年第 10 期。

[54]胡善联、刘宝、徐海霞等:《我国公共卫生服务均等化的实证研究:重庆市公共卫生服务券的分析与评价》,《中国卫生政策研究》2009 年第 6 期。

[55]胡仕勇、姜秀芬、邹丽娟:《女性农民工参与生育保险的现状、问题与对策——基于武汉市女性农民工个案的分析》,《社会福利(理论版)》2012年第12期。

[56]胡仕勇、李美多:《武汉市农村最低生活保障制度的问题与建议——基于武汉市青山区的个案分析》,《社会工作》2012年第8期。

[57]黄秉杰:《职工退休年龄不可一刀切》,《中国改革》2004年第4期。

[58]黄帝荣:《论我国灾害救助制度的缺陷及其完善》,《湖南科技大学学报(社会科学版)》2010年第2期。

[59]贾洪波、阳义南:《中国补充医疗保险发展:成效、问题与出路》,《中国软科学》2013年第1期。

[60]贾淑品:《英国的医疗保险体制对我国医疗体制重建的启示》,《特区经济》2008年第4期。

[61]贾维周:《我国城市医疗救助制度的现况与对策研究》,《人口与经济》2008年第1期。

[62]贾晓九:《满足社会需求 加快社会福利事业发展——全国社会福利社会化工作会议综述》,《社会福利》2000年第3期。

[63]柯峰、李峰、江聪聪等:《武汉市公租房供给现状与需求的差异分析——以武汉市部分区域问卷调查为例》,《华中人文论丛》2012年第1期。

[64]课题组:《武汉市养老保障战略对策研究》,《湖北社会科学》2011年第9期。

[65]黎琴、周云等:《武汉市城镇居民基本医疗保险制度实施情况调查及思考》,《卫生经济研究》2010年第2期。

[66]李春燕、丁建定:《武汉市低保管理中存在的问题与改进对策分析——以武昌区为例》,《长江论坛》2006年第1期。

[67]李琴、彭浩然:《谁更愿意延迟退休?——中国城镇中老年人延迟退休意愿的影响因素分析》,《公共管理学报》2015年第2期。

[68]李容:《女性农民工社会保障的现状及影响因素研究——基于武汉市的调查》,华中农业大学硕士学位论文,2013年。

[69]李实、魏玉平、李剑华等:《福利院孤(残)儿童社会化水平及其归因分析——以武汉市儿童福利院为例》,《社会福利》2008年第5期。

[70]李迎生、肖一帆:《城市低保制度运行的现实困境与改革的路径选

择》,《江海学刊》2007 年第 2 期。

[71]李占乐:《现代城市社会福利事业的兴起、变迁与模式转换——以武汉市为个案的制度考察》,华中师范大学博士学位论文,2005 年。

[72]李珍:《社会保障理论(第三版)》,中国劳动社会保障出版社 2013 年版。

[73]廖芳柳:《城乡一体化格局下农村社会保障的变迁——以武汉市农村为例》,《湖北文理学院学报》2012 年第 7 期。

[74]林闽钢、战建华:《灾害救助中的 NGO 参与及其管理——以汶川地震和台湾 9·21 大地震为例》,《中国行政管理》2010 年第 3 期。

[75]林闽钢:《中国农村合作医疗制度的公共政策分析》,《江海学刊》2002 年第 3 期。

[76]刘伯红、郭砾、郝蕊:《她/他们为什么赞成或反对同龄退休?——对选择退休年龄影响因素的实证研究》,《妇女研究论丛》2011 年第 3 期。

[77]刘德浩、庞夏兰:《养老保险制度内生激励机制与个人退休决策——理论与实证分析》,《人口与经济》2015 年第 6 期。

[78]刘娟、黄柳梅:《生育保险中的男性权益比较——以 15 个副省级城市为例》,《中国社会保障》2011 年第 10 期。

[79]刘万:《延迟退休一定有损退休利益吗?——基于对城镇职工不同退休年龄养老金财富的考察》,《经济评论》2013 年第 4 期。

[80]刘勇:《高龄劳动者就业促进中的法律问题》,《法学》2012 年第 10 期。

[81]刘源、赵晶晶:《德国的医疗保险和护理保险》,《保险研究》2008 年第 3 期。

[82]柳清瑞、韩伟:《日本老年护理保险制度改革及经验启示》,《辽宁大学学报(哲学社会科学版)》2006 年第 2 期。

[83]卢时秀:《孤残儿童小组家庭寄养模式研究——以武汉市儿童福利院为例》,中南民族大学硕士学位论文,2009 年。

[84]陆玲:《浅析武汉市城镇职工基本医疗保险制度的运行》,《价值工程》2011 年第 30 期。

[85]吕静:《我国城市医疗救助制度分析及其完善研究》,首都经济贸易大学博士学位论文,2012 年。

[86]孟翔燕、曾蕾等:《武汉市新型农村合作医疗定点医疗机构住院服务行为调查分析》,《卫生经济研究》2008 年第 9 期。

[87]米红、余蒙:《中国城镇社会养老保险个人缴费能力测定的模型创新》,《统计与决策》2010 年第 11 期。

[88]民政部救灾司:《自然灾害救助条例》热点解读》,《中国减灾》2010 年第 10 期。

[89]尼古拉斯·巴尔、彼得·戴蒙德:《养老金改革:理论精要》,中国劳动社会保障出版社 2013 年版。

[90]彭绍兴:《关于加强武汉市江夏区自然灾害应急救助体系建设的思考》,http://cds.nlc.gov.cn/hbsfz/xxgk/hbsmzt/201309/t20130923_3977778.html? classid=467。

[91]齐传钧:《如何延迟退休:方案选择与配套措施》,《中国党政干部论坛》2016 年第 4 期。

[92]申曙光、孟醒:《财富激励与延迟退休行为——基于 A 市微观实际数据的研究》,《中山大学学报(社会科学版)》2014 年第 4 期。

[93]沈琴琴、杨伟国:《全球视野下的劳动力市场政策》,中国劳动社会保障出版社 2008 年版。

[94]沈霞、明慧:《湖北省城镇职工基本医疗保险统筹基金收不抵支的成因与对策》,《医学与社会》2013 年第 9 期。

[95]沈燕:《城市贫困家庭教育救助研究——以武汉市贫困家庭为例》,华中科技大学硕士学位论文,2005 年。

[96]宋悦、韩俊江、郭晖艳:《我国医疗救助制度存在的问题及对策研究》,《税务与经济》2013 年第 1 期。

[97]孙菊、秦瑶:《医疗救助制度的救助效果及其横向公平性分析》,《中国卫生经济》2014 年第 11 期。

[98]孙黎:《城镇职工基本医疗保险省级统筹的初步探讨》,《卫生经济研究》2012 年第 4 期。

[99]孙莎:《武汉市城镇居民基本医疗保险制度研究》,武汉科技大学硕士学位论文,2012 年。

[100]孙月鹤:《从教育救助到全纳教育——试论教育公平的制度安排》,《中国校外教育》2009 年第 3 期。

[101]唐汉生:《武汉市失业群体变动特征及保障对策研究》,《党政干部论坛》2005 年第 1 期。

[102]唐银佐:《武汉市失业保险制度功能实现研究》,中国地质大学(北京)硕士学位论文,2014 年。

[103]田北海:《香港与武汉:老年福利服务模式比较》,《学习与实践》2007 年第 12 期。

[104]庹国柱、王德宝:《新医改下我国商业健康保险的发展契机》,《中国保险》2009 年第 6 期。

[105]王保真:《惠民医院在医疗救助体系中的地位和作用探讨——武昌惠民医院的再调查》,《中国卫生经济》2007 年第 10 期。

[106]王超群、顾雪非:《我国城镇职工基本医疗保险制度改革的经验与问题——基于对政策文件和制度环境的分析》,《中国卫生政策研究》2014 年第 1 期。

[107]王川、陈涛:《德国医疗保险制度的改革及启示》,《经济纵横》2009 年第 7 期。

[108]王聪:《延迟退休政策对青年就业影响效应研究》,《中国青年研究》2016 年第 9 期。

[109]王帆:《延迟退休与投资收益对基本养老金替代率的影响》,《人口与社会》2016 年第 4 期。

[110]王军、王广州:《中国城镇劳动力延迟退休意愿及其影响因素研究》,《中国人口科学》2016 年第 3 期。

[111]王伶鑫:《促进老年人精神福利建设——以武汉大学老年大学为例》,《改革与开放》2012 年第 5 期。

[112]王明慧、陶四海:《我国大病医疗保险实施的影响因素分析》,《经营管理者》2013 年第 21 期。

[113]王绍文:《社会服务网络下社会临时救助制度的建立与管理》,《商业经济研究》2011 年第 28 期。

[114]王天宇、邱牧远、杨澄宇:《延迟退休、就业与福利》,《世界经济》2016 年第 8 期。

[115]王贤斌:《新时期我国农村教育救助面临的困境与对策》,《教育理论与实践》2014 年第 28 期。

[116]王晛:《武汉被征地农民养老保险制度模式》,《合作经济与科技》2009 年第 18 期。

[117]王晓洁:《新型农村养老保险制度中财政补贴对农民缴费能力影响分析——基于 2010 年河北省 37 个试点县数据的考察》,《财贸经济》2012 年第 11 期。

[118]王晓蕾、艾建国、王晨:《多智能体的公租房选址决策体系分析——以武汉市为例》,《中国房地产(学术版)》2014 年第 3 期。

[119]王延中:《中国卫生改革与发展实证研究》,中国劳动社会保障出版社 2008 年版。

[120]王喆华、陶四海、吴阳:《城镇职工基本医疗保险个人账户去留分析》,《经济论坛》2015 年第 4 期。

[121]王贞琼、李敏:《新型农村社会养老保险的政策创新与制度完善——基于武汉城乡统筹视角》,《江汉大学学报(社会科学版)》2013 年第 3 期。

[122]魏晶:《城市医疗救助制度可持续发展研究》,重庆医科大学硕士学位论文,2014 年。

[123]吴琦:《城镇化进程中被征地农民养老保险制度的完善——以武汉市江夏区为例》,《湖北工业大学学报》2013 年第 6 期。

[124]席恒、翟绍果:《我国渐进式延迟退休年龄的政策机制与方案研究》,《中国行政管理》2015 年第 5 期。

[125]仙蜜花、薛惠元:《缴费激励机制下的养老金连年上调:矛盾及其化解》,《贵州财经大学学报》2015 年第 2 期。

[126]仙蜜花:《商业保险参与城乡居民大病医疗保险研究》,《财政监督》2014 年第 11 期。

[127]项怀诚:《养老储备基金管理——国际经验与中国实践》,中国财政经济出版社 2005 年版。

[128]肖玉霞:《社会主义新农村建设背景下的女童教育救助问题研究》,《中国校外教育》2013 年第 6 期。

[129]徐玲、赵艳立:《部分城市教育救助政策实施情况调查分析》,《现代教育管理》2010 年第 10 期。

[130]薛惠元、邓大松:《我国养老保险制度改革的突出问题及对策》,

《经济纵横》2015 年第 5 期。

[131]薛惠元、鲁欢、仙蜜花:《城乡居民社会养老保险缴费激励机制研究——以湖北省为例》,《广西经济管理干部学院学报》2014 年第 4 期。

[132]薛惠元、仙蜜花:《城乡居民基本养老保险个人账户基金收支平衡模拟与预测——基于个体法的一项研究》,《当代经济管理》2015 年第 10 期。

[133]薛惠元、仙蜜花:《城乡居民社会养老保险保障水平评估——基于湖北省 6 个县区的比较分析》,《当代经济管理》2014 年第 6 期。

[134]薛惠元:《被征地农民养老保障问题探析——以湖北省为例》,《当代经济管理》2011 年第 1 期。

[135]《延迟退休将让养老保险基金松口气》,南方日报 2015 年 3 月 12 日。

[136]阳义南、曾燕、瞿婷婷:《推迟退休会减少职工个人的养老金财富吗?》,《金融研究》2014 年第 1 期。

[137]阳义南、谢予昭:《推迟退休年龄对青年失业率的影响——来自 OECD 国家的经验证据》,《中国人口科学》2014 年第 4 期。

[138]杨莉:《武汉市民办养老院发展现状调查及对策建议》,《社会保障研究》2011 年第 3 期。

[139]杨晓芸、张力:《对机关事业单位养老保险制度改革的思考》,《生产力研究》2008 年第 9 期。

[140]杨欣:《我国城市居民最低生活保障制度研究——以“武汉模式”为例》,《法制与社会》2010 年第 8 期。

[141]杨忠庆、秦森:《关于延迟退休年龄的方案比较》,《中国社会保障》2013 年第 1 期。

[142]姚海明:《国外老年护理保险制度及对我国的启示》,《现代经济探讨》2006 年第 6 期。

[143]姚秀珍:《城镇职工基本医疗保险制度缺陷分析》,《行政事业资产与财务》2013 年第 8 期。

[144]叶蓓、蔡娟:《城乡医疗保障碎片化及解决思路——以武汉市为例》,《中国卫生事业管理》2014 年第 4 期。

[145]易松国:《社会福利社会化的理论与实践》,中国社会科学出版社 2006 年版。

[146]殷俊、陈天红:《失地农民失业保险制度需求影响因素以及方案设计——基于武汉市城郊的调查数据》,《当代经济管理》2014 年第 8 期。

[147]殷俊、陈天红:《中国城镇居民医疗保险和新型农村合作医疗衔接路径探讨——基于湖北省武汉市的实证分析》,《社会保障研究》2012 年第 3 期。

[148]殷俊:《中国企业年金计划设计与制度创新研究》,人民出版社 2008 年版。

[149]于小东:《养老金发展与改革》,中国发展出版社 2007 年版。

[150]余桔云:《延迟退休与养老金财富关系的定量考察》,《人口与经济》2014 年第 4 期。

[151]余维、郭培、王梦雯等:《武汉市城市居民对长期护理保险的需求调查报告》,武汉大学大学生暑期社会实践报告,2006 年。

[152]袁磊:《延迟退休能解决养老保险资金缺口问题吗?——72 种假设下三种延迟方案的模拟》,《人口与经济》2014 年第 4 期。

[153]袁伟:《美国医疗保险制度考察报告》,《中国医疗保险》2015 年第 10 期。

[154]袁中美:《延迟退休与养老金替代率的探讨》,《人口与经济》2013 年第 1 期。

[155]曾娜、杨进:《养老保险基金预算管理优化研究——基于武汉市养老保险金预算状况的实证分析》,《中国集体经济》2009 年第 24 期。

[156]詹姆斯·舒尔茨:《老龄化经济学(第 7 版)》,社会科学文献出版社 2009 年版。

[157]张红梅:《武汉市新型农村合作医疗保险制度研究》,《经济论坛》2007 年第 10 期。

[158]张浚:《荷兰的养老金改革:政府主导下的市场参与》,《欧洲研究》2015 年第 6 期。

[159]张丽宾:《我国城乡居民养老保险的调查与思考——从 6 省 12 市县区 74 位居民访谈说起》,《经济研究参考》2013 年第 72 期。

[160]张琴、郭艳:《延迟退休对养老基金的后续影响:找寻可选方案》,《改革》2015 年第 7 期。

[161]张群:《美国的医疗保险制度现状及引发的思考》,《中国卫生经

济》2007年第6期。

[162]张晓凯:《贫困大学生教育救助问题探析》,天津财经大学硕士学位论文,2012年。

[163]张熠:《延迟退休年龄与养老保险收支余额:作用机制及政策效应》,《财经研究》2011年第7期。

[164]张勇:《武汉市城镇居民基本医疗保险制度的探讨》,《中国卫生经济》2009年第12期。

[165]张再生、陈军:《医疗保险制度改革的国际比较》,《天津大学学报(社会科学版)》2007年第1期。

[166]郑秉文、陆渝梅:《名义账户制:波兰社会保障改革的有益尝试》,《俄罗斯东欧中亚研究》2005年第3期。

[167]郑秉文:《中国社保经办服务体系亟需深化改革》,《上海证券报》2013年12月27日。

[168]郑秉文:《"名义账户"制:我国养老保障制度的一个理性选择》,《管理世界》2003年第8期。

[169]郑秉文:《中国企业年金发展滞后的政策因素分析——兼论"部分TEE"税优模式的选择》,《中国人口科学》2010年第2期。

[170]郑功成:《中国社会福利改革与发展战略:从照顾弱者到普惠全民》,《中国人民大学学报》2011年第2期。

[171]郑红:《基于管理式医疗的全民社会医疗保险初探》,《东北大学学报(社会科学版)》2007年第3期。

[172]中共武汉市委党校第32期中青班课题组、王观松、宋斌文:《武汉市新型农村合作医疗制度实施情况的调查与思考》,《长江论坛》2010年第2期。

[173]周宝砚:《我国自然灾害救助体系存在的问题及对策》,《中国应急救援》2011年第4期。

[174]周成刚:《延迟退休年龄对养老保险基金影响的精算分析》,《统计与决策》2015年第14期。

[175]朱冠琪:《我国NGO发展现状及路径选择》,《国家行政学院学报》2008年第1期。

[176]朱明君、潘玮:《德国法定医疗保险的现状》,《中国医疗保险》2012年第2期。